江苏师范大学小学教育国家级一流本科专业建设点资助

U0646507

小学综合实践活动

XIAOXUE ZONGHE SHIJIAN HUODONG

小学教育一流专业建设教材 · 总主编：高 伟

杨钦芬 / 主 编

北京师范大学出版集团
BEIJING NORMAL UNIVERSITY PUBLISHING GROUP
北京师范大学出版社

图书在版编目(CIP)数据

小学综合实践活动 / 杨钦芬主编. —北京：北京师范大学出版社，2023.3

小学教育一流专业建设教材

ISBN 978-7-303-28159-6

Ⅰ. ①小… Ⅱ. ①杨… Ⅲ. ①活动课程－小学－教材 Ⅳ. ①G622.3

中国版本图书馆 CIP 数据核字(2022)第 171547 号

教材意见反馈　gaozhifk@bnupg.com　010-58805079
营销中心电话　010-58802135　58802786
北师大出版社教师教育分社微信公众号　京师教师教育

出版发行：北京师范大学出版社　www.bnupg.com
　　　　　北京市西城区新街口外大街 12-3 号
　　　　　邮政编码：100088
印　　刷：三河市兴达印务有限公司
经　　销：全国新华书店
开　　本：787 mm×1092 mm　1/16
印　　张：20.75
字　　数：366 千字
版　　次：2023 年 3 月第 1 版
印　　次：2023 年 3 月第 1 次印刷
定　　价：54.00 元

策划编辑：张筱彤　　　　　责任编辑：薛　萌
美术编辑：焦　丽　　　　　装帧设计：焦　丽
责任校对：包冀萌　　　　　责任印制：马　洁

丛书顾问

于　伟　　石中英　　朱旭东　　朱家存

朱德全　　刘铁芳　　孙杰远　　李政涛

张　力　　张斌贤　　范国睿　　顾建军

涂艳国　　戚万学　　谢维和　　缪建东

总　序

　　本套教材由江苏师范大学教育科学学院（教师教育学院）小学教育国家级一流本科专业建设点资助出版，共有《教师的实践哲学》《儿童哲学》《小学生认知与学习》等 21 本，基本涵盖了小学教育专业的学科专业课程、教育实践课程以及教师教育课程，并重点关注了新时代教育前沿课程。

　　本套教材自酝酿到遴选、初审再到申报选题、审读、出版，经历了一个较为漫长的过程。2019 年，江苏师范大学教育科学学院（教师教育学院）小学教育专业先后获批江苏省高校一流本科专业和国家级一流本科专业建设点，国家级一流本科专业建设点本身对教材建设有要求。2019 年年初，我们在学院发布了教材招标书，明确了申报条件、教材范围以及申报程序。在提交给出版社教材目录之前，我们对所申报的教材采用院内评价、同行评价、专家评价的方式进行了三轮严格的遴选。我们把"三个原则，三个标准"作为教材遴选的基本条件。

　　三个原则，即思想性原则、实用性原则和时代性原则。这三个原则也是教材出版的基本依据和根本遵循。一是思想性原则。思想性就是有意识地将习近平新时代中国特色社会主义思想、社会主义核心价值观有机融入教材内容，体现马克思主义中国化要求，体现中国和中华民族风格，体现党和国家对教育的基本要求，体现国家和民族基本价值观，围绕育人目标，深度挖掘提炼小学教育专业知识体系中所蕴含的思想价值和精神内涵，注重加强师德师风教育，引导学生树立学为人师、行为世范的职业理想，争作"四有"好老师，充分体现课程的思想逻辑、价值逻辑和实践逻辑。二是实用性原则。小学教育专业教材编写的指向很明确，就是要培养能够胜任小学教育教学的高素质、专业化、创新型教师，这就要求教材实用、能用、好用。教材要遵循小学教育专业教育教学规律、小学教师人才成长规律，贴近小学教育专业学生的思想、学习和生活实际，以便教师好教、学生好学、学有所得、学以致用。我们要求教材在呈现专业知识时，以实际问题为出发点和归宿，体现知识的形成和应用过程，突出理论与实践的统一，培养学生用教育学的思想和眼光观察世界的习惯，在教学实践中提升问题解决的能力。教材一定要注重师范生能力培养，以创新精神和实践能力为核心，以培养学生发现问题、提出问题、分析问题、解决问题的能力为目标，完善以能力培养为核心的教学设计。这就要求编者不仅要精心设计教材内容，还应在编写体例上下足功夫，夯实学生能力发展的知识基础，把知识学习与能力形成有效地结合起来。三是时代性原则。时代发展和科技进步是教材改革最有效的催化剂。要想更新教材内容、创造性转化传统教育观念，就必须立足时代前沿，及时反映经济社会发展新变化、科学技术进步新成果，既要相对稳定，准确阐述本学科专业基本概念、基本知识和基本方法，保持小学教育专业教材的科学性，又要与时俱进，吸纳最新研究成果，保障人才培养的先进性。

三个标准，即专业标准、经历标准和验证标准。一是专业标准。凡申报教材出版的教师，必须有高级职称，必须在其专业领域表现出较高的专业水准。我们不是唯职称论者，所看重的并不是职称，而是职称背后的学术训练、实践历练和经验老练。二是经历标准。我们要求教材编者必须有三个经历：和中小学的长期合作经历、经常去中小学体验的经历，以及指导中小学教科研的经历。这三个经历缺一不可。之所以要特别强调经历标准，是因为教材是要"用"的，如果编者对基础教育的情况不熟悉、不了解，对中小学课程标准摸不透、吃不准，对中小学到底需要什么样的教师把握得不清楚、不准确，那么他就既不能准确地理解我们对人才培养目标的设计，也不能保证课程、教学对于培养目标、毕业要求的达成，当然也就写不出一本具有学科特色、专业特色的教材。三是验证标准。验证标准就是所申报的教材内容必须在教学实践中经过两到三轮的试用，也就是说在出版之前，必须已经验证了教材的适用性。事实上，有的教材是编者十几年乃至几十年专业教学工作的结晶。从这个意义上讲，这套教材既是我们对教学实践的总结，也是对教学实践的反思与提炼。

我们按照"三个原则，三个标准"遴选的教材又经过了出版社的严格审核、层层遴选、多重把关，应该说充分保障了教材本身的质量。

本套教材出版之际，还是要表达由衷的感谢之情。感谢江苏师范大学小学教育专业团队，这个团队所有成员同呼吸、共命运，同甘共苦，同心同德，矢志创业，本套教材在某种意义上也是团队共同奋斗的见证。感谢北京师范大学出版社郭兴举、李轶楠、张筱彤及其他编辑同志，他们的精心编辑、审读使本套教材锦上添花，他们的帮助对江苏师范大学小学教育专业建设而言是雪中送炭。最后，也要感谢江苏师范大学小学教育专业的所有学生，他们的成长与发展是我们追求进步的不竭动力。当然，由于编者水平所限，教材不免会有不妥之处，同时随着教育实践和研究的不断发展，教材的内容也应该不断升级换代，敬请广大读者、同行专家给予批评指正，欢迎提出富有建设性的意见，以便今后进一步修订完善。

高伟

2022 年 2 月

前　言

综合实践活动是伴随着第八次基础教育课程改革出现的崭新而独立的课程形态。这门课程的设置是落实立德树人及培养学生创新精神、实践能力、社会责任感和个性发展的重大举措，是新的教育教学观、课程价值观在课程教学领域的具体体现。

2017 年，教育部重新修订了《中小学综合实践活动课程指导纲要》（以下简称《纲要》），此次《纲要》相对于 2001 版《纲要》而言，出现了一系列的变化。2001 版《纲要》的四大活动领域"研究性学习、社区服务与社会实践、信息技术教育、劳动与技术教育"被去掉，取而代之的是"考察探究、社会服务、设计制作、职业体验"四种主要的活动方式。在课程目标上特别强调"社会责任感、创新精神和实践能力"，对综合实践活动课程目标进行重新定位为"综合素质、核心素养"，在课程管理上强调"学校课程规划的整体设计"，在课程设计上强调"课程整合""学科融合"。新《纲要》的出台，要求使用与之理念相适应的综合实践活动教材来系统化培养具有专业素养的综合实践活动教师。然而，市面上有关综合实践活动的教材大都是 2017 年之前出版的，编制与新《纲要》理念相适切的小学综合实践活动教材迫在眉睫。本教材《小学综合实践活动》全面贯彻2017 版《纲要》的理念与精神，体现时代感、理论性、实践性，从多维度阐述小学综合实践活动开发的相关内容，满足各类高等院校小学教育专业本、专科学生的学习需求。本书具有如下特点。

第一，结构合理，内容完整。本书共有八章，分别从课程本体理解、规划与设计、资源开发、活动领域、教师指导等方面展开。教材结构合理，脉络清晰，全书内容相互衔接，彼此照应，层层深入，能给学习者提供综合实践活动开发与管理的完整画卷。

第二，理念前沿，内容新颖。本书依据 2017 版《纲要》的理念与精神，在课程理念、课程结构等方面力求反映综合实践活动课程理论与实践领域的最新成果。相对以往版本，凸显了"考察探究""设计制作""职业体验""社会服务"四类活动方式的具体操作与实施，创新性编排与设计体现了综合实践活动课程融合的精神。

第三，理实结合，结构性强。本书较系统地介绍了综合实践活动课程的基础知识和基本理论，同时将理论概述和实践操作相结合。每章都穿插大量的经典案例及体现教学交互的"资料链接""案例呈现"等模块，以便师生拓宽视野、加深理解。每章设有以下栏目：章结构图、本章概述、学习目标、章前导语、本章小结、章后练习、拓展阅读。多样化的栏目设计增强结构性、可教性、可学性，有利于学习者自主意识和主动探索能力的养成，引导他们主动建构专业知识。

本教材在编写过程中参考了国内外同行和广大实践工作者的诸多文献与资料，并引用了部分材料与成果，这些已经在书中具体做了注明。本教材引用的一些案例为编写人员于教育教学一线收集的结果，已征得相关一线教师们的同意。在此一并致以深深的敬意和衷心的感谢！感谢江苏师范大学教育学院领导的大力支持！同时特别感谢北京师范大学出版社编辑张筱彤老师，她为本书精心筹划、耐心指导，做了大量工作。

编写工作努力而为，但由于水平有限，难免有疏漏与不妥之处，诚挚期待专家和同行们的批评与指正。

杨钦芬

2022 年 4 月

目　录

章结构图

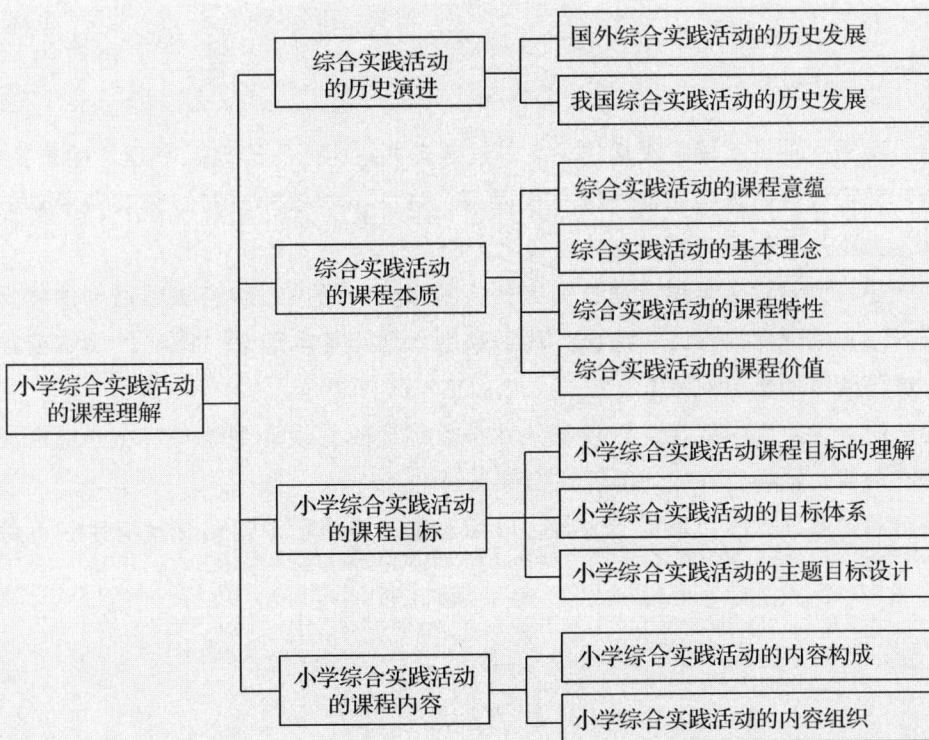

本章概述

本章主要围绕"综合实践活动课程本体"从历史演进、课程本质、课程目标、课程内容四个方面进行详细介绍。在历史演进部分，主要介绍了国内外综合实践活动的历史发展情况；在课程本质部分，阐释了综合实践活动的内涵、基本理念、课程特性及课程价值；在课程目标部分，阐释了小学综合实践活动的目标结构及小学综合实践活动的目标体系；在课程内容部分，论述了小学综合实践活动的内容构成与内容组织。

学习目标

1. 了解国内外综合实践活动的发展历史。
2. 理解综合实践活动的课程意蕴、基本理念、课程特性与课程价值。
3. 在理解小学综合实践活动目标结构、目标体系的基础上，能对小学综合实践活动目标进行设计。
4. 理解小学综合实践活动的内容构成及其内容组织的特点。

章前导语

综合实践活动是新课程改革的亮点，是落实立德树人、五育并举理念的重要载体。自综合实践活动这门课程扎根一线学校以来，许多小学教师面对综合实践活动的教学任务常常力不从心，不知如何高效地实施这门课程。

想一想：你对综合实践活动这门课程了解多少？国内外综合实践活动的发展历史是怎样的？与其他课程相比，综合实践活动的本质、基本理念、课程性质有哪些独特之处？这门课程的价值何在？

思一思：你对小学综合实践活动的课程目标理解与设计到位吗？小学综合实践活动的课程内容包括哪些？如何组织这门课程的内容？

请带着这些问题学习本章节内容，以期对综合实践活动这门课程有系统而深入的理解。

第一节
综合实践活动的历史演进

　　"综合实践活动"为人们所熟知是其在 2001 年教育部《基础教育课程改革纲要(试行)》当中出现，它虽然以"短暂的现在"出现，却拥有"悠久的过去"。作为一门课程形态，它经历了从活动、活动课程到综合实践活动课程的发展历程。了解综合实践活动课程的来龙去脉，有助于深化对综合实践活动课程的认识。

一、国外综合实践活动的历史发展

(一)综合实践活动思想的萌芽

　　尽管在古代社会，活动课程的思想和实践都能找到零星之先迹，但有关活动课程较为系统的表述是随着西方文艺复兴和启蒙运动对人的价值的重新强调而产生的。

　　文艺复兴时期，欧洲一批人文主义思想家反抗中世纪的精神束缚，追求人的个性解放，文艺复兴运动高举的"自由、平等、博爱"三面旗帜，激起了教育家们关怀儿童生活的热情。自然主义、泛爱主义教育家们强烈地批判了中世纪教育对儿童天性的压抑，认为教育要适应儿童的天性。起源于德国的泛爱运动的基本精神就是自然主义和人道主义的，其核心思想包括：①以增进人的现世幸福为教育之目的；②重视体育，认为体育是精神发展的基础；③反对使用压制的教育方法；④重视与现实生活的联系；⑤主张采用自然主义的教育方法。泛爱主义、自然主义教育不再仅仅关注儿童的理性生活，而是关注儿童在整个教育中的生活和幸福，通过适合儿童天性的自然生活，满足儿童追求精神与道德生活的需要。泛爱主义、自然主义教育在教育观上，不再把教育看作训练人的理智的活动，而是强调教育与儿童的内在关联性；在课程观上，反对脱离儿童现实生活的书本知识，认为关于自然的知识和关于社会的知识是最有价值的。文艺复兴运动对人的地位的尊重、对人性的褒扬，使人从对神灵的依附中解脱出来，"人"的存在重新发现使得教育重新回到人和人的生活之中。崇尚自然、推崇情感、尊重人格，这种进步为后续的教育以人为起点、走向儿童的自然生活奠定了思想基础。

　　继文艺复兴之后，许多思想家依旧在延续探讨"自然是什么"的话题。真正崇尚自然、由此建构一种全新的人生并对 18 世纪来的教育产生深刻影响的，是法国伟大的启蒙思想家、哲学家、教育家卢梭。他提出了"自然主义"教育主张，认为自然并不是一堆物的机械组合，而是充满灵性和活力的事物的本性和人的本性。其"自然"包括三层含义：第一，"自然"指自然界。卢梭认为自然界有助于培养人的生存感觉。他说："我存在着，我有感官，我通过我的感官而有所感受。这就是打动我的心弦使我不得不接受的第一个真理。"①他意识到要使感觉丰富化，必须接受大自然对人的感官的开导。感觉并非纯粹的客观认识，而是充满了情感，是自然教给我们对人的生命的感受和保存方法。第二，"自然"意味着自然而然的秩序。人的地位和各种能力就是在自然万物中随着年龄的增长而自然地发展成熟，教育要注重对人生过程的年龄分期。第三，自然与人性之间紧密相连。卢梭认为"人类的各种知识中最有用而又最不完备的，就是关于'人'的知识"，因而"人要认识你自己"②。他还认为哲学家们抽象的人生哲学和道德学说并没有诉诸人的生命体验和生命本性，而是违反了自然赋予人的生命能力。

卢梭基于对自然界的完美秩序的领悟，认为自然状态下的人性本善，有两种基本本性：一是人没有过度的需求，对自己的爱即对自我保存的关怀使得他们满足于自己的能力与需求的平衡；二是他们不滥用自己的能力，也不会滥用自己的理性，"自然人"只以良心作为指导来保存自己。"人的最原始情感就是对自己生存的情感，最原始的关怀就是对自我保存的关怀。"③因此，他把维护人的生存、保存自我及自爱看作人生的自然属性和自然目的。他认为教育要顺应人的天性发展，培养一种"自然的人"(natural man)。在这种自然主义的教育框架中，卢梭在课程知识上竭力反对古典理性主义的课程内容，认为对"自然的人"来说，适合的课程首先是儿童在现实生活中寻求的知识和真理。这种知识和真理包括自然事物的知识和适合知识，其次是"有用的知识"。在卢梭看来，"有用"便主要是强调自然事物的知识和社会知识切合儿童的现实需要，教师必须设身处地为儿童着想，不能按照成人的要求主观地强加于儿童。相应地，为确保在师生共同活动中有效教学，他认为教师在"大自然里"进行教学时，最主要的问题是引导学生在观察山、树、森林、太阳等自然现象之后提出问题、进行探索、获得知识。他指出："问题不在于告诉他一个真理，而在于教他怎样去发现真理。"④卢梭认为："教师要做到不要教他这样那样的学问，而要由他自己去发现那些学问。"⑤只有如此，儿童才能扎扎实实地掌握知识。

尽管卢梭本人并未把自己的教育理论付诸实践，并且他的不少论述具有明显的主观臆断色彩，但他在教育史中的重要历史地位是不容抹杀的，尤其是他追求"自然人"的教育目的和教育策略，无疑吹响了使教育成为人的生活的号角。他的自然主义教育

① ［法］卢梭：《爱弥儿》（下卷），李平沤译，383 页，北京，商务印书馆，1978。
② ［法］卢梭：《论人类不平等的起源和基础》，李常山译，62 页，北京，商务印书馆，1978。
③ 同上书，112 页。
④ ［法］卢梭：《爱弥儿》（下卷），李平沤译，383 页，北京，商务印书馆，1978。
⑤ 李文奎、王立功：《外国教育名著述评》，95 页，济南，山东教育出版社，1989。

思想深刻影响了后继的教育家们如福禄培尔、杜威等，他们将卢梭的自然主义教育思想借鉴、吸收并付诸实践加以进一步验证和发展。

(二)综合实践活动思想的形成

19世纪末20世纪初，随着工业化进程的加快，传统学校课程的弊端不断暴露。面对科学技术的迅猛发展与社会生产生活的急剧变化，在欧美掀起了"新教育运动"和"进步主义教育运动"，活动课程实践获得迅猛发展。其思想的主要代表是美国教育家杜威。

作为美国赫尔巴特学派运动重要成员的杜威，率先发起了对赫尔巴特主智主义课程的批判，对传统教育的"书本中心""教师中心""课堂中心"进行了变革。他在吸收欧美教育革新运动的基础上，系统地阐述了活动经验课程理论，并开展了长达8年的改革实验，成为活动课程思想与实践的集大成者。杜威的活动课程观主要有三大特点。

第一，关注学生的兴趣需要。杜威认为在教育中有机体的技能或行动是儿童的兴趣或冲动，兴趣来源于儿童的本能和经验。儿童有四种本能：社交的本能、制造的本能、艺术的本能和探索的本能。这四种本能所产生的四种相应的兴趣，即语言与社交的兴趣、建造的兴趣、艺术表现的兴趣、探索的兴趣。他认为这四方面的兴趣是天赋的资源、未经开采的资本，儿童生动活泼的生长就是不断地实践这四种兴趣。为此，教育必须从儿童的兴趣或冲动出发，通过某种组织得当的课程，使儿童的经验得到不断改造。

第二，重视探究性活动。杜威非常重视活动的作用。他认为"教育最根本的基础在于儿童活动能力"[1]，"使儿童认识到他的社会遗产的唯一方法是使他去实践那些使文明成为其文明的主要典型的活动"[2]。基本的活动类型包括烹饪、缝纫、纺织、手工、金工和木工等。这些人类基本的活动方式符合儿童的本能和兴趣。杜威提出活动应该唤起儿童的好奇心和求知欲，主张在活动中设计问题，让儿童去探究以前从来没有接触过的问题而使儿童的思维到达一个新的境界，使儿童在解决了这个问题后，不仅获得了有关该问题的知识、经验，而且还获得了思维的策略。杜威研究了人的思维，并据此提出"思维五步说"："(1)暗示，在这里，思维跃进于一种可能的解决；(2)感觉的(直接经验的)困难或迷惑的理智化，成为一个待解决的问题，一个必须找到答案的疑问；(3)用一个又一个的暗示，作为领导观念或假设，以发起和引导观察和其他心智活动，搜集事实材料；(4)推理观念或假设的含义(推理，指推论的一部分，不是推论的

---

① ［美］杜威：《杜威教育论著选》，赵祥麟、王承绪译，7页，上海，华东师范大学出版社，1981。

② 同上书，22页。

全部）；（5）在外表的或想象的行动中检验假设。"①杜威提出活动课程教学的过程乃是培养"思维的习惯"的过程，活动课程的教学应按照暗示、问题、假设、推理、检验这五步来指导儿童，只有这样，儿童的探究能力才能获得发展。他在《民主主义与教育》中，论述了活动课程教学中五个步骤的具体要求。"教学法的要素和思维的要素是相同的。这些要素就是：第一，学生要有一个真实的经验的情境——要有一个对活动本身感到兴趣的连续的活动；第二，在这个情境内部产生一个真实的问题，作为思维的刺激物；第三，他要占有知识资料，从事必要的观察，对付这个问题；第四，他必须负责一步一步地展开他所想出的解决问题的方法；第五，他要有机会通过应用来检验他的想法，使这些想法意义明确，并且让他自己去发现它们是否有效。"②

第三，倡导"儿童—知识—社会"相统一的课程观。杜威批判了"学科中心论"和"儿童中心论"两种课程设计观，揭示了课程设计中儿童与课程的内在统一性，以及教材编写中逻辑经验与心理经验的内在统一性。在杜威看来，"儿童和课程仅仅是构成一个单一的过程的两极"③。他认为教师应考虑的是科学的教材代表经验发展的某一阶段或状态。教师要引导学生有一种生动的和个人亲身的体验。作为教师不仅只考虑教材本身，而且要考虑"怎样使教材变成经验的一部分"④。其次，杜威还论述了知识和社会的关系，他提出一个课程的计划必须能够适应现在社会生活的需要，选材时必须以改进我们的共同生活为目的，使将来比过去更美好。他认为学科知识是在社会生活中发展起来的，社会的进步又依赖于科学知识，两者相互作用，相互依存。

1896年，杜威创立了芝加哥大学实验学校（又称"杜威学校"），该学校取消班级编制，根据不同任务分成学习小组。实验按照儿童发展情况分成三阶段：4~8岁为第一阶段，加强学校生活与家庭邻里生活的联系，设置自然研究、手工训练和缝纫等活动；9~12岁为第二阶段，重点为读、写、操作、算的能力的发展；13~15岁为第三阶段，一门一门地学习一些科目，并在一定程度上进行专门化的活动。实验学校的课程就是由相互联系的种种活动计划组成的。杜威强调，"作业"指儿童活动的一种形式，涉及家务、社会性作业、手工游戏、自然研究、历史研究等活动，如烹饪、缝纫、木工、金工、园艺、表演、游戏、自然观察、乡土历史研究等课程。

从某种意义上说，杜威是美国进步主义教育思想的代言人，也是活动课程论思想在当时最有力的倡导者。他的活动课程理论的提出在整个课程发展史上具有革命性的意义，为我们今天实施综合实践活动课程提供了宝贵的参考价值。

---

① ［美］杜威：《杜威教育论著选》，赵祥麟、王承绪编译，302页，上海，华东师范大学出版社，1981。
② 同上书，191页。
③ 同上书，78页。
④ 同上书，89页。

资料链接

　　在芝加哥大学实验学校里，七八岁儿童探究的重要内容是"原始人的生活"。儿童们会问：假如我们是原始人，没有房屋，没有衣服，没有火，没有食物，没有工具和生活用品，我们该怎样生活？于是儿童们开始以一个原始人的身份，按照自己的兴趣从事实验、制造、装饰、项目和发明。"我是黏土探索者""我是石器探索者""我是火的发明者"……在建造项目中学习测量和计算；在阅读神话故事中学习阅读；在装饰器具或房屋时学习绘画和雕塑。所有这些学习，均指向于"把思想表现为合意的和优美的具体形式"。有一次，一个学习过这个课程的八岁儿童和他十三岁的姐姐及四岁的弟弟在家玩耍。他姐姐在另一个学校读书。忽然，小弟弟的衣服着火了。姐姐一边跑一边尖声喊叫成人帮助。而这个八岁儿童迅速地用毯子裹好弟弟，把他放在地板上，很快地闷熄火焰，避免了严重的灼伤事故。当成人们匆忙赶来的时候，他已经和弟弟玩耍起来，每个人都异常惊喜地赞扬他，而他却平静地说："这有什么呀？去年我们就和老师一起用泥土、毯子、水等东西灭过火，并探讨过一旦衣服着火了该怎么办。"

　　［资料来源］张华：《小学综合实践活动》，16页，重庆，西南师范大学出版社，2020。

杜威的活动课程理念深刻地影响着后来的中小学教育。19世纪末20世纪初，活动课程开始较大范围地推广实施，如美国进步教育运动、欧洲新教育运动和德国的"合科教学"运动。在美国的进步教育运动中，涌现了大量的以儿童为中心的学校，出现了以儿童的活动为中心进行教育革新和教学改革的浪潮。除杜威的芝加哥实验学校外，美国"进步主义教育之父"帕克的"昆西教学法"改革、约翰逊的"有机教学法"、柏克赫斯特的"道尔顿制"、克伯屈的"设计教学法"等，都注重通过儿童自身的活动获得直接的经验将知识融会贯通。欧洲新教育运动以比利时的德可乐利、意大利的蒙台梭利、英国的尼尔为代表。德可乐利创办了新学校，在学校里实验新的教学制度，特别强调以单元教学替代传统的分科教学、以兴趣中心取代教学框架和教学大纲、以强调儿童的活动取代预先准备教材；蒙台梭利创立了"幼儿之家"，主张教育应绝对服从儿童本性的发展，强调在教学中应使用各种直观教具；尼尔更是提出了"使学校适合儿童而不是使儿童适合学校"的鲜明主张，要求以游戏为主要活动形式。"合科教学"运动产生于德国20世纪上半叶，这个运动一方面主张一切教材知识都是预先围绕儿童这个中心组织排列的，另一方面强调课程整体观、综合化，致力于从儿童出发、以儿童为中心统合诸多彼此分离的学科。"合科教学"实际上就是一种"综合活动课"。

(三)综合实践活动思想的发展

20世纪90年代以来，作为独立形态的活动课程得到新发展，并以新的形态出现在教育舞台上，如美国、英国、澳大利亚、日本、挪威、法国等国在基础教育课程改革中，都注重开设综合实践活动类课程，其基本设计有所不同。

在美国，虽然没有"综合实践活动"这样的课程名称，而且由于各州的课程标准不一，对综合活动类课程的名称也不尽一致，但对美国这样经历半个多世纪进步主义教育运动的国家来说，各种形式的综合活动类课程是广泛存在的。大致来说，美国综合活动类课程具有以下三种主要方式：①科学、技术与社会研究（studies of science，technology and society，STS），指从自然现象、社会经济、文化、政治、环境、职业等领域确定研究主题，通过调查研究和问题研讨的方式进行学习，可以增强学生的探究能力、科学精神、社会责任感和社会实践能力；②设计学习（project or design learning，PDL），与课题研究相比，设计学习属于应用性学习，它更强调学生的自主设计和实践操作，如产品设计、应用设计、综合艺术设计、活动设计，强调培养学生对现实问题的解决能力；③社会参与性学习（social participating learning，SPL），社会参与性学习的重点在于参与社会生活、接触社会现实，注重开展各种社会参与性学习活动，如社区服务、社会调查、考察与访问，通过社会参与性学习培养学生关心社会、接触社会、积极参与社会生活的参与意识和民主精神。

在英国，国家关于综合实践活动课程的设计主要集中在社会研究和设计学习等方面。社会研究围绕公民的形成（becoming informed citizenship）及突出的政治、精神、道德、社会或文化问题来设计实践和探究的主题；设计学习则主要包括综合艺术设计、信息与交流技术等内容。

在法国，国家课程标准中设计了"综合学习"课程，表现在两个方面：一是跨越两个或两个以上学习领域，需要综合运用多学科的知识和技能，如"动手做"（hands-on）；二是称为"多样化途径"（pareours diversifies）的学习活动，以加强学科知识内容的综合，引导学生在实践中掌握和运用已经学到的知识。此外，还涉及接受、探究、应用等基本学习方式的综合学习活动，如"有指导的学生个人时间活动"（travaux personnelle encardres，TPE）课程。作为研究性学习，它强调每个学生的自主性，让学生自主选择和确立研究课题，自主策划和开展研究活动，自主表达和交流研究成果，自主评价和反思研究过程，培养学生的探究创造能力。

在日本，20世纪90年代以来，日本中小学一直开设"特别活动"课程，该课程包括学校传统活动、俱乐部活动和班级指导三个方面，但存在着与社会现实生活联系不够密切的缺陷。为了解决这个问题，日本文部省1998年12月颁布的《学习指导纲要》增设了"综合学习时间"。"综合学习时间"强调体验学习和课题研究等活动方式，重视满足学生的兴趣和爱好，致力于培养学生主动开展问题解决学习，引导学生掌握科学的学习方法和思考方法，要求学生通过理解、体验、感悟和探究自然、社会，形成综合实践能力和社会责任感。实施综合性学习是日本教育培养学生"生存力"的一项重要措施，要达成以下四个目标：第一，培养丰富的人性和社会性，使其自觉地成为在国际社会生存的日本人；第二，培养自学和自我思考的能力；第三，在宽松的教育活动中，谋求基础学力的牢固掌握，充分体现个性教育；第四，推进各校创造性地开展有特色的教育，以期形成特色学校。

这些国家和地区的综合实践活动涉及的领域归纳起来大致有三个方面：一是主题

探究或课题研究，包括对自然现象（问题）的研究和社会问题的研究；二是社会实践学习，包括社会服务活动、社会考察活动、社会公益活动；三是生活学习，包括生活技能的训练活动、生活科技与创造活动。发达国家和地区重视通过增设实践性、综合性课程来满足社会发展对人才综合素质的需求，他们注重改变学生单一的学习活动方式，加强学生对自然和社会的了解和参与，密切学生与社会生活的联系。课程体现了研究性、实践性、社会性、生活性等基本特征。他们的做法对我国综合实践活动课的设置产生了积极影响，为我国综合实践活动的实施提供了有益的借鉴。

二、我国综合实践活动的历史发展

我国"综合实践活动"课程的发展大致经历了活动本土化时期、活动教育化时期、活动课程化时期、活动综合化时期。以下是活动课程四个发展阶段。

（一）活动本土化时期（20世纪二三十年代至1949年）

活动本土化是指在借鉴他国教育思想的基础上，开发适合我国教育国情的活动课程。20世纪二三十年代，我国学术和思想领域正进行反封建的思想文化运动，这个过程借助了西方文化的吸纳和利用，与欧美国家的思想和文化交流十分频繁，西方的各种教育思想都在我国得到广泛传播。而20世纪二三十年代也正是美国进步主义教育及欧洲新教育发展处于鼎盛时期的时代，实用主义教育学说在我国当时的教育界受到了欢迎，特别是杜威来华讲学及教育界对杜威思想的介绍，直接促进我国活动课程思想的广泛传播，其中陶行知、陈鹤琴是这方面的杰出代表。

陶行知师承杜威，生活教育思想是其教育思想总的概括。早在1916年，陶行知留美归国后，他就对当时的中国基础教育状况进行了长达1年的调查研究，认为中国中小学最突出的问题是教育脱离生活，教学远离学生的实际。他提出了"生活即教育""社会即学校""教学做合一"的主张，开展了生活教育实验。1927年，陶行知在南京创办了晓庄师范，实施生活教育课程实验。他将"教学做"划分为四种类型：中心学校的"教学做"，占时值50%；分校任务的"教学做"，占时值的10%；征服自然环境的"教学做"，占时值的20%；改造社会环境的"教学做"，占时值的20%。1932年，陶行知在上海创办山海工学团，进一步深化生活教育课程思想。工学团提出"工以养生，学以明生，团以保生"。其基本内容与方式有：①工读结合的形式，设有木工、袜工、藤工三年手工工厂，聘请工匠做技术指导，师生学手工，工匠学文化，自己动手制作课桌椅、简易教具、玩具及实验器具。同时，还在生物教师指导下，学习养蜂、养兔、种菜等农副生产。工学团通常上午学习文化科学知识，下午参加劳动。②设立诊疗所，聘请医生充当医学指导，进行防治疾病、普及医药卫生常识的工作。③开展文娱活动，每星期五晚上举行同乐会，师生农友共同演节目、讲故事、做科学游戏。在陶行知看来，传统的、以科举考试为内容的旧教育，是一种培养"书呆子""废人"的教育，而生活教育则是以促进人的全面发展为目的，教育应培养儿童的创造力，发展儿童手脑结合的实践能力，启发儿童、青年和人民大众改造社会生活的觉悟。这种教育是要通过与生活实践的结合才能完成。陶行知的生活教育思想由于它的民族性和实用性，至今仍有重要的现实价值和前瞻意义。尽管他的生活教育理论的时代背景与当今综合实践活动课程的设置背景有截然的不同，他的教育主张和教育实践直接影响了后来"活动课程""综合实践活动"的理念。

陈鹤琴则主张"活教育"。"活教育"的基本特征是一切设施、一切活动以儿童为中心，一切教学集中在做，做中学，做中教，做中求进步。他认为"大自然、大社会"都是活教材。"活教育课程是把大自然、大社会作为出发点，让学生直接向大自然、大社会去学习"，"趋向活的、直接的、知识宝库探讨研究"。[①] 其中"活教材"即让儿童在自然、社会的直接接触中，在亲身观察中获取经验和知识。

陶行知、陈鹤琴等人不仅是教育思想家，也是脚踏实地的教育实践家，他们在20世纪二三十年代对中国旧教育进行批判的同时，在实践中大力推行自己的思想，创办了学校，改革了教法，并影响了许多后继的追随者，使二三十年代活动课程的实施在我国达到一个高潮。他们的理论所指引的教育方向与综合实践活动课程的价值取向是一致的，他们的教育实践给后人以深刻的启示。

资料链接

晓庄师范的"教学做合一"

中心学校的"教学做"。乡村中心学校的做法就是师范学校课程的内容。小学教什么，师范学校学什么。师范学校又分为前方和后方两部分。前方的学生到中心学校实习，由后方提供指导。

分校任务的"教学做"。学校的校务，诸如文牍、缮写、会计、庶务、校具保管、招待、图书管理，都交给学生去做。

征服自然环境的"教学做"。每个学生分得耕地半亩，学生种稻种菜或其他蔬果全由他自己决定，并每年向学校交纳2元田租。除主要指导员外，还配有两个委员会给他们提供农事顾问或进行农业设计。

改造社会环境的"教学做"。致力于改造社会事务。成立联村救火会、联村修路会、联村消防合作所等。

一天活动安排：早晨五时寅会，筹划每天应进行的工作，寅会后，进行武术。上午大部分时间阅读书籍，所阅读书籍包括学校规定的、各人所喜欢的。下午工作有农事及简单仪器制造、到民间去等。晚上有平民夜校及做笔记、日记等。

[资料来源]董宝良：《陶行知教育论著选》，207页，北京，北京人民教育出版社，1991。

---

① 陈鹤琴：《陈鹤琴全集》第4卷，364～365页，南京，江苏教育出版社，1991。

(二)活动教育化时期(1949—1992 年)

活动教育化是指将活动看成一种教育活动,并纳入学校教育的视野与规划。1949年中华人民共和国成立之后,我国的活动课程经历了一个曲折的发展过程,在相当长的时间内是以课外活动的形式表现出来的。

1952 年 3 月 18 日教育部发布的《小学暂行规程(草案)》提出"课内和课外活动配合进行"。教育部 1953 年 8 月修订的《小学(四二制)教学计划(草案)》列出"每周集体活动时间表",范围包括朝会、周会、课外活动、社团活动等。1955 年 9 月,为配合当时小学教学计划的执行,当时教育部还曾颁布了《关于小学课外活动的规定》,这是首个有关课程活动的专门文件。该文件将活动分为"课前操(或课间操)和清洁检查(每周共 90分钟)与课外集体活动(每周共 120～140 分钟)。其中课外集体活动包括校会、班会、少年先锋队活动、体育锻炼、生产劳动、学习小组和社会活动等(社会公益活动和参加少年宫、少年之家等校外机关的活动)"[①]。尽管旧中国的课程标准和新中国的教学计划,都附有"课外活动"的规定说明,对于课程以外的各种活动很重视,但总的来看,这些活动并没有取得和学科课程并重的地位,长期以来,我国的课程体系基本属于学科课程体系。因此,从新中国成立到 20 世纪五六十年代,在我国学校的正规课程中,并没有开设活动课程,活动课程主要是以课外活动的形式表现出来的,是作为课堂活动的补充和延伸,即坚持课堂活动为主、课外活动为辅的原则。后来由于受到"文化大革命"的影响,课外活动走向受到了错误政治路线的干扰,出现了扭曲的现象。课外活动某种程度上成了政治活动的延伸。直到 1976 年,"四人帮"垮台,政治路线得到纠正,随着正规课程的重建,课外活动才得以恢复和发展。在 1978 年教学计划的说明中,还规定了学生在校活动的课时。20 世纪 80 年代以后,课外活动备受重视。

20 世纪 80 年代,课外活动问题受到了人们进一步的关注,我国教育界曾在这个时期开展过有关课外活动课程化的大讨论,经过这场讨论,活动课程的价值得到了人们越来越充分的肯定,为逐步实现活动课程从"课外活动"到"活动类课程"的转变奠定了基础。1981 年制定的《全日制小学教学计划(修订草案)》中,为了"全面贯彻党的教育方针,使学生在德育、智育、体育几方面都得到发展",减轻学生过重的课业负担,第一次把活动课程列入教学计划,纳入周课时总量,使课外活动具有了教育性、自愿选择性、实践性等特点。不过当时仍称"课外活动"。《中华人民共和国义务教育法》颁布后,国家教委于 1986 年制定了《义务教育全日制小学、初级中学教学计划(初稿)》,以此为基础,经过一系列实验研究,1988 年 9 月《义务教育全日制小学、初级中学教学计划

---

① 课程教材研究所:《20 世纪中国中小学课程标准·教学大纲汇编·课程(教学)计划卷,13 页,北京,人民教育出版社,1999。

(试行草案)》指出：“小学的集体教育活动时间、初中的社会活动和机动时间用来组织有教育意义的活动。学校可安排固定的活动日，如植树日、扫墓日、参观日、文娱活动日以及运动会、远足、社会调查和实践等活动。”“劳动课通过自我服务劳动、一般家务劳动、公益劳动和简单的生产劳动，促进学生手脑并用，培养学生的劳动观点和劳动习惯。”

1992 年 11 月国家教委颁布了《九年义务教育全日制小学、初级中学课程计划(试行)》，该计划最大的特点是将课程分为两大类：学科与活动。在活动中，计划设置了晨会(夕会)、班团队活动、体育锻炼、科技文体活动、社会实践活动和校传统活动等，并对每项活动进行了特别规定与说明。例如：①晨会(夕会)，举行升旗仪式，进行时事政策和日常行为规范教育，教育学生热爱祖国，关心国家大事，遵守学生守则，养成良好的行为习惯；②班团活动，有目的、有计划地开展内容丰富、形式多样、生动活泼的集体活动，增强学生的组织观念和集体观念，培养学生自我管理和相互交往的能力；③体育锻炼，进行早操、课间操、眼保健操和其他体育锻炼，使学生增强体质，养成自觉锻炼身体的习惯；④科技文体活动，开展科技、文艺、体育等活动，由学生自愿参加，使学生增强兴趣，拓宽知识，增长才干，发展特长；⑤社会实践活动，参加社会生产劳动和社会服务、社会调查、参观访问及军事训练等活动，引导学生接触工农，了解社会，认识社会主义制度的优越性，增强热爱劳动人民的感情和社会责任感；⑥校传统活动，从学校内实际出发，因地制宜地组织有教育意义的活动，包括国家重大节日、纪念日和民族传统节日，以及学校自定的科技节、体育节、艺术节、远足等活动，引导学生在丰富多彩的活动中生动活泼地发展。值得关注的是，该计划将“劳动”列入学科之中，六三学制学生仅仅在三、四、五、六年级开设，初中设置“劳动技术”课；五四学制在三、四、五年级开设劳动课，初中设置“劳动技术”课。

但总的来说，这个时期的活动课程也存在着严重的不足，例如：活动课程目标仍停留在较浅层次，未能从情感、态度、价值观的维度提高全方位考虑活动课程的教育目标；对学生现实生活和社会生活的关注不够；活动课程与社会和生活的联系不够紧密；课程实施上，学习方式仍以接受方式和简单模仿学习为主，未真正体现其价值；活动领域单一，仍只限于课堂、学校范围内，缺乏评价和管理制度，学科化倾向严重，活动课程仍处于从属学科课程的地位。

(三)活动课程化时期(1993—2000 年)

活动课程化是指将课外校外活动改造、转化为课程，使之成为活动课程。20 世纪 90 年代，社会科技的迅猛发展使得人类社会一体化、信息化、国际化的发展趋势进一步加速，知识体系不断出现新的分化与综合，交叉学科、边缘学科、系统科学不断涌现，自然科学和社会科学之间的交叉渗透日益加强。同时，社会对人才培养的要求也越来越高，创造能力、实践能力、动手能力成为新时代背景下社会对人才素质的基本要求。1993年秋季开始试行的《九年义务教育全日制小学、初级中学课程计划》规定：新的课程结构由学科类和活动类两部分组成。学科课程和活动课程是使学生在德智体诸方面得到发展的必不可少的教育途径，都有各自独特的教育功能，互相不能替代。这是中小学教育改革的一项重大举措，标志着我国一直以来学科课程"独霸"局面的终结，带来了课程结构的优化和调整及新的课程体系的确立。由于《九年义务教育全日制小学、初级中学》课程计划只规定学校要根据自身条件开设活动课程，并没有明确界定活动课程的边界，也没有对活动课程的本质特征、实施原则予以说明，因此直接导致了学校对活动课程理解的偏差和操作的扭曲。课外活动或活动课程容易失去其本身最具生命力的东西，无形中演化为课堂教学和学科课程的扩展与延伸。许多中小学的课外活动，除了内容从数学、语文、英语变成了音乐、美术、体育之外，给人的感觉是学生们仍然是在"上课"。针对活动课程实施中存在的偏差和问题，1996年1月国家教委颁布了《九年义务教育活动类课程指导纲要（草案）》，明确规定了活动课程的培养目标、内容与形式、组织方式与方法等。《九年义务教育活动类课程指导纲要（草案）》出台后，一些地方如上海市、天津市、广西壮族自治区也出台了有关活动课程的地方性文件。如上海市教委1997年出台《上海市中小学活动课程实施纲要（试行）》，天津市河西教育局出台《天津市小学活动课程指导纲要》，广西壮族自治区教委印发了《广西九年义务教育活动课程实施方案》。

这个阶段的课程发展从侧面反映出教育政策与教育实践之间良好的互动关系。这是新中国成立以来活动课程第一次以国家课程的"身份"出现在课程计划中，标志着我国活动课程实现了飞跃式转变，掀开了我国活动课程历史的新篇章。活动课程的设置，一方面打破了我国学科课程长期一统天下的局面，成为推行素质教育的一个重要切入口。随着活动课程的实施，活动课程自身存在的一些弊端也开始暴露出来。例如：活动课程的目标仍然停留在浅层次的技艺训练上，对学生的实际关注不够；学习活动方式依然是接受性学习和简单的模仿学习，存在着"教活动课"的状况；活动领域单一，空间局限在课堂或学校范围内；学校和教师对其重视不够，相当多学校的活动课程形同虚设；学科化倾向严重，各种"学科活动课程"兴起并与"学科课程"的目标内容一一对应；过分依赖课外活动及功利化倾向，有些学校把其看成办学特色学校的途径、素质教育的替身，或者追求名次和等级，忽视学生的情感态度和价值观的发展等。

（四）活动综合化时期（2001年至今）

活动综合化是指活动课程的新发展，它将活动课程推向新的发展水平。2001年《基础教育课程改革纲要（试行）》将以往的"活动课"改为"综合实践活动课程"，更加强调活动的综合性与实践性，提升了活动课的水平。2001年教育部颁发了《国家九年义务教育课程综合实践活动指导纲要(3～6 年级)》与《国家九年义务教育课程综合实践活动指导纲要(7～9 年级)》，以上两个文件对不同学段综合实践活动的背景、性质、理念进行了说明，对综合实践活动的课程目标、内容领域、实施、评价和课程管理做出了系列规定。另外，2001 年 4 月教育部印发《普通高中"研究性学习"实施指南(试行)》和《劳动与技术教育·信息技术教育教育实施指南(7～9 年级)》。2017 年 9 月，教育部颁布《中小学综合实践活动课程指导纲要》，并提出："综合实践活动是从学生的真实生活和发展需要出发，从生活情境中发现问题，转化为活动主题，通过探究、服务、制作、体验等方式，培养学生综合素质的跨学科实践性课程。"至此，从国家教育政策层面规定了综合实践活动是基础教育阶段一门必修课程，与学科课程并列设置，这揭开了综合实践活动课程开发新篇章。

这个阶段呈现如下特点：第一，活动目标维度化。有的按照学科课程的三维目标进行设计，有的则按照自然、社会、自我三个维度进行设计，还有尝试按照 2017 年《中小学综合实践活动课程指导纲要》中的"价值体认、责任担当、问题解决、创意物化"四个方面进行目标设计。第二，活动内容走向整合。对于综合实践活动内容的选择与组织，有的学校按《中小学综合实践活动课程指导纲要》规定的四个领域实施，有的地方(或学校)根据本地(或学校)进行整合，提出不同的领域。如深圳特区的小学将综合实践活动内容整合为国际理解、咨询科技、健康安全、环境保护、社区参与、社会经营六大领域[①]。有的则对学校的活动进行统整，如湖南长沙市的长郡中学将综合实践活动整合为自主研究(湖湘文化、科技与社会发展、国际风云、健康人生)、社会实践、校园文化三大领域[②]。第三，活动实施方式多样化。综合实践活动方式多种多样，具体方式有观察、考察、调查、访谈、实验、设计、制作、服务、劳动、养殖、种植、展示、表演、表现、体验等。这些方式或在学科活动中或在综合活动中得到一定体现。第四，评价与管理制度化。学校综合实践活动被纳入学生素质发展评价范围，一些学校通过学生的活动记录、调查报告、研究报告、实践单位证明、成果展示等方式，对学生的综合实践活动进行考核与评价。关注活动过程、强调经历体验成为学生活动评价的共同特征，档案袋评价、描述性评价在学生活动评价中被广泛运用成为评价的基本方式。

百年的活动课程发展显示：从总体上看，我国综合实践活动取得了初步成效。主要体现为：第一，活动课程的开设优化了学校课程结构，学生的实践能力、创造精神和综合素养得到提高；第二，活动目标从笼统到具体，"三维"目标表述成为主流，活动内容选择与组织联系社会实际与学生经验，从兴趣化、类型化走向领域化、主题化；

---

① 李臣之：《综合实践活动课程开发》，116～117 页，北京，人民教育出版社，2003。
② 姜平：《综合实践活动课程的整体推进与校本化实施》，103～104 页，北京，首都师范大学出版社，2006。

第三，活动设计基于学生直接经验，从教育方案到教学方案再到课程方案，活动实施从关注技能训练到综合实践，追求综合素质的培养；第四，活动评价关注过程，评价标准和方法初步形成；第五，活动管理在制度建设、机构设置、人员培训诸方面从无到有，走向完善。但依旧存在着管理制度不完善、教师培训不到位、资源缺乏、有效的政策支持缺失等原因，课程实施举步维艰，其实施的有效性亟待提高。随着综合实践活动的推进与实施，我们相信：学校课程结构将更加合理，学生的综合素质与教师的专业素质均将得到更充分的发展，学校特色也将更加鲜明，综合实践活动将为学校带来生机与活力！

第二节
综合实践活动的课程本质

一、综合实践活动的课程意蕴

(一)综合实践活动的内涵演变

1. 不同时期综合实践活动课程的内涵

2001 年，我国启动基础教育课程改革，着力改变应试教育的传统积弊，倡导"为了每一位学生的发展"的核心理念，确立与素质教育相适应的课程体系。在此背景下，综合实践活动课程被引入中小学课程体系。为了体现课程的创新，2001 年教育部颁发的《基础教育课程改革纲要（试行）》将综合实践活动被界定为"基于学生经验、密切联系学生生活和社会实际、体现对知识的综合应用的实践性课程，其内容主要包括研究性学习、社区服务与社会实践、信息技术与教育和劳动与技术教育"。这一界定颠覆了传统学科课程的内容体系和组织方式，整合了课外活动、兴趣小组等学校既有的一些优秀课程形式，在"科目主义"的传统课程生态中引入一股清流，引领在中小学开展经验课程的设计和"做中学"的新理念，在很大程度上促进了教与学的方式转变。2017 年 9 月，教育部重新修订有关综合实践活动课程的规定，印发《中小学综合实践活动课程指导纲要》，指出"综合实践活动是从学生的真实生活和发展需要出发，从生活情境中发现问题，转化为活动主题，通过探究、服务、制作、体验等方式，培养学生综合素质的跨学科实践性课程"。并提出了四种基本的活动方式，即考察探究、社会服务、设计制作、职业体验，这对十多年前最初的课程内涵进行了修订和调整，进一步凸显了课程的实践性和综合性，体现了新时期教育改革对课程发展的新需求。

2. 综合实践活动课程内涵中的理念变革

1998年，教育部颁发《面向21世纪教育振兴行动计划》，明确提出实施"跨世纪素质教育工程"，要求2000年初步形成现代化基础教育课程框架和标准，改革教育内容和教育方法，推行新的评价制度，在全国推行21世纪基础教育课程教材体系。以此为指导，2001年6月教育部印发的《基础教育课程改革纲要（试行）》提出"从小学至高中设置综合实践活动并作为必修课程"，这意味着我国的中小学课程体系和话语体系中首次出现了"综合实践活动"这个术语。由此开始，综合实践活动成为落实素质教育发展理念、推动课程与教学创新的重要形式和基本载体。综合实践活动作为一类新型课程，具有独特的育人价值，这体现在它的基本理念上：坚持学生的自主选择和主动参与；面向学生完整的生活领域，为学生提供开放的个性发展空间；注重学生的亲身体验和积极实践，强调学习方式的变革。

经过十多年的实践和探索，综合实践活动课程在培养学生的探究精神和实践能力、提升学生综合素养方面确实发挥了不少作用。但也存在一些问题，主要是在实施过程中各学校对课程的性质、形态等缺乏准确的理解和把握，实施过程中的盲目性和随意性较大，需要加以规范和指导。2017年9月，教育部印发《中小学综合实践活动课程指导纲要》对综合实践活动课程的性质进行了确认，并以此规范中小学校的课程实施。其中主要的变化有：一是课程内容更加丰富，对既有的四个领域重新梳理，使其涵盖了国家需要在中小学开展的一些专题教育内容，增加了职业体验、班团队活动、专题教育、场馆教育、研学旅行等内容；二是分段表述课程目标，使课程目标更加明确和细化；三是增设了附件内容，尤其是对考察探究、社会服务、设计制作和职业体验四个领域提出推荐性主题设计和说明，解决了不会开课、开设不规范等实践问题。

3. 综合实践活动课程的界定

《中小学综合实践活动课程指导纲要》指出："综合实践活动是从学生的真实生活和发展需要出发，从生活情境中发现问题，转化为活动主题，通过探究、服务、制作、体验等方式，培养学生综合素质的跨学科实践性课程。"这意味着学生的学习内容除分门别类的学科课程外，还包括每个学生置身其中的真实生活——经过反思与体验的日常生活；学生的学习活动除具有学科领域特点的学科实践外，还包括具有综合性和跨学科性的生活实践。综合实践活动作为我国基础教育一门重要课程，具有丰富的时代内涵。

第一，综合实践活动是一门生活性课程。生活性课程是与文本性课程或符号性课程相对而言的。前者面对的是学生的生活世界，后者面对的是科学世界。生活世界与科学世界是各有其特殊规定性的两个不同世界，但它们又是相互作用、相互渗透、历史地统一的。当我们说综合实践活动是一种生活性课程时，主要是指综合实践活动关注学生的现实生活世界，注重从学生真实的生活世界中选取其具有综合性、实践性、现实性的现象、事件、问题来设计课程内容。

第二，综合实践活动是一门综合性课程。相对于学科课程或分科课程，综合实践活动具有跨学科性，它超越了逻辑严密的学科知识体系，打破了分门别类的学科界限，强调整合并运用多种学科知识思考和解决生活世界中的现实问题，培养学生的实际生活能力和创造性解决问题的能力，为学生整体地认识世界、全面地发展自我提供了广阔的空间和机会。

第三，综合实践活动是一门实践性课程。实践性课程实质上是与理论性课程相对的概念。理论性课程一般是指以理论性知识为核心，通常以阅读和讲授等方式进行的课程；实践性课程一般是指以实践性知识为核心，以在实践中习得、体验、反思和分析等方式进行的课程，也可以说是一种"做中学"的课程。如果说传统的学科课程在很大程度上是一种理论性课程，那么综合实践活动则是一种实践性课程。这是对综合实践活动性质的基本确认，也是我们理解和把握综合实践活动的基本前提。

第四，综合实践活动是一门经验性课程。经验性课程主要是指以学生的主体性活动经验为中心组织的课程，而不是以人类的间接经验为中心组织的课程。经验性着眼于学生的需要和兴趣，强调学生的亲身经历和体验，旨在使学生在观察、调查、探究、实验等一系列活动中获得经验、培养兴趣、解决问题、锻炼能力。因此，经验性课程也称为活动课程。

第五，综合实践活动是必修课程。在新一轮基础教育课程改革中，不仅增设了综合实践活动，而且把它作为必修课程，这反映了国家教育部门要求强制执行的意志。必修课程是根据课程计划对课程实施的要求来确定的，其主导价值在于培养和发展学生的共性。综合实践活动就是要培养学生的自主、探究和合作的精神，提高学生的整合和实践能力，激发学生的创造性。从形式上说，综合实践活动是必修课程，其开设体现国家意志，这一规定性保证了该课程的顺利实施。

综上所述，可将综合实践活动做如此界定：综合实践活动课程是基于学生的直接经验，密切联系当代社会生活实际，综合运用所学知识解决实际问题，强调实践能力、创新能力的培养及提高学生综合素质的实践性课程。

(二)综合实践活动课程相关概念辨析

1. 综合实践活动与学科课程

学科课程是一种古老的课程形态，今天仍然是学校课程的基本形式。由于人类知识是按照不同领域加以划分的，因此学科课程又常常被称为分科课程。最早的学科课程可以追溯到中国先秦时期孔子设立的"六经"和古希腊的"七艺"。随着科学技术的发展和学科门类的增多，学科课程越分越细，不断完善。学科课程的系统性、深刻性和简约性,提高了学校教育的效率和质量。但伴随着学科课程的分化与深化,学科之间相互割裂,脱离社会实际,远离学生经验,与丰富多彩的生活世界渐行渐远。

综合实践活动的产生正是为了克服学科课程自身的不足,突破学科分野,拆除学科藩篱,改变过于注重书本知识的现状,改变过于强调学科本位、缺乏整合的现状,关注客观世界的整体性和人类知识的统一性,关注生活世界回归,同时强调实践与活动的独特价值,是构建新的课程结构的一种探索。综合实践活动与学科课程的区别如下(见表1-1)。

表 1-1　综合实践活动与学科课程的区别

比较角度	学科课程	综合实践活动
课程目的	掌握知识技能	发展实践创新能力
课程性质	学科类(分科为主)	活动类(综合课程)
课程内容	以分门别类的知识的逻辑顺序来组织的间接经验	以学生感兴趣的生活中的问题为线索来组织的直接经验
教学方式	传授为主	真正自主、合作、探究
教师的作用	"教"师	"导"师
教学空间	相对封闭固定	开放的时空
评价考察	知识技能掌握多少	个人的收获体验、能力的发展

综合实践活动课程与学科课程的联系体现为二者的目的均在于促进学生的素质发展。学科课程的学习为综合实践活动课程之基础,缺乏相应的学科基础,综合实践活动课程难以深入。同时,综合实践活动课程中产生的问题、经验为学科课程实施提供材料。因此,综合实践活动课程与学科课程互为基础,相互促进。但有时综合实践活动课程与学科课程也可以彼此打通,同一问题可以分属不同课程,共同实施。必须指出的是,学科课程中的一些活动如美术课中的写生、音乐课中的演奏、理科中的实验、体育课中的训练,不属于综合实践活动。因为,学科课程中的活动从属于、服务于对某一学科知识体系的理解、掌握,以掌握系统的书本知识为目的,具有明显的学科特点,缺乏足够的开放性和综合性,难以超越特定学科固有的知识体系。综合实践活动中的活动、实践则往往是多学科、跨学科的,难以归入某一学科,并且常常具有相当多的自主性,以密切学生与生活的联系、学生与社会的联系及发展学生自身的综合能力为目的。

2. 综合实践活动与活动课程

综合实践活动是在活动课程理论与实践发展的基础上提出来的。那为什么需要一个新的"综合实践活动"呢?

首先,从课程目标上看,综合实践活动的课程目标比活动课程更加关注学生的全面发展。《综合实践活动课程纲要(试行)》指出，国家课程标准"应体现国家对不同阶段学生在知识与技能、过程与方法、情感态度与价值观等方面的基本要求，规定各门课程的性质、目标、内容、框架，提出教学和评价建议"，这即是"三维目标"体系。

首先，从综合实践活动的目标看，基本遵照了这一体系设计。而1992年《九年义务教育全日制小学、初级中学课程计划(试行)》中规定活动课程总目标是："各项活动都要结合其特点，发挥学生的主动性和创造性，使学生受到政治、思想、道德教育，扩大视野，动手动脑，增加才干，发展志趣和特长，丰富精神生活，增进身心健康。"由此可见，该活动课程的这一目标是含糊不全面的，应侧重于学生的操作技能的训练、解决实际问题能力的培养、个性特长的发展等。

其次，从课程内容看，综合实践活动课程更加联系学生生活和社会生活，更具系统性。《综合实践活动课程纲要(试行)》规定综合实践活动主要有四大指定领域和若干非指定领域，并强调课程的整体性。指定领域不是相互割裂的关系。一方面，研究性学习作为综合实践活动的基础，倡导探究的学习方式，这一方式渗透于综合实践活动的全部内容之中；另一方面，社区服务与社会实践、劳动与技术教育和信息技术教育则是研究性学习探究的重要内容。所以，在实践过程中，指定领域是以融合形态呈现的。非指定领域在开展过程中可与指定领域相结合。而活动课程在国家1992年的《九年义务教育全日制小学、初级中学课程计划(试行)》中可分为晨会(夕会)、班团队活动、体育锻炼和科技文体活动、社会实践活动和校传统活动。它体现为简单活动内容多，综合实践活动内容少，活动课程内容之间也缺乏联系，其内容更多是过去课外活动的延续。

再次，从课程评价上看，综合实践活动较之活动课程更加全面、多元，突出学生的参与性。2001年《综合实践活动课程指导纲要(试行)》当中专门就综合实践活动评价做出了说明："要求新的评价理念与评价方式。它反对通过量化手段对学生进行分等划类的评价方式，主张采用'自我参照'标准，引导学生对自己在综合实践活动中的各种表现进行'自我反思性评价'，强调师生之间、学生同伴之间对彼此的个性化的表现进行评定、进行鉴赏。"评价强调整体性、多元性和过程性，要求通过观察、记录和描述学生在活动过程中的表现，并推行"档案袋评定"和"协商研讨式评定"。而活动课程的评价却没有专门的、系统的评价指导。1992年《九年义务教育全日制小学、初级中学课程计划(试行)》中活动课程的评价没有做单独的区分，而是与学科课程一道放在了"考试和考查"里。可见，活动课程评价在20世纪90年代缺乏独立的体系且隶属于考查科目也就不足为奇。尽管考查不以分数形式呈现，但其考查的内容主要对"活动的有关知识和能力等方面考核"；考查的主体是教师，他们负责对学生活动表现给予合格与否的评定，学生并不参与其中；考查的形式虽然是"放在平时进行"，但并不是贯穿在学生学校生活的每一天，而是阶段式总结。

综合实践活动与活动课程的联系体现在：活动课程的理论与实践为综合实践活动奠定了基础，综合实践活动是活动课程的发展、深化与提升，并赋予以往的活动课程以新的特质，加强了其综合性、开放性、体验性、研究性。综合实践活动是对活动课程的当代改造。综合实践活动与活动课程的区别如下（见表1-2）。

表1-2 综合实践活动与活动课程的区别

比较角度	综合实践活动课程	活动课程
课程目标	发展学生的综合素质、实践能力	克服学科课程的不足、弊端
课程内容	强调整合性与研究性	分类开设（六大类）
学习方式	多种活动方式共用	某一活动方式
实施空间	校外为主	校内为主
实施焦点	强调探究、体验	强调技能训练、重复
课程性质	多种活动、综合活动、实践	单一活动、学科活动、认知

综上所述，活动课程的开展未能从根本上解决学生全面发展的问题，也无力改变学科课程体系主导下知识教学、应试教育等现实问题。而综合实践活动的设置则超越了传统的课程教学制度——学科、课堂、评分——的束缚，是使学生置身于活生生的、现实的（乃至虚拟的）学习环境之中，综合地习得现实社会及未来世界所需要的种种知识、能力、态度的一种课程编制模式，是对活动课程的超越和升级。

3. 综合实践活动与综合课程

综合实践活动是一门综合程度最高且实施形态最开放、最灵活的课程。在新的课程体系当中，综合实践活动与综合课程的关系并非简单的隶属关系。

一方面，综合实践活动在课程性质上相对独立。这种判断基于综合实践活动与综合课程在课程体系中的不同定位。综合课程更多从整合学科课程的目的和方式出发进行设计。在课程体系中出现了多个综合学科，即把知识内容、培养目标和精神内涵近似或关联的学科统整为一门新的课程。如小学阶段的"品德与生活""品德与社会""科学"等课程。综合实践活动在课程内容、课程活动范围、教学方式、培养目标上都与这一类型的综合课程存在差异：它是以领域主题为课程内容的核心要素，以全部社会生活为课程活动范围，以亲历性实践作为课程主要活动，以自主体验、主动参与和独立研究为主要活动方式，以获取丰富的直接经验、熟练的实践能力和积极的情感体验为主要目的。因此，在新课程体系当中，综合实践活动具有较强的独立性。

另一方面，综合实践活动丰富和拓展了综合课程的内涵。这种拓展表现在：其一，综合实践活动出现了新的课程组织形式。尽管综合课程当中也有不少课程主题，但综合实践活动的主题是以领域的形式出现的。它的划分既以学生和社会生活为依据不断生成更新，又兼顾了学科课程的专业性。其二，综合实践活动丰富了综合课程的管理方式。综合实践活动是在三级课程体系当中建构起来的，其性质更为复杂。综合实践活动既是国家必修课程，在课程计划中以独立的课程存在，配以特定学时保障，但在具体实施和管理上，却又由地方和学校自行设计和安排。这是以往任何综合课程所不曾有过的。其三，综合实践活动发展了综合课程与学科课程的关系。以往综合课程与学科课程在课程体系中往往是相互独立的，综合实践活动则表现出与学科课程相互渗透的特性。学科课程的学习方式、课程资源的更新都可以借助综合实践活动来实现，而综合实践活动的活动领域要以学科课程作为知识基础，两者彼此促进共同作用于学生经验的生成。

资料链接

什么样的课程不是综合实践活动课程

综合实践活动课程的设计和实施，要符合其综合性、实践性、开放性、生成性和自主性等基本特点。任何把综合实践活动当作一门具有知识体系的学科来"教"的做法，都不符合其基本规定。一般来说，具有以下几种特征的课程，都难以符合综合实践活动课程的基本规定。

1. 以书本和教室空间为中心

综合实践活动是实践性课程，它客观地要求学生具有开放的实践情境和适当的开放性活动空间。尽管综合实践活动的实施要求学生收集资料，利用已有的知识基础，并在教室里进行讨论、交流，但从总体上说，综合实践活动的实施不能局限于文本的学习和活动，不能局限于教室空间进行活动。不能以书本和教室空间为中心。否则，综合实践活动的实践性是难以真正体现的。

以书本和教室空间为中心的学习方式，往往会使学生远离实际的自然情境、社区背景和学生自身日常生活，不利于增进学生对自然、社会和自我的感性认识和实际体验。同时也容易使综合实践活动课程成为各门认知性学科课程的延伸，从而窄化了综合实践活动，使得综合实践活动演变成了课堂活动。

2. 以系统知识获得为目的

综合实践活动的课程价值不以认知目标为主，而是以各种行为目标和情感目标为主，因而，综合实践活动的实施，不能以系统知识的获得为目的。尽管综合实践活动的实施有利于学生深化已有的知识和各种认识，但该课程的目的不是使学生获得系统的书本知识。在综合实践活动课程的实施过程中，要处理综合实践活动课程与学科课程学习的关系。既不能完全脱离学科课程的学习，又不应把综合实践活动变成一门学科课程来实施。

3. 以教师讲授为主

综合实践活动是教师指导下的学生自主实践活动，它要求充分发挥学生的自主性，亲身体验，积极实践。因而，不能以教师的讲解、告诉为主。在实施过程中，教师可能对学生进行一定的方法引导、活动规则等方面的讲解。但综合实践活动的实施过程不能以教师在教室里讲解、学生回答问题的方式来展开。

4. 以笔头和书面作业为主

综合实践活动强调形成学生的问题意识，以及利用已有知识和能力解决生活情境中遇到的实际问题；强调学生的实践体验和各方面情感、态度和价值观的发展。因而，综合实践活动不能仅仅停留在学生从文献到文献、从书本到书本的笔头作业或书面作业上，要引导学生通过各种活动作业来开展活动过程。

[资料来源] 郭元祥、伍远岳：《中学综合实践活动》，9～10 页，北京，高等教育出版社，2016。

二、综合实践活动的基本理念

(一)课程目标以培养学生综合素质为导向

《中小学综合实践活动课程指导纲要》指出："本课程强调学生综合运用各学科知识，认识、分析和解决现实问题，提升综合素质，着力发展核心素养，特别是社会责任感、创新精神和实践能力，以适应快速变化的社会生活、职业世界和个人自主发展的需要，迎接信息时代和知识社会的挑战。"综合实践活动是以培养学生的综合素质为导向。开设综合实践活动课程，一方面，有助于学生综合运用知识解决现实问题，提高学生发现问题、分析问题、解决问题的能力；另一方面，学生在实践中又可以不断丰富对现实生活的认识，这些认识经过分析综合，形成复杂的概念乃至系统的知识，进一步提高学生认识世界的综合能力。

综合实践活动的育人途径是跨学科的实践活动。一方面，实践是认识的起点和源泉，综合素质和核心素养需要在实践中发展。它通过为学生创造实践机会和情境，引导学生面对和解决各种实践问题，从中培养实践所需要的综合能力。另一方面，实践经验来自生活世界。综合实践活动课程必须面向学生的完整生活，必须是综合性的、跨学科的。它立足实践，面向生活，为学生综合运用知识解决实际问题提供广阔的、真实的空间和平台。只有这样，综合实践活动才能像《中小学综合实践活动课程指导纲要》总目标的表述那样，让"学生能从个体生活、社会生活及大自然的接触中获得丰富的实践经验，形成并逐渐提升对自然、社会和自我之内在联系的整体认识，具有价值体认、责任担当、问题解决、创意物化等方面的意识和能力"。

(二)课程开发面向学生的个体生活和社会生活

《中小学综合实践活动课程指导纲要》指出："本课程面向学生完整的生活世界，引导学生从日常学习生活、社会生活或与大自然的接触中提出具有教育意义的活动主题，使学生获得关于自我、社会、自然的真实体验，建立学习与生活的有机联系。要避免仅从学科知识体系出发进行活动设计。"这意味着面向学生生活，密切联系学生的生活经验和社会发展的实际，是综合实践活动课程的基本追求。综合实践活动为密切学生与生活、学生与社会的联系架起一座桥梁，有助于克服书本知识学习的局限性，克服长期以来基础教育课程脱离学生生活和社会生活的倾向，将广阔的生活世界引入学校课程，沟通教育世界、知识世界和生活世界，面向学生完整的生活领域，为学生提供开放的个性发展空间。

综合实践活动主题的选择和确定，应克服单一地从书本到书本、从文字资料到文字资料的局限性，引导学生从个体的学习生活、家庭生活、社会生活或自然生活中提出具有生命力的鲜活的活动主题、项目或课题。综合实践活动的实施要面向学生完整的生活领域，走出体系化的、结构化的书本教材，走出单一的、封闭的课堂时空，深入大自然、大社会与大生活，开展探究性、体验性、实践性、社会参与性学习活动，密切联系学生的生活背景和已有经验，从学生所处的实际的自然环境和社会环境出发，实施综合实践活动的全过程。在综合实践活动的总结阶段，要引导学生联系个体的家庭生活、社会生活、生存环境和社会现实来总结、反思，获得实际的体验，深化对自然、对社会和对自我的认识。

(三)课程实施注重学生主动实践和开放生成

《中小学综合实践活动课程指导纲要》指出："本课程鼓励学生从自身成长需要出发，选择活动主题，主动参与并亲身经历实践过程，体验并践行价值信念。在实施过程中，随着活动的不断展开，在教师指导下，学生可根据实际需要，对活动的目标与内容、组织与方法、过程与步骤等做出动态调整，使活动不断深化。"注重实践经历与活动的开放生成，是综合实践活动课程的本质规定。综合实践活动的开发与实施强调学生乐于探究、勤于动手和勇于实践，注重学生在实践性、探索性、参与性学习活动过程中的感受和体验，要求将学生置于真实的情境之中，让学生亲身经历，亲自体验，实践操作，体验实践活动，让学生超越单一地、被动地接受学习，实现学习方式的多元化、个体化。

综合实践活动强调开放的活动空间，书本知识的学习不再是学生获取知识的唯一有效的途径，学生开始走向广阔生活、走向丰富的实践，调查考察、参观访问、实验测量、合作交流、社会参与、社会服务、劳动实践、技术创新成为重要的活动形式与学习方式。因此，综合实践活动应把学生推向开放的社会情境和真实的社会场景，让他们在具有一定挑战性的活动中去历练、去探索。学生在具体的自然情境、社会情境和在特定的活动场所中开展调查、考察、参观、访问、实验、测量、劳动、服务等实际活动，自主体验、探索创新，他们的创新精神、实践能力与综合素质随即发展起来，他们的精神世界和人格陶冶也逐渐走向丰富、成熟。

(四)课程评价主张多元评价和综合考察

《中小学综合实践活动课程指导纲要》指出："本课程要求突出评价对学生的发展价值，充分肯定学生活动方式和问题解决策略的多样性，鼓励学生自我评价与同伴间的合作交流和经验分享。提倡多采用质性评价方式，避免将评价简化为分数或等级。要将学生在综合实践活动中的各种表现和活动成果作为分析考察课程实施状况与学生发展状况的重要依据，对学生的活动过程和结果进行综合评价。"对综合实践活动的评价要具有过程性、发展性的特点，综合实践活动综合运用了各学科知识，着眼于学生个性发展的多样性，通过综合实践活动提高学生各方面能力。对于学生的评价应从知识、能力、态度等层面着手，制订各层面的评价标准。从知识层面，重点关注学生如何应用新知识，还有在理解新知识时所能掌握的程度；在能力层面，重点关注学生的表述能力、交往能力、协作能力及筛选信息的能力等；在态度层面，重点关注学生对社会和谐发展的一种责任感和紧迫感。

此外，综合实践活动课程评价方式的选择还要根据教师教学规律及综合实践活动课程本身特点即实践性、综合性、生成性。依据这些原则，综合实践活动的课程评价既要关注各环节的发展，又要从整体上全面地评价该课程的实施与推进，从而推进素质教育目标的实现。因此在评价过程中，既要重视学生创新精神和实践能力的培育；又要提高教师的教学水平和课程开发能力，从而促进教师和学生双方共同进步的积极作用。

三、综合实践活动的课程特性

(一)整合性

综合实践活动是基于整体论视野开发与实施的，活动内容的选择范围包括学习者本人、社会生活和自然世界。对问题的探究应体现个人、社会、自然的内在整合。其整合性表现在如下方面。

第一，内容整合。学科课程是以各学科的系统知识为目标，它主要依据学科知识体系的内在逻辑关系设计内容，强调知识的系统性和连续性，将学生的思维和认识活动纳入系统学科的轨道。综合实践活动不以单一的学科知识为中心，而是以学生的心理水平、学习兴趣、社会生活及跨学科的综合性知识为基础设计学习内容，强调学科间的联系、知识的综合运用及综合能力的培养。综合实践活动课程的活动内容、活动所产生的教育影响都具有很强的综合性。

第二，能力整合。首先，综合实践活动课程希望并努力使学生锻炼、获得、提高的不是一项或几项特殊技能，它根据活动的需要，能力调动是丰富多样的，如查找资料、动手制作、计算、阅读、书写等。它重在培养学习者不断追求新知、实事求是、独立思考和勇于创造的科学精神和实践能力。强调学习者能够综合运用各科知识、综合使用各种方法、展现培养综合能力。其次，综合实践活动课程的许多内容是以问题为中心，学习者在活动中自己发现问题，自己设计方案，自己搜集资料，然后通过观察、分析、综合、推理和实验操作解决问题。在这个过程中，学习者的创造能力得到了有效的展示和再提高。

第三，教育功能整合。综合实践活动课程所追求的，不是某个具体学科或具体问题上的成就，而是学生多方面的发展。除了知识、能力以外，在各种各样的认识与实践活动中，学生的认识倾向、社会态度、价值观念、行为规范、思维方式、感情世界等，都可以在综合实践活动课程较为宽松、自由的情境中得到充分的锻炼，也就是说，学生的受益和发展也是整体性的。

第四，活动方式的整合。综合实践活动课程要实现综合培养目标，所采用的方式也是多样的。在方式上强调一切有利于学生活动积极性和探索欲望的活动形式，强调调动多种感官的参与和多种心理能力的投入。各主题都由一系列综合实践活动贯穿而成，因此，不仅是活动形式丰富多样，在组织形式上也强调灵活多样，既有个人活动、小组活动，也有大集体活动。

综合实践活动课程的整合性要求其设计与实施超越学科界限，走出逻辑严密的科学世界，突出刚性的学科知识体系，走向广阔的生活世界，整合学生在生活世界中的各种关系及其处理这些关系的已有经验，面对学生与自然、学生与社会生活、学生与自我的真实情境，直面综合而真实的问题，运用多方面的知识、经验解决实际问题，完成活动任务，体现个人、社会、自然的内在整合，实现科学、艺术、道德的内在整合，立足于人的生活世界的综合性和个体的整体性，促进学生的整体发展与个性完善。

(二)实践性

综合实践活动重视实践经验，强调学生参与实践活动管理，实践性是综合实践活动最显著的特点和本质特征。具体体现在如下方面。

第一，侧重于"行"。学科课程中的思想品德课和政治课，偏重于思想观点的教育，讲得多，做得少，往往知行脱节，其他学科所强调的渗透思想品德教育也往往落不到实处，而综合实践活动中的生活实践活动、社会实践活动等则做到知、情、意、行统一，相辅相成，使学生和谐发展。个性养成也从"行"中得以实现。

第二，侧重于"用"。传统学科课程重知识的传授，轻知识的运用，造成学生知识学得死、运用差，知识或技能没有形成能力。综合实践活动课程可使学生通过独立的活动，动脑、动口、动手，广泛地、跨学科地运用知识，使间接经验与直接经验密切结合起来，提高认识能力和操作能力。从间接经验中获得的技能，通过"用"自然形成能力。

第三，侧重交往。就学生的社会交往来看，学科课程局限于调查的范围，而综合实践活动课程引导学生走向生活、走向社会，参加社会实践活动，有助于培养学生的社会实践能力和组织协作交往能力。

第四，侧重直接体验。综合实践活动克服当前基础教育课程脱离学生自身生活和社会生活的倾向，从生活世界中选择活动主题和内容，强调学生亲身经历各项活动，倡导学生通过考察探究、社会服务、设计制作、职业体验等方式"动手做""实验""探究""设计""创作""反思"，在全身心参与的活动中发现、分析和解决问题。这一核心理念旨在让学生在丰富多彩、形式多样的活动中体验、体证、体认、体悟、体会、感受生活，并将其与课本知识紧密联系，从而实现自身发展和成长。

综合实践活动的实践性要求学生超越单一的书本知识学习，通过多种多样的实践性学习学会发现、学会探究、学会实践、学会创造，实现直接经验学习和间接经验学习的有机结合，在实践中提高自身的综合实践能力。为此，教师在设计综合实践活动时要做到：首先，要注重实践方式，将各种活动的实践要素凸显出来；其次，活动设计要与学生所学学科不对立，互相促进。学生经历了实践活动后，能用所学知识指导自身实践，也能从活动中发现自身知识结构的不完善，如此一来，既能够促进学生建立自我认同，也能促进其知行合一。

（三）开放性

综合实践活动课程各构成要素及实施过程所涉及的要素具有开放性。其开放性主要体现如下方面。

第一，活动目标的开放性。活动目标的开放性主要体现在综合实践活动课活动效果突破了"以分数论英雄"的教育观念，作为教学计划中一种新型的正式课程，它较突出地以培养学生的非智力因素（即情感态度等）为主要目标，而学生非智力因素的形成、发展及表现不像智力因素那么明显，不可能进行定量分析。综合实践活动是重在过程而不是在结果，它没有统一的评分标准，只要学生参与活动，在活动中认真动手、动脑、动口，不管活动效果如何，都能使各人有不同的收获。

第二，活动内容的开放性。综合实践活动提供给学生的则是一个丰富多彩的、广阔的、充满弹性的开放性空间。其活动内容的确是有极大的伸缩余地，不但各校不同，而且同校之中各年级不同，同年级之中各班也可以不同。可见，综合实践活动的课程内容设置不像学科课程那样受教学大纲和统考的限制。另外，广阔的大自然、复杂的大社会都是综合实践活动的课程内容，学生在其中可尽情地去发现、去探索、去追求。它包罗万象的特点，正是综合实践活动课程内容设置开放性的体现。再者，不同民族、不同地区，城市与农村的经济、文化发展不平衡，各中小学的师资水平和教学设施等硬件条件也存在很大的差异。学校活动课程辅导教师在组织学生开展活动时，可以因地制宜地选择活动内容，这也体现着综合实践活动课程内容的开放性。

第三，活动方式的开放性。活动方式的开放性不仅是指综合实践活动的教学没有固定的方式，还体现在活动的规模、时间和空间等方面。首先是活动规模的开放。不同的活动内容，活动规模可以不同。即使是同一个活动内容，活动的规模也可以不同。既可以以学校班级、小组或个体为单位，也可以跨校联合等。参加活动的人数可多可少，规模可大可小，形式多种多样，辅导老师可根据各方面的条件灵活选择。其次是活动空间和时间开放。综合实践活动能把学校与社会联系起来，把学生受教育的空间扩展到校外，提供更多的受教育机会。这样就打破了学校的封闭性，拉近了学校与社会、知识与生活之间的距离。而学生课前的知识、材料准备活动和课后的思考活动究竟需要多少时间是无法做统一规定的，即使是课内活动，有的活动内容在课内没做完，课后还可以补做，甚至可以重做。可见学生的活动并不受时间的限制。

综合实践活动的开放性并不意味着综合实践活动设计和实施的随意性。综合实践活动的内容则是以主题的形式呈现的。从这个意义上说，主题性是综合实践活动的重要特点。正是通过主题的形式，综合实践活动超越了具有严密知识和技能体系的学科界限，统整了活动内容和资源，能够面向学生完整的生活，培养学生的问题意识和探究精神，提高学生的实践能力和综合素质。

（四）生成性

综合实践活动具有生成性，这是由综合实践活动的过程取向决定的。由于综合实践活动的实施过程强调学生亲身经历，并获得实际的发展性体验，因而综合实践活动的价值就存在于该课程的实施过程之中。尽管每个班级、每所学校都有对综合实践活动的整体规划，每个活动开始之前都有对活动的周密设计，但综合实践活动的本质特征却是生成性，这意味着每个活动都是一个有机整体，而非根据预定目标的机械装配过程。随着活动的不断展开，新的目标不断生成，新的主题不断生成，学生在这个过程中认识和体验不断加深，创造性火花不断迸发，这是综合实践活动生成性的集中表现。对综合实践活动的整体规划和周密设计不是限制其生成性，而是为了使其生成性发挥得更具有方向感、更富有成效。综合实践活动的生成性要求处理预设与生成的关系，既要整体规划、周密设计，更要迎接挑战、拥抱创生。规划产生规范，创生带来新生。

（五）自主性

综合实践活动的自主性体现在教师"教"的自主性和学生"学"的自主性。综合实践活动的自主性要求充分尊重学生的兴趣、爱好，指导学生自主地选择活动项目、研究课题，制订活动目标，确定活动内容，拟订活动方案，开展实际活动，自己决定活动结果的呈现方式，并进行自我评价。教师应大胆放手，指导学生自主活动，对学生的自主活动进行必要的指导、引导、督促、检查、激励，或者以合作者的身份参与活动，为学生的自主发展留下足够的空间。教师要关注和激发学生的主体意识，充分尊重学生的自主权利，让学生有更多的机会自己去设计、开发、行动、体验乃至创造，使其享受探究的乐趣、活动的愉悦、劳动的充实、服务的快乐、创造的幸福，获得并增强使命感、责任感和积极的生存体验。

资料链接

　　围绕"灯韵"主题，在课程开发中，我们从主题设计到实践活动的开展，再到灯笼产品及拓展产品的形成等，每个环节都为学生精心安排了更多做中学、玩中学的时间和空间。围绕"灯韵"主题，各学科打破学科壁垒，将知识的学习运用、能力形成等方面有机组合在一起。根据学段的不同，我们分别安排不同的学习内容：低年级"玩灯"，让孩子"玩"出乐趣；中年级"探灯"，让孩子"探"出奥秘；高年级"创灯"，让孩子"创"出文化。

　　以数学学科综合实践活动为例。低学段的活动主题设定为"灯笼中的数感"，即通过"玩灯笼、数灯笼"的实践活动培养学生的数感；中学段的活动主题是"灯笼中的推理"，即通过"找挂灯笼的规律"和"设计灯笼的方案"的实践活动培养学生的推理能力；高学段的活动，主题则变为"灯笼中的空间"，即通过"设计、创作灯笼"的实践活动培养学生的空间观念。同时随着年级的递增，活动的综合性也越来越强，尤其到了高年级，学生需要自己设计灯笼骨架、参与小组制作、填写学习单、制作PPT和海报、介绍本组作品等，要综合运用数学、语文、美术、信息技术等多学科的知识，能力和素养得到了全方位提升。

　　我们开发"两单"来保证课程实施效果：一方面按照学生的年龄特点和知识结构，纵向梳理了同一学科的知识体系，制造了"单学科学习单"；另一方面横向梳理和研究了多门学科的知识内容，制作了"综合学习单"，让孩子们在制作灯笼的过程中，建立各学科的知识联系，学会运用所有学科的知识，通过不同的途径和方法去解决实际问题，培养自身的综合实践能力。在这个过程中，孩子们发挥了前所未有的想象力和创造力：纸杯、方便面盒、包装纸箱、糕点盒等都成了制作灯笼的原材料；雨伞灯、宫廷灯、几何图形灯、动物灯应有尽有；书法灯、古诗词灯、数字灯、中英文猜谜灯各显特色；电子闪光灯、风力运转灯、机器人灯五花八门，整个学校仿佛变成了创意博物馆。

　　［资料来源］景小霞：《跨界融通：核心素养视域下的综合实践活动课程创新》，载《中小学管理》，2017(1).

四、综合实践活动的课程价值

(一)对学生发展的价值

1. 丰富学生的生活经验

综合实践活动课程作为一门经验性课程，其独特价值集中地体现在学生经验和体验的获得上。这种经验和体验具体表现为形成学生对自然、社会、自我的整体认识，丰富他们的经验和体验。在这种整体认识中，学生时刻将自己融合在这种开放性情境和现实实践之中，并在认识过程中时刻伴随着自己鲜活的体验和感悟。由于综合实践活动是面向学生生活领域和生活背景来实施的，是以学生在现实生活中遇到的问题或主题为中心组织实施的，是以学生亲身体验和自主实践的方式来主动地接触自然、了解社会、反思自我的活动，因而，在综合实践活动中，学生形成的对自然、社会、自我的整体认识是不同于在学科中获得的认识的。综合实践活动的独特价值不仅仅在于使学生获得认识或知识，更重要的是使学生通过综合实践活动的各种实践体验，获得对自然、对社会和对自我的丰富经验。

2. 完善学生的生活方式

综合实践活动是面向学生的生活世界。在这种生活世界里，学生通过走近自然，走入社会，反思自我，与社会有关部门和社会人员打交道，通过学生之间的合作，学会进行同伴交往，通过研究、服务、设计、制作等参与各种实践性活动。在开放的生活世界里，学生通过学会处理与自然的关系、与他人的关系、与社会的关系及与自我的关系，不断地形成自己的生活态度和生活方式。在综合实践活动中，学生往往会关注自我的生活方式和行为，甚至对自己的衣着都十分注重。正是在综合实践活动中，学生的生活方式和生活行为通过自我反思得到逐步形成和提升。

3. 发展学生的创新精神和实践能力

新一轮基础教育课程改革的目标体系是以促进学生的创新精神和实践能力为核心的，而综合实践活动课程的实施则为学生创新精神和实践能力的发展提供了前所未有的空间。在综合实践活动过程中，学生从问题或活动主题的提出到实践过程，都充满着问题意识、探究能力和创新精神。实践表明，学生在综合实践活动的实施过程中，从生活中的细微之处发现问题，明确活动主题，问题意识得到了较好的发展。更重要的是，在综合实践活动中，学生面对各种自然情境、社会情境和自我生活中的问题，学会了如何去思考与研究这些问题，如何去与他人交往、与社会部门进行联系，如何运用已有的知识基础去解决各种实际问题，等等。同时，也逐步形成了各种良好的情感、态度和价值观。

(二)对教师成长的价值

1. 有助于强化教师的课程意识

综合实践活动在课程设计上强调以学生的经验与社会问题为轴心组织相关领域、学科的知识，在目标取向上注重实践能力、创新能力与综合素质的培养。其内容的选择与组织更加关注以实践活动与现实问题为核心灵活运用有关材料，淡化知识内在的系统性。课程实施方式多种多样，除了课堂教学，更多地强调学生的校内外亲历、实践、考察、体验、感悟、探究，尤其是注重教师指导下学生自主的活动与分工协作，共同完成活动任务。在课程评价方面更加着重活动参与、过程体验及情感态度价值观的形成与提高。总之，综合实践活动课程强调学生的亲身经历、实践履行、活动体验，关注社会现实问题与学生的生活经验，注重学科知识的综合运用和跨学科、跨领域的学习与实践，重视教师指导下的学生自主设计、实施和评价。它的设置与指导有助于增强教师的课程意识，提高开发技能，形成开发动态生成的课程理念，对于转变单一的、狭隘的课程观及形成全面的、平衡的课程观念有着重要的意义。

2. 有助于提升教师的专业素养

综合实践活动课程具有跨学科性、实践性，它的设计与实施需要整合多个学科，运用多领域的知识、技能、经验，采用多种实践性学习方式，并在实施过程中不断生成。综合实践活动的这些特点与要求对教师提出了严峻挑战。首先，它要求教师具有新课程的基本理念，更新传统的、根深蒂固的视课程为学科、教材的观念，在活动的、经验的层面理解课程，拓展课程的范围，丰富课程的内涵。要求教师树立现代课程意识，根据不同类型课程的特点去开发课程，掌握相应的课程开发技能与学生学习指导的策略。其次，综合实践活动课程的开发与学习指导要求教师拓展专业领域，综合实践活动的非科学性质要求教师拓宽视野，摆脱学科本位主义，关注相关学科、专业的问题，吸收相关领域的知识与成果，这样才能对学生的活动进行有效指导。

为了有效开发、指导综合实践活动课程，教师必须拓展学科视野，扩大知识领域，密切关注原学科的发展动态、新近成果，了解相关学科、相关领域的知识、技能，广泛关注当代社会生产、生活、科技、文化的新变化和新发展，储备和积累多学科、多方面的知识，为综合实践活动课程的开发、指导奠定宽广而扎实的学科知识基础。同时，还要加强教育学、心理学、课程论、教学论方面素养，掌握课程开发特别是综合实践活动课程开发与指导的知识与技能，提高课程开发的能力，以便于有效指导学生开发课程，确保综合实践活动开发的质量。学科领域的扩展与丰富，教育知识的掌握与深化，有助于优化教师的知识结构、能力结构，全面提升教师的专业品质。

(三)对学校特色的彰显

综合实践活动课程是由国家规定、地方管理、学校负责开发的课程，教育部制定了综合实践活动课程开发的基本框架，如目标、内容、领域、评价，这仅仅是一个大致描述与一般性规定，对于开发哪些项目、怎样设计组织、如何实施与评价，则由学校负责，为学校具体课程的开发预留出巨大的空间，赋予学校较多的自主权利。学校可以基于本校师资状况、设备设施、历史传统、学生的兴趣需要、经验背景、社区资源进行综合实践活动的开发设计，凸显学校的办学理念、办学思想，并以此为契机，打造新的学校文化、课程文化、教学文化。经过长期积累、孕育，不断丰富、完善、改进，逐渐形成系列特色课程，最终凝练成学校特色，提升学校品牌，培养人格健全、个性鲜明的人才。

第三节
小学综合实践活动的课程目标

课程目标是课程开发的基点，它制约着课程的设计、实施与评价。小学综合实践活动课程目标设计得如何，直接影响综合实践活动开发的质量。小学综合实践活动课程目标如何理解？小学综合实践活动课程的目标体系包括哪些？如何进行小学综合实践活动主题的目标设计？本节将对这些问题进行阐释。

一、小学综合实践活动课程目标的理解

(一)小学综合实践活动课程目标的结构

小学综合实践活动课程目标的内在结构包括课程目标的类型结构和层次结构两方面。其课程目标的类型结构是指学生在该课程学习经历中应达到的具体素质领域及相互关系，其层次结构是指各种具体素质领域目标的不同发展水平及其相互关系。

1. 小学综合实践活动课程目标的类型

小学综合实践活动课程目标的类型是指综合实践活动课程实施中对学生不同素质领域的基本要求。小学综合实践活动的课程目标在一两次主题活动中是难以完全达成的，不同类型的综合实践活动目标需要在不同学段、不同主题活动中分类实现，或在不同主题活动中分类培养学生的基本素养。小学综合实践活动的课程目标可分为知识目标、能力目标、情意目标。知识目标是学生在综合实践活动中获得的"程序性知识""个人知识"，而不是"事实性知识""公共知识"。知识的获得并不来源于教师的系统讲授，而是来源于学生的实践过程。知识获取依托于学科学习基础，并不是学科知识的深化。能力目标不仅涉及认知领域的能力，而且涉及综合能力。从总体上说，小学综合实践活动课程的能力目标不是单一维度的，而是多维度的。情意目标主要涉及学生在教育过程中的情感体验、思想意识和个性品质等方面的发展水平，往往具有内隐性。对于不同类型的课程目标，学校在研制综合实践活动课程的实施方案时，要初步预设本课程目标的类型结构，保证学生在综合实践活动的学习过程中获得多方面的发展。

资料链接

美、日综合实践活动的课程目标

美国《应用学习标准》就规定了五个类型的课程目标：(1)五个领域的目标：A1 问题解决；A2 交流的手段与技巧；A3 信息手段与技巧；A4 学习与自我管理与技巧；A5 与他人合作的手段与技巧。(2)九大能力：收集、分析、整理信息；交流思想和信息；安排和组织资源；与他人共同工作和从事集体工作；解决问题；使用数学思想和技巧；使用技术；随时根据需求进行学与教；理解好设计(生产系统)

日本广岛县教育厅制定的综合学习时间(即 2003 年更名的综合活动学习课程)的实施规划中把该课程的目标分成以下不同的类型：(1)信息处理技术能力，包括运用计算机的基本技术与能力、信息的收集与处理能力、分析和选用适当的信息、运用概念图式整理与表达信息；(2)表现的技术与能力，包括运用写作、绘画等多种方式灵活地表达、具有个性的表达、问题解决过程中合理地表述观点、应用本人的观点和他人的观点并适当加以区分；(3)内容思考判断能力，包括自主地提出活动课题、论理的合理性、课题设计的明确性、内容的适切性、深入地分析课题的意义、学会运用

问题解决的基本方法；(4)兴趣、关心与态度，包括兴趣与意念的发展、活动的参与程度、参与活动的主动性、积极参与活动的评价、自主学习与自我反省，以及自信心的增强。

[资料来源]郭元祥、伍远岳：《中学综合实践活动》，73页，北京，高等教育出版社，2016。

2. 小学综合实践活动课程目标的层次性

小学课程目标的层次性是指课程实施对不同年段、不同年级学生在课程实施中的不同程度的要求。同一类型的课程目标，在小学某个学段中不同年级的课程实施中，应有不同水平程度的要求。综合实践活动的实施同样涉及目标的程度差异问题。尽管小学综合实践活动课程的许多类型目标在不同年级难以做出明确的水平差异规定，但至少在不同学段还是应有目标水平的不同要求。如果在实施综合实践活动过程中，课程目标缺乏层次区分，容易致使综合实践活动在不同学段和不同年级的实施简单重复，导致学生"兴趣衰减"。我国2017年修订的《中小学综合实践活动课程指导纲要》从价值体认、责任担当、问题解决、创意物化四个方面提出小学、初中、高中三个学段的具体要求。

(二)小学综合实践活动课程目标的基本来源

一般认为，课程目标的基本来源为学习者的需要、当代社会生活的需要和学科的发展。综合实践活动课程作为一门开放性实践课程，它的课程目标的基本来源有以下三个方面。

1. 学生终身发展的需要

综合实践活动的根本立足点是学生发展。满足学生现实生活的需要和未来终身发展的需要，是制订综合实践活动课程目标的根本依据。因而，制订综合实践活动的总体目标和各活动领域和活动项目的课程目标，需要研究小学生的兴趣、爱好、动机和需要，以及他们的年龄特征，了解他们已有的生活经验和社会生活背景，从培养学生终身发展的愿望和能力的角度出发制订各类目标。

2. 社会发展的需要

社会发展对每位小学生提出了越来越高的素质要求。社会发展对小学生的基本要求是制订综合实践活动各类目标的基本依据。我们处在一个变化日益剧烈的伟大时代，以可持续发展、信息社会、知识经验等为特征的时代，要求小学生具有终身发展的愿望和能力，以及创新精神和探究能力、自主获取新知识的能力；具有环保意识、合作意识、民主意识、创新意识等各种良好的情感、态度与价值观。

3. 科学和技术发展的需要

现代科学和技术发展的基本趋势是分化与综合并存。一方面，新学科、新知识不断产生，学科门类越分越细；另一方面，学科之间的综合越来越强，交叉学科和边缘学科不断产生，科学研究日益依赖多学科的联合攻关。小学生要适应科学和技术发展的需要，必须逐步养成在实践中综合运用所学知识解决实践问题的意识和能力，具有探究能力和创新意识。

(三)小学综合实践活动课程目标的取向

综合实践活动是一门实践性课程，它强调学生亲历和经历实践性的过程。因而，综合实践活动的各类课程目标应该是具有行为目标取向、生成性目标取向和表现性目标取向，而不应该是普遍性目标取向。

1. 行为目标取向

行为目标是以具体的、可操作的行为来表述课程目标，具体指明学习者在学习结束后所能达成的可见行为变化。它注重预设性和可操作性。这种行为取向往往通过活动过程中的能力展示出来。综合实践活动是一种"能力导向"的课程，把发展学生各种能力作为核心目标。从总体上看，综合实践活动特别注重"发展学生的创新精神与实践能力"。但在实施过程中，教师不能仅仅"通过某主题活动，发展学生的创新精神和实践能力"来表达对综合实践活动课程的能力目标的预设，而需要明确地提出发展学生哪些能力、分解为哪些类型和层次，以及在不同的活动主题实施中要达到哪些质性要求。综合实践活动课程行为目标的清晰设计和有效达成，直接体现了综合实践活动课程的有效性。

2. 生成性目标取向

生成性目标是在教育情境中随着教育过程的不断展开自然而然地不断生成的，它具有明显的过程性，强调课程是教师与学生的共创。这意味着综合实践活动中的每个子活动都是一个有机整体，而不是按预定目标机械运转的过程，随着教育情境的变化、活动过程不断地延伸，学生不断有新问题、新体验，新的目标也随之产生。在目标设计时，教师要为生成性目标留有空间，让目标保持一定的灵活性，同时注意在活动中丰富和发展已经预设的目标。

3. 表现性目标取向

表现性目标则是每个学生在具体的教育情境中所产生的个性化表现。综合实践活动的过程是以"做"——行为体验为中心的学习过程，它关注学生行为的变化，在行动中主动获得并检验自己的知识与技能，在行动过程中习得方法，在体验中得到情感、态度、价值观方面的发展。综合实践活动课程的目标体现了三种目标取向的整合，并且更倾向于生成性目标和表现性目标取向。它虽然也关注学生在实施过程中的行为变化，但更强调学生在过程中的感受、体验、发现与生成，从而给学校、教师和学生留出了广阔的自由空间，也大大地解放了学生的手脚，让学生手脑并用，自由、自主地发展其个性和创造潜能。

二、小学综合实践活动的目标体系

（一）小学综合实践活动课程的目标定位

《中小学综合实践活动课程指导纲要》明确提出："综合实践活动课程目标以培养学生综合素质为导向，强调学生综合运用各学科知识，认识、分析和解决现实问题，提升综合素质，着力发展核心素养，特别是社会责任感、创新精神和实践能力。"其目标定位如下。

1. 回归生活世界

综合实践活动课程的目的是让教育回归学生的生活世界，回到"人"本身。即打破学科知识与现实生活的割裂状态，打破学校与社会之间的藩篱，为学科知识的综合运用寻求意义生成的源泉；让学生的知识学习与生活意义追寻找到最佳契合点，促进学生从个体生活、社会生活及与大自然的接触中获得丰富的实践经验，在真实的问题情境中能够综合运用知识解决问题，体验并掌握认识问题、分析问题与解决问题的过程和方法。

2. 践履社会责任

综合实践活动课程需要落实立德树人根本任务，促进学生正确认识人与自然、人与社会、人与自我之间的各种关系，增强价值体认，树立爱国情怀，将对社会的整体认识、国家的责任和个人的职业理想与发展结合起来。因此，综合实践活动课程注重引导学生在活动中形成有积极意义的价值体验，梳理责任担当精神，深化对社会规则、国家认同、文化自信的理解；通过践行社会主义核心价值观，培养学生的家国情怀，提升其社会责任感。

3. 运用学科思维

尽管综合实践活动课程是一门生活课程、实践性课程，但它拒绝简单庸俗地联系生活，反对浅尝辄止地"探究"生活。运用学科思维和学科观念，理解生活世界中的事件、现象和问题，基于自己的理解从事考察探究、社会服务、设计制作、职业体验等活动，由此发展创新精神、实践能力和社会责任感。在此过程中，学科知识与学科观念通过应用和实践得到升华，这才是真正的综合实践活动课程。综合实践活动课程非但不排斥学科思维、学科素养，反而为其深入发展创造条件、寻找意义。

4. 锻造创新实践

提升学生的创新实践能力是学生核心素养发展的价值诉求之一。"动手"与"动脑"结合才有创造，综合实践活动课程旨在促进学生开动脑筋，将创意和想法通过动手操作与实践付诸实现，以解决现实生活世界中的问题。《中小学综合实践活动课程指导纲要》明确提出"创意物化"目标维度，旨在强化学生创新实践能力的锻造与培养，促进学生个体通过认知世界，利用工具在特定情境中操作实践，并物化为制品或作品，追求将实践价值、实践动机、实践思维、实践技术、实践方法与实践成果有机联系且融为一体的创新实践能力的提升。

(二)小学综合实践活动课程的领域目标

1. 总目标

《中小学综合实践活动课程指导纲要》对综合实践活动课程的总目标如此规定："学生能从个体生活、社会生活及与大自然的接触中获得丰富的实践经验，形成并逐步提升对自然、社会和自我之内在联系的整体认识，具有价值体认、责任担当、问题解决、创意物化等方面的意识和能力。"可见，价值体认、责任担当、问题解决、创意物化是综合实践活动课程的四大总目标。

(1)价值体认

通过参观、实践等亲历活动获得积极的价值体验，形成集体观念和积极的劳动意识。它是关于态度的学习结果，属于情感领域。

(2)责任担当

在真实生活中，围绕学校、家庭和社会开展家务活动或服务活动，养成良好的生活习惯和自理能力，喜欢参与学校、社区活动，形成责任意识和法治观念。它是关于态度的学习结果，属于情感领域。

(3)问题解决

能够从身边的事物和现象着手，发现有价值的问题，将问题转化为研究课题，主动运用已有的知识和技能，形成研究方案，具备一定的流程设计和结构设计的思想。它是关于智慧技能和认知策略的学习结果，属于认知领域。

(4)创意物化

通过动手实践掌握手工设计与制作的基本技能，能够根据自己的想法去选择工具和材料制作小物件，发展实践能力和审美意识。它是关于言语信息、智慧技能和动作技能的学习结果，属于认知领域。

2. 小学学段目标

《中小学综合实践活动课程指导纲要》对小学学段的目标具体规定如下。

(1)价值体认

通过亲历、参与少先队活动、场馆活动和主题教育活动，参观爱国主义教育基地等，获得有积极意义的价值体验。理解并遵守公共空间的基本行为规范，初步形成集体思想、组织观念，培养对中国共产党的朴素感情，为自己是中国人感到自豪。

（2）责任担当

围绕日常生活开展服务活动，能处理生活中的基本事务，初步养成自理能力、自立精神、热爱生活的态度，具有积极参与学校和社区生活的意愿。

（3）问题解决

能在教师的引导下，结合学校、家庭生活中的现象，发现并提出自己感兴趣的问题。能将问题转化为研究小课题，体验课题研究的过程与方法，提出自己的想法，形成对问题的初步解释。

（4）创意物化

通过动手操作实践，初步掌握手工设计与制作的基本技能；学会运用信息技术，设计并制作有一定创意的数字作品。运用常见、简单的信息技术解决实际问题，服务于学习和生活。

3．小学综合实践活动目标的特点

（1）整体性

价值体认、责任担当、问题解决、创意物化是一个完整的整体，相辅相成，相互支撑。价值体认和责任担当是从"情意"维度，问题解决和创意物化是从"能力"维度，对学生的成长而言，体现了健全发展的完整结合。价值体认与责任担当、问题解决、创意物化的目标要求是紧密联系在一起的，价值体认处于核心地位，它指引着综合实践活动课程的开发与实施，综合实践活动的价值附着在活动中，价值体认是在活动过程中孕育、形成和提升的。离开综合实践活动中的问题探究、行为观察、现象分析，就不可能有价值的透射或生成。在综合实践活动中，价值体认不仅要通过具体的事件体认出具体的价值来，更为重要的是要有崇高、伟大的理想追求。具有积极意义的价值体认就是最为根本的责任担当，问题解决、创意物化也才有正确的方向感和鲜明的价值定位。四大目标彼此相互作用、密切联系、相互融合与促进，通过内在的统合与联系，共同指向学生核心素养的整体发展。

（2）层次性

综合实践活动课程目标是一个分层次、多级别的目标体系，从三个学段、四个方面明确具体要求，突出培养学生综合素质，落实立德树人根本任务，同时给学校综合实践活动提供明确导向，为综合素质评价提供直接依据。其总目标与学段目标指明了通过综合实践活动课程实施要达到的总体要求及每个学段的具体要求，为学校课程规划与实施提供导引与方向。其中，总目标指向学生核心素养发展，依据不同学段学生的身心发展特点，以价值体认、责任担当、问题解决、创意物化四个维度，建构立体化、进阶式与螺旋上升的整体目标体系。

（3）进阶性

学段目标则以学生核心素养发展为主线，从小学、初中到高中，整体遵循纵向贯通、横向统合、循序渐进、螺旋上升的原则。既体现了学生核心素养发展的进阶性与层次性，也体现了学生核心素养发展的横向统合性。如责任担当维度目标的建构，从小学阶段关注个人自理能力的养成，到初中阶段关心他人、社区和社会发展，再到高中阶段形成主动服务他人、服务社会的情怀，体现了学生责任意识与责任感的渐进发展与提高。再如问题解决的过程与方法、问题研究结果呈现，体现了不同学段学生问题解决能力的递进式发展。学段目标之间是一种递进关系。前一学段目标是后一学段目标的基础和准备，后一学段目标是前一学段目标的深化和拓展，前一学段目标实现的结束状态是后一学段目标实现的起始状态。因此，学段目标之间的关系是一种螺旋上升的关系。

(三)小学综合实践活动学科目标与三维目标的关系

小学综合实践活动教学目标是课程目标的具体化。当前，小学综合实践活动教学目标涵盖价值体认、责任担当、问题解决和创意物化四个方面。那么，如何理解综合实践活动教学目标与三维目标之间的关系？它们之间的区别和联系是什么？这些都是有待深入厘清的问题。

1. 教学目标的一般分类

目前，国际上公认的教育目标分类是由布卢姆等人于 20 世纪 50 年代提出的教学目标分类框架。他们将学习结果分为认知领域、情感领域和动作技能领域。四十多年后的安德森等人几经修订，于 2001 年出版了《学习、教学和评估的分类学：布卢姆教育目标分类学》(修订版)，在吸收了认知心理学的研究成果后，从心理机制上解剖了知识和技能的关系，将认知领域的学习归结为四类知识：一是事实性知识(某一门学科中的基本成分)，如事件、地点等；二是概念性知识(一个整体结构中各要素之间的关系)，如概念、原理、模型和结构性知识；三是程序性知识(是关于"如何做的知识")，如技能、算法、技术和方法的使用标准；四是元认知知识(是关于自我认知和调控的知识)，如自我意识、自我调节、自我反思等。

综合实践活动每节课的教学目标都可以归结为对以上四类知识的学习，针对每种类型的知识，教师要采用合适的教学方法。对于事实性知识可以运用讲述的方式直接告诉学生；概念性知识要通过讲解的方式引导学生发现规律和原理；程序性知识可以运用演示法、练习法帮助学生习得一组有序的步骤；元认知知识可以通过谈话法启发学生深度思考，对内部及时调控，反思学习过程中的得失。不同的教学方法在运用过程中培养学生的不同智力，如观察力、记忆力、想象力和思维力等。

教学目标的本质就是学生的学习结果，也就是学生经过某个主题的学习之后能够在哪些方面发生变化。加涅等人将学生的学习结果分成五类，分别是言语信息、智慧技能、认知策略、态度和动作技能。这五种学习结果也可以按照三个领域划分(见表1-3)。

表 1-3　布卢姆教学目标与加涅学习结果的关系

布卢姆三个领域的教学目标分类		加涅五种学习结果分类
认知领域	事实性知识	言语信息
	概念性知识	智慧技能
	程序性知识	
	元认知知识	认知策略
情感领域		态度
动作技能领域		动作技能

2. 学科目标与三维目标的关系解析

与其他类型的课程一样，综合实践活动的课程目标也涉及知识与技能、过程与方法、情感态度与价值观等维度。其中，知识与技能维度是在实践性学习中获得的对自然、对社会、对自我及对文化的认识和经验，它绝不可以追求系统化的、体系化的书本知识。知识和技能目标并不仅仅作为结果性目标，它也具有过程性目标的性质。过程与方法维度是综合实践活动课程的核心目标之一，它强调学生亲历实践性学习的过程，在实践情境中运用并掌握各种实践的方法，使学生获得丰富而积极的体验。情感态度与价值观维度是学生在实践活动过程中通过体验、实践等方式逐步生成的目标。

相对于综合实践活动的四大目标价值体认、责任担当、问题解决、创意物化而言，三维目标中的情感态度与价值观维度与学科目标中的价值体认和责任担当指向相同，都对应情感领域；三维目标中的知识与技能维度与学科目标中的问题解决、创意物化存在彼此相呼应的关系（见图 1-1）。

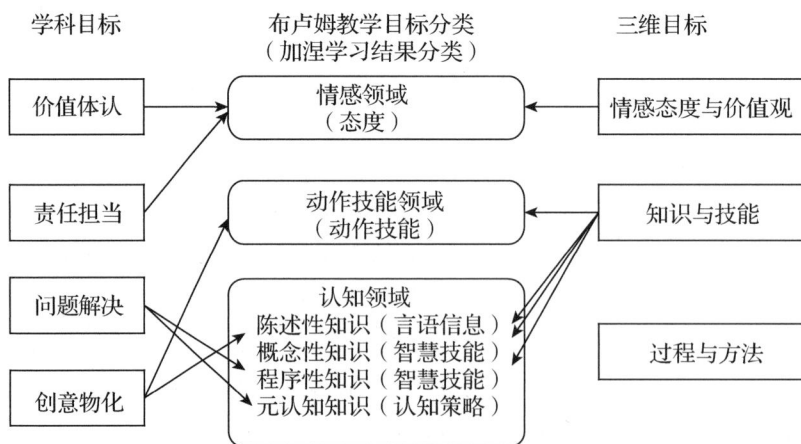

图 1-1　学科目标与三维目标的关系解析

以"STEAM＋光影贴纸"教学目标的叙写为例（见表 1-4）分析每个教学目标的知识本

质，创造性地通过综合实践活动课程，在学科目标的框架下促进知识、技能和情感发展。

由表 1-4 可以看出，价值体认和责任担当反映的是学生在参与活动时和活动后的态度观念，属于情感领域。问题解决目标中的方案制订、流程规划、调动已有的知识和技能、选择工具和材料是智慧技能的具体应用，属于程序性知识。创意物化中的电路原理属于概念性知识，设计草图、使用工具和实践操作同属于动作技能领域。一般来说，各学科将知识技能的习得放在目标体系的首位，但在综合实践活动学科目标体系中，价值体认和责任担当位列重要位置，这凸显了综合实践活动课程更加注重价值观念和意识行为养成的学科特色。同时，综合实践活动课程也为学生提供了充分的理论联系实际的机会，使学生能够综合运用陈述性知识、概念性知识、程序性知识等在做中学、在学中做。

表 1-4 "STEAM＋光影贴纸"教学目标[①]

主题说明	学科目标
导线、LED、三极管、滚珠开关、干簧管……一定不要让这些看似复杂的名词阻挡你进行电子制作的脚步。我们会用一种神奇的贴纸来代替凌乱的导线，用简单的粘贴操作就可以连接出功能多样的电路。导电纸是一张含金属粉末或金属纤维、具有良好导电性能的纸（STEAM＋光影贴纸）。用导电纸将电子元件和生活中的废旧纸盒结合，制作手电筒、电子画、报警器等电子产品。这个活动涉及科学、技术、工程、艺术、数学五个领域的知识和技能，在解决问题的过程中，你会理解学科之间的内在联系	1. 价值体认（情感态度价值观） （1）学生能够积极参与设计和制作过程 （2）学生能够主动分享学习心得 （3）学生能够建立初步的创造意识 （4）学生能够形成积极的劳动观念和态度 2. 责任担当（情感态度价值观） （1）学生能够养成自理能力和自立精神 （2）学生能够建立为他人服务的意识 （3）学生能够有技巧地表达不同观点 （4）学生能够树立保护环境、节约材料的观念 3. 问题解决（知识） （1）学生能够设计和分析简单的流程，理解流程中时序和环节的意义（程序性知识） （2）学生能够根据任务特点，选择合适的工具材料和加工工艺（程序性知识） （3）学生能够应用已有的知识和技能解决问题（程序性知识） （4）学生在遇到困难时，能够主动寻找解决问题的办法（元认知知识） 4. 创意物化（知识与技能） （1）学生能够解释电路的基本组成及各部分的作用（概念性知识） （2）学生能够大胆发挥想象，绘制设计草图（动作技能） （3）学生能够安全熟悉地使用工具（动作技能） （4）学生能够将纸膜与纸电路连接起来（动作技能）

---

① 闵宝翠、李耀峰：《学习心理学视域下综合实践活动学科目标与三维目标的关系思考》，载《辽宁教育》，2020(3)。

三、小学综合实践活动的主题目标设计

(一)主题活动目标的构成

主题活动目标按照主题活动的过程一般由三个部分构成,即主题活动总目标、主题活动各阶段目标、各阶段中一次活动的目标。三个层次的目标是一个有机的整体,由一般性目标逐步具体化为特定的目标,彼此应是上位目标与下位目标的关系。

1. 主题活动总目标

主题活动总目标是指学生参加一个主题活动的方向和应达到的要求。综合实践活动是由一个个具体的主题活动构成的,不同类型的主题活动目标也不尽相同。在对一个具体的主题活动进行目标设计时,首先要考虑这个活动所属的领域,然后对照指导纲要中综合实践活动课程的总目标及相应的学生目标进行具体的设计。一个具体的主题活动总目标的制订要以本课程的学校目标、年级目标和班级目标为依据。

2. 主题活动各阶段目标

主题活动各阶段的目标是指学生参加某一阶段活动的方向和应达到的要求,如选题阶段活动目标、实施计划阶段活动目标。综合实践活动是由师生双方在其活动展开过程中逐步建构生成的课程,随着各阶段活动的不断展开,学生的体验与认识的不断深化,活动的目标将不断生成,因此,不同的活动阶段要考虑设计不同的目标。

3. 一次活动的目标

一次活动的目标是指学生参加某次活动的方向和应达到的要求。一次具体的活动是一个主题活动最基本的构成要素,它可以是一次课堂内的教学活动,也可以是一次课外的实践活动。它的目标是对主题活动总目标与阶段性目标的分解与细化,在设计上更具体、更有针对性、更具操作性。

(二)主题活动目标的设计过程

综合实践活动主题目标设计一般包括以下四个过程:合理定位主题目标指向;梯度细化课程总目标层次;具体设计阶段分目标内容;动态调整主题目标实现环节。

1. 合理定位主题目标指向

综合实践活动课程的主题来源于学生生活和发展,是从具体生活情境中发现问题转化而来的。生活中的问题是具体的也是综合的,因而活动主题具有丰富性和多样性。同一个问题情境因转化生成的主题不同,则开展活动的方式不同,落实课程目标的指向也就不同。因此,设计主题活动目标先要对照指导纲要的目标维度内容,定位该主题活动要侧重达成价值体认、问题解决、创意物化、责任担当哪个方面或哪些方面的

目标要求，确定好主题活动目标的主线方向，采用相应的活动方式，才能避免活动目标达成的随意和偏离。

如春季流行性感冒和花粉过敏易发，有些人需要佩戴口罩，有关口罩的问题引起学生的兴趣，可以将其转化成"口罩知多少""请你跟我学习正确戴口罩""创意口罩我设计""走进口罩生产车间"等主题。围绕课程目标的四个维度内容，可以将"口罩知多少"主题活动目标定位为学生问题解决素养的培养，通过开展探究性学习来实现活动目标；将"请你跟我学习正确戴口罩"活动目标定位为学生责任担当素养的培养，通过开展社会服务活动来实现活动目标；将"创意口罩我设计"主题活动目标定位为学生创新精神素养的培养，通过开展设计制作活动来实现活动目标；将"走进口罩生产车间"主题活动目标定位为学生价值体认和责任担当素养的培养，通过开展考察探究和职业体验相结合的方式来实现活动目标。由此可见，主题目标的实现应与活动过程的任务取向相关联，通过具体任务情境来实现学生核心素养培养的目标。

综合实践活动课程目标是多维度分层次的目标体系，只有把不同类型的目标依托于不同主题，采用不同活动方式分类落实，才能培养学生综合素养的目标，落实综合实践活动课程的目标。

2. 梯度细化课程总目标层次

综合实践活动课程总目标指向四个目标维度，并从小学、初中、高中三个学段进行分目标的划定。而学段目标还需细化为每个具体的主题活动目标。因此，在确定了主题活动目标的大体方向后，教师还应根据活动参与对象的年龄特点和已有的知识、经验和能力水平，进行梯度规划设计，呈现从低到高、由浅入深的螺旋上升要求。

如上述"请你跟我学习正确戴口罩"主题案例，活动目标指向责任担当的课程目标维度。小学阶段责任担当目标的要求是："围绕日常生活开展服务活动，能处理生活中的基本事务，初步养成自理能力、自立精神、热爱生活的态度，具有积极参与学校和社区生活的意愿。"按照低、中、高年级学生的年龄特点，我们可以细化设置如下梯度目标：低年级的学生主要是在父母的指导下，学会自己正确佩戴口罩，能服务自己；中年级学生通过观察、询问、网络查找等多种途径收集佩戴口罩的方法，掌握口罩正确的佩戴方法，服务自己和家人；高年级学生则在掌握方法的基础上，借助技术手段录制小视频，通过网络等途径向他人传播正确佩戴口罩的方法，服务他人，增强服务意识。

同一类型的主题活动应针对不同年龄阶段学生的特点创设不同的目标，并与该年龄阶段学生的学习、能力实际情况相匹配，才能保证学生核心素养目标的落实，促进学生的进阶式发展。通过综合实践活动课程不同维度目标在不同年级的梯度细化设置，教师可以明确核心素养目标阶段发展的递进变化要求，保证综合实践活动课程目标的落"细"。

3. 具体设计阶段分目标内容

综合实践活动的主题是呈系列化展开的，但不论周期的长短，均可分为活动准备阶段、活动实施阶段和活动总结阶段。这就意味着在确定主题活动的总目标后，还需进一步制订具体的阶段分目标。阶段分目标的表述要具体、明确，具有操作指导意义，用行为动词把抽象的目标转化为具体可操作的活动指南，避免目标的虚化。

如"走进家乡的名胜古迹"是六年级学生开展的一个研学旅行主题案例，主题活动总目标是"能带着问题参观访问，了解家乡古迹悠久的历史文化，获得积极的情感体验，产生认同家乡、热爱家乡的情感"。具体到阶段分目标则为：研学前，能充分利用已有游历经验和景区提供的导游图或观光影片，提出想要探究的问题，确定研学任务并拟订研学路线；研学中，能综合运用观察、调查、访问、记录等方式，多渠道地获取信息；研学后，能紧扣研学任务对材料进行分析和整理，形成自己的看法或观点，能运用手抄报、PPT、小视频、演讲等多种方式介绍家乡名胜古迹的文化特色。可以看出，阶段分目标明确指出该阶段活动所采用的教学途径和方法，使得活动组织者有了翔实的方向指引。此外，可操作性强的阶段分目标内容，让学生在活动中的各种表现和学习结果变得更清晰，可观察、可检测、可分析研究，保证综合实践活动课程目标的落"实"。

4. 动态调整主题目标实现环节

教学目标的落实，需要教师围绕目标有意识地安排具体的教学活动环节。为了让教学过程更加有效，不妨在教学环节设计完成后，以目标审视各个环节，多问几个"这样的设计能达到什么样的目标""这些环节之间是否有一定的逻辑关系""是否符合学生的认知发展规律"，在自我审视的基础上进行目标设计和环节设计的双向动态调整，提高教学环节与教学目标的匹配度。

以"走进家乡的名胜古迹——清源山"活动为例，活动准备阶段的原教学目标是"根据已有游览经验提出想要探究的问题，确定研学任务并拟订研学路线"。教师设计教学环节为：①让学生畅谈清源山的游览经历；②让学生提出想要探究的问题，确定研学任务；③小组讨论、策划研学路线。在实际教学过程中我们发现，学生虽然有游览清源山的经历，但记忆零碎、提出的问题浮于表面、研学任务分散，无法实现主题活动总目标"了解清源山的多元宗教文化，产生探究家乡文化的兴趣"。因此，可以将教学目标完善为"能充分利用已有游历经验或景区有关导游图或宣传短片，围绕山上人文景物特点提出想探究的问题，确定研学任务并拟订研学路线"。进而，调整教学环节为：①学生交流对清源山景物的印象；②播放清源山人文风光的宣传短片，思考短片中景物的特点，提出想进一步研究的问题；③小组合作，在景区旅游图中圈出山上寺庙的位置，并画出游览路线图。

从两次的教学目标设计环节对比可以看出，教学目标影响教学环节设计，教学环节又反过来促进教学目标的完善。教学是个动态调整的过程，教学目标与教学设计都是课前的预设，教师应根据变化的教学情况及时完善预设的教学目标，在教学过程中检验和完善教学策略，实现学生与阶段目标的有效连接，最终圆满完成教学任务，保证综合实践活动课程目标的落"地"。

总之，主题目标的创设过程是对综合实践活动课程目标的二度设计，也是学生在课程实施中分步达成学科核心素养目标的过程。只有在每个主题活动目标创设过程中，立足于课程的总目标和维度目标，并将目标落实到教学环节中，才能保证综合实践活动课程的实施最终能落到促进学生社会责任感、创新精神和实践能力等核心素养的发展上。

(三)主题活动目标的设计理念

1. 符合综合实践活动课程目标的整体性

综合实践活动课程的目标具有内在的整体性，它包括知识与技能、过程与方法、情感态度与价值观三个维度的目标。在具体的活动实施过程中，学校和指导教师在目标设计时，要保证学生在三个维度都有所发展。

案例呈现

小学六年级主题活动"零花钱怎么用"活动目标的设计

知识目标：

通过开展班级内的调查统计活动，熟悉各种常用的调查的方法，并对全校进行零花钱使用情况进行调查统计；

在当家理财的活动中，根据调查数据掌握进行分析判断的基本方法，逐步形成正确的价值观；

通过开展为零花钱合理消费做出预算的活动，掌握简单的理财方法。

能力目标：

通过对自己零花钱使用情况的回顾，具备初步观察生活、发现问题的能力；

针对围绕零花钱所提出的问题开展调查研究活动，形成积极解决问题的态度和能力；

在调查、统计、分析活动中，获得对所学知识进行综合运用的能力。

情感、态度目标：

在调查、研究、设想、行动、检验等实践活动中，培养合理消费的意识和能力，形成良好的消费习惯；

通过开展此次活动，树立健康的价值观和正确的消费观；

在亲身参与实践活动的过程中，获得积极的体验和丰富的经验；

在调查统计活动中，养成合作意识及实事求是地分析问题的态度。

[资料来源]郭元祥、沈旎：《小学综合实践活动》，28～29页，上海，华东师范大学出版社，2008。

以上案例的具体目标设计较好，既有知识与技能目标，也有过程与方法目标和情感态度与价值观目标，综合实践活动课程目标的三个维度得到了很好的体现。但是，这个活动目标不是把三个维度的目标的各方面都罗列出来，如它的知识与技能性目标，

重点让小学生知道一些与小学生知识层面、理解能力有关的知识。主题活动或活动项目的具体目标要对学生的活动过程具有导向作用，使学生在目标指引下有条不紊地开展活动。

2. 突出综合实践活动课程目标的操作性

如果一个活动主题的目标没有具体的任务要求和行为表现，缺乏可操作性，不可观测，那表明主题活动的目标存在着目标"普遍化"和效率低下的危险。因此，综合实践活动课程目标要具体化、情境化和个别化，需要让学生明确在活动实施的不同阶段的具体任务，以"任务取向"和"角色职责"来达成体验性目标。对不同情境下活动的学生提出具体任务和要求，实现目标的情境化。

以操作性语言表述的目标是对你所期望学生做什么的精确表述，尽管操作性语言表述的目标的编制样式有多种，但一般必须包括三个要素：①对学生的行为和学习者的表述；②对学生的行为条件的表述；③对学生行为水平可接受的最低限度的规定。

对学生行为的表述一般是表明学习者做什么或生产了什么。如"让学生说出武汉的桥的形状"，只有学生表现了这个行为，才可能知道学生已经获得了预期的目标和结果。对学生行为条件的表述一般是学习者行为的环境，一般来说包括：完成行为可能用到的材料，如利用网络资源，让学生说出桥的形状；完成行为可能用到的行为地点（在教室、在体育馆或在实验室）；对学生学习水平可接受的最低限度的规定性表述，要求这一规定必须是最低的水平，在目标中要表述出来。例如："在 5 分钟之内，说出两座桥的名称及形状。"再比如，在海口某校实施的"废旧电池的处理"主题活动中，提出了具体目标："每小组成员应搜集五篇以上的相关文献，搜集三种以上的废旧电池，提出废旧电池对环境影响的三个观点，每人最少提出一条处理废旧电池的建议或方案。"这样的目标具体明确，便于操作、实施和评价。

3. 保证综合实践活动课程目标的体验性

综合实践活动课程并不追求活动结束时所形成的外化、对象化的成果，而是注重课程生成、实施和总结过程中的个人体验。这些体验有些指向学生赖以生存的环境、生活及其要素，有些指向学生反思、探究的对象，有些指向学生憧憬、规划的未来。通过活动课程，每个学生心中都形成了具有个体特性的认知、情感、意志及相应的行为。综合实践活动目标具有体验性，是一种过程性目标，它注重的是行为过程的本身，而不是行为的结果。过程本身就是目标，经历过程就是获得了参与活动的体验。体验性目标具有鲜明的情境性、生动性，它的实现是以充分发挥学习者的主体性和尊重学生的主体地位为前提的。综合实践活动的特点决定了它的目标设计必须体现体验性特征，注重学生在综合实践活动中阅历的增长。

（四）主题活动目标的具体化

在具体的课程实施过程中，小学综合实践活动课程的总目标由于抽象程度较高、概括性较强，常常无法直接指导活动的顺利开展，因此，我们还需在把握综合实践活动的目标设计过程和设计理念的基础上，根据既定的活动主题和具体内容及学生的年龄特点提出某个主题的具体目标，使学生更好地、更深入地理解和认同这些具体目标，以更好地发挥目标的导向、激励作用。那么，究竟什么样的目标才算具体化？又该如何将小学综合实践活动的课程目标具体化呢？

1. 具体化目标的特点

具体化目标具有如下特点：①指向性。综合实践活动的具体目标是针对某个活动主题或项目而言的，对学生开展与主题有关的活动具有切实的导向、指引作用，并能保证整个活动过程的顺利进行。所以，具体化目标首先应具有指向性，指向其所针对的具体活动主题或活动项目。②动态性。虽说综合实践活动课程的具体目标是预设的，但人们无法预料到活动过程中所产生的成果的全部范围。因此，具体化目标应是动态的，可以超越的。③可测性。除了引导活动过程有条不紊地进行之外，综合实践活动课程的具体目标还是考察某个具体活动所产生的效果的重要依据。如果具体目标描述的都是一些无法测量的状态，那么评价也就"无据可依"。因此，具体化目标还应具有可测性，即所描述的状态应该是一些可以测量到的知识、技能、情感、态度与价值观等方面的变化。

2. 课程目标具体化的策略

（1）明确目标所述维度

在进行综合实践活动课程目标具体化时，要明确将要被具体化的课程目标属于价值体认、责任担当、问题解决、创意物化四个维度中的哪个维度，或属于知识与技能、过程与方法、情感态度价值观三个维度中的哪个维度。

（2）分解细化目标

进一步分解细化综合实践活动的目标。如问题解决可细化为："对身边事物敏感；能够从中发现问题；能够思考种种事物；现象中隐含的问题；运用问题解决策略积极尝试解决这些问题。"可进一步细化为："随时随地捕捉观察机会；明确观察的目的和任务；按照一定的顺序去观察；透过事物的现象观察其本质；观察中积极归纳推理；观察中及时总结；培养观察兴趣；边观察边思考；客观准确地记录观察内容；拥有积极的观察心态；加强观察的持久性；养成良好的观察习惯。"

资料链接

日本"综合学习时间"的具体目标

1. 信息处理技术与能力

○运用计算机的基本技术与能力　　　　○信息的收集与处理能力

○分析和选用适当的信息　　　　○运用概念图适当地整理与表述信息

2. 表现的技术与能力

○运用写作、绘画等多种方式灵活地表述　　○具有个性的表达

○问题解决过程中合理地表述观点

○应用本人的观点和他人的观点，并适当加以区分

3. 思考—判断能力

○自主地提出活动课题　　○论理的合理性

○课题设计的明确性　　　○内容的适切性

○深入地分析课题的意义　　○学会运用问题解决的基本方法

4. 兴趣、关心与态度

○兴趣与意念的发展　　○参与活动的主动性

○活动的参与程度　　　○积极参与活动的评价

○自主学习与自我反省，以及自信心的增强

[资料来源]顾建军：《小学综合实践活动设计》，67页，北京，高等教育出版社，2005。

（3）把抽象目标转为具体目标

将抽象目标转为具体目标的方法有：第一，利用行为动词，说明学习者做了什么或产生了什么，如"搭配、命名、计算、列表、习作、圈出、分类"等。而词语"知道、理解、分析、评价、体会、领会"等，不是行动动词，是不可观察行为。抽象目标转为具体目标的一般技巧有：先列出一般的目标或观点，再表述具体的操作目的或结果。以"学生要掌握如何使用计算机"活动为例，"掌握"是抽象动词，可细化为：①说出计算机各组成部分的名称；②列出计算机操作的基本步骤；③描述计算机操作过程的注意事项；④演示计算机操作。第二，用活动的形式来表述对应的目标。一般活动过程包括刺激与反应两个过程。可以从三个方面表述目标：①刺激，说明给定的情境和条件；②反应，说明预期学生做出的行为和反应；③标准，提供评判依据。第三，利用操作性描述将抽象的目标转化为具体的目标。可从三个要素方面进行描述：①对学生行为的表述；②对学生行为条件的表述；③对学生行为水平可接受的最低限度的规定。

（4）采取适当的表述方式

具体目标需要采用适当的方式表述出来。如果表述不当，那么，不仅综合实践活动课程目标的具体化无法实现，而且还会给接下来的综合实践活动课程的具体实施带来一系列的问题。目前，常用的表述方式有以下三种。

第一，总括式表述。总括式表述是指不分段落、只用一段话将活动主题的具体目标表述出来。如"垃圾与我们的生活环境"活动主题具体目标的表述："通过实施本活动，学生亲自开展调查和考察，体验课题探究的过程与方法；引导他们对环境问题的关注，使学生从经济、卫生和健康、伦理等多种角度认识、分析和探讨环境问题，认

识垃圾与生活环境的关系，形成环境保护意识，养成环境保护的行为习惯。"①

第二，列点式表述。列点式表述是指将活动主题所涉及的目标要点分列出来。如"探究我们的校园"活动主题具体目标的表述："(1)了解身边知识，能对自己的所思提出看法，并能不断地改善自己生活的环境；(2)养成热爱祖国、热爱家乡的美好情感，关注他人和社会的发展变化；(3)养成多渠道搜集信息的能力，懂得怎样与他人交往，体验与他人合作的快乐和成功的喜悦；(4)通过各种汇报和展示活动，发展口头表达能力、观察能力及自我展示、自我管理、自我评价的能力。"②

第三，分层式表述。分层式表述是一种分层次表述目标的方式，有的以"总一分"的形式表述；总目标的表述可以根据国家课程目标设定，也可以根据本校的实际需要来定；分目标的表述是将总目标落实在活动展开的不同阶段，使总目标更具体、可操作。

案例呈现

"麦秸的出路"活动主题目标

(一)总目标

1. 知识目标

(1)了解焚烧麦秸对环境的危害，并能举两三个事例说明焚烧麦秸对日常生活的影响。

(2)围绕"麦秸的出路"这个主题，指导学生通过网上调查、社会考察、采访、问卷等方式，制订出处理麦秸的有效方案。

2. 能力目标

(1)学会收集信息的各种基本方法，尝试运用调查、考察、文献收集等基本方法。

(2)学会自主提出问题，制订解决问题的方案，并依据方案开展活动。

(3)在学生参与社会实践的过程中，逐渐掌握最基本的调查研究的方法，培养学生一定的人际交往能力，以及实践、创新、合作、反思等综合能力。

3. 情感目标

(1)引导学生通过对"焚烧麦秸"事件的关注，在调查采访过程中，让学生自觉地、逐渐深入地反省和思考，引起学生对社会生活的关爱，培养其社会责任感。

(2)在为麦秸寻找出路的活动中，形成关心社会、关心生态环境、关心可持续发展的态度，逐步形成社会责任感，形成负责任的生活态度和生活习惯。

(3)具有合作精神，能够与他人共同解决问题，共同进步。

(二)阶段目标

第一阶段：活动准备阶段

(1)列举焚烧麦秸对日常生活的影响，激发学生的问题意识，引发学生对身边环境的关注。

(2)指导学生围绕"麦秸"提出问题，分解主题并制订出活动方案。

第二阶段：活动实施阶段

(1)针对"麦秸的出路"采取社会考察、采访、问卷等方法收集资料。

(2)学会运用资料和分析资料。

---

① 郭元祥：《综合实践活动课程：设计与实施》，127页，北京，首都师范大学出版社，2001。
② 廖先亮：《综合实践活动课程案例(3～6年级)》，32页，武汉，武汉大学出版社，2003。

（3）学会与人交往与合作。

第三阶段：总结交流阶段

（1）学会总结、整理资料的方法。

（2）对自己所实践的结果有成就感、喜悦感，乐于与大家分享活动感悟。

（3）能给活动的成果制作宣传手册、手抄报等。

［资料来源］江苏省宿迁市宿豫区曹集中心小学李丽编写：综合实践活动教案《麦秸的出路》，2011 年 11 月。

除了上述几种表述方式之外，我们还可以尝试用其他方式把综合实践活动课程的具体目标表述出来。但是，无论如何具体表述，其最终目的都是引导活动过程顺利开展，实现学段目标和总目标。

第四节
小学综合实践活动的课程内容

《中小学综合实践活动课程指导纲要》指出："学校和教师要根据综合实践活动课程的目标，并基于学生发展的实际需求，设计活动主题和具体内容，并选择相应的活动方式。"那么，综合实践活动的内容有哪些？以怎样的方式开展综合实践活动呢？本节将探讨这两个问题。

一、小学综合实践活动的内容构成

2001 年，《综合实践活动指导纲要（试行）》指出："综合实践活动的内容包括指定领域（研究性学习、社区服务与社会实践、劳动与技术教育以及信息技术教育）以及非指定领域（包括班团队活动、兴趣小组活动、学生会活动、学校传统活动如科技节、体育节、艺术节等）。"不过，在综合实践活动课程具体实践中，将其中部分领域转化成为课程进行了学习，如劳动技术课、信息技术课等。为了避免这种现象的出现，在 2017 年的《中小学综合实践活动课程指导纲要》中，没有指定综合实践活动课程的内容领域，而是突出强调了其课程的开发"面向学生完整的生活世界，引导学生从日常学习生活、社会生活或与大自然的接触中提出具有教育意义的活动主题"，也就是说学生的整个生活世界都是综合实践活动课程的课程内容，综合实践活动课程的课程内容来自学生的整体生活世界。我们通常将整体的生活世界分为人与自然、人与社会及人与自我三个关系领域，因此，小学综合实践活动课程的课程内容相对应地就有了学生与自然、学生与社会及学生与自我三个关系维度。

(一)学生与自然的关系维度

因为人本身是自然的一个部分,所以学生与自然的关系维度也就成了学生综合实践活动课程的模块之一。与人生存环境息息相关的任何问题,都是学生在开展综合实践活动课程时可以选择和确定的主题,如资源枯竭问题、水资源保护问题、森林绿化问题、全球气候变暖问题等。在这个维度内选择和确定活动主题的时候,学校可以适当引导学生多关注当地的、与学生生活密切相关的自然环境问题。通过教师的引导,让学生从自然环境中发现他们感兴趣的现象与问题,并将其转化为活动主题,通过考察探究、社会服务、设计制作、职业体验等活动方式,进行人与自然关系的探索和研究,亲临自然、感受自然、探究自然,培养学生热爱和保护自然的情感与态度,增强他们的环保意识。

(二)人与社会的关系维度

因为人是社会的基本组成部分,所以学生与社会之间的关系也就成了学生综合实践活动课程的内容模块之一。学生通过探究人与社会的相关问题,可以增加学生对自己所生活的社会的认识,提高自己的社会实践能力,为自己将来走向社会打下坚实的基础。在开展此种关系维度的综合实践活动课程的时候,要引导学生走入社会,与社会多做接触,亲身去感受社会,指导学生将从与社会接触中发现的问题转化为活动主题,通过考察探究、设计制作、社会服务、职业体验等活动方式去掌握社会规范,学习人际关系,培养学生的社会实践能力与社会责任感。

(三)学生与自我的关系维度

处理好人与自我的关系是保证人与自然、社会关系良好的基础,所以学生与自我之间的关系也就成为学生综合实践活动课程的内容模块之一。正确地认识自我,能够使我们在社会中立于不败之地,对小学生的整体生活都是非常有利的。在开展这类活动的时候,注意引导学生选择那些与自我有关的主题,如"我的兴趣""我的身体""我的小秘密"等,通过这些活动主题,帮助学生形成正确的自我认知。特别是对于小学生来说,他们正处在一个自我意识形成与不断加强的阶段,对他人、对自己的态度都比较敏感,更需要引导他们对自己有清晰的认知。通过畅想、交流、体验等活动方式,对自己的能力、个性特征、兴趣、理想、价值观等进行反省,提高对自我的认识。

二、小学综合实践活动的内容组织

小学综合实践活动的内容组织具有以下三个方面的特征。

(一)整合性

整合性体现了综合实践活动课程的关联逻辑,即强调整体论和相互联系,包括内在整合性和外在整合性,同时也具有教育与文化双重的重要意义。

1. 内在整合性

内在整合性更多地体现了教育意义上的关联,是指综合实践活动立足于每个学生个性发展的整体性,强调教师、学生、活动内容等诸多因素彼此互动、相互联结,整合成一个教育有机体。因此,综合实践活动课程内容的组织,鼓励以综合主题或综合项目的形式开展大主题活动,尤其需要考虑两方面的整合:①与学科探究的整合。首先,学科领域的知识可以在综合实践活动中延伸、综合、重组与提升;其次,综合实践活动中所发现的问题、所获得的知识技能可以在各学科领域的教学中拓展和加深;最后,在某些情况下,综合实践活动可以与某些学科教学打通进行,但学科探究不能替代综合实践活动课程。②与专题教育的整合。可以根据学生的兴趣与需要,将专题教育的内容,如优秀传统文化教育、心理健康教育、生命教育、环境教育等,转化为学生感兴趣的综合实践活动主题,进行整体设计和实施。

2. 外在整合性

外在整合性更多地体现了文化意义上的关联,是指综合实践活动课程还与课程之外的环境形成各种文化上的联结,使这个教育有机体与之进一步整合并扩展成一个更加广阔的生态系统。这就要求综合实践活动能够打破学校界限,把校内综合实践活动与校外综合实践活动整合起来,把正规教育与非正规教育融合起来。因此,在课程组织中,需要充分考虑学校周围的社区资源、社会公共资源、自然资源,充分利用校外图书馆、博物馆、科技馆、实践基地、各类公园等自然环境。

(二)连续性

小学综合实践活动内容设计应该基于学生可持续发展的要求,设计长短期相结合的主题活动,使活动内容具有递进性。从学生层面来说,要真正解决学生感兴趣同时又具有服务社会价值的问题及设计出相关的活动主题,就要开展"深度研究"。这就要求活动内容由简单走向复杂,活动内容不断丰富,活动范围不断拓展,从而使活动主题向纵深发展。只有开展这样的持久深度探究,才能更好地、持续地发展学生对生活的理解能力、创造能力和实践能力。从学校层面来说,保持课程内容在时间上的连续性和系统性，一方面要处理好学期之间、学年之间、学段之间活动内容的有机衔接与联系，构建科学合理的活动主题序列，避免零散重复；另一方面要积极倡导能够持续几个月、一学期、几学年的中长期探究主题，防止浅尝辄止、形式化的活动。

（三）开放性

小学综合实践活动课程内容不是以物化的教科书为课程内容，或以固定的教案来组织课程内容，而是指向跨学科、跨班级、跨学校、跨地区的开放性课程内容选择与组织。这就意味着综合实践活动课程的指导教师在选择和组织课程内容时，需要放弃一种对课程内容的潜在"控制逻辑"，遵循动态开放性的"系统逻辑"。这种开放性可以体现在多个方面：一是内容的开放性。综合实践活动是指向未知的，所以课程内容的选择要打破学科界限，始终关注学生活动的生成性目标与生成性主题并引导其发展，特别珍视和发展学生在活动过程中产生的奇思妙想，并为之创造性发展开辟广阔的时空。在实施过程中，随着实践活动的不断展开，以及学生的认识和体验的不断丰富和深入，允许学生根据实际需要，对活动内容、方式、方法和实施步骤做动态调整。二是组织形式的开放性。允许根据不同的主题、内容选择不同的组织形式。三是场所的开放性。综合实践活动的内容是面向学生的整个生活世界，意味着其学习场所也需要突破教室、学校围墙，把学生的成长环境作为学习场所，将实践活动的组织置于家庭、学校、社区的持续互动中，不断拓展活动时空和活动内容，同时促进课内与课外、学习与生活、学校与社会的有机联结。

【本章小结】

国外综合实践活动是随着西方文艺复兴和启蒙运动对人的价值的重新发现萌芽而生，在 19 世纪末 20 世纪初欧美掀起的"新教育运动"和"进步主义教育运动"中形成，20 世纪 90 年代以来在美国、英国、澳大利亚、日本、挪威、法国等国的基础教育课程改革中得到不同程度的发展。我国"综合实践活动"课程的发展大致经历了活动本土化时期、活动教育化时期、活动课程化时期、活动综合化时期四个发展阶段。

综合实践活动课程是基于学生的直接经验，密切联系当代社会生活实际，综合运用所学知识解决实际问题，强调实践能力、创新能力的培养及提高学生综合素质的实践性课程。它以培养学生的综合素质为导向，面向学生的个体生活和社会生活，注重学生主动实践和开放生成，主张多元评价和综合考察，具有整合性、实践性、开放性、生成性、自主性等特点。其独特的课程价值体现为：对学生而言，能丰富学生的生活经验，完善学生的生活方式，发展学生的创新精神和实践能力；对教师而言，有助于强化教师的课程意识，提升教师的专业素养；对学校而言，有助于彰显学校的办学理念，促进学校特色的形成。

　　小学综合实践活动课程目标是指学生通过课程学习所应达到的素质规格或质量标准。不同年段、不同年级的课程目标在课程实施中具有不同程度的要求。学习者的需要、当代社会生活的需要、学科的发展是综合实践活动课程目标的基本来源；回归生活世界、践履社会责任、运用学科思维、锻造创新实践是综合实践活动的目标定位。价值体认、责任担当、问题解决、创意物化是综合实践活动的四大总目标，其课程目标体系具有整体性、层次性、进阶性等特点。小学综合实践活动主题目标设计一般包括以下过程：合理定位主题目标指向；梯度细化课程总目标层次；具体设计阶段分目标内容；动态调整主题目标实现环节。在具体的课程实施过程中，要将抽象程度较高、概括性较强的课程目标具体化。

　　小学综合实践活动的课程内容包括学生与自然、学生与社会、学生与自我三个关系维度，其课程内容的组织具有整合性、连续性、开放性等特点。

【章后练习】

　　1. 回顾国内外综合实践活动的发展历程，说出三位教育家在综合实践活动推进过程中的课程理念与实践做法。

　　2. 以小组为单位，谈谈对综合实践活动的课程性质、课程价值、课程特点的个人理解。

　　3. 根据综合实践活动的课程总目标和小学学段具体目标，对综合实践活动的主题目标进行设计。先个人自由思考，然后小组讨论并进行整理，最后确定小组代表在班上交流。

　　4. 综合实践活动的课程内容包括哪些？结合自身生活经验及具体社区资源，谈谈可以开发出哪些综合实践活动主题？

【拓展阅读】

　　1. 郭元祥. 综合实践活动课程设计与实施[M]. 北京：首都师范大学出版社，2001年版。

　　2. 杜建群. 综合实践活动课程理论与实践[M]. 北京：北京师范大学出版社，2014年版。

3. 熊梅 . 当代综合课程的新范式：综合性学习的理论和实践［M］. 北京：教育科学出版社，2001 年版。

4. 张传遂 . 综合实践活动课程论［M］. 广州：广东教育出版社，2005 年版。

5. 石鸥、刘丽群 . 课程改革的若干问题［M］. 广州：广东教育出版社，2004 年版。

6. 李臣之 . 活动课程研究［M］. 北京：教育科学出版社，1998 年版。

7. 陈时见 . 综合实践活动课程理念与实施［M］. 桂林：广西师范大学出版社，2003 年版。

第二章

小学综合实践活动的
规划与设计

章结构图

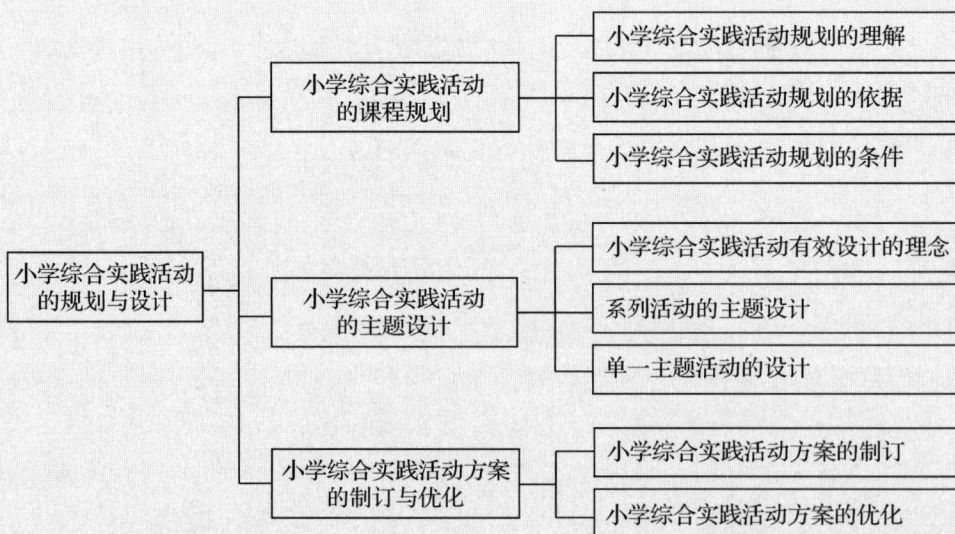

本章概述

　　本章介绍了小学综合实践活动的课程规划、主题设计、方案制订与优化三个方面。在课程规划方面，阐述了综合实践活动规划的理解、依据与条件；在课程设计方面，阐述了综合实践活动有效设计的理念、系统活动的主题设计、单一主题活动的设计；在方案的制订优化方面，介绍了不同类型的综合实践活动方案制订及活动方案的优化策略。

学习目标

　　1. 理解小学综合实践活动课程规划的内涵、意义、依据及条件。
　　2. 明了小学综合实践活动有效设计的理念，能进行小学综合实践系列活动的主题设计、单一活动的主题设计。
　　3. 学会制订小学综合实践活动的学校课程方案、年级整体方案、单一主题方案，并能对其方案进行优化。

章前导语

　　"凡事预则立，不预则废。"这句话强调了规划与设计的重要性。综合实践活动是由国家设置、地方指导和学校根据实际开发与实施的一门三级管理课程。国家没有提供相应的教材和教学参考书，而是把课程开发与实施的决策权交给了学校。学校要实施课程就需要对综合实践活动进行总体规划，倘若学校和教师没有预先设计好课程方案，这将导致课程实施没有明确的目标，也无法保证综合实践活动实施的系统性，从而无法得到统一的管理。作为小学学校综合实践活动的管理者与实施者，应该怎样对学校综合实践活动进行整体规划？如何对综合实践活动主题进行设计？面对活动方案，该如何进行有效优化？学校和教师在规划和设计综合实践活动时应该做哪些工作？本章拟就这些问题做系列探讨。

第一节
小学综合实践活动的课程规划

一、小学综合实践活动规划的理解

(一)小学综合实践活动规划的内涵

小学综合实践活动规划是依据综合实践活动的理念和本校资源状况及学生发展需要，对活动主题、目标、内容、过程、方法等多环节入手进行统筹计划的过程。小学综合实践活动规划是《综合实践活动课程指导纲要》校本化的产物，它的研制需要整合学校多方面的力量和资源。无论是从课程的宏观视野还是课程的微观落实，均能衡量出一所学校在综合实践活动课程发展过程中的状态。

按综合实践活动实施的基本方式，小学综合实践活动课程规划分为探究考察类、设计制作类、社会服务类和职业体验类。

按综合实践活动实施的规模，小学综合实践活动设计包括学校总体方案规划、年级整体方案规划和单一主题方案规划。学校总体方案规划是学校在认真评估本校资源、学生需求、学校规模等因素的前提下，对综合实践活动进行的总体计划；年级整体方案规划是指年级、班级实施方案，是学校着眼于本校学生、立足于本校教师团队，在充分调查课程资源和学生需求的基础上，从学校具体情况出发对综合实践活动的课程目标、内容、开展方式及时间等统筹规划，整体安排；单一主题方案规划是指教师针对某个具体主题进行的开发工作，对整个主题活动进行分阶段预设，明确一个主题活动目标及各阶段学生活动的主要内容及方式、教师的指导重点、实施要点及评价建议等，也可以称作教师指导方案。它是小学综合实践活动课程开发的基本呈现形式，可以增强教师指导的计划性。

(二)小学综合实践活动规划的意义

小学综合实践活动课程的性质决定了课程内容的自主性、开放性和生成性，这就要求学校根据社区环境的具体情况，结合本校的传统和优势、学生的兴趣和需要，对课程内容的选择、课程实施的组织与管理、课程资源的开发及课程评价等方面进行整体规划和设计，并制订出科学、合理的课程实施方案。这是保证小学综合实践活动课程常态而有效实施的重要前提和基础。

1. 有利于避免课程开设的盲目性和随意性

学校在综合实践活动实施过程中，如果仅仅依靠教师个体自发地研究或各年级、各班级自行计划，而缺乏对学校各年级课程实施的整体规划和安排，容易导致综合实践活动开展的盲目性和随意性。不同年级主题活动缺乏衔接，课时随时可能被挤占，影响课程的常态实施，也难以体现学校的办学特色。因此，学校对综合实践活动进行整体规划，可以全面地开发各种课程资源，依据学校的身心发展水平和认识规律合理安排各类活动，使学生的实践性学习循序渐进，能更系统地掌握研究方法。

2. 有利于加强课程资源的整合开发与有效利用

综合实践活动具有较强的开放性和实践性，需要更为丰富的课程资源以保证其常态实施，仅靠教师个体对课程资源进行开发和利用，既有局限又有一定的难度。学校对课程进行整体规划，可以通盘考虑学校内外部的各种课程资源，充分利用学校现有的人力资源和物质资源，统一安排指导教师和学生活动所需的专用教室、实验室、校内实践基地等，根据学生活动需要调配学校的网络资源、图书馆资源等，实现校内课程资源的整合。此外，学校统一规划，对学校周边的社会教育资源进行整体性、综合性课程开发，既可以避免教师单独开发出现的重复劳动现象，又可以使课程资源的开发和利用更加充分和有效，保证学生综合实践活动的顺利开展。

3. 有利于实现学校对课程的管理

任何一门课程正常有序地实施都需要学校进行规划和管理，综合实践活动的实施仅依赖个别教师自发研究和实践是难以管理和规范的。学校对综合实践活动课程进行整体规划并制订出相应的课程实施方案，就可以将综合实践活动的课时、场地、师资、内容、形式等课程实施的要素真正落实和确定下来，从而确保课程的常态实施。学校制订综合实践活动课程规划，不仅可以使课程的实施更加有章可循，也有利于学校建立相应的管理制度，按照课程方案对课程实施的进度和要求及时进行监测、管理和评价，确保综合实践活动课程的开设更加规范和有效。

总之，学校要"常态化"实施综合实践活动，就要对课程进行整体规划，制订出一个科学、规范的综合实践活动课程总体实施方案，这是课程开发与实施的第一项工作。这对于充分发挥综合实践活动课程的价值及对于学校特色办学和教师专业发展都十分重要和必要。

二、小学综合实践活动规划的依据

(一)基于学校的文化现场

学校文化是学校成员认同的信念、观念、语言、礼仪和传统的聚合体，它决定着人们的价值追求和发展目标，同时显现在学校的一切教育行为、物质载体之中。学校文化如何得以形成？校风校训是学校文化的精神之窗，制度是文化的契约。除此之外，文化更多的是通过课程来呈现的。综合实践活动作为一门综合性、实践性、开放性的课程，其规划更要基于学校文化现场来研制。第一层次要执行课程计划，不能擅自减少、调整课时，制订严格的综合实践活动课程制度；第二层次是要通过综合实践活动的教学，加强课程质量；第三层次是课程规划要从学校的实际出发，体现学校的办学思路和理念，并在后续的课程实施中加以贯彻。

资料链接

  常州市实验小学一直秉承"分享文化"，在这所百年老校里，"分享文化"已不单单是认知上的一个概念，而是学校厚重的文化底蕴及良好的人文环境的再现，它蕴含着那些有教育理想的追寻者们的智慧和精神。"在分享中成事，在分享中成人。"在多年的教育实践过程中，常州实验小学始终将分享文化渗透于学校的教育文化之中，尤其注重将这一文化与课程规划、课堂教学、主题文化建设等有机结合起来，从真实的教育教学实际出发，展开行之有效的分享之旅。常州市实验小学综合实践活动课程规划的研制在充分考虑本校学生的年龄特征、知识储备和兴趣爱好，以及多年来各年级活动主题积累的基础上，基于学校分享文化的现场，将"分享和谐、分享文明、分享责任、分享智慧"的理念有侧重地逐年渗透于三、四、五、六年级的课程目标体系中，同时也充分兼顾了综合实践活动"关注自然""关注社会""关注自我"这三条鲜明的课程线索（见表 2-1）。

表 2-1　常州市实验小学综合实践活动年段目标规划

实施年级	学校文化渗透 （年级侧重）	课程目标实现 （年级侧重）
三	亲近自然 分享和谐	通过对自然、生命类主题的研究，引导学生主动亲近周围的自然环境，热爱自然、亲近自然、了解自然，初步形成自觉保护自然环境、与自然和谐相处的意识和能力
四	亲近老师 分享文明	通过对历史文化类主题的研究，引导学生主动走进历史、民俗、文化，继承先辈勤劳、勇敢、讲文明、懂礼仪的优良品质，拓宽视野，激发学生与历史分享文明的自觉性，养成勤奋、积极的生活态度
五	亲近社会 分享责任	通过对环境类、社会问题类的研究，引导学生通过实践、考察等途径，了解周围社会环境，自觉遵守社会行为规范，增长社会沟通能力，养成初步的服务社会意识和对社会负责的态度
六	亲近他人 分享智慧	通过对科技类、技术类课题的研究，激发学生探究新技术的好奇心和求知欲，培养创新思维，锻炼动手实践能力，养成乐于分享、智慧分享的良好品质和从事探究活动的正确态度

  值得说明的是，在具体的综合实践活动课程实施过程中，三、四、五、六各个年级在课程目标实现有所侧重的前提下，并不排斥其他的、极具教育意义的学校文化和课程目标的相互渗透和融合。

  ［资料来源］张小亚：《综合实践活动课程规划要基于学校现场》，载《教学与管理》，2012(5)。

（二）基于学校的学生现场

当课程规划服务于具体的学习对象时，它便会"遭遇"一些现实的问题，例如：学习者的认知特点是怎样的？学习者的课程需求到底有哪些？如何处理好学习者之间的学习兴趣差异？等等。这些问题解决得好，那么课程规划就会在实现学习的持续性、课程的平衡性及个体的差异性等方面做出突出表现，否则就会背道而驰。因此，在研制综合实践活动规划时，要从学校的实际出发，尤其要关照学生的需求，为了成就学生、促进学生的整体发展，对综合实践活动进行深度的学习活动设计，其中包括为保障规划实施而进行的评价活动等方面的全面规划。在这个过程中，课程规划者不仅要掌握课程的相关理论，更要掌握人的认知发展理论，这样有助于在规划中增强学生学习的连贯性，增进学生对自我的认识。此外，课程规划者还要掌握从不同的情境中迁移知识来规划课程的能力。

资料链接

常州市外国语学校生源状况良好，学生整体素质较高，具有较强的求知欲和学习能力，学校探索了具有该校特色的综合实践活动实施路径。综合实践活动教研组以学校"人本·卓越"的整体办学理念为指南，以综合为特征，以实践为核心，以活动为载体，以培养学生创新精神和实践能力为重点，对学生三年的综合实践活动课程学习活动进行了整体规划（见表2-2）。

表 2-2　常州市外国语学校综合实践活动课程结构

项目	七年级	八年级	九年级
研究性学习	1. 主题探究活动 2. 以养成教育为主的主题系列活动	1. 应用设计活动 2. 以公民教育为主的主题系列活动	1. 主题探究活动 2. 应用设计活动 3. 以励志教育为主的主题系列活动
社会实践	1. 新生夏令营 2. 明文化村和恐龙园的参观考察 3. 文体俱乐部活动 4. 调查走访活动 5. 校园值周活动 ……	1. 苏州古镇、金鸡湖公园和上海科技馆的参观考察 2. 青春宣誓 3. 文体俱乐部活动 4. 调查走访活动 5. 校园值周活动 ……	1. 无锡灵山文化园、龙头渚和上海东方绿洲的参观考察 2. 文体俱乐部活动 3. 调查走访活动 4. 校园值周活动 ……
社区服务	开展帮贫助困和公益活动	开展帮贫助困和公益活动	开展帮贫助困和公益活动

其中，研究性学习领域主要侧重于主题探究活动和应用设计活动。主题探究活动主要以认识和解决某一问题为主要目的，具体包括调查研究、实验研究、文献研究等类型。应用设计活动主要解决一个比较复杂的应用性和操作性问题为主要目的，一般包括社会性活动的设计和科技类项目的设计两种类型。此外，学校还将劳动与技术领域与校本课程相融合，开设了以手工制作为主的校本课程，还将班团活动、春秋游活动等非指定领域渗透于学生日常的学习生活之中。

［资料来源］张小亚：《综合实践活动课程规划要基于学校现场》，载《教学与管理》，2012(5)。

(三)基于学校的资源现场

课程规划的研制不是为了推翻和颠覆以往的课程经验,而是对原有课程经验的继承、发展和创新。因此,如何基于现有的学校资源现场制订出既有传承性又不失开放性的课程规划,从而最大限度地满足学生各方面发展的需求,就显得尤为重要。对于综合实践活动课程而言,规划好学校的资源现场包括以下内容。

一是规划好教师资源。从综合实践活动课程纲要出发,学校的科任教师均可以兼任综合实践活动的指导教师。但在实际的学校管理中,教师对课程实施的专业投入不同,其所获得的经验积累就会有很大差异。规划好教师资源,就是要为经验积累有很大差异的教师找到适合的教学岗位。如有的学校在课程起始年级——三年级配置综合实践活动专任教师,因为专任教师更能在教学中促进学生研究规范的养成,而在六年级主要由班主任兼任指导教师,因为六年级的孩子基本的研究规范已经养成,研究素养也逐步增强。

二是规划好生成性资源。在综合实践活动课程实施过程中,有好多课程资源会自然生成,如综合实践活动专用教室的使用、优秀教师教学案例的积累、课程基地的拓展、校外导师团的形成等,这些生成性资源如何在课程规划中发挥作用,值得探索。有的学校将多年来教学积累的经过学生实践、有一定研究成效的主题活动案例形成了"活动主题资源库",以"推荐研究主题"或"研究主题开发范例"的形式在课程规划框架中进行呈现或罗列。这样基于生成性资源的规划研制表明,任何研究主题都可以进行深度的二度开发,并且开发的过程可以是生生互助,也可以是师生互助。

在研制规划的过程中,综合实践活动课程的管理者既要深谙学校的文化底蕴,做好课程文化与学校文化的渗透与融合,又要熟悉学生的特性品质,做好学生综合素养及其发展状况的摸底和调查,还要明晰校本资源的具体状况,做好课程资源的有效传承和开发。另外,综合实践活动课程的管理者还要有责任感和使命感,在认真研究、科学把握、稳步推进的基础上,确保综合实践活动课程规划的每个细节落到实处。

案例呈现

××小学综合实践活动课程总体实施方案（节选）

表 2-3　××小学综合实践活动课程总体实施方案

年级	活动板块	建议活动主题	实施要点	年段目标
三年级	人与自然	1. 认识天气 2. 校园绿化情况调查 ……	与科学、思想品德课相结合，培养学生热爱科学、热爱自然的思想感情	1. 通过调查、访问，走向田间地头，了解当地的特产，感受家乡农产品的种植情况，培养学生对家乡的热爱之情 2. 养成良好的学习习惯，从身边的小事做起，爱护图书，学会给图书包上亮丽的书皮，整理书包和班级图书箱，维护班级图书的干净整洁，让浓浓的书香陪伴学生快乐成长 3. 让队员们参与种植、浇水、修剪、收获等活动，充分发挥他们的主人翁精神，锻炼他们的创造能力，使队员们在活动中动手操作，亲身体验，学习环保的知识与行动，提高环保意识
	人与社会	1. 走近当地特产 2. 秋天的田野 ……	借助当地特产、地域展开
	人与自我	1. 我们都来爱护书 2. 班级小主人 ……	良好习惯的养成有助于学习水平的提高，开学后与班级"开门红"活动结合。
四年级	人与自然	1. 千姿百态的桥 2. 寻找春天	了解认知桥的各方面知识，培养学生的各种能力 让学生走进大自然寻找春天，培养学生的各种能力	1. 让学生了解桥的知识，培养学生热爱家乡、热爱祖国的思想感情。通过研究桥，动手制作各种各样的桥模型，在活动中让学生欣赏美、创造美。通过寻找春天让学生发现美，培养热爱自然的思想感情 2. 通过环保行动培养学生关注社会、关注环保的思想感情，培养学生的自主意识 3. 通过一系列的班级活动，培养学生自主学习的能力，培养学生热爱读书的情感
	人与社会	1. 关注身边的垃圾 2. 节水行动有你有我 ……	环保教育，落实行动，节约用水，刻不容缓
	人与自我	1. 课间十分钟 2. 班级图书角	与班集体建设结合。发展学生的认知能力，发展虚设的个性特长
五年级	人与自然	1. 我与蔬菜共成长 2. 家乡水环境调查	通过一系列的实践活动，了解蔬菜对于人类的重要性，养成常吃蔬菜的好习惯，了解家乡水环境的变化	1. 通过参观蔬菜市场、蔬菜种植基地及收集各种蔬菜的资料并进行交流活动，培养学生的合作交流能力 2. 通过让学生关心母亲、为母亲做事，来引导他们关注生活，关注身边的人或事，培养学生的小组合作意识和与人沟通交往的能力 3. 关注生活中的浪费现象，宣传节俭是美德的思想，倡导低碳生活，节约能源从我做起，培养学生的社会责任感 4. 通过开展水环境调查，培养学生强烈的社会责任感和环保意识。增进学生爱国、爱家乡的情感
	人与社会	1. 感恩母亲 2. 寻找生活中的浪费现象 ……	与校园安全活动、传统体育活动相结合
	人与自我	1. 我们的零花钱 2. 社区我的家 ……	与低碳环保教育、社区服务相结合

续表

年级	活动板块	建议活动主题	实施要点	年段目标
六年级	人与自然	1. 我们需要新鲜的空气 2. 走进中国饮食文化 ……	让学生在考察探究、撰写调查报告、实际烹饪等实践活动中获得亲身感受和直接经验	1. 通过调查空气污染的程度，让学生了解清新空气的重要性 2. 通过设计调查问卷，提高综合分析、数据统计的能力，初步具有收集和利用资料信息的能力；通过活动，提高观察、思考和综合分析的能力，会运用所学的知识解决实际问题 3. 通过让学生查找资料，了解老人的生活，研究老年人的愿望与困难，探究关爱老人的方式，使学生在活动中感受到老年人为国家的建设和子孙后代付出了很多，培养他们尊重老人、关爱老人的意识 4. 通过采访老师、同学，回忆自己的小学生活，感受小学生活的多姿多彩，从而更加珍爱生活、感谢生活，培养学生对生活的美好感情
	人与社会	1. 关注留守老人 2. 难忘小学生活	采用调查报告、访问的形式了解老人们的生活。与元旦活动、语文综合性学习相结合	
	人与自我	1. 网络生活你、我、他 2. 你快乐吗？学生快乐指数调查 ……	关注生活，学会生活，从生活中感受智慧的力量	

［资料来源］黑岚：《小学综合实践活动课程的设计、实施与评价》，120～121页，北京，清华大学出版社，2020。

三、小学综合实践活动规划的条件

小学综合实践活动规划应在课程设计层面进行整体整合，这是推动小学综合实践活动课程常态发展的重要条件。其整合涉及以下三个方面。

(一)学科资源整合

这里的学科资源整合是指存在于语文、数学、英语等教学科目中的可利用的课程资源。整体设计的过程中，要注意从学科知识内容或学科与学科之间的联系出发，寻求相关的、学生感兴趣的主题内容。避免活动的重复开展，提高开展的有效性。如"家庭中的我"主题活动设计运用多种形式，整体规划，将多学科课程资源综合协调，引领学生从"书本世界"到"生活世界"，真正地走进生活、回归生活，在生活中学习、发展，促进了学生整体性的发展。

如三年级上学期"感受自我成长"单元之"家庭中的我"主题活动，可以以四个主题、多学科形式展开。

主题一：家庭树（英语学科）

主题二：在关怀下成长（道德与法治学科）

主题三：生命中处处有爱（语文学科）

主题四："我爱我家"音乐会（音乐学科）

（二）校内外资源整合

凡属学校范围之内的课程资源就是校内资源，超出学校范围的课程资源就是校外资源。无论是校内资源还是校外资源，都包括了如物质资源、文化资源、人力资源及信息资源等。一方面，应高效使用校内资源；另一方面，还要筛选校外资源，结合需要与开发能力进行选择。

如四年级上学期"感受自我成长"单元之"校园中的我"主题活动，四个主题中充分利用了校内资源与校外资源。

主题一：我们的学校（校内资源）

主题二：我和同桌（校内资源）

主题三：老师爱我，我爱她（校内资源）

主题四：我与敬老院（社会资源）

（三）活动方式整合

综合实践活动的方式是多样的。对话是教师与学生、学生与学生就某个活动主题以深入开展活动的方式共同交流、讨论。探究是基于学生的兴趣，通过教师与学生共同设定问题情境，提出活动任务，让学生利用已有的学习能力，自主地查阅相关资料和信息，综合运用所获取的知识解决现实问题的活动方式。在具体的活动过程中，对话式和探究式是灵活变化的。如在"关注生态平衡"主题活动中通过"绘画、资料搜集、测量、实验"等活动方式引领学生进一步深入了解身边的自然环境，掌握一些保护、改善及利用自然环境的技能。经动脑类如"调查、访谈、总结、宣传"等方式引导，使学生理解人与自然不可分割的内在联系。

第二节
小学综合实践活动的主题设计

综合实践活动是在教师的指导下，基于学生经验，密切联系学生的生活和社会实际，体现对知识综合应用的一门课程。活动设计是有效开展综合实践活动的重要环节。

从主题结构来分，综合实践活动可分为系列主题活动与单一主题活动。单一主题是从总主题派生出来的，系列主题是由单一主题构成。系列主题与单一主题的关系是整体与个体的关系。综合实践活动有效设计的理念有哪些？如何设计好综合实践活动的系列主题活动与单一主题活动？本节就这些问题进行探讨。

一、小学综合实践活动有效设计的理念

(一)科学理解小学综合实践活动的课程属性

正确理解小学综合实践活动的课程属性是有效设计和实施综合实践活动的前提。小学综合实践活动是一门课程，还是一种活动？对这个问题的不同回答，会导致学校和教师在综合实践活动设计和实施过程中产生两种截然不同的结果。

如果把综合实践活动理解为一种活动，如有些学校开展秋游、读书节及歌咏比赛等活动，那么设计者在设计这些活动时，主要考虑活动时间、活动地点、活动人物、活动任务、活动程序。这种"活动"没有主题，没有问题，活动时间是短程的，活动方式是随意的，活动过程是零散的，活动意义是肤浅的，学生在这些活动中并不是真正意义上的参与者，常常处在被安排、被设置的配角地位。

如果把小学综合实践活动理解为一门课程，课程的内在要素即课程目标、课程内容、学习活动方式决定了小学综合实践活动有其独特内在质的规定性。从课程目标看，它通过密切学校与生活、学校与社会的联系，帮助学生获得亲身参与实践的积极体验和丰富经验，提高学生对自然、社会和自我内在联系的整体认识，发展学生的创新精神、实践能力、社会责任感及良好的个性品质。从课程内容看，小学综合实践活动虽然以活动为课程开发的主要形式，但它的活动内容不是随意的，包括研究性学习、劳动与技术教育、信息技术教育及社区服务和社会实践四个指定领域。从学习活动方式看，小学综合实践活动将学生的内在需要、动机、兴趣置于中心，强调学生自觉主动地去操作、去体验、去探索、去发现。所以说，作为"课程"的综合实践活动有明确的课程目标，有精选的课程内容，有适当的学习方式，有鲜明的课程主体，它需要设计者精心设计和有效实施，克服"为活动而活动"的随意性。

可见，不是所有的活动都是课程，小学综合实践活动作为一门课程是丰富的。设计者们应该确立小学综合实践活动的课程意识，不仅仅把小学综合实践活动当作一种活动来开展，要把它作为一门课程来完整地实施与指导。在设计小学综合实践活动时，要时时反思：我有清晰具体的课程目标吗？校本开发与校本实施的综合实践活动有经典的活动主题和生成性的主题吗？活动主题有广度和连续性吗？谁是课程的主体？开放性和生成性就意味着"学习活动方式"的随意性吗？等等。

(二)整体把握小学综合实践活动的核心价值

小学综合实践活动课程具有区别于其他课程的独特价值，其课程价值决定了小学综合实践活动设计的根本出发点是着眼于学生整体发展和能力生根。

1. 超越学科知识体系，着眼于学生全面发展

综合实践活动是一门强调以学生的经验、社会实际、社会需要和问题为核心，以主题的形式对课程资源进行整合，以有效地培养和发展学生解决问题的能力、探究能力和综合实践能力为目的的课程。它不同于单一的以知识传授为基本方式、以知识结果的获得为直接目的的学习活动，注重学生多样化的实践性学习，书本知识的学习不是学生知识获得的唯一途径。可以说，综合实践活动真正触动了传统的知识至上、知识唯一的教育观，触及了人才培养方式的变革，触及了我国中小学教育长期忽视学生能力发展的要害。综合实践活动对学生素质全面发展具有拓展、补偿等作用。它要求学校和教师在设计时，要改变长期以来形成的"学科本位"的课程观，形成实践的课程观，关注学生的全面发展，突出创新意识、创新精神的激发、引导和培育。任何把综合实践活动当作一门具有知识体系的学科来"教"的做法，都不符合综合实践活动课程的基本规定。

2. 把握学生关键能力的系统训练

作为一种体验性、实践性、综合性课程，综合实践活动特别注重"发展学生的创新精神与实践能力"，具有比较突出的能力目标取向，我们也可以将综合实践活动看作"能力生根"课程。教师在设计综合实践活动时，应该着眼于学生能力的系统训练和整体提升，把发展学生各种能力作为核心目标，并对能力目标进行清晰的设计，这直接关系到综合实践活动的有效实施与学生的能力发展。一般而言，综合实践活动的核心能力主要体现在认知与思维能力、基本学力、实践能力和创新能力等维度。

(1)认知与思维能力

直接指向发展学生的认知能力、思维品质的能力。具体涉及如下三种能力。

第一，收集处理信息的能力。在开放的学习情境中，搜集处理信息是问题解决的基本途径。综合实践活动的课程实施和学生学习过程，要注重引导学生形成搜集处理信息的能力。搜集处理信息的能力具体包括：搜集第一手资料的能力；整理和选用适当信息的能力；适当地整理与表述信息的能力；

第二，自主获取知识的能力。尽管综合实践活动的实施不以获得系统的书本知识为目的，但引导学生在实践学习的过程中自主获取知识，形成对自然、对社会、对自我的正确认识，是综合实践活动认知目标的一个方面。自主获取知识的能力具体包括：提炼观点，形成见解的能力；整合知识，形成新的知识结构的能力；区分自己观点和他人观点的能力；运用概念表述自己见解的能力；

第三，创造性思维能力。良好思维品质和思维能力的发展是综合实践活动的重要目标，是发展学生的创新精神与实践能力的基石。在综合实践活动课程的实施过程中，要将创新精神和创新能力目标具体分解和落实到主题活动的操作过程之中。一般来说，创造性思维品质和思维能力目标具体包括：基本的逻辑思维能力，如分析能力与综合能力、归纳能力与演绎能力、系统化与综合化能力等；发现与提出问题的能力及合理地表述与分解问题的能力，如把握问题实质的能力、分解问题的基本要素的能力、建立问题的分析框架的能力、将问题表述为可操作的研究课题的能力等。

（2）基本学力

基本学力包括观察能力、想象能力、规划能力、总结能力、反思能力、表达与交流能力。

第一，观察能力。观察能力具体包括：观察事物状态和特征的能力；做观察记录的能力；在观察中把握事物和社会事务变化与发展规律的能力。

第二，想象能力。想象是中学生好奇心的舒展，是他们求知与向往的一种特殊表现，学生的想象能力需要综合实践活动去挖掘和开拓。想象能力具体包括：根据事物想象出直观形象的能力；正确分析事物的基本元素及相互关系的能力；对事物进行创意联想的能力。

第三，规划能力。规划是根据过去、现在及以后一定时间内的发展，进行符合实际的设计，并有步骤地分期组织实施的计划。在综合实践活动准备阶段，要注重发展学生的规划能力。规划能力具体包括：制订符合现实的活动方案；制订活动各个阶段的计划；对活动中可能出现的问题进行规划。

第四，总结能力。总结能力是学生个体所具有的对先前经验进行回顾、反思和重构，从中找出经验和教训，获取规律用于指导将来实践活动的一种能力。培养学生的总结能力是综合实践活动总结与交流阶段的一大目标。总结能力一般包括：梳理筛选资料和数据的能力；归纳资料和数据的能力；概括和系统化资料和数据的能力。

第五，反思能力。反思是学生对已有的活动及事物特征进行分析、评价和自我调整的过程。反思能力包括：对活动各个环节进行诊断和批判性分析的能力；对事物和自我合理监控与评鉴的能力；对活动或自我进行适当调控的能力。

第六，表达与交流能力。学会与他人共同生活和共同工作的能力，即学会表达与交流能力，是综合实践活动课程的重要目标。表达与交流能力具体包括：交往能力；合作意识和合作能力；认知自我及与他人有效沟通的能力。

（3）实践能力

实践能力是个体解决实际问题的能力。对小学生而言，主要是指小学生吸收、整合支持性教育资源和个体基础资源，适应社会生活，解决基本实际问题，参与社会生活实践，促进自我成长，提升自我的实践主体地位的能力。综合实践活动的实践能力包括：操作能力；解决问题的能力。

第一，操作能力。动手操作能力是在实际情境中解决问题的能力，具体包括：安排和组织资源的能力；使用工具和技术的能力；设计与制作的能力；发明创造的能力。

第二，解决问题的能力。解决问题的能力是一种综合能力，其核心要素是创造性思维能力，具体包括：运用问题解决基本科学方法的能力，如调查研究和访问的能力、实验研究和观察的能力、参与和服务的能力等；运用数学思想和技巧的能力，如数理统计的能力等；发现问题解决策略的能力，如策略选择的能力等。

（4）创新能力

创新能力包括问题意识、探究能力和创新精神。

第一，问题意识。问题意识即人们在认识过程中经常意识到一些难以解决的、困惑的实际问题和理论问题，并产生了一种怀疑、困惑、探究的心理状态。问题意识包括：了解问题的意义和类型；了解问题的来源，学会提出问题的方法；学会分解问题的要素和关系；把握问题的实质，学会表述问题。

第二，探究能力。探究能力即学生能从日常生活、自然现象或实验现象的观察中发现并提出问题，通过调查研究、动手实验、表达与交流等探究性活动，获取知识、技能和方法。具体包括：提出问题能力；猜想与假设能力；制订计划与设计实验能力；进行实验与收集证据能力；分析与论证能力。

第三，创新精神。创新精神是创造力的灵魂，综合实践活动注重学生创造能力的培养，必须有意识地培养学生的创新精神。小学生的创新精神具体表现为：强烈的求知欲和创造兴趣；敢于突破传统的求异思维；坚定的创造意志和冒险精神。

需要说明的是，综合实践活动的各种能力在不同的活动主题中具有不同的能力目标要素和发展水平。学校和教师应针对不同年级的学生、不同类型的活动主题进行能力目标的校本设计和开发，引导所有学生通过综合实践活动课程的学习经历，发展各种能力。

（三）小学综合实践活动的设计原则

1. 目标设计的系统性原则

系统性是指由若干相互联系、相互作用的部分组成具有一定结构和机能的整体。活动目标设计的系统性原则就是用系统论来考察教学目标，使综合实践活动的目标体现层次性、整体性与全面性。

（1）层次性

学生发展的渐进性和个体差异性决定了综合实践活动目标的层次性。首先，学生发展是渐进的。不同年龄段学生的学习水平、思维能力由低级到高级渐进发展，学校和教师在设计目标时，要考虑到该年龄阶段学生的学习能力水平，体现由低到高、由易到难的顺序。其次，学生发展是有个体差异的。在制订教学目标的过程中要尽可能反映不同层次学生的需要，必要时可以分别列出某类教学目标对不同层次学生的要求。

（2）全面性

全面性是指学生素质发展的全面性和学生参与的全面性。首先，着眼于学生的全面发展。综合实践活动的地位与教育功能要求活动设计要密切学生与生活、学校、社会的联系，引导学生积极参与实践，获得体验和丰富经验；提高学生对自然、社会和自我内在联系的整体认识；发展学生的创新能力、实践能力、社会责任及学生良好的个性品质。其次，学生参与的全面性。保证学生全员参与，每个学生都能在活动中得到发展。

（3）整体性

综合实践活动的目标要与不同层次的目标形成一个有机整体。首先，在设计综合实践活动目标时，要牢牢把握教育目的、教学总目标、学校教学目标、主题目标、课时目标的关联性，处理好学期之间、学年之间、学段之间综合实践活动的衔接关系，建构一个合理的综合实践活动序列，使制订出来的教学目标能形成一个有机整体。其次，教学目标也有不同类型和层次，不同类型的教学目标必须形成一个有机整体，不能相互排斥。如在一个主题活动之下，综合实践活动涉及多方面内容，如观察能力、思维能力、动手操作能力等。在设计过程中，要注意活动与活动之间的顺序，避免安排随意、东拼西凑、难度不当等问题出现，这样可能更有利于开展活动并取得预期的成效。

2. 内容组织的关联性原则

内容组织的关联性原则是指综合实践活动主题的确定和内容的组织要与学生的经验、其他学科、其他领域相关联。

（1）注重与学生经验相关联

内容的组织要将学生已有的知识技能和生活经验作为综合实践活动的支撑点。综合实践活动的意图是要加强学生对自我、社会和自然之间内在联系的整体认识与体验，锻炼他们综合运用知识解决问题的能力。只有当学生掌握了相关知识，具备了相应的能力，他们才能积极投入实践活动中去发现问题、探索问题和解决问题。

（2）注重与各科关联

学科关联意为把学生在各学科中所积累的活动素材引用为综合实践活动选题，既和教材紧密联系，又能起到拓展学生知识视野的效果。也就是说，学科关联要特别注意跨学科方式的应用，避免从某学科知识体系出发作单一的主题设计。从学科之间的联系中生成综合实践活动，促进学生知识的整合和综合运用知识能力的提高。

（3）注重校内外、生活和社会的关联

小学综合实践活动若想满足学生能力发展的基本要求，需要面向广阔的生活世界，把学生平时在学习、生活中的问题提炼后演化为具有一定教育意义的主题，让学生产生身临其境般的体验。从学科与活动、环境的联系中设计综合实践活动，促进课内与课外、学习与生活、学校与社会的联系。

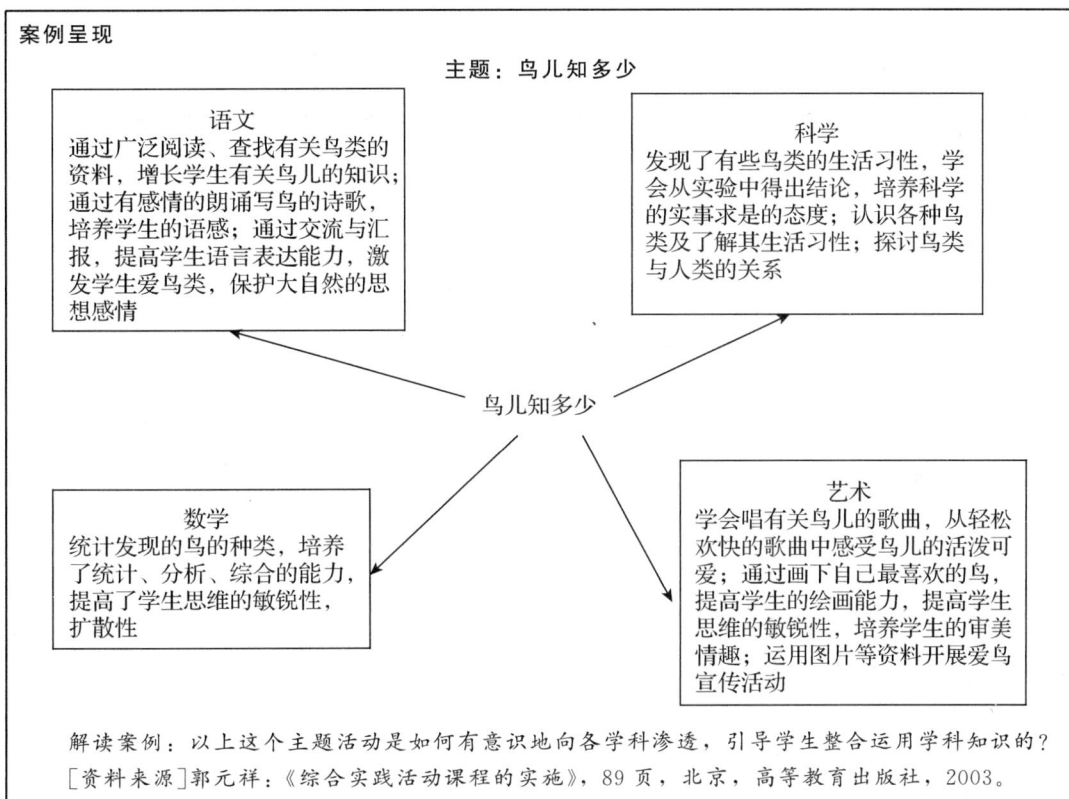

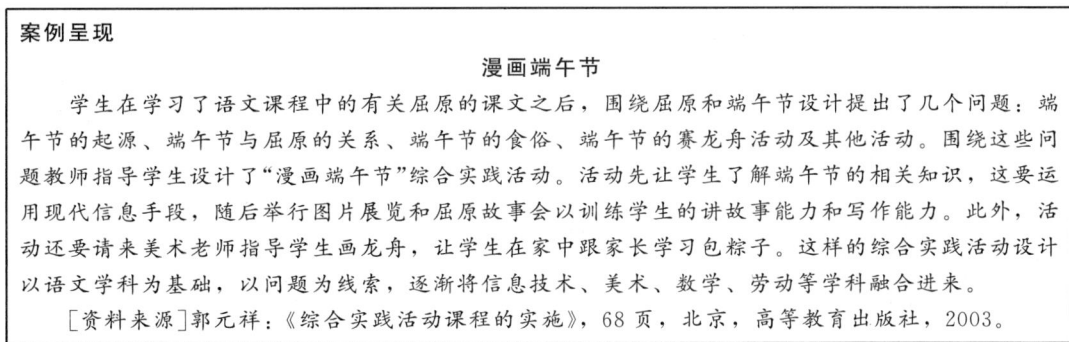

案例呈现

主题：鸟儿知多少

语文
通过广泛阅读、查找有关鸟类的资料，增长学生有关鸟儿的知识；通过有感情的朗诵写鸟的诗歌，培养学生的语感；通过交流与汇报，提高学生语言表达能力，激发学生爱鸟类，保护大自然的思想感情

科学
发现了有些鸟类的生活习性，学会从实验中得出结论，培养科学的实事求是的态度；认识各种鸟类及了解其生活习性；探讨鸟类与人类的关系

鸟儿知多少

数学
统计发现的鸟的种类，培养了统计、分析、综合的能力，提高了学生思维的敏锐性，扩散性

艺术
学会唱有关鸟儿的歌曲，从轻松欢快的歌曲中感受鸟儿的活泼可爱；通过画下自己最喜欢的鸟，提高学生的绘画能力，提高学生思维的敏锐性，培养学生的审美情趣；运用图片等资料开展爱鸟宣传活动

解读案例：以上这个主题活动是如何有意识地向各学科渗透，引导学生整合运用学科知识的？
［资料来源］郭元祥：《综合实践活动课程的实施》，89 页，北京，高等教育出版社，2003。

案例呈现

漫画端午节

学生在学习了语文课程中的有关屈原的课文之后，围绕屈原和端午节设计提出了几个问题：端午节的起源、端午节与屈原的关系、端午节的食俗、端午节的赛龙舟活动及其他活动。围绕这些问题教师指导学生设计了"漫画端午节"综合实践活动。活动先让学生了解端午节的相关知识，这要运用现代信息手段，随后举行图片展览和屈原故事会以训练学生的讲故事能力和写作能力。此外，活动还要请来美术老师指导学生画龙舟，让学生在家中跟家长学习包粽子。这样的综合实践活动设计以语文学科为基础，以问题为线索，逐渐将信息技术、美术、数学、劳动等学科融合进来。

［资料来源］郭元祥：《综合实践活动课程的实施》，68 页，北京，高等教育出版社，2003。

学科整合已经成为目前综合实践活动发展的热点之一。综合实践活动的设计内容要超越严密的知识体系和技能体系的学科界限，以跨学科的综合性知识为基础设计活动内容。进行学科内容整合需要特别注意的问题是既不能让整合流于形式，也不能把综合实践活动学科化。

3. 实施方式的生动性原则

实施方式的生动性原则是指综合实践活动设计在考虑活动实施的空间条件、人员组合、评分方法等方面时，应该生动活泼、灵活多样，以有利于综合实践活动实施并取得成效。

(1)预设与生成结合

综合实践活动在动态运行过程中，由于教育情境的复杂多变，学生在学习过程中学习行为和心理活动的独特性，在活动开始前预设的目标会发生不可预测的变化，这就要求设计者既要在设计时尽可能预测学生可能发生的变化，又要关照实施过程中内容的生成和过程与方法、情感态度价值观的生成。

(2)评价方式的灵活性

综合实践活动要求关注每位学生的发展，由于学生个体的差异性，要求在活动过程中对每位学生的发展变化在评价方法和评价标准上具有灵活性、针对性，面对同样的任务，不同的学生有不同的要求。

(3)设计思路的开放性

综合实践活动内容、活动目标要求综合实践活动课程具有多样性特点，活动内容和形式要经常不断地改进和丰富，活动的空间很大，可以是课内课外或校内校外。教师在设计综合实践活动时，应充分利用社会、家庭的资源和优势，拓展学生活动的空间，使学生在广阔的时空中发现和利用丰富的课程资源，广泛接触社会，贴近生活实际，在身体力行的实践活动中获取知识，提升并锻炼自己。

二、系列活动的主题设计

在综合实践活动中，课程内容一般是通过主题系列体现出来的。综合实践活动主题系列是指围绕学生的生活经验、兴趣和学习的需要等而设计的一种指南和一些范例性问题，学生围绕这些问题通过充分挖掘和利用不同资源，并且遵循活动课程的一般规范和步骤而开展一系列主题活动。

(一)统整：系列活动主题设计的有效路径

统整，即统摄、整合。综合实践主题活动的统整，是以系统思维建立起来的，突破传统单一、单线型思维模式，将同类型、研究方法相近、相关联的主题进行整合，展开跨学科、跨领域的研究，使课程真正回归综合、实践、探究的本质。

1. 综合性

综合性，即综合实践活动在课程内容架构上的显性体现。主题活动统整需要形成一种综合学习的意识，积极突破学科局限，打通不同学科之间的学习通道。教师可以根据活动的需要，有机地将数学、语文、科学、艺术等学科的内容融入其中，助推探究活动。同时，综合性还体现在主题活动中，可以跨自然、社会、自我的不同领域，使活动体现出多样性与丰富性。

2. 整合性

整合性，即以集约、迁移的思想，将同一范畴领域的主题、研究方法相似的主题、同一类型的主题进行整合，有利于形成研究的序列，深化活动的体验和探究。此外，主题活动还可与学校相关的校庆活动、专题活动、特色活动相整合，实现资源共享、深度推进的目标。这里的整合，不是"1＋1"的简单叠加，而是从整体出发对活动的再度规划，是一种结构化、序列化的设计。

3. 创生性

创生性，即对于综合实践活动主题而言，每个主题活动都是一项创生性的设计。统整的过程是优化活动内部结构的过程，也是一个不断调整与优化的过程。这其中有对主题活动的深入思考、独特创造，通过重组、删减、丰富等方式使活动在简约中见深度、在过程中见品质、在活动中育素养，使主题活动显现出生机与活力。

(二)综合实践主题活动统整方式

在综合实践主题活动中，对主题进行整体观测，借助"联比"、跨界、层递的方式，统合彼此有关联的主题展开活动，可以使活动结构得到优化，活动方式更显灵活，探究过程更加深入，并相应地形成研究体系格局，建构系统化的研究内容与方法，注重学生思维品质、科学素养的培育。

1. "联比"——相关类型的主题统整，形成脉络序列

"联"就是"关联"，"比"就是"比较"，通过"联比"，使看似相互独立的主题之间产生一定的联系，并在活动中展开整合型探究，由此可以形成主题的脉络序列。在综合教学中，采用联比的形式展开，有助于发现一类或某个专题方面的活动价值。

(1)勾连：内容结构相似

在活动中，指导教师要善于发现一些内容结构相似的活动主题，进行沟通联结，集零为整，使之有体系地开展。如"关于绿萝的研究""身边的吊兰"这两个主题活动，主要都是围绕植物的生长特点、绿化作用及栽培方法等方面展开研究，内容结构相似度较高。于是，可以将这两个主题进行统整，进行并列式研究。如此勾连式开展活动，教师可以进行"点"上的指导，从而促成学生更大程度上的自主探究，既节约了时间和指导的成本，学生还可以进行活动内部的比较、探究，发现两种不同事物在不同情况下的差异。

(2)关联：探究策略相近

综合实践活动的探究策略丰富，在活动中，将这些探究策略相近、关联紧密的小主题整合起来展开研究，也是一种有益的尝试。如开展实验探究类"苹果变色了""鱼缸换水有妙招""谁让气球爆炸了"等主题活动时，教师主要是指导学生经历感知现象、实

验验证、探秘原理这样的过程，在活动中重点指导学生运用动手实验的方法研究这些现象，学生对实验法的理解自然更为深入，操作也更为熟练。

（3）联结：主题范畴相交

生活中的很多事物、现象，它们或者存在内容上的交集，或者范畴相交，往往都存在一定的内隐性联系。善于发现它们的内在联系，寻找到它们的内在联结点，就可以自然地将一些单线的主题统整联系起来。如"远离'三高'"与"食用盐与我们的生活"这两个看似独立的主题，教师就要善于发现两个主题之间的联系，即两个主题在研究的内容范畴上存在一定的交集。因此，将这两个主题整合起来开展，有利于帮助学生对饮食与疾病建立更为完整的认识。主题活动统整的过程也是学生内部产生的持续地、理解地、互动地自主调适，有助于学生自主学习、主动建构的思维品质的形成。

2. 跨界——不同领域的主题统整，建构方法体系

跨界，即为交叉、跨越。综合实践主题活动中的跨界，就是多角度、多视野地看待活动中的问题并灵活地提出解决方案的一种思维方式。对于不同学科、不同领域的主题，或是同一主题内部，教师可以从问题解决的策略出发进行有效统整，从而建构起完整的研究方法体系。

（1）跨学科边界，培育综合认知方法

在进行综合实践主题活动统整的过程中，超越学科界限，加强综合实践活动与语文、数学、科学、品德等学科的融合，加强知识间的相互融通，帮助学生形成多渠道获取信息的综合认知能力。如在开展"食用盐与我们的生活"主题活动时，教师可以指导学生尝试与数学中的"浓度问题"相整合，学生便做了"鸡蛋浮起来了"的观察实验，主要是在水中加盐，观察什么情况下鸡蛋会浮起来。学生通过亲自实践，知道了在获取信息的过程中可以综合运用其他学科的知识技能，这样所获得的信息更科学、更有说服力。

（2）跨方法领域，培育探究方法

对于一个问题或一个主题的研究，往往不是某一种方法就可以将之化解的。在一个主题内部，也会有与之相匹配的主干式研究方法。引导学生将不同的探究方法进行有效统整，让学生建立对不同研究方法的理性认知，并学会灵活、综合地加以运用，这是提升问题解决能力的关键。如在"公共自行车的研究"主题活动中，关于公共自行车的使用现状、人们对公共自行车的看法等问题，既可以展开实地调查，同时也可以运用问卷调查、随机访谈等方法，如此综合不同的方法可以使搜集信息的过程更有针对性。学生们会发现，不同研究方法所获得的信息之间也是有内在关联的。

3. 层递——问题垂直的主题统整，内筑思维网络

综合实践活动的开展在内容、方法、价值的定位上，既要有横向的关照，也要有纵向的深入。将不同年段的同一主题进行有效统整，实现主题的垂直深进，有层次、

递进式地培育学生的深入性思维品质，从而渐进式构筑个体内部的思维网络。

（1）活动内容的序列性设计，锻铸整体性思维

与数学学科知识体系一样，综合实践活动内容也有一个螺旋上升的过程。同一主题活动可以在不同的年段展开研究。但是，每个年段的活动需要在原有年段的基础上进行内容的整合与丰富，并形成整个主题的序列化设计。如"秋天的树叶"这个主题，在中年级的课程中可以围绕认识不同的树叶、秋天树叶的特点、制作树叶贴画等内容展开。到了高年级，在学生原有经验的基础上，可以让学生展开更为深入的探究，如不同树叶为什么会呈现不同的颜色、树叶下落后的状态及这种现象背后的原因、叶脉书签的制作方法等。如此，一个主题的活动，可以根据不同年龄学生的认知经验和学力发展可能性，建构具有难度坡度的内容。

（2）能力素养的深层化培育，发展创造性思维

学生核心素养的涵育，是一个螺旋上升的过程。特别是批判性思维、创造性思维的培育，更需要在活动中慢慢孵化。如学生独立探究、理性思维、勤于反思等素养，在中年级的主题活动中可以慢慢渗透，教师有意识地引导占比较大，但要将这些素养培育真正落实到现实的活动中，则需要等到学生心智相对成熟、能力有所提升的高年级。

以统整的系统思维方式建构综合实践主题活动，是一种教学思维的转向与优化，也是建立课程秩序的必然。从横向上联结，从纵向上深入，让看似繁复的综合实践活动回归简约，回归自然的本真。

（三）系列活动的主题设计路径

如何建构系列化活动主题，既是保证小学综合实践活动课程常态化实施的当务之急，也是最终实现各阶段学生德智体美劳全面发展的重要路径。设计系列活动主题有以下三种路径。

1. 遵循能力的水平性

素质的培养和能力的发展有一定的规律性，总是遵循由低水平阶段向高水平阶段的发展过程。在这个过程中，素质的培养和能力的发展有一定的规律性，总是遵循由低水平阶段向高水平阶段的发展过程。主题系列的组织可以根据某个大主题，按照循序渐进的方式，组织主题系列，形成主题网络。如"人与自我"这个主题，可以"水平性"地分为"认识自我""悦纳自我"两类主题。"认识自我"又可分为"我是谁"探究活动、"我的性别色彩"调查活动；"约纳自我"可分为"独特的我"实践活动、"我爱我自己"实践活动。

2. 依据活动的序列性

主题系列是由多个活动组成的一个系列，所以活动之间存在序列性是指围绕主题向纵深方向层层推进和展开。具体的活动和活动的主题概念没有包含与被包含的关系

或先后的顺序，只是根据学生的兴趣、需要，结合实际情况开展的活动系列。一般而言，要求主题综合性强、主题统整程度高。如"学会生活"主题，可以分为"走进生活""观察生活""体验生活""思考生活"四大层层递进式的主题系列。"走进生活"主题可以开展"我的生活我做主"实践活动；"观察生活"可以开展"小学生生活习惯调查活动"；"体验生活"可以开展"快乐生活的秘诀"实践活动；"思考生活"可以开展"生活四味"探究活动。

3. 体现概念的相关性

主题活动的概念是一些比较有概括性的词汇，其中包含着很多不同的概念，主题系列的组织就可以根据主题挖掘其中内涵，形成主题系列。一般来说，注重概念、规则的统整，事实是概念、规则统整的基础，以主题为中心，思考"主题—学生兴趣""主题—学科""主题—社会"之间的连接关系，确立反映主题内容的不同概念和规则，进一步寻找能够体现概念、规则的事实，环绕在概念、规则的周围，形成一个由中心向周围发散开去的主题网络。如"走进汽车世界"这个主题，可以按照"包含式"组织，围绕汽车种类、汽车构造、汽车发展、汽车功能、汽车道路、驾驶资格具体分解为系列主题："汽车种类知多少"调查活动；"什么是汽车"探究活动；"汽车是什么"调查活动；"汽车能做什么"探究活动；"路在何方"探究活动；"怎样才能开汽车"调查活动。

三、单一主题活动的设计

单一主题活动模式是指除系列主题活动外的综合实践活动，它强调主题的单一性、适切性、可行性和灵活性。那么，单一主题活动如何设计呢？其主要包括如下三个环节。

(一)活动目标的设计

1. 活动目标设计的含义

综合实践活动的课程目标是引领综合实践活动设计与实施的核心要素，具有导向、激励、评价等方面的功能。小学综合实践活动目标的设计要从课程总目标和学段目标出发，从整体上把握认知目标、能力目标和情感目标之间的相互关系，还要从实际出发，缜密地考虑课程的特点及学生、课程资源等方面的因素，合理确定每个主题及每个阶段的活动目标，做到定位准确、难易适度、重点突出、循序渐进、表述清晰。

2. 主题活动目标设计方法

主题活动目标设计的一般过程是：首先，根据活动内容寻找目标设计的依据；其次，对照纲要考察活动内容及其所属的领域，分析活动的主题；最后，设计具体活动的目标(总目标、阶段目标、具体一次活动的目标)。

(1)分解式的目标设计

分解式的目标设计是指按主题活动目标所涉及的学生发展的知识与技能、过程与方法、情感态度与价值观三个维度来进行设计。

第一，知识与技能维度的目标设计。这主要是指学生通过主题活动在对自然、社会、文化及自我等认识方面应达到的要求。综合实践活动的主题活动不能没有知识与技能这个维度的目标，但它在设计上又不等同于其他学科课程目标在这个维度上的设计。一方面，它更注重知识的创新性、综合性和广博性，以任务为中心，将知识学习融于任务完成的过程中，尽可能地综合运用知识，并在活动中具有自主获取新知的欲望；另一方面，综合实践活动还注重方法性知识的获得。

第二，过程与方法维度的目标设计。这主要是指学生亲身经历与体验整个过程，在过程中创新实践、处理信息、解决问题等能力发展方面应达到的要求。这个目标的达成强调在活动中，并以直接经验的获得为主要目的。

第三，情感态度与价值观的目标。这主要是指学生通过主题活动在情感、态度、价值观、个性品质等方面应达到的要求。

(2)整合式的目标设计

整合式的目标设计是指将主题活动的多维目标整合在一起，分要点进行集中表述。在整合式的目标设计中，各个目标要点的表述要为并列的关系，所有要点要能涵盖主题活动目标的三个维度，体现出综合性、行为体验性及生成性的价值取向，使目标的各个要点形成一个合理的结构。

(3)生成式的目标设计

生成式的目标设计即根据国家规定的课程目标进行符合逻辑的分析或根据活动的特殊要求，由教师、学校、有关部门提出或在活动实施中不断调整、不断生成目标的方法。在某小学实施的"漫话端午节"活动中，指导教师很注意把握生成性目标的设计。活动开始时，学生采取多种方式收集了很多资料，但是记录的方式却不科学，不方便分析整理，教师在这里意识到要以恰当的形式培养学生表达信息的能力，于是引导学生设计记录表；后来研究粽子的小组给教师送来粽子时，教师发现很多学生不会包粽子，于是又生成了让学生学会包粽子的目标，基于此，师生们又开展了学包粽子比赛的活动。

(4)参照式的目标设计

参照式的目标设计即充分借鉴各类、各种活动主题的理论性和操作性目标的研究成果进行主题目标设计，或者参照类似的活动目标进行主题活动具体目标的设计方法。

(二)活动方式的设计

综合实践活动有四大活动方式：考察探究、社会服务、设计制作和职业体验。无论何种活动方式，活动方式的开展应体现以下理念。

1. 将多种主要活动方式融合实施

推荐主题是按照四种主要活动方式——考察探究活动、社会服务活动、设计制作活动、职业体验活动划分的。这种划分也是相对的，是为学校和教师能更容易理解该课程的活动方式和准确把握每种活动方式实施的关键要素而划分的。事实上，综合实践活动的很多主题活动本身就是综合的，实施中往往以某一种方式为主，其他活动方式交叉进行，这样才能使活动更加深入并更好体现课程的综合性，也更能发挥综合育人的作用。除了以上四种主要活动方式外，还有党团队教育活动、场馆教育活动、项目设计活动等方式，在使用推荐主题时提倡整体设计、综合实施，使不同活动要素彼此渗透、融会贯通，既节省活动时间也能达到活动效果最大化。

如推荐主题"当地老年人生活状况调查"活动，学生可以通过考察探究活动了解当地老年人的生活状况和遇到的困难及问题，然后针对老年人的需要开展设计制作活动，再为老年人提供帮助、开展社会活动和职业体验活动，这样才能使活动更深入，学生才能有深度体验和感悟，其综合素质才能真正提高。

2. 将综合实践活动与学科实践活动相融合

现在各学科也都在开展学科实践活动，可以将两类实践活动通过综合主题的形式打通实施。如"家庭用水状况调查"活动，学生通过一段时间的观察、记录，学习数学中的统计和平均数，达到数学实践活动的目的，再通过比较分析让学生发现每个家庭的用水量和节水意识的关系，让学生进一步探究、设计、交流家庭节水的方案和装置并推荐给家庭、社区，这样又达到了综合实践活动发现问题、提出并解决问题的目的。

3. 将综合实践活动与其他学科相关内容相融合

综合实践活动的主题主要来源于自然、社会和自身生活，学生选择的主题往往与科学、道德与法治等学科相关内容重复，同样一个主题在不同学科培养学生的目的和角度是不同的，但都是为了提高学生的综合素质，完全能打通课时、整合实施。如"校园植物"主题，既可以开展科学课中的科学探究、科学实验活动，也可以开展综合实践活动的考察探究活动、设计制作活动、社会服务活动等，还可以开展美术课的绘画及语文课的写作等活动，同时贯穿思想品德教育。这样既能解决课时不足的问题，也能达到提高学生整体素质的目的。

(三)活动过程的设计

1. 综合实践活动的教学结构

单一主题综合实践活动一般分为三个阶段：第一阶段为活动准备阶段；第二阶段为活动实施阶段；第三阶段为活动总结阶段。各阶段的活动过程设计见表2-4。

表 2-4　综合实践活动过程设计①

时段	基本课型	基本流程（教学建议）	课时
第一阶段：活动准备阶段			
选题活动	主题选题课	1. 确立主题，包括确立班级主题、班内各小组主题	1课时
	文献查阅课	2. 分组并指导学生填写完整的《小组基本情况表》	
方案制订	方案策划课	学习方案样例，明确要素，拟订方案，讨论修改	1课时
	开题课	对方案作修改和评议，注重各小组之间提出的宝贵意见	1课时
第二阶段：活动实施阶段			
主题实践活动	方法指导课（包括多种调查研究方法，如问卷调查法、访谈法）	问卷调查法： 1. 明确调查的主题，围绕调查目的，指导学生设计"调查问卷" 2. 指导学生发放和回收问卷 3. 指导学生对数据进行统计与分析 4. 指导学生撰写调查报告	2～3课时
		谈话法： （一）指导学生制订访谈计划 1. 回顾活动进程，明确本节课的目的 2. 案例呈现，通过案例学习，指导学生掌握制订访谈计划的基本要素及访谈计划各要素如何设计 3. 练习提升 （二）指导学生对访谈资料进行整理 1. 回顾导入 2. 指导学生搜集掌握科学的资料整理方法 3. 分组整理，形成访谈成果 4. 交流分享	2课时
	阶段性交流课	1. 各小组以合作的方式，回顾总结小组在某个活动阶段的所有成果，并在班级中展示交流 2. 指导学生整理阶段活动成果，选用适合的展示交流方式方法，展示活动亮点 3. 及时填写《活动小组成果展示评价表》《组员活动过程评价表》	2～3课时
第三阶段：活动总结阶段			
总结阶段	成果整理课	基本流程：小组合作，提炼成果→初步交流，意义建构→修改完善，形成成果，填写《成果展示活动计划表》	1课时
	成果展示课	基本流程：回顾导入→分组展示→总结评价，填写《成果展示活动评价表》	2课时

---

① 黑岚：《小学综合实践活动课程的设计、实施与评价》，144 页，北京，清华大学出版社，2020。

2. 活动过程关键环节设计要点

(1)情境导入的设计

活动情境对学生活动具有积极的暗示作用，潜移默化地影响学生。通过情境创设，在学生与教师之间、兴趣与课程之间架起一座桥梁，激发学生参与活动的热情，唤起他们积极活动的信心，指引教与学的双向活动方向及师生共同展开的活动内容。情境创设的方式是多种多样的，如以视频、图片、谜语、故事、游戏、现场新闻事件分析、实物模型、学生生活见闻、科学小实验等创设具体的谈话情境，激发学生的学习兴趣，调动学生参与的积极性，引出要研究内容的大致范围即"话题"，形成探究活动的问题。

设计情境引入有系列要求：情境引入要与研究的内容能够对应起来；情境引入要能产生问题或能呈现问题，但开放度不能太大，避免产生太多无法研究的问题；情境引入要考虑学生的生活经验和实际需要，不能离他们的生活太远；情境引入的活动要难易适度，要基于学生最近发展区，要能引起学生的好奇与注意。

(2)主题选择的设计

主题选择即通过师生合作交流，围绕提出的问题进行讨论、分析与论证，形成合理的、可行的活动主题。其方法有：第一，引导学生充分讨论，交流收集的资料，分享彼此的想法，互相启发，互相学习，使问题逐渐清晰；第二，引导学生收集整理资料，包括查阅文献和社会调查；第三，创设情境，提供背景知识和必要的方法引导。

确定班级主题后，还要学会分解话题。问题与课题之间有着密切的联系，但也有区别。简言之，课题是值得研究的问题，即有一定的研究价值，能回答和解释某种现象的问题，符合学生知识能力水平及教师的指导能力，对学生有教育意义。主题选择的步骤如下：第一，从问题中筛选课题。在众多问题中选出一个能转化为研究课题的问题不是一件容易的事。应该先学会将问题库中的问题进行分类，这将有利于确定哪些问题能转化为课题及转化为怎样的课题。在分类时，从回答问题的要求划分，包括"是什么"的问题、"为什么"的问题、"怎么办"或"如何做"的问题。第二，将问题归类、整合、提炼，转化为学习课题。第三，规范地陈述主题。在课题的陈述中，一般采用叙述的形式，常见的课题在名称中尽可能表明三点：研究对象、研究问题和研究的方法。

(3)方案制订的设计

方案制订是综合实践活动的重要环节，是研究活动有序开展的重要条件。通过综合实践活动方案指导的教学，让学生对完整的方案有基本的认识，了解活动方案的基本要素和基本格式，理解各部分的基本要求；通过小组合作、同伴互助、小组交流，能逐步完善方案的各个环节，明确活动目标和活动环节，使学生的活动过程更科学。制订主题活动方案主要包括：研究哪个子课题；选择哪种研究方法；研究时间怎样安排；小组成员怎样分工更合理，更能发挥每位学生的聪明才智；研究成果采用哪种汇报形式；可能出现哪些问题等。其具体操作模式为：激趣导入→方案预设→合作探究→矫正指引→问题反思→总结提升。具体环节见表 2-5。

表 2-5　方案设计的具体操作模式

环节	具体操作模式
激趣导入	教师可用"凡事预则立，不预则废"的事例或小故事等导入，让学生明白制订计划的重要性和必要性
方案预设	学生通过小组讨论，共同策划，初步制订活动计划表
合作探究	各组学生通过汇报、实物投影等形式，分别交流展示本组研究制订的活动方案，在让大家共享活动成果的同时，针对活动方案的具体细节组织小组之间、同学之间的对话、辩论等论证方案的可行性，指出方案的亮点和不足之处，提出修改意见和建议，让学生明白应从哪些方面去完善自己小组的计划
矫正指引	对学生普遍存在问题的研究方法或操作细节，教师要有针对性地引导学生进一步理解该方法的定义、功能、适用范围、操作步骤、注意事项等，使学生切实掌握该种方法的基本特征和操作要领，形成正确、全面的方法操作模型
问题反思	学生根据大家的建议和教师的引导，反思自己制订的活动方案问题出在哪里，是方法选择不适当，还是操作不规范，或者是忽视了某些细节、时间安排不合理、人物选择不符合实际、方法操作不清晰等，根据所提的意见和建议修改完善本组的活动方案
总结提升	师生对全课进行总结

（4）活动总结的设计

活动总结阶段是教师根据学生活动开展的情况，指导学生对通过实践、体验、探究、制作收集的大量子课题信息资料进行筛选、整理，用自己的语言进行概括，或者把制作的模型、手工艺品等进一步完善，组织学生采取不同的形式把自己最满意的作品在全班展示、汇报的过程。这个阶段的基本任务是整理活动过程中获得的资料、经验、结果和感受，形成对问题的基本看法、问题解决的基本经验，发展实践能力及良好的情感态度价值观。它通常是主题活动过程的最后一个阶段，主要目的有两个：一是学生展示与汇报自己的成果，包括完成的小调查、小论文、幻灯片，实物模型、手工艺品，也可以是过程中产生的体会、经验与疑惑；二是对下一研究主题的拓展，可以在学生交流时生成新的有研究价值的问题。具体操作模式为：教师导入→活动准备→小组合作→成果展示→互动评价→总结延伸。具体环节见表 2-6。

表 2-6　活动总结阶段的具体操作模式

环节	具体操作模式
教师导入	一般采用谈话导入
活动准备	各小组拿出所有的相关资料，整理、讨论汇报形式与分工
小组介绍	各小组以自己喜爱的方式汇报调查研究成果

环节	具体操作模式
成果展示	利用大屏幕或直接展示各小组制作的手抄报、幻灯片、音像作品、图片、手工作品等
互动评价	1. 学生自我反思：在成果展示完成之后，让每位学生根据自己在研究小组中的具体表现进行反思，在此基础上对自己的工作做出评价 2. 学生互相评价：可以同一研究小组内组员之间互相评价，也可以评价其他小组的表现
总结延伸	教师对整个主题活动过程进行回顾和反思，引导学生回忆开展了哪些活动，在活动过程中有哪些感受和体验，从这个过程中发现所要开展一个活动需要些什么条件、必须做哪些事情，帮助学生在头脑中形成解决问题的基本程序和方法。对活动中新生成的有研究价值、可操作的问题，可引导学生作为新的活动主题开展研究

总结交流阶段要做到如下四个方面。

第一，活动形式多种多样。针对不同的活动主题，交流的方式也多种多样。可以是静态的交流，如一次作品展、一件小制作的展示；也可以是动态的交流，如一次讨论会。有很多交流是综合性的，在这种交流中既有多样的作品展示，又有热烈的讨论；既有活动的总结，又有活动的反思；既有前段主题活动的总结，又从中生发了许多新的主题。可以让学生展示资料集、写体验日记、文艺演出、写建议书、开交流会、办板报、现场制作(如炒菜、绣花等)。

第二，内容展示动静结合。综合实践活动的开放性决定了其成果展示的开放性。成果展示则可分对内和对外两种形式。对内是指本组本班，可采取的形式有：班级讨论会、辩论赛、制作展、墙报展、调查报告展、论文答辩会等。有些学生的成果展示是静态的，如一篇小论文、一份调查报告、一幅绘画作品、一个模型、一些体验日记或报纸等；而有的展示是动态的，如一场主题演讲、一个节目、一场比赛、一次讨论、演示操作或谈心得体会。静态展示利用课余时间，可分小组也可全班组织。有的展示可以动静结合。如研究"火柴盒"这个主题，学生可以动手做包装盒，然后介绍材料、探究结果及其实验效果。

第三，活动内容自然真实。活动成果的展示由学生自己决定呈现方式，应该是学生内心对活动的感受的一种真实反映，是一种真实情感的自然流露，教师在展示中千万不要过多地干预。如果学生不太会展示，教师可引导学生从哪些方面进行展示，把大致思路或方法说给他听，让学生在实践中自己去摸索。在总结交流过程中，教师要尊重学生的自主性，让他们自己决定结果的呈现方式。

第四，关注情感体验。总结交流过程中，教师要关注学生的情感体验，让学生充分展示内心对活动感受的真实体验，自然流露活动过程中的真情实感，使学生从活动中有所收获。

第三节
小学综合实践活动方案的制订与优化

综合实践活动方案的编制是学校课程规划的核心，课程方案可以将学校对课程的设想和计划具体呈现出来，成为课程实施的依据和蓝图。综合实践活动课程方案分为学校课程方案的制订、年级整体方案的制订和单一主题方案的制订。不管是学校综合实践活动的总体方案设计，还是单一主题方案，都要求切实可行。如何对综合实践活动方案进行制订？本章节对这些问题进行探讨。

一、小学综合实践活动方案的制订

（一）学校课程方案的制订

学校综合实践活动课程方案的主要内容包括以下六个方面。

1. 课程设计指导思想与理论依据

课程设计指导思想与理论依据是课程方案中的一项重要内容，它是课程开发和实施的基础。学校在开发综合实践活动课程之前需要先了解相关的课程理论及国家文件，然后结合学校的办学思想确定学校实施综合实践活动的指导思想，并以此为基础进行课程开发。

2. 课程目标设计

学校设计的综合实践活动课程目标要充分体现综合实践活动课程的总体目标和要求，同时要结合学校办学思想、学生的特点进行设计。具体说应既包括学校实施课程的总体目标，同时也包括各年级或学段实施的具体目标，或者是综合实践活动不同领域内容实施时的具体目标。在具体目标的设计上，要注意根据学生年龄差异体现循序渐进的特点，以及根据内容领域的差异体现针对性和适用性。

3. 学校环境和资源分析

学校环境和资源是综合实践活动课程设计与事实的客观依据。学校在进行综合实践活动课程整体设计时，要认真分析学生的情况，对校内外的各种课程资源进行仔细挖掘、分析和评估，使综合实践活动课程的开设在最大限度地满足学生的需求的基础上体现学校和社区的特色。

4. 课程内容安排

课程内容是综合实践活动课程规划的重点。综合实践活动课程内容的选择首先应关注学生的兴趣和需求，充分考虑学校的环境与资源特点。在课程内容的组织和安排上，要考虑四大要素的融合方式及如何有效整合，包括班团队活动在内的非指定领域的活动，再按照学生的生活经验、认知水平和能力特点，分年级或学段进行规划和设计。此外，对于选择的主题和内容，还应按照一定的维度或线索进行编排，如可以围绕人与自然、人与社会及人与自我三个维度进行编排。为便于教师和学生了解课程内容选择和编排的整体情况，在课程方案中最好附上活动主题一览表(见表 2-7)。

表 2-7 ＿＿＿学校 2008—2009 年度综合实践活动主题一览

年级	内容模块	学校推荐主题	学生自选主题
七年级	探索自然	可再生能源研究 给秸秆和落叶找去处	
	融入社会	卡与我们的生活 关注食品安全	
	关注自我	合理安排时间 中学生视力问题研究	
	热爱家乡	家乡的特色 家乡的变化	
	创新设计	玩具的创新 生活用品的改造	
八年级	……		
九年级	……		

5. 课程实施计划

课程实施计划是整个课程方案的核心部分，是课程方案中对课程的具体实施最具有指导性的内容。实施计划中应包括课时的分配，活动主题的选择方式、活动组织形式、活动的流程、课程资源的管理，以及指导教师的安排、活动常规要求等诸项内容。课程实施计划不仅是教师实施课程的重要依据，也可以作为学校对综合实践活动的实施进行监测、管理和评价的依据。课程实施计划的制订一方面要能够体现综合实践活动的基本理念和要求，同时也要充分考虑学校的实际情况，使综合实践活动课程的实施能够与学校其他工作协调一致，确保计划的可行性。

6. 课程评价设计

评价是课程建设的一部分，也是保证综合实践活动课程常态、有效实施的一个重要因素。在评价设计上，应坚持发展性评价的理念，采用多主体、多元评价方式，将形成性评价与终结性评价结合起来。课程方案要明确评价的原则和方法。

此外，学校还应建立自我监控和评估机制，随时对学校综合实践活动课程实施的状况进行监控和检查，以便及时发现问题并解决问题。同时还要对学校课程实施的效果进行总体评价，以确保课程的有效实施，真正实现综合实践活动的课程价值。

案例呈现

创意设计与制作

规划理念：《中国学生发展核心素养》中明确提出，实践创新是最重要的核心素养之一；"德智体美劳"五育并举，其中劳动与技术教育是学校教育和课程目标落实的薄弱环节。综合实践活动创意设计与制作领域，正是对这一薄弱环节的弥补与强化。学校以"创意设计与制作"为综合实践活动大主题，对1～6年级一个学期的综合实践活动主题进行规划，并长期实施。假以时日，既可形成学校的课程特色，又能落实五育并举，同时把综合实践活动课程的常态化实施纳入一个有序、有特色的轨道。

活动目标：

1. 通过分年级设置创意与制作主题，创建有特色、可持续开展的学校综合实践活动课程体系；

2. 通过创意设计与制作活动，培养学生勤于观察、创意思考、动手制作、工具使用等综合素养；

3. 通过长期开展活动，形成有特色的学校文化氛围，建立以课程为平台的新型家校关系。

活动周期：一个学期为一次活动周期，长期开展。

课时设置：活动时间分为课内、课外两部分。课内部分用综合实践活动课时；课外部分学生自行安排。

活动适用：

1～6年级。

活动实施：

1. 学期初，学校教务处以年级为单位，对全校"创意设计与制作"主题进行整体规划与设置；各年级以班为单位，由指导教师自行选择该主题下适合本班的小主题，开展活动。如三年级的设计与制作主题是"车"，各班可在此主题下选择自行车或小汽车；五年级的设计制作主题是"乐器"，各班可在此基础上选择吉他或二胡。

2. 各班自主开展实践活动。老师可和学生一起选择并确定本班的小主题。全班集思广益，从材料、工具、方法等方面，老师给予学生一定的指导。学生自主进行第一轮尝试。

3. 活动中，组织全班进行中期交流，就设计制作中遇到的问题、成功与失败的经验教训，全班讨论，解决问题，相互借鉴，反复改进。学生可以邀请家长参与到活动中来，但不可以代劳；同时以图片、视频、文字等形式，在班级群分享作品及制作过程。

4. 活动后期，以班为单位开展创意设计与制作作品展。除了展出作品，学生可以用多种形式分享自己的创意设计、制作过程、工具使用、材料选择及实践过程中的小故事等。

5. 学校以年级为单位组织创意设计与制作比赛及作品展。各班制作美篇或形成活动案例分享，收集活动成果，形成学校课程资源。

6. 举办全校性创意设计与制作作品展，面向家长与社会开放展出，展示学校的课程文化。

活动评价：

创意设计与制作类主题活动，重视过程、重在参与、发挥想象、注重动手，其最终的结果呈现是物化的作品，评价作品即评价活动。因此，在设定评价指标时，必须体现对实践过程的重视与积极导向。基于这个目标要求，设置以下评价指标。

1. 整体评价：评价班级主题活动开展情况，以完成作品数量、参与率数据为评价依据。

2. 个体评价：设置多个考评维度，以奖代评，如创意设计、作品美观、精致作品、实用设计、创意材料等，激励更多的学生有更多的机会从更多的角度去思考并动手设计制作出更好的作品；也可以专门为家长设置奖项，鼓励家长参与到学生的实践与成长中来。

以上是红安县将军城小学2019年春季的同主题分年级综合实践活动课程规划方案主体部分。在一个学期中，全校各年级师生、家长积极投身其中，除了收获几千件作品，学校也从这次尝试中，摸索出课程规划与实施的管理经验；老师们在开展活动的过程中，积累了综合实践活动课指导经验和活动案例。

[资料来源]余向红：《小学综合实践活动课程规划与实施例谈》，载《黄冈师范学院学报》，2020(2)。

(二)年级整体方案的制订

一般情况下，学校在设计小学综合实践活动年级整体方案时，大致经历以下三个步骤。

1. 了解学生，资源开发，教师准备

(1)了解学生

综合实践活动是一种"学生本位"课程。小学生们好奇心强，求知欲旺盛，富有创新意识，敢于标新立异，勇于解决新问题，他们有较强的学习动机，学习兴趣逐步分化。学校在对综合实践活动进行整体设计之前，应充分了解学生的知识基础和结构、已有的生活经验、兴趣需要、学习方式、个性特点、能力水平及生存现状与疑问等因素。

(2)资源开发

综合实践活动是一门"校本"课程，学校环境和资源是综合实践活动设计的客观依据。年级在对综合实践活动进行整体设计时，要在认真分析、研究、开发、重组和利用地方、社区和学校的课程资源的基础上，充分考虑本年级具体情况，更深入细致地对这些资源进行开发、选择和利用，使综合实践活动课程的开设在最大限度地满足学生需求的基础上体现学校和社区的特色。

(3)教师准备

综合实践活动的实施要求教师具备活动规划与设计、组织与协调、收集与处理信息、活动预测、应用信息、探究与解决问题及进行综合评价的能力。因此，在综合实践活动研制前教师必须要做好这方面的准备。从学校角度来说，应对教师进行不同形式的培训，让他们有能力胜任综合实践活动的教学；从教师个体来说，教师要有一定的心理辅导能力，能创设恰当的心理氛围，使学生产生积极的心理倾向；教师要具备搜集资料、整理资料的能力，以便对研究课题运筹帷幄。

2. 明确目标，统筹规划，设计方案

(1)明确目标

综合实践活动目标是综合实践活动设计的出发点和归宿。设计的综合实践活动课程目标要充分体现综合实践活动课程的总体目标和要求，同时要结合学校的办学思想、学生的特点进行设计。具体地说，应该包括学校实施课程的总体目标，同时也包括各年级或学段实施的具体目标，或者是综合实践活动不同领域内容实施时的具体目标。在具体目标的设计上，要注意根据学生年龄差异体现循序渐进的特点，以及根据内容领域的差异性体现针对性和适用性。

（2）统筹规划

综合实践活动目标是综合的，内容是综合的，活动方式也是综合的。《中小学综合实践活动课程指导纲要》倡导"以融合的方式设计和实施综合实践活动"。因此，在对综合实践活动做整体设计时应做到：第一，整合活动内容。综合实践活动课程内容的选择应首先关注学生的兴趣和需要，充分考虑学校的环境与资源特点。在课程内容的组织和安排上，应力求最大限度地把综合实践活动指定领域本身、指定领域与非指定领域内容、指定领域与学科课程内容等以融合的形态呈现，再按照学生的生活经验、认知水平和能力特点，分年级或学段进行设计，以引导学生处理好人与自然、人与社会、人与自我的内在关系，养成负责任的生活态度和生活能力，培养良好的情感态度价值观。第二，运用多种活动方式。在方案设计时，要考虑活动方式的多样性，通过不同的方式方法，调动学生学习的积极性，激发学生的探究欲望。常见的活动方式有资料收集、社会调查、参观、访问、服务、各种实验与制作、演示、总结、反思等。学校应根据学生的特点与发展要求、综合实践活动的课程目标，创造性地将多种活动方式在学生的活动中加以综合运用，以使学生有更多机会去活动、体验、享受探究的乐趣，获得独特而深刻的体验。

（3）设计方案

活动方案设计是学校对各个年级综合实践活动全过程在实施之前的总规划，它体现了综合实践活动的预设性。在方案设计的过程中，先由学校派专人撰写初稿，然后经团队讨论修改后定稿。目的是避免综合实践活动系统性、整体性的缺失，增强科学性、规范性。

3. 关注生成，反思评价，优化设计

（1）关注生成

综合实践活动的方案设计体现了教学的预设性，但这并不意味着方案设计不需要灵活性。一方面，随着活动的开展，新的目标、主题、活动方式不断生成，学生在活动过程中的认识和体验不断加深，必然会遇到很多新问题。因而，在设计活动方案时要预留足够的生成空间，以便随时调整、修改和完善。另一方面，学校的整体设计只是个研究范围，师生活动过程中除了可以选择其中一些主题展开实践活动外，还应鼓励有所拓展，应时应需生成。

（2）反思评价

对已形成的综合实践活动方案的反思和评价直接关系到综合实践活动目标能否实现、方案能否不断优化及课程能否沿着正确的方向发展。反思评价涉及以下三方面：

第一，教师反思。教师以研究者的眼光审视、反思、分析和解决自己在综合实践活动中遇到的问题，并开展基于问题解决的研究，不断找到解决问题的方法和途径。教师反思包括实施前对学生的需求、基础、教师的设计能力、特点、活动目标、设计策略等进行反思，实施中是否与学生平等交流和对话、是否指导到位，实施后的目标达成、学生的收获。通过反思，教师可以清醒地意识到方案设计的可行性，有利于优化方案设计和教师自身的专业发展。第二，学生反思。通过学生的反思，教师可以及时了解学生的心理愿望，分析方案的成败得失，为今后更好地进行活动提供第一手资料。第三，科学评价。即对方案的有效性、可行性进行一系列评价。在方案实施前进行诊断性评价，实现方案目标、内容、过程与方法的优化；在方案实施中开展形成性评价，以实现方案在实施过程中的问题得到及时改进；在方案实施后进行终结性评价，主要是对方案设计、实施情况、学生发展情况、教师的指导情况等进行评价，以利于对综合实践活动方案进行整体优化打下基础。

（3）优化设计

综合实践活动的生成性决定了综合实践活动设计是一个不断优化和完善的过程。不管是学校的总体方案设计，还是师生具体方案的设计，都要求切实可行，办法就是对活动方案进行优化。综合实践活动方案优化的要素包括情境与主题要素优化、任务与目标要素优化、组织要素优化、过程要素优化、资源要素优化、评价要素优化。

（三）单一主题方案的制订

综合实践活动单一主题方案包括以下基本要素：主题名称、活动背景、活动目标、活动对象、活动设计者与指导者、活动时长、活动过程（活动内容、方式、步骤，教师的指导重点，以及实施的要点等）、评价建议等。各要素的具体设计要求如下。

1. 主题名称

活动主题的名称要高度概括活动的内容，它要求既能传递综合实践活动某个活动或项目的主要信息，又能吸引读者。好的活动主题名称具有以下特点。

（1）具体准确

主题名称要求准确反映活动主题的内容、范围及研究的深度，特别是对关键词选用要准确、贴切，切忌模糊。如"关于嘉兴市五一路交通状况的调查"，这个标题能非常清楚地反映研究内容、范围和方向。不正确的综合实践活动方案名称往往都是主题非常大而笼统。

（2）反映类型

综合实践活动主题有很多类型，主题表述要求能反映活动的基本类型。

（3）表述得当

综合实践活动的主题表述，要求直截了当地说明活动研究的问题，使读者看到主题就对活动研究的主要内容一目了然；应该具有一定的综合性，便于学生在这个主题下开展各种类型的活动。文字表述要贴近学生生活，既不能太口语化，也要避免过于生硬和书面化。

（4）语序得体

要求在确定标题时改变正常的语序，用短语形式来表达，如"小学生追星现象的探究"等。在主题表述这个环节，教师的指导作用主要体现在引导学生讨论、发现最恰当的主题表述方式。

2. 活动背景

活动背景就是回答为什么要选择这个主题的问题。可以简要阐述主题形成的经过或起因，简要分析主题的内在价值。如案例"安全自护我能行"的活动背景，首先根据小学生安全教育问题的现状，说明安全自护问题的重要性和紧迫性，即回答为什么要选择这样一个主题；进而简要分析此主题的内在价值，即培养学生的安全意识，提高自救自护能力，在探究活动中成为安全"专家"，把安全教育解决在事故发生之前，并在安全探究活动中成长，懂得如何认识生命、欣赏生命、尊重生命、珍惜生命，对生命产生敬畏与热爱。在活动背景的描述中，切忌将整个课程设置的背景或整个新课程的背景作为一个主题活动的背景，活动背景要有针对性，不能空泛。

3. 活动目标

活动目标是指在这个主题活动中学生将获得什么。确定的活动目标要从属于综合实践活动的课程目标、学段目标和学期目标。从内容上分为知识与技能、过程与方法、情感态度与价值观三方面，每个方面的目标都要准确、具体地用行为动词去表述。将课程总目标细化成可操作的具体主题活动的目标，是有计划、有步骤地落实课程总目标的关键。在活动主题确定以后，活动计划实施的各个阶段、一次具体活动、不同类型的活动，在目标制订上均有要求。

（1）主题目标的细化

主题目标的细化是指将综合实践活动目标分层：第一层次是综合实践活动总目标，它描述在某一教学阶段所要实现的总目标，往往体现在"课程纲要"和"培养方案"中；第二层次是相对具体的目标，根据活动类型与项目和学生发展阶段与状况，描述综合实践活动所要达到的目标；第三层次是具体的、情境化的、可操作的教学目标，是对某个具体活动内容所要达成目标的描述，是对上一级目标进行具体的分解和层层落实。布卢姆等人将教育目标分为认知、情感和动作技能三个领域，每个领域的目标由低到高又分为若干层次。如认知领域分为知识、理解、运用、分析、综合、评价等层次，情感领域分为接受、反应、评价、组织、价值与价值体系的性格化等层次。我国新课程将目标分为知识与技能、过程与方法、情感态度与价值观三个维度。目标的细化一方面要求该维度目标所处的层次，另一方面还要表明该目标属于何种类型的知识、能力与情感。教师在进行综合实践活动具体目标设计时，先按照活动方式分类，然后根据活动类型的特点，有侧重地进行三维目标的具体化设计。如对"生活中的广告"和"节约用水"这两个主题的目标进行了细化（见表 2-8）。

表 2-8　综合实践活动课程主题目标的具体化

主题名称	较抽象的目标	具体化的目标
生活中的广告	了解生活中有创意的广告 学会收集信息的几种方法 发展思维与实践能力	列举生活中几种有创意的广告作品 能利用图书馆、网络、访谈等形式收集资料 能设计并制作一个广告产品
节约用水	形成合作、交流、分析的态度与能力 培养分析与解决问题的能力 养成自觉节约用水的意识与行为	在小组中能与他人合作完成任务 设计并制作一个节水龙头 看到浪费水的现象能采取制止行动

（2）各阶段目标的表述

这是指学生参加某个阶段活动的方向和应达到的要求，如活动准备阶段的目标、实施阶段的目标、总结与交流阶段的目标。综合实践活动是由师生双方在其活动展开过程中逐步建构生成的课程，随着各阶段活动的不断展开，学生的体验与认识不断深化，活动目标将不断生成。因此，不同活动阶段要考虑设计不同的目标。

（3）一次具体活动的目标的表述。这是指学生参加某一次活动的方向和应达到的要求。一次具体的活动是一个主题活动最基本的构成要素，它可以是一次课堂内的教学活动，也可以是一次课外的实践活动，它的目标是对主题活动总目标与阶段性目标的分解与细化，在设计上更具体、更有针对性和操作性。

4. 活动对象

活动对象是指适合参加此主题活动的学生。一般来说，不同年级的学生具有不同的年龄特征及认知水平、生活经验和成长需要，因而不同年段的学生有不同的适合主题。此外，还有些主题在不同年级的学生均可实施，但由于不同年级学生的差异性，这种主题在不同年级设计的活动目标要求、内容、活动方式等方面也会不同。

5. 活动设计者与指导者

（1）设计者

设计者即主题活动的主要设计人员，既可以是一位教师，也可以一个教师团队。标明设计者，一方面是责任的明确，另一方面也明确了知识产权或开发的版权，是对教师创造性劳动的认同。另外，由于开发成果是可共享的，有时开发者与实施者并不相同，标明设计者也有利于实施者与开发者的沟通。

（2）指导教师小队

指导教师小队即承担活动实施任务的教师团队。许多主题活动的指导不是教师个体能够承担的，它需要教师根据主题活动的需要，组织成相应的教师指导小队共同实施。明确教师指导小队，有利于该团队的形成及各成员明确各自的任务，将有利于活动的落实。

6. 活动时长

活动时长即活动起始至活动结束之间的时间长度，包括活动过程中各个环节所需要的具体时间分配。活动时间的设计一定要具体到分钟，不能太笼统。在当前教学管理体制下，在设计时既要有总长度如几个月，又要有具体的课外活动时长及课内活动时长。这样的设计便于学校的管理及对活动进行整体规划。

7. 活动过程

活动过程是按照一定的教学模式设计的活动程序，它一般分为三个阶段，即活动准备阶段、活动实施阶段、总结交流阶段。活动过程设计要求各个环节的设计按照一定的教学模式进行，要明确具体地安排教学内容、方式、步骤、教师的指导重点、实施要点等，这个环节是活动设计的重点。

(1)活动准备阶段

活动准备阶段设计要明确的主要工作有三个方面。①确定主题。在活动准备阶段的主题确定课，包括如何创设情境启发学生对问题的思考，产生对问题的兴趣和欲望，以及怎样引导学生寻找自己感兴趣、有价值的问题的切入点，这是活动实施的关键。因此，一要创设好情境；二要根据此主题活动的价值和目标，预设好小组活动主题，有利于活动中有效地引导学生生成能达成活动价值与目标的小组活动主题。②成立活动小组。以师生共同总结、归纳的问题为依据设立活动小组，学生根据自己的兴趣、爱好和特长决定要参加的活动小组，并由学生民主选举小组长，小组长主持小组的全部活动。③制订活动方案。在活动方案制订过程中，活动内容和方法的设计是关键。教师在方案制订课前要预设各小组活动内容和方法。如"校园安全小组"的活动内容和方法：制订一份调查问卷，向不同年级的学生进行调查；采访校长，了解学校的校园安全情况和采取的措施；用自己的慧眼去发现我们美丽的校园存在的安全隐患；撰写一份建议书。

(2)活动实施阶段

活动实施阶段主要是到实践现场去实践体验，获取相关信息。学生在自己亲身实践和体验过程中，不仅学会观察和思考，学会对问题的分析和研究，更重要的是逐渐培养他们对生活问题的切身感受。活动实施阶段除了在"生活大课堂"中进行的实践体验课外，还包括在教室里进行的课堂教学，主要有方法指导课和阶段交流课。实践体验课、阶段交流课、方法指导课根据学生活动需要循环交互进行，并没有固定的先后顺序。

(3)总结交流阶段

总结交流阶段的活动要点是整理活动过程中获得的资料、经验、结果和感受，形成对问题的基本看法、问题解决的基本经验；选择适当的形式表达实践活动的成果，并进行成果的展示与交流；通过写感想、写心得等方式反思自己在活动过程中的体验、认识和收获，综合评价自己的实践活动。

教师在这个阶段的指导主要有：指导学生运用量性和定性分析的方法对已整理加工好的信息资料进行分析，找出规律性的东西，提出自己的看法和观点，从中形成、得出一定的结论；指导学生撰写研究报告；组织学生进行成果的展示与交流，让学生明白成果展示过程是"展示自我、欣赏他人"的过程，是成果的分享过程，是"情感交流、思维交锋"产生新问题和新想法的过程；引导学生对整个综合实践活动的过程与结果，收获与问题进行全面反思、评价，书写心得体会。

8. 评价建议

评价是实现综合实践活动目标的有效手段和保障，它贯穿于综合实践活动的全过程。主题活动方案的设计必须突显活动的评价，重点突出活动的评价方式。①通过测评表来考查学生作品的不同方面（包括过程、结果、态度、情感等）。评价人员可以是教师，也可以是家长和同学。另外，根据任务的差异，评价的对象可表现为撰写小课题报告、阶段小结、幻灯片、学生作品、创作的网页或其他内容。②综合实践活动可以采用过程评价的方式，对活动的整个过程进行分阶段评价。教师定期把学生在前一个阶段的表现在小组活动中传达给学生，使学生更清楚地了解自己的状态，从而不断地进行自我调整和激励。另外，实践活动过程的评价结合实践成果的评价也有利于更全面地形成总结性评价结论。

9. 实施建议

实施建议是对主题活动实施过程中可能遇到的问题与困难及相关对策的预设。由于主题活动是由一个教师团队共同实施的，明确的实施建议将帮助团队内各成员了解活动中可能出现的难点及相关对策，关注活动细节，有效地减少活动的阻力，保障活动的顺利进行。

案例呈现

零食对小学生的影响

【活动背景】

随着经济的发展，国民膳食模式和饮食行为均发生了较大的变化，儿童吃零食的现象也变得十分普遍。健康的零食行为可以在正餐之余为儿童提供一定的营养补充；不健康的零食行为则会影响儿童正常的生长和发育，导致肥胖、龋齿和营养缺乏，还可能为将来的健康埋下隐患。本课题的研究旨在了解学龄儿童的零食行为现状及存在的问题，引导学生建立健康的零食行为。

【活动目标】

1. 通过课题小组的集体探究，培养团队意识和团队协作精神。

2. 体验学习的快乐和成功感，享受探究、合作、成功的喜悦，增强自信心，提高学习的兴趣。

3. 通过与社会接触，增强社会交际能力和语言表达能力。

【活动设计】

一、自由组合，制订计划

1. 讨论确定探究方向和方法。

组织学生讨论为什么喜欢吃零食、喜欢吃零食好不好及吃零食对学生成长有什么影响。让学生在讨论中找到自己最感兴趣的问题。在这里要引导学生思考在遇到问题时除了问老师、家长外怎样自己找答案，用什么方法(让学生说)，然后老师总结学生说的方法。

2. 围绕主题，展开讨论，生成子课题研究内容。

3. 建立子课题小组，设计子课题研究方案。

(1)在老师的指导下，根据自己的兴趣爱好、特长等自由组合成研究小组。(根据途径的不同，分成三大组：采访组、考察组、网络组)

(2)以小组为单位，讨论设计子课题研究方案。(教师参与其中进行指导，但以学生意愿为主，不必过细，让学生在实践中学习、掌握)

4. 交流课题方案，指导完善。各小组代表介绍自己的课题研究方案。师生共同评议，完善方案。

二、分组活动，进行吃零食对学生成长的影响调查

1. 分组搜集、确定搜集的内容

各"研究小组"分头行动，通过上网、查阅书籍、调查、访问他人，明白吃零食对学生成长的影响，遇到解决不了的问题，可以请家长、老师一起探讨、研究。

2. 做好活动记录和研究工作。

各"研究小组"对自己搜集到的资料及过程进行整理，并填写《走访记录》，各小组分工协作，在搜集信息之后各组将搜集到的信息进行汇总、整理。

三、小组汇报，分享成果

1. 各小组对研究资料进行统计、归类、汇总、筛选、整理，分析研究，形成结论。

教师作相关指导(如资料有效性分析、剔除无关材料、表述语言的斟酌，还需要补充调查的材料搜集等)。

2. 指导学生对实践活动过程进行交流，反思。

3. 撰写结题报告和体会文章，教师重点指导课题报告的撰写。

4. 讨论课题展示内容、形式。师生一起讨论各种表现的手段和形式，如展示小报、表演小品、朗诵、图片课件展示等。鼓励创新展示，预期成果形式，如研究报告、体会文章、成果课件等。

四、活动展示

1. 全班交流

各小组将自己搜集整理好的信息在全班展示、交流。全班交流后可能有生成性问题，有的学生听到别人搜集的资料之后可能会改变自己的观点、立场、感兴趣的问题，这时让学生再次分组有利于解决这个问题，让学生在自己最感兴趣的组里活动是活动能够继续开展的前提。

2. 分组

学生展示了自己搜集的信息，看了别人的展示之后，对吃零食这个问题可能会有新的认识，学生按自愿的原则分成正方：零食对我们有好处，可以多吃零食；反方：我们应该少吃零食。

3. 准备辩论会

学生按照自己的观点组成新的小组，各组选出组长，组织组员，制订本组任务，准备辩论会。学生准备文字资料、图片、影视资料等来证明自己的观点。根据学生的情况，如果学生没有参加过辩论，可以给学生看其他学生的辩论录像，给学生提出辩论需要注意的地方，以便学生下一步活动的顺利开展。

> 4. 唇枪舌剑辩论会
>
> 布置会场，让学生分成正、反两方开展辩论，辩论会又是这次综合实践活动的展示会，请家长和领导参加，提出意见。
>
> ［资料来源］黑岚：《小学综合实践活动课程的设计、实施与评价》，115～117 页，北京，清华大学出版社，2020。

二、小学综合实践活动方案的优化

(一)活动方案本身要素的优化

综合实践活动方案本身所涉及的要素主要有情境与主题要素、任务与目标要素、组织要素、过程要素、资源要素、评价要素等，这些也必然成为综合实践活动方案优化的要素。

1. 情境与主题要素优化

综合实践活动特别强调问题的情境性，强调在真实情境下的体验和对困惑的感受，这是活动主题产生的根源。所以我们要把情境和主题作为一个有相互联系的要素。

创设情境有三大方法：一是要创设与学生日常生活相关联的情境；二是创设与学生知识基础相融合的情境；三是创设与学生社会生活相关联的情境。

主题优化要大致涉及如下要素：第一，需要性。活动主题是否尊重学生的兴趣、爱好、需要，是否考虑因人而异。第二，适宜性。要看情境与主题是否适宜学生的实际情况，尽可能地估计学生的知识经验水平，选择与学生能力水平相当或略高的主题。活动要贴近学生实际，主题切口要小，选择实在的活动主题，避免假、大、空，切忌贪大求全。第三，可行性。善于帮助学生筛选、提炼有价值的、科学的、可行的小课题，避免伪科学的主题。第四，新颖性。多考虑一些新的视角、新的观点。

2. 任务与目标要素优化

综合实践活动课程的各项任务都必须与课程的整体学习目标一致，并且要根据不同的学段和年级分阶段目标来确定。进行任务与目标要素的优化主要解决以下问题：第一，活动主题的任务、目标要符合综合实践活动课程的要求；第二，活动主题的目标不能仅仅停留在概括化、原则化目标的基础上；第三，活动主题的任务、目标不能过高、过大；第四，活动主题的任务、目标的制订体现学生的自主性。

3. 组织要素优化

组织要素优化包括两方面：一是指组织形式的优化。即指小组合作探究、个人独立探究及在班级、年级或更大范围内展开的合作研究三种不同的学习组织形式。优化活动方案时，教师要根据不同的具体情况给予指导，做好安排，不留死角。二是指活动内容组织要素的优化。我国设置的综合实践活动主要包括考察探究、社会服务、设计制作与职业体验四种活动方式。这四种活动方式主要围绕人与自然、人与社会、人与自我三种关系维度来组织活动内容、确定活动主题。因此，在优化中要注意根据学生的不同特点、不同年段有所侧重，合理处理好三种维度间的比例关系，有计划地设计和组织三种维度的综合实践活动主题，同时注意整体把握，把四大领域的指定内容及非指定内容以融合的方式组成活动主题。

4.过程要素优化

过程要素是指整个活动方案设计的探究过程，包括活动主题产生过程、活动目标制订过程，此外还包括师生制订活动方案的过程、具体的探究过程、交流总结过程、评价过程等。

活动探究过程是学生实践的核心阶段。此阶段包括调查访问、收集资料、深入探究、经验分享、科学实验、小发明、小制作、交流与评价等。探究活动要求学生走出课堂、走出校门，积极开展社会调查和社会实践活动，要求把"死"的文献资料与现实生活中"活"的资源结合起来，引导学生充分关注当地自然环境、人文环境和现实的生产、生活，把自己身边发生的事情纳入探究的内容，从而发现更多、更好需要探究和解决的问题。

5.资源要素优化

影响综合实践活动课程设计的资源是多元的，涉及人、物、环境等多个方面的课程资源，这些都是基础要素。除了这些基础要素之外，还要特别强调学生发展的需要、教师开发综合实践活动课程的能力、学校特色与社会发展的需要等这些资源要素的优化。

6.评价要素优化

这里主要是指评价活动方案设计中的"评价"要素的优化。一是分析评价的指导思想是否符合新课程评价的思想，是否以质性、过程、激励等评价为主。二是分析其评价方法是否适宜。例如：有的在活动结束后要求学生千篇一律地自选获得多少朵红花，多少颗红星；有的则干巴巴地要求写体会和感想；有的方案没有启迪学生新的想法；有的则没有多元的评价主体；有的没有提示写哪些有深刻而独特的体验；等等。遇上这些应付式评价必须提出优化意见，使活动方案本身的评价得到明确而具体的要求。

(二)活动方案的整体优化

结合国内有关综合实践活动方案评价的实践，建构一个综合实践活动方案评价的大体过程、步骤，给传统的诊断性评价、形成性评价和终结性评价的评价理论赋予新的内容，突出活动方案目标、内容、过程、整体的优化，突出具体方法的运用。

1.对方案进行诊断性评价

诊断性评价是在综合实践活动方案实施之前进行，用于考查方案需要和准备状态，从而提供有针对性的、迫切性的优化意见。对综合实践活动课程方案实施前的诊断性评价，主要目的是诊断其是否成熟可行，从而对综合实践活动课程作出鉴别与选择，为进一步的课程方案修正提供信息，为学生进行课程的选择作出前期的质量监督。对实施前的综合实践活动方案进行评价，能及时发现活动方案中出现的错误或不足之处，可以在它贻误学生之前就被发现并得到纠正。活动方案是否可行，方案目标、方案内容（含课程资源）、过程与方法的优劣是关键。因此，论断性评价为方案目标、内容、过程与方法的优化与改进提供了依据。方案的诊断性评价经常采用汇报、报告、提问、辨明、问卷调查、讨论、反思、分析等具体方法进行。

2. 对实施过程的形成性评价

形成性评价是在学生学习综合实践活动的过程之中进行，旨在考察方案的长处和缺陷，从而提供改进建议。形成性评价的作用主要表现是：在方案原型的试用阶段，边试用边评判边修正，一直到几近完美、可以定型为止。形成性评价一般采用会议、同伴评估、观察、讨论、反思、提问、卡片、测验、访谈记录等方法。如开展讨论会，引导学生拓展活动主题。随着活动的展开，学生会遇到许多问题，因此教师可组织学生开展一些讨论，甚至辩论，使一些有问题的学生在听取大家的意见后将活动不断深入下去。学生可以在听取别人的辩论后分析自己的不足，并努力去实践、创新。如在"三湘院士知多少"的活动中，学生采访了中国科学院和工程院院士，从多方面了解院士的活动，他们还搜集了许多有关院士的资料、照片，被院士们献身科学、造福人类的精神所感动。在讨论活动中，他们谈到了现在学生中的"追星"现象，觉得有必要向所有的人宣传院士的事迹。于是，他们又确立了"宣传三湘院士"的活动主题。通过讨论，他们将活动进一步进行了拓展。

3. 对方案的终结性评价

终结性评价是在学习阶段结束之后进行，为报告方案实施而进行的评价。终结性评价的作用就是在方案试验运作或实施告一段落之后对方案作出价值判断，并且为帮助设计者作出有关优化提供信息和调查表。综合实践活动方案实施后终结性评价，主要是对方案设计、实施情况、学生的发展情况、教师的指导情况等进行评价，以利于对综合实践活动方案进行整体优化打下基础。具体评价方法主要有：成果展示、报告会、答辩会、学生评价、社区人士评价、家长评价、反思、任务操作、情境测试、体验共享、发问卷调查表等方法。如通过有关表格进行调查（见表2-9），以达到优化目的。

表 2-9　活动方案优化调查表

评价的项目	等级的评定			质的描述（各项均要列出优缺点所在）	备注
	优良	尚可	再改进		
活动方案目标					

续表

评价的项目	等级的评定			质的描述(各项均要列出优缺点所在)	备注
	优良	尚可	再改进		
活动方案内容					
课程方案资源					
活动过程与方法					
教师的指导与改进					
学生的体验					
学校行政支援					
活动方案设计过程					
活动方案设计人员					
对活动目标、活动主题、活动方法生成的认识					
……					
总评:给予文字叙述,总结各项指标的评估结果,并且提供原则性的建议和评价,如目标达成否……					

　　以上三种评价方法的提出,改变了原先只注重在课程实施之后所进行的终结性评价方法,突出了诊断性和形成性评价的意义。形成性评价是在课程实施过程之中进行的,有很强的灵活性,能够及时发现问题,提出进一步修改的建议。因此,诊断性评价和形成性评价为终结性评价提供了有益的补充,三者形成互补,更好地发挥了课程评价的功能,达到优化目的。

(三)通过反思进行优化

　　综合实践活动的反思主要是指教师、学生、家长等方面的反思,其中主要是教师的反思。教师反思是一种有目的的反思该课程设计与实施过程中的各种记录,它是一种学术反思和专业发展强有力的工具。综合实践活动方案中,教师的反思可分为活动方案实施前、实施中、实施后的反思。第一,实施前的反思。在活动方案实施前,需要教师对学生的需求、基础、教师的设计能力、特点、活动目标、设计策略等进行反思,为优化方案打下基础。第二,实施中的反思。教师在实施中的反思主要体现在与学生平等对话与交流,这本身就是学生学习的范例。第三,实施后的反思。教师就这个过程追问自己如下问题:这个主题活动是怎样进行的?在这个活动中达成了方案中目标的哪些方面?在主题活动的实施中改变了方案的哪些内容?为什么会有这样的变化?在哪个环节中学生收获最大?有哪些方面的收获?我参与了主题活动的哪些环节?

教师是否存在包办代替行为？在主题活动中，教师进行了哪些有意识的活动方法上的指导？……通过实施前、实施中、实施后的反思，教师可以清醒地意识到自己设计的价值及自己是否成功地完成了活动目标，这样的反思能有效地提高教师的设计能力。教师在反思过程中应采取及时记录全过程，既为活动方案的改进与提高提供依据，也为今后的设计积累经验。

【本章小结】

综合实践活动规划是依据综合实践活动的理念和本校资源状况和学生发展需要，对活动主题、目标、内容、过程、方法等多环节入手进行统筹计划的过程。其意义在于：有利于避免课程开设的盲目性和随意性；有利于加强课程资源的整合开发与有效利用；有利于实现学校对课程的管理。制订综合实践活动规划，应基于学校的文化现场、基于学校的学生现场、基于学校的资源现场。综合实践活动规划应在课程设计层面进行整体整合，包括学科资源整合、校内外资源整合及活动方式整合。

有效设计综合实践活动，需要科学理解综合实践活动的课程属性，整体把握综合实践活动的核心价值，遵循综合实践活动的设计原则，如目标设计的系统性原则、内容组织的关联性原则、实施方式的生动性原则等。综合实践活动的课程内容一般是通过主题系列体现出来的，统整是系列活动主题设计的有效路径，其统整方式有联比、跨界、层递等。设计系列活动主题有以下路径：遵循能力的水平性，依据活动的序列性，体现概念的相关性。单一主题活动的设计包括活动目标的设计、活动方式的设计、活动过程的设计等环节。在过程设计过程中，尤其要注重情境导入、主题选择、方案制订、活动总结的设计。

小学综合实践活动方案制订包括学校课程方案的制订、年级整体方案的制订、单一主题方案的制订三大类。学校综合实践活动课程方案的主要内容包括课程设计指导思想与理论依据、课程目标设计、学校环境和资源分析、课程内容安排、课程实施计划、课程评价设计等环节。学校在设计小学综合实践活动年级整体方案时，大致经历以下步骤：了解学生、资源开发、教师准备，明确目标、统筹规划、设计方案，关注生成、反思评价、优化设计。综合实践活动单一主题方案包括以下基本要素：主题名称、活动背景、活动目标、活动对象、活动时长、活动过程(活动内容、方式、步骤、教师的指导重点、实施的要点等)、评价建议等。对小学综合实践活动方案进行优化，可以从活动方案本身要素的优化、活动方案的整体优化、通过反思进行优化等方面进行。

【章后练习】

1. 有人用过一个形象的比喻：健康是 1，幸福家庭是 0，事业成功又是 0，健康可使家庭变为 10 倍幸福，可使事业成功变为 100 倍的可能。但是，失去健康也即失去 1，剩下的 0 也就失去了意义。健康是生命之本，健康是人们关注的问题。请以"关注食堂饮食卫生"为题，设计一个综合实践活动方案。

2. 想一想：在你接触的小学综合实践活动中，学校对本校的综合实践活动进行总体规划了吗？如果有，这所学校是如何在综合实践活动课程的设计上最大限度地整合课程资源的？如果没有，请以某学校为例，为该学校设计综合实践活动校本化实施的总体规划。

3. 请你根据所提供的材料，为城光小学三年级学生设计一个综合实践活动方案。

城光小学是一所双轨的六年制小学，所在乡镇盛产银杏，也是传统的苗木之乡。校园里一年四季绿树成荫，苗木花草种类繁多，还有一些不知年岁的银杏树。学校附近有一个规模较大的苗木市场，还有一个县苗木研究所。苗木市场除一些本地人口经营外，还有一些外来人口，他们的子女也在城光小学就读。偶尔还有一些外国专家来苗木研究所交流。

4. 当代小学生学习压力大，很多家长给孩子报各种课外的钢琴班、书法班、绘画班、舞蹈班等，加重了小学生的学习负担。为了更好地处理这个问题，学校决定与家长和孩子开展一次名为"为孩子减压、为未来蓄力"的主题活动。如果由你所在的班级来开展这次活动，你打算怎样设计？

5. 任意确定一个活动主题，尝试画出它向各学科渗透的整合图。

【拓展阅读】

1. 柳夕浪.《中小学综合实践活动课程指导纲要》解读——44 个问答［M］. 石家庄：河北教育出版社，2019 年版。

2. 郭元祥. 综合实践活动课程的设计与实施［M］. 北京：首都师范大学出版社，2001 年版。

3. 柏云霞、陈旭远、熊梅. 小学综合实践活动指导［M］. 长春：东北师范大学出版社，2003 年版。

4. 杨静娟. 综合实践活动课程中的资源统整［M］. 北京：光明日报出版社，2016 年版。

5. 顾建军. 小学综合实践活动设计［M］. 北京：高等教育出版社，2020年版。

6. 熊梅. 当代综合课程的新范式：综合性学习的理论和实践［M］. 北京：教育科学出版社，2001年版。

7. 田慧生. 综合实践活动课程的理论探索与实践反思［M］. 北京：教育科学出版社，2007年版。

8. 廖先亮. 综合实践活动课程的理论和方法［M］. 武汉：武汉大学出版社，2003年版。

第三章

小学综合实践活动资源的开发

章结构图

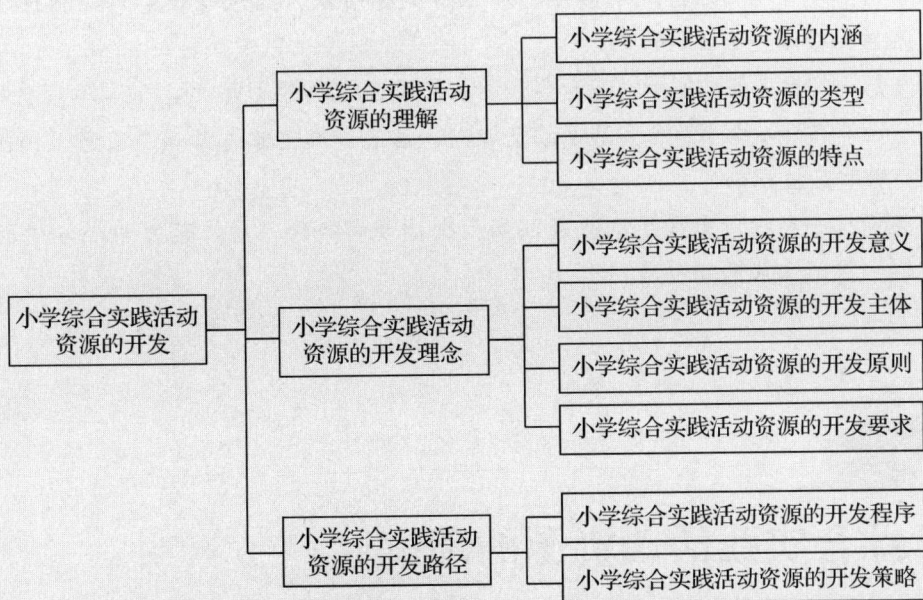

本章围绕"小学综合实践活动资源的开发"这个主题，主要系统论述三方面内容：第一，从内容和类型两方面论述了对小学综合实践活动资源的理解；第二，阐述了小学综合实践活动的开发理念，具体包括开发意义、开发主体、开发原则和开发要求；第三，从开发程序和开发策略两方面论述了小学综合实践活动资源的开发路径。

学习目标

1. 了解小学综合实践活动资源的内涵、类型与特点。
2. 理解小学综合实践活动资源的开发理念。
3. 能运用小学综合实践活动的开发程序与策略，根据具体情境灵活开发课程资源。

章前导语

综合实践活动是国家规定、地方指导、学校组织开发和实施的课程。它的性质和课程理念决定了既没有必要也不可能提供全国各个中小学校通行的、普遍适用的课程内容与实施方案。因此，各个小学必须根据《中小学综合实践活动课程指导纲要》提出的课程目标和课程内容选择的总原则，从自身实际出发，因校制宜、因地制宜、就地取材，开发出校本化的课程内容。

想一想：你是如何理解小学综合实践活动资源的?它包括哪些类型?它具有哪些特点?

思一思：在开发小学综合实践活动资源时，它的开发主体有哪些？应遵循哪些开发原则？有哪些开发要求？

如果你是一名综合实践活动教师，如何根据现有条件，具体开发对小学生而言具有适切性的综合实践活动资源？

第一节
小学综合实践活动资源的理解

综合实践活动是国家规定、地方指导、学校组织开发和实施的课程。它的性质和课程理念决定了既没有必要也不可能提供全国各个中小学校通行的、普遍适用的课程内容与实施方案。因此，各小学须根据《中小学综合实践活动课程指导纲要》提出的课程目标和课程内容选择的总原则，从自身实际出发，因校制宜、因地制宜、就地取材，开发出校本化的课程内容。综合实践活动的有效实施，依赖于课程资源开发的范围和水平，取决于课程资源开发主体的意识和开发策略。如何理解小学综合实践活动课程资源？开发小学综合实践活动课程资源的理念依据有哪些？如何开发小学综合实践活动课程资源？本章节就这些问题进行系统探讨。

一、小学综合实践活动资源的内涵

课程资源是相对于课程而提出的一个概念。任何课程都是以一定的课程资源为基础和前提的，没有课程资源也就没有课程可言，有课程就必须要有课程资源作为其实施的前提。

从广义看来，课程资源指具有教育价值、能够转化为学校课程或为学校课程服务的各种因素与条件的总称。有些是在自然环境和社会环境中本身具有的可直接加以利用的资源，有些是为达成一定的教育或教学目的而特地设计出来的资源。狭义的课程资源仅指形成课程与教学的直接因素来源，即可以直接使用、为教学实施提供服务、成型的资源要素和条件。

小学综合实践活动资源即形成小学综合实践活动课程的因素来源于实施综合实践活动课程的必要而直接的条件。这就包括了一切有助于本课程目标达成和教学实施的重要因素。无论校内的还是校外的，无论是物质的还是精神的。人的思想观念、活动方式，材料的物理特性、化学特性，工具的形态、功能，设施的形状、大小、用途，活动的方式、场所等，构成了极为丰富的、可为课程发展所用的资源形态。这样，在不同的地方、不同的学校，甚至不同的学生家庭，就会有不同的课程资源。课程资源是综合实践活动课程得以呈现的基础，是综合实践活动课程设计、实施的基本组成部分。

二、小学综合实践活动资源的类型

(一)依据课程性质，分为自然课程资源与社会课程资源

根据资源的性质，课程资源可分为自然课程资源与社会课程资源。自然是人类永远的老师，也是课程资源的重要组成。自然课程资源包括水土、气候、植被、综合环境、特色现象等。我国幅员辽阔，山川秀美，物产多样，可以开发与利用的自然课程

资源极为丰富。人们可以开发与利用的社会课程资源同样也是丰富多样的。地方的公共设施如图书馆、博物馆、展览馆等保存和展示人类文明成果，无疑是重要的课程资源；道路的线条美、雕塑的造型美、音乐的节奏美等均可成为陶冶学生情操的课程资源；人类的交往活动，如政治活动、经济活动、司法活动、军事活动、外交活动、科技活动等也可以成为课程资源；影响人类社会的生产生活的价值观念、宗教伦理、风俗习惯等与教育教学活动有直接的关系，因而也是不可或缺的课程资源。

自然资源与社会资源的生成背景不同，性质特点也不同。前者的突出特点是"天然性"和"自发性"，后者则带有"人工性"和"自觉性"的特点。但是，它们都可以经过不同的开发转变为可以利用的课程资源，服务于小学综合实践活动课程教学活动。

(二)依据空间分布，分为校内课程资源与校外课程资源

依据课程资源的空间分布，可以将小学综合实践活动课程资源划分为校内课程资源与校外课程资源。校内课程资源是指学校范围之内的课程资源，包括校内的物质资源、各种场所和设施，如图书馆、实验室、专用教室、信息中心、实验实习农场、工厂等；校内的人文资源，如教师、学生、校纪校风、校容校貌、学校的文化设施、学校发展的历史等；学校的活动资源，如班团活动、体育节、文化节等。

校外资源包括学生的家庭、社区乃至整个社会中各种可用于综合实践活动的设施和条件及丰富的自然资源。家庭资源包括学生家长的职业特长，学生家庭的图书、报纸杂志、电脑等，学生家族发展的历史、人物、生活中的典型故事等；社区资源包括社区的人力资源及各种场所文化景观、风土人情、风俗习惯、物资设施等；社会资源包括社会(历史)现实事件、社会热点焦点问题、典型的社会现象等；丰富的自然资源是我们生存和生活的基础，也是我们开发和利用的重要课程资源，包括自然环境(水土、气候特点)、自然现象、天文现象、自然物产(动植物资源、矿产资源)等；信息化课程资源，利用虚拟的信息空间集合相关知识、图片、数据等，为综合实践活动的实施提供相应的支持。

(三)依据存在形态，分为物力资源与人力资源

依据课程资源的存在形态，可以将小学综合实践活动课程资源划分为物力资源与人力资源。物力资源是以物质形态存在的课程资源，例如：校内资源中的设施设备，包括图书馆、实验室、教室、计算机、各种基地、文化设施等；校外资源中的家庭环境、社区设施设备、文化古迹、自然景观和自然资源等。人力资源是以人为载体而存在的资源，包括：校内的教职员工及他们的情感、态度、价值观、生活方式和人格等，学生的学习风气、班风、校风等；校外的包括家长、社会人员及他们的生活方式、价值规范、行为准则、人际关系等。

（四）依据资源功能，分为素材性课程资源与条件性课程资源

依据课程资源的功能，可将小学综合实践活动课程资源分为素材性课程资源与条件性课程资源。素材性课程资源的特点是作用于综合实践活动，并且能够成为综合实践活动的素材和来源，是学生学习和收获的对象，包括知识、技能、经验、活动方式与方法、情感态度和价值观及培养目标等。条件性课程资源的特点是作用于综合实践活动却不是形成综合实践活动课程本身的直接来源，它包括直接决定课程实施范围和水平的人力、物力和财力，以及时间、场地、媒介、设备、设施和环境等因素。

综合实践活动不仅要开发一切可利用的课程资源，还要开发出有利于小学综合实践活动课程实施的一些资源。例如：①学生活动资源包。根据地方或学校活动领域目标，选择有助于学生实际活动的相关知识、图片资源形成有一定联系的资源包，如一些人物故事、典型历史、民间传说等。②学生活动工具包。学生综合实践活动过程的汇总需要真实记录和收集显示学生发展过程的资料，这些资料既可以反映学生亲身参与了活动过程，也可以用于评价学生参与活动的绩效等，相关的工具有活动方案表、活动卡（观察、调查、访问等计划表）、评价卡、活动反思（体会、感想）卡等。③教师指导手册。为了帮助教师认识、了解综合实践活动课程的有关理念、实施方式和教师的指导方式等，学校可以开发一些有利于提高教师认识的文本资料，如教师指导用书、案例集或资源包等。课程资源分类的多样性，证实了课程资源存在不同的种类与存在方式，体现了课程资源的丰富性及开发、利用的灵活性和多元性。

三、小学综合实践活动资源的特点

（一）丰富性

小学综合实践活动课程资源的鲜明特点是丰富性。课程资源不仅类型丰富、存在形式多样，而且分布广泛。从校内到校外，从自然界到人类社会，从现实到网络，处处都存在着有利于达成课程目标的资源。这些资源既有生命化和非生命化的，也有显性和隐性的，它们共同为课程服务，在存在价值、开发与利用的方法和途径上也具有多样性。目前我国各地区存在发展不平衡问题，有的地区学校条件资源缺乏，但它们的素材性资源还是相当丰富的，如与饮食有关的、与健康有关的、与自然有关的、与教育有关的、与风俗习惯有关的，以及有关社区文化生活的、有关历史的、有关社会热点问题的资源。

资料链接

嘉兴市南湖区余新镇中心小学综合实践活动内容

嘉兴市南湖区余新镇中心小学围绕学校精神"创新精神"、办学理念"科技创新，梦想未来"，提

出了以"创新"为特征的课程文化实践，开发了以科技教育为主要内容的综合实践活动课程体系（见表 3-1）。学校以"创新"为特征的课程文化实践，拓展了教育平台，深化了素质教育，提升了学生综合素质，挖掘了学生潜能，为学生终身发展奠定了坚实基础。

表 3-1 嘉兴市南湖区余新镇小学综合实践活动课程体系

科技实践活动	研究主题	活动课题
科技创新系列	比谁想得多	1. 填一填：蛛网图形填空 2. 说一说：茶杯的用途 3. 写一写：拉杆天线创造
	探索小发明的过程	1. 发明作品欣赏 2. 发明方法指导 3. 发明课题论证
	谁的方法更巧妙	1. 鸡蛋巧包装 2. 巧妙测量
	电脑帮助我们来创造	1. 搜索工具使用 2. PPT 制作 3. 画笔的运用
模型制作系列	纸结构承重	1. 纸结构承重 2. 纸桥过小车
	制作火箭模型	1. 火箭知识竞赛 2. 纸质火箭 3. 水火箭制作
	手电筒制作	1. PC 管手电制作 2. 手电创新设计
	空气动力车制作	1. 空气动力车制作 2. 喷水动力车
环境保护系列	水污染调查	1. 余新镇北河水污染调查 2. 纯净水真的纯净吗 3. 家庭饮用水调查 4. 学校周围水环境调查研究
	注塑行业调查	1. 注塑行业污染与环境的研究 2. 注塑行业的治理
	白色污染	1. 学校周围白色污染调查 2. 超市塑料袋调查 3. 一次性用品的调查
植物种植系列	水稻种植	1. 水稻种植积极性调查 2. 水稻生长过程的研究 3. 水稻品种的调查
	桑树的栽培	1. 桑树历史的调查 2. 桑树用途的调查与研究 3. 桑树栽培方法的研究

续表

科技实践活动	研究主题	活动课题
植物种植系列	水稻及病虫害防治	1. 水稻病虫害的种类调查 2. 水稻病虫害防治措施知多少
动物养殖系列	养蚕	1. 养蚕历史调查 2. 观察蚕的生长过程 3. 蚕的用途调查与研究
	我们来养小甲鱼	1. 甲鱼冬眠观察 2. 甲鱼生存环境的调查与研究 3. 甲鱼生活习惯习性的调查与研究

［资料来源］顾建军：《小学综合实践活动设计》，254～255 页，北京，高等教育出版社，2021。

（二）多质性

小学综合实践活动资源的多质性是从两个方面体现出来的。首先，从类别归属上来说，有的资源具有多重属性。如素材性和条件性课程资源在校内和校外都有所存在，而一些通常情况下的条件性资源在有的综合实践活动中又可以成为素材性资源。其次，从功能上来说，同样的资源对于不同课程具有不同的价值。如动植物资源可以成为学生学习生物学知识的资源，也可以成为学习环境学、生态学知识的资源，还可以成为学生调查、统计的资源。如学校附近的山，既可以用于爬山活动，也可以用于劳动技术教育中的植树绿化，还可以作为地质调查的资料。课程资源的多质性特点要求教师和学生独具慧眼，善于挖掘课程资源的多种利用价值，用于综合实践活动的开展。

（三）动态性

课程资源作为社会资源，需经主体的意义筛选，不仅涉及资源的客观性层面，而且还包含着主体的主观意向性层面，表现出多个方面的动态特性。课程资源弥漫于学校内外的方方面面，必然会受到自然环境、经济水平、民族文化和其他社会因素的影响和制约。一方面，随着各种因素的发展变化，课程资源内容和存在形式也会有所不同；另一方面，课程资源的内涵不是静止不变的，科技进步、社会发展和课程的拓展与创新，使得课程资源的概念得以延展，课程资源的概念也在动态变化中日益丰富，更多新资源可以被开发出来，成为影响课程、构成课程的因素，成为课程资源的一部分。课程资源的这种动态性特点有助于小学综合实践活动课程不断发展、丰富、完善。

（四）差异性

综合实践活动是在特定的时间、地点、人群中展开的，课程开发有特定的生活背景，课程实施具有生动的情境性。学校要根据实际创造性地开发各种活动内容，并使其成为特色学校建设的重要环节。综合实践活动课程开发的基本场所在学校，学校所处的社区环境、文化传统和学校自身特点是影响课程资源开发差异性的重要因素。就不同的地域、文化传统、学校及师生而言，可资开发的课程资源不同，其构成形式和表现形态各异；不同的文化背景下，人们的价值观念、道德观念、风俗习惯、宗教信仰等具有其特殊性，相应的课程资源也各不一样；学校的性质、规模、位置、传统及教师素质和办学水平的不同，可以开发和利用的课程资源自然有异；学生个体的家庭背景、智力水平、生活经历的不同，可资开发的课程资源也必然是千差万别的。

(五)潜在性

课程资源具有潜在性特点。"潜在"即指课程资源的课程功能和教育价值处在潜在状态。课程资源必须经由综合实践活动实施主体自觉能动地加工、利用和转化，才能作用于课程，发挥教育功能和价值。所以说，课程资源的形态、功能、价值都具有潜在性，需要综合实践活动实施者进行合理有效地开发和利用。例如：本地的一处风景名胜可以为实施"环境保护"主题的综合实践活动提供有利的条件，但风景名胜本身的内容是十分丰富的，围绕本次活动必须选择其中的某些内容作为综合实践活动实施的条件，既可以选取其本身的优美秀丽，引导学生通过欣赏自然美景，激发其热爱大自然、保护环境的内在动力；也可以选取由于环境污染，名胜古迹遭到破坏的实例，帮助学生认识到环境保护的重要性。而后一种做法，就是将非教育性因素巧妙地转化为教育性因素，为活动目标的达成创造了良好的条件。

第二节
小学综合实践活动资源的开发理念

一、小学综合实践活动资源的开发意义

(一)有助于综合实践活动的实施

综合实践活动有效实施需要大量的课程资源作为支撑。课程资源开发对小学综合实践活动课程实施的意义主要体现在两个方面：第一，有利于综合实践活动内容的整合。综合实践活动以淡化学科界限、加强知识整合为特征，主张课程与生活、社会的

有机联系。综合实践活动的内容可以通过人与自然、人与社会、人与自我这三条线索联合在一起。可见，综合实践活动面向学生的生活世界和学生感兴趣的各种话题、主题或问题，跨越了单一学科知识的范围，是静态的文本材料所无法涵盖的。所以，在综合实践活动的实施中必须开发与利用大量的课程资源。第二，有利于综合实践活动的开放性。综合实践活动的目标指向每个学生的实践能力及综合素养的提高。要提倡学生通过身体力行的实践活动去发现与解决问题，去体验和感受生活；强调通过体验性学习获得多层次、多角度、多方面的经验。所以，综合实践活动在实施时间、空间上必须具有更大的灵活性和开放性，必须突破课堂教学的时空局限，向社会生活和自然环境延伸，占有大量的课程资源，开辟更加广阔、开放的资源空间。

(二)有助于转变学生的学习方式

课程资源开发有利于转变学习方式，其价值主要体现在：第一，营造生动的学习环境，增强学生的学习兴趣。综合实践活动是基于学生的需要、动机、兴趣和直接经验来设计、实施的课程，它的内容不是预设的，而是根据教师的专业判断和学生的自主选择来确定课题，进行探索，超越了体系化的教材和封闭的课堂。学生可以走进社会，走进自然，开放的时空给学生营造了一个生动的学习环境。在小学综合实践活动课程资源的开发过程中，学生的主体作用得以彰显，由被动地接受学习变为自主地探索与实践，学习兴趣逐渐增强，学生自然乐于其中。第二，促进学习方式的多样化。课程资源的开发改变了单一的知识接受的学习方式，逐渐形成积极主动、探究合作的学习方式，学生通过调查研究、社会参与、专家采访、个案记录、收集整理资料、撰写报告等一系列活动进行学习，学习方式走向多样化，学生的思维得到开阔，学生的自主观察能力、自主探索能力、团队协作能力、表达交流能力都在潜移默化中得到提高，促进了学生素质的全面发展。

(三)有助于提升教师的专业素养

课程资源开发对教师专业素养方面的价值主要表现在两方面：第一，有利于增强教师的课程意识。综合实践活动内容不是体系化的书本知识或知识专题，而是学生从生活中自主地提出的问题，并由问题上升到活动主题，需要教师自主开发。因此，课程资源的开发应革新课程观念，强化教师的课程意识。第二，有助于教师的专业成长。综合实践活动课程资源的开发与利用要求教师根据实际条件和学生特点，对课程资源进行识别、开发和利用，在实践活动中不断增强课程资源开发的技能。对于教师的专业成长而言，这无疑是一种挑战，更是一种发展的机遇。因为，教师在课程资源的开发过程中可以感受到作为课程开发者的责任感和使命感，自觉地将社会的期待转化为自身的发展需求，去实现自我成长和提高。同时，在小学综合实践活动课程资源的开发与利用过程中，教师能不断丰富自己的知识储备、拓宽专业视野、增强专业精神，更好地指导、组织学生开展综合实践活动，促进自身的专业成长。

二、小学综合实践活动资源的开发主体

小学综合实践活动课程资源的开发范围和水平，直接依赖于开发主体的资源意识和开发能力。小学综合实践活动课程资源开发的主体是多元的，主要包括以下五个方面。

(一)教师

教师是综合实践活动的设计与策划者、组织与管理者、指导与参与者，是对课程资源进行鉴别、开发、利用的主要载体。教师不仅要开发外在的资源，包括学生的资源、实施条件的资源，还要开发自身的资源。教师的知识与技能、过程与方法、情感态度与价值观等是教学过程中经常遇到的课程资源。在课程资源开发主体群中，教师是课程资源开发的核心主体。教师作为资源开发的主体与自身知识结构、能力素质和对资源的意识程度等密切相关。教师之间的合作与帮助、团结与促进、交流与共享有利于积累、开发和利用各级各类课程资源。

(二)学生

学生既是课程资源的消费者，又是课程资源的开发者。在课程资源开发主体群中，学生是课程资源开发的关键主体。学生的经验是一种资源，是进行教学的起点；学生的兴趣是一种资源，是学习的动力；学生的差异也是一种资源。正是这些知识、能力、兴趣、生活经历、智能倾向等构成了课程资源开发的重要手段，他们主动或在教师启发之下开发自身及自身之外的课程资源。同时，合作学习、探究学习能拓宽学生的视野、启迪其思维，有时还会产生智慧火花。学生开发的课程资源不仅从形式上灵活多样，而且还具有多渠道、多层次、多类型等特点，对学生兴趣的培养、能力的锻炼、合作精神的形成有着积极作用。开发课程资源的过程就是学生学习与发展的过程，而且这种学习过程还可以影响到其他学生的学习过程。

(三)学校

学校承担着对综合实践活动进行总体规划、资源开发、技术指导、管理与监督、经费保障等方面的职责，是小学综合实践活动资源开发的自然主体。学校开发综合实践活动课程资源的过程，就是使课程得以具体落实的过程，是贯彻国家教育方针、促进学生发展的体现。一方面，学校要开发好校内的人力资源和物力资源，把校内课程资源与校园文化建设、校园潜在课程等结合起来；另一方面，学校要主动与社区、工

厂、农村、家庭等联系，建立综合实践活动课程资源基地，把校外课程资源与校内课程资源有机地结合起来，并使校外课程资源成为校内课程资源不竭的源泉。

(四)家长

家长是学校开展综合实践活动的支持者和配合者。综合实践活动的实施一方面取决于家长对该课程的信任程度，另一方面也依赖于家长对课程资源的开发程度。许多家长非常热心于学校的综合实践活动，他们自身具有的知识、智慧、特长，如在饮食文化、广告设计、动物饲养等方面，可直接为综合实践活动服务。同时，他们还可以利用他们家庭、社区、单位等方面的人力和物力资源，为学校开展综合实践活动提供便利。

(五)社会人士

社会人士是综合实践活动的积极帮助者。他们分布在社会的各行各业，有着各种不同的人生经历、知识阅历和兴趣爱好，他们自身拥有非常丰富的资源，同时，他们身处的图书馆、科技馆、博物馆、展览厅、青少年活动中心、工厂、农村、部队、政府机关、企事业单位、高等院校和科研院所等，都可以成为综合实践活动的课程资源，如果能把他们的积极性、主动性调动起来，综合实践活动的课程资源就非常丰富了。然而，目前这些课程资源的功能与价值也远远没有被发挥出来。学校和教师要积极主动地取得他们的帮助和支持，可邀请他们来学校讲学、作讲座，有的可聘为学校的课外辅导员、顾问等，发挥他们的作用。

由于小学综合实践活动课程资源的多样性、丰富性，因而小学综合实践活动课程资源开发的主体也是多元的。这里，教师是资源开发的核心主体，学生是关键主体，学校是自然主体，家长和社会人士是积极支持者和帮助者。他们缺一不可，共同构成综合实践活动课程资源开发的主体群。

三、小学综合实践活动资源的开发原则

(一)因地制宜原则

因地制宜就是根据当地客观的、具体的情况，制订或采取适当的措施和方法来处理事情。小学综合实践活动课程资源开发也要遵循因地制宜原则，重视实际，尊重差异。课程资源的开发要与综合实践活动的特色和要求相一致。

综合实践活动是由国家设置，地方和各个学校根据实际情况自主研制和实施的新课程。为此，各个小学要积极响应《中小学综合实践活动课程指导纲要》中所提出的课

程开发的理念与原则，因地制宜，因时制宜，改变仅依靠教科书展开教学的做法，充分开发与利用各种教育资源（包括校内资源、社区资源和学生家庭中的教育资源）落实课程计划的要求，自主规划综合实践活动的内容、主题与具体方案，开设具有学校及其所在地区的特色性综合实践活动，为此课程资源的开展不能与当地的和当时的自然与社会环境相脱离。

我国是一个多民族的国家，地域辽阔，自然资源分布广泛但区域差异性也很大，各地的风俗习惯和文化观念也不尽相同。当前，我国的经济发展也不平衡，城市和乡村、沿海和内地等存在较大的差距，文化场馆和教育设施分布不均。因此，在课程资源的开发上，地方和小学首先应该按照因地制宜的原则，依据"地情"和小学的"校情与学情"就地取材，取独特之材，突出地域特色。

案例呈现

我校位于太行山上的一个小山村，这里没有"高大上"的公共场所，如图书馆、科技馆、博物馆等。但它是一片红色热土，曾经有上万名抗日将士为了抗战胜利将鲜血洒在了这片土地上。这里还是全国民间艺术之乡，有开花调、板话、竹马、剪纸等非物质文化遗产。其中，"左权开花调"被国务院确定为国家首批非物质文化遗产。在开发综合实践活动课程资源方面，我们做了如下探索。

春天，结合清明节，我们开展了红色主题"缅怀先烈、热爱祖国"系列活动。左权县是一片红色热土。县名就是为纪念牺牲于此的国民革命军第八路军副总参谋长左权将军而更名的。抗日战争时期，八路军前方总部、中共中央北方局、一二九师司令部等抗日领导机关在这里驻扎长达五年之久，老一辈无产阶级革命家曾在这里运筹帷幄、战斗生活，与这里的人民群众结下了鱼水深情。老区人民为民族的抗战胜利也做出了卓越的贡献和巨大的牺牲。我们通过查资料、采访村里年龄大的老人、观看歌舞剧《太行奶娘》等方式，让学生了解八路军和太行儿女舍小家为大家英勇抗日的事迹，感受他们展现出的勇敢顽强、不畏艰难、百折不挠、艰苦奋斗、勇于牺牲、乐于奉献的太行精神。听左权民歌《逃难》，让学生知道今天的幸福生活来之不易，以及要热爱和平、反对战争。

天气晴朗时，我们还可以爬山。学校后面就有一座小山。清明前后，登上山顶，看着满山的桃花、杏花，让学生唱《桃花红，杏花白》《我们在太行山上》，观察"草色遥看近却无"，体会"一览众山小"。

夏天，我们开展了以绿色为主题的"走进自然"系列活动。我们在校园里给每个班级划分了"开心农场"，学生在自己班的农场里种植各种蔬菜、花草，他们自觉除草、施肥、浇水。我们每个星期都组织全校学生参观他们的"开心农场"，让他们在内心深处树立劳动光荣的思想。教室里，每个班都建立了"动物乐园"，有的同学养蝌蚪，有的养金鱼，有的养蚕，学生和这些小动物建立了深厚的感情。他们从心底萌生了人和动物要和平共处的思想。学生没事就到"开心农场"观察植物的生长状况或到"动物乐园"观察小动物的生长变化，并写观察日记。这些活动丰富了学生的生活，培养了学生的观察能力。我们组织学生去学校附近的龙泉国家森林公园游玩。回来后，我让学生模仿导游讲解写导游词，并要求学生在庙会时为家人亲戚当导游，讲解龙泉国家森林公园的旅游景点。

秋天是收获的季节，我们开展了以金色为主题的系列活动。核桃熟了，我们要求学生回家帮家长拾核桃。核桃是我县农业支柱产业，针对如何提高核桃的附加值，我们组织了讨论。学生查找资料后畅所欲言：有的提出要研究核桃保鲜技术，让人们一年四季都吃上新鲜的核桃；有的提出要研究出可口的日常食品，让人们每天的餐桌上都不能少了核桃；有的提出要加强广告宣传，扩大左权核桃的知名度，让它走出国门。山葡萄熟了，我们学习酿造葡萄酒。通过观察酿酒过程中发生的现象，学生感受到了微生物的力量和神奇。还有摘花椒、打酸枣，学生体会到了劳动的乐趣和家乡的富有，增强了学生热爱家乡的感情。

　　冬天，我们这里室外比较冷。我们一般开展小花戏、板话、剪纸等传承非物质文化遗产系列活动。小花戏是流传在左权一带的一种轻盈、活泼的民间歌舞。我们学校有的学生有表演基础，他们手持扇子，边舞边唱。小花戏曲调优美、流畅，感人，结构完整，节奏鲜明。

　　左权板话，又名李有才板话，是当地民间百姓习惯运用的乡土语言艺术。"李有才板话"之名源于赵树理在左权体验生活创作的中篇小说《李有才板话》。在民间，左权板话又称侃话、杂话、顺口溜等，被业内誉为"民间七步诗"。我们搜集现成的板话让学生表演，高年级的学生自己也创编一些。

　　剪纸也是我们这里流行的一种历史悠久的民间艺术。剪纸就是用剪刀将纸剪成各种各样的图案，如窗花等。每逢过节或新婚喜庆，人们便将美丽鲜艳的剪纸贴在家中窗户、墙壁、门和灯笼上，节日的气氛也因此被烘托得更加热烈。我们主要学习剪简单的窗花。将学生剪的作品张贴在教室"学习园地"、楼道"文化长廊"里，还有的过年时贴在家里，家长们也特有自豪感。

　　农村学校蕴藏着丰富的综合实践活动资源，只要做个有心人，我们的综合实践活动一定会开展得丰富多彩。

　　［资料来源］窦旭波：《因地制宜，开发综合实践活动课程资源》，载《新课程》，2015(6)。

(二)经济适用原则

经济适用原则主要是指在现有条件的基础上进行整合利用做到资源的最大化利用，要尽可能开发一些成本较低，而且可以多次利用、长期发挥作用的资源。

　　1. 经济

小学综合实践活动课程资源的开发与利用离不开财力和物力的支持。但是当前绝大多数小学都存在经费不足的现实困境。农村地区和农村小学更加严重。所以，综合实践活动课程资源的开发不能不遵循经济性原则，应尽可能节约成本，力求用最少的开支和精力达到最理想的效果。具体来说，经济性原则主要包括开支的经济性、人力的经济性和时间的经济性。第一，开支的经济性。即在保障资源开发和利用效果的前提下合理使用经费，尽量节约开支。尽可能优先开发与利用不需要多少经费开支的课程资源，最好不要去花费大量金钱购买昂贵的资料、建造大型的设施和场馆。第二，时间的经济性。即指优先开发那些时间短、见效快的资源，抓住时机开发和利用一些对综合实践活动有用的自然和人文资源，确保课程资源的应时。第三，人力的经济性。即指没有必要大规模设置课程资源利用与开发的研究机构和研究人员，可以采用教育专家、课程专家与校内师生共同研究的方法。这样更有利于实际操作。

　　2. 适用

适用就是适合综合实践活动开展，并且具有较好的效果。适用性包括三个方面。

　　第一，开发方式得当，资源安全可靠。课程资源开发的方式适合小学生的年龄特点、兴趣、爱好，与小学生的生活接近，方法可行，小学生有能力参与和完成。小学生年龄小、安全意识不强，自我保护能力差，课程资源的开发与利用不危害小学生和教师的安全，利用起来也方便安全。如小学不适合组织师生到太远的地方去参观、访问、体验。在开发课程资源时，首先考虑校内资源和学校周边可供开发与利用的资源，还可以把专家、学者请到校园内。

第二，开发的资源切合课程目标。先按照课程计划和课程目标对课程所需的资源进行评估，同时对学生需求进行分析，明确所需的基本课程资源，这是综合实践活动的预设阶段。这就要求课程资源的开发要紧紧围绕课程目标和教学目标，所开发出的课程资源贴近目标。随着活动过程的展开，在具体的实践中与教育情境的交互作用过程中会产生出新的目标、新的问题、新的价值观和新的对结果的设计，我们预设的那些资源或已经开发出的资源也有可能在实践的检验中没有达到预期目标，这就需要对其重新评估，使其运用到别的活动中去或将其淘汰。

第三，开发的课程资源适用于课程使用。开发的课程资源必须适合小学生及小学综合实践活动课程使用。小学综合实践活动资源的开发要把握好开发的深度和广度，要能够与学生原有的生活体验和能力发展结合，有助于学生的全面发展。课程资源的开发还要与小学综合实践活动课程的特点密切结合，体验性强，生活色彩浓郁。

(三)循序渐进原则

循序渐进原则指的是综合实践活动资源的开发要经过统筹规划、合理安排，按照一定的程序和步骤有序进行。

综合实践活动要求其课程资源的开发与利用的权利与义务不能只赋予学校，或者某一学科的教师、班主任及专门从事综合实践活动指导的教师，而应通过有效的方式将所有的教师和学生的智慧集中起来，协同开发综合实践活动课程资源(见表3-2)。应该由谁来组织开发，都需要计划和安排。这就要求我们在进行小学综合实践活动课程资源开发的具体工作时，要有计划、按步骤、循序渐进地进行，也就是要遵循循序渐进原则。课程资源开发的循序渐进原则主要体现为"先近后远、先易后难、先简后繁、先浅后深"等，以校内资源为本，逐渐向周边扩展，将零星的、散落的、无序的各种课程资源，通过整理、加工，使之成为集中的、系统的、可供直接利用的课程资源。

表 3-2　资源开发与综合实践主题活动的流程对照表

综合实践活动实施阶段	资源开发流程	利用资源状况描述
确定主题 制订方案	资源调研 需求评估	作为研究对象的资源(自然、社会、自我)；作为指导力量的人的资源(科研机构、高校等专业人才)
实践探索	资源收集 资源整理	作为支持研究过程的资源(图书馆、网络等信息资源，博物馆、社区等条件资源)
表达交流 总结评价	资源共享	作为指导力量的人的资源(科研机构、高校等专业人士)；作为支持研究过程的资源(博物馆、社区等条件资源)

总之，小学综合实践活动资源的开发与利用是一项系统性很强的工作，要遵循教育教学规律，建立在科学的开发理念之上，因地制宜，体现出地域特色，力求经济适用，能够做到同一资源多用途使用和不同资源的配合使用；以教师和学生为主体，着眼于学生综合素质的提升，并且开发思路和程序要简捷有效，整体局部兼顾，形式生动鲜活。

四、小学综合实践活动资源的开发要求

(一)紧扣目标

在实践中，部分教师对课程资源开发利用存在盲目、随意、浅表、零散等问题。紧扣综合实践活动的目标，有针对性地开发利用课程资源是必要的。根据活动目标，对课程资源的开发利用可以从以下三个方面着手：第一，教育内容的扩充。有时需要从课程资源中挖掘出更加丰富的内容，使学生在活动中受到相应的教育。如小学课本中关于"蔬菜""粮食"方面的知识，仅有书本上的内容是比较局限的，从本地实际出发，有目的地选择一些书本上没有的农作物，或让学生联系生活实际，可以使学生学得更加主动，不断增长见识。第二，典型对象的选取。有时需要从课程资源中选择一个典型的对象，以提高活动的针对性或增强课程内容的典型性。如组织一次环境污染方面的调查活动，涉及多个方面的内容，学生可以从工业污染、农业污染、生活垃圾污染等多个角度切入，但是考虑学生的年龄特点和时间安排等，可以选择一个典型对象，进行深入细致的调查研究。第三，课程实施条件的创设。有时需要从课程资源中寻找一个恰当的"工作平台"(场所、情境)，如与活动主题相关的风景名胜、历史文物、文化设施等，激发学生的兴趣，使学生在身临其境的实践活动中积极参与，从而使得活动的效果得到增强。因此，不仅可以从课程资源中寻找合适的"工作平台"，而且在必要时，可以有意识地利用现有条件创设出更理想的"工作平台"，以保证学生在自主实践、不断探索的过程中得到更充分的锻炼，有更多的收获。

(二)讲求"适度"

课程资源的开发利用要避免"走马观花""浅尝辄止"的做法。在开发课程资源上存在着开发广度与深度的问题，即需要考虑从课程资源中选择什么样的对象、提取什么样的内容及内容所涉及的范围和呈现的方式等问题。一般而言，针对不同的目标，对课程资源开发利用的策略是有所不同的。其一，若要从课程资源中提取尽可能多的同类事物，那么提取的内容要有较大范围的覆盖面，通过综合实践活动，学生能够"见多识广"，了解更多的内容，借助适当的呈现方式(如对比呈现、实地观察与录像集中呈

现结合等方式)或教师必要的提示，学生能够发现同类事物之中的一般规律，通过学习实现由具体到抽象的升华，理解和掌握带有规律性的知识。其二，若要从课程资源中挖掘与某内容相关的更深刻的内涵，那么对有关内容的挖掘就应该向纵深发展，透过表层的内容去揭示更深刻的内涵，实现由表及里的迁移，达到对知识的深入理解和领会。如透过文化古迹这类客观事物，可以了解其中富有教育意义的历史掌故、名人轶事、文化渊源等更加丰富的内容，从而使学生在领略文化古迹风貌的同时，受到历史文化、民俗传统等方面的教育。

(三)因地制宜

在课程资源的开发利用中，要注意体现地方课程资源的独特性和丰富性。不同地区的课程资源是独特而丰富的，因为不同区域、不同民族的文化是有差异的，要从本地课程资源中开发出更多的可资利用的教育因素，要保持文化的独特性，同时又要引导学生学会理解和尊重多样文化。在组织综合实践活动时，可以让学生走入现实的社会生活，亲自去感受和体验本土文化的丰富性与深刻性，学会不同文化之间的沟通和理解，并逐步学会从不同文化中吸取营养。这一点在民族地区显得尤为重要，如何保持各民族的文化传统，如何实现不同文化之间的沟通和理解也是当前课程改革值得探究的问题，在课程资源的开发利用中也有必要对此问题加以重视。

课程资源是可以为课程实施及整个学校教育工作服务的，应从现实条件出发，因地制宜地开发利用课程资源，做到综合实践活动与其他教育内容的协调配合，注意时间、空间、人力、物力上的现实可行性。当前，一些地区建立专门的教育基地，实现学校之间、地区之间的教育资源(包括课程资源)共享，这是一个行之有效的办法，可以在有限的现有条件下通过力量的整合，为综合实践活动的开展创造有利的条件。另外，一些小学利用节假日或将时间相对集中来开展综合实践活动，这也是一种方便易行的办法，由于时间的集中，可以使学生真正走出课堂、走出校园，投身于充满活力的现实生活之中，受到更丰富而实在的教育。

(四)注重整合

注重整合，即小学综合实践活动资源的开发要注重各种资源之间的联系，发挥资源的综合作用，也要与学科教学紧密结合，发挥资源对多项综合实践活动的支持作用。对小学综合实践活动资源整合有三种模式。

第一，小学综合实践活动资源开发与学科整合。如学校开展的英语角活动，研究如何牢记英语单词及单词的词根、词性，既是一种研究性学习方式，也是提高英语学科能力的方式。组织高年级学生给居民提供法律服务、家用电器维修服务等既是社区服务的方式，也是增长学科知识和技能的有效方式。

第二，小学综合实践活动资源开发与学校德育、智育、体育、美育等活动整合。通过主题班会、清明节祭扫等活动缅怀先烈，进行思想道德教育，通过观看图片、邀请老军人、老干部、老教师等讲革命故事，对比今昔，增强学生的社会责任感和使命感。而这些教育活动本身就是综合实践活动资源。例如：随着我国老龄化社会的来临，如何认识老龄化社会的特征？老龄化社会对我们有什么影响？在老龄化社会，我们应该承担什么责任？如何敬老爱老？这些都是老龄化社会重要的教育内容。由此，老龄化社会本身成为综合实践活动的重要资源。通过考察探究活动的开展，研究老龄化社会的特征，研究老年人的需求、愿望、心理活动，发现老年人面对的各种问题，分析老年人遇到这些问题的原因，提出解决这些问题的办法。通过社区服务活动的开展，为老年人，尤其是孤独老人提供各种各样的服务，如清洗衣物、缴纳水电费、理发、刮胡子、读报、讲故事等。也可以开展社会实践活动，调查统计本地老龄人口的学历、健康和生活状况、与子女的关系、居住状况等，使学生知老、敬老、爱老、助老。敬老、爱老活动可以将劳动与技术教育融合，组织学生参与为老人服务的劳动，如给敬老院打扫卫生、为老人整理床铺、给老人洗衣服、为老人缴纳电话费、帮助老人学习上网技术等。

第三，小学综合实践活动资源开发与校本课程整合。校本课程是课程改革过程中提倡的新的课程形态，校本课程的开发必须与校本课程资源的开发紧密结合。综合实践活动本身就是重要的校本课程形态，综合实践活动的开展只能通过校本化的形式才能进行，因此，校本课程开发与综合实践活动资源开发紧密相关，二者的整合是实现校本课程开发和有效开展综合实践活动的重要方式。通过综合实践活动资源开发与校本课程开发的整合，有效开展考察探究、职业体验、社会服务和设计制作。

小学综合实践活动课程资源整合模式的操作步骤是：第一步，明确综合实践活动的主要目标；第二步，评估哪些资源是综合实践活动可以开发和利用的资源；第三步，通过开发，实现不同资源的综合作用，实现资源整合；第四步，评估资源开发效果。

案例呈现

综合实践活动四大领域整合课程资源开发与实践
——谈"远足"主题实践活动

学校以"远足"为主题的实践活动，认为"远足"活动为学生跨越书本、走出校门，尝试以独立自主的小主人翁姿态走进丰富多彩的现实生活世界构建了一个良好的平台。

一、精心策划组织，确保"远足"活动顺利开展

这里所指的"远足"，实质是一次连续的系列活动。其简要流程图为：军训—远足—参观革命圣地—考察调研"三农"问题—生存能力体验—篝火晚会—成果展示。该活动以远足为载体，以生存能力体验，以农村社会调查、考察为主要内容，通过此实践活动让学生亲历实践，深度体验，经受生存考验。学校每年举行一次远足活动，每个年级活动地点、活动主题各有不同。每两个班学生一组，每班配一名武警任队长，统一安排每班科任教师与学生同行、同住、同吃、同活动。由武警组织军训两天，远足两天：从学校出发，走10～12公里到目的地；参观革命圣地后，在大本营统一就午餐；接着开始搭帐篷，稍作休息；下午分小组进村入户考察调研；然后让学生分成小组进入农

家，到农家购物、联系烹饪地点、分工合作做晚餐，自己洗衣做饭；晚上举行篝火晚会，进行才艺表演，文化下乡；当晚露宿大本营，第二天早起，打扫场地，走回学校；回校后讲座总结，制作电子汇报作品，全班、全校交流评比。

通过这些活动，学生在国防教育、缅怀先烈、体验农家生活、课题研究、查阅资料、参观访问、考察调研、多媒体制作交流展示、征文比赛等多种形式的实践和探究过程中，提高理性认识，学会了勇敢自信，学会了团结合作，学会了人际交流，学会了社会调查的方法，学会了撰写调查报告，学会了摄影摄像，学会了在综合实践活动中发现问题、解决问题，打开了学生的视野，增长他们的社会经验。为了更好地做好远足活动，前期准备工作应先制订出相关的方案，学习相关的"综合实践活动课"指导书，进行信息技术的培训，组织好社区服务。同时对摄影、摄像等劳动技术进行培训，完成选题工作，并指导学生进行自主分工合作，制订班级、小组、个人活动计划；同时将考察调研的课题融入"远足"活动，让学生学会如何采访、如何调查、如何书写调查报告、如何安排好整个活动过程。此外，还一定要考虑安全保障，如交通安全、场地安全、食品安全、采访考察安全等。而加强纪律是安全的前提保证，必须特别进行强化教育。同时还要配备校医和生活车辆，获得当地政府、乡村领导、村民及家长的支持。

二、四大领域整合，突显"远足"活动教育功能

（一）"远足"实践活动内容丰富，品位较高

开展以学生军事训练为主要内容的学校国防教育是实施素质教育的重要内容。通过军训，学生学到了基本的军事知识和技能，体会到了人民解放军艰苦奋斗、吃苦耐劳、爱国奉献、勇敢顽强、坚韧不拔的优良传统。这些都十分有利于学生树立共产主义信念和正确的世界观、人生观、价值观，有利于培养学生爱国主义、集体主义精神；有利于学生学习军事高科技知识，增强国防观念，开阔视野，改善知识结构、活跃思维方式；有利于磨炼学生的意志品质，培养学生艰苦奋斗、吃苦耐劳的作风，增强战胜困难的信心和勇气；有利于学生组织纪律性的提高和身体素质的增强，从而为将来建设祖国、保卫祖国打下坚实基础。

来回几十公里的远足，是砥砺意志的"长征"，既是对学生身体素质的一次考验，又能锻炼学生的毅力、磨炼学生的意志；途中与大自然的亲密接触，领略大自然的奇异风光，陶冶情操的同时又形成热爱大自然、保护大自然的意识。同学们靠集体、靠毅力去战胜困难和伤痛，互相帮助，互相鼓励，战胜惰性和娇气，在自己的人生中留下美好的回忆，真正体会到团结力量大的道理。

生存能力的体验是最好的社会实践内容，一是来回要走几十公里，没有体能，远足有困难。二是要自己搭帐篷，解决住的问题。动手能力差，帐篷搭不好，不能睡。三是要解决吃饭，每人给10元的标准，进行组合。与人沟通交往能力差，找不到落脚的农家。这些使每个学生都必须充分挖掘生存本能潜力，而采购、做饭、煮菜的体验，对从未做过家务的学生来说，又能从中体会到家长的艰辛。篝火晚会是全程紧张的缓和时空。辛苦了一天的学生，在晚上安排一些文艺节目让学生展示自己的才艺，既丰富了文艺生活，也使大家在辛苦一天后得以放松，消除疲劳，度过一个快乐的夜晚。同时也给乡村送去了一台文艺晚会。

（二）"三农"问题的考察调研富有时代意义，是探究的好题材

远足的地点一般选择在农村，农民在中国是占大多数人口的群体，温家宝同志号召：全社会都来关心"三农"问题。因此，可以开展"三农"问题的调查，通过此项活动，学生深入农村，深切感受农村的状况，调查农村的种养业及农民生活需求等状况。从中学会关心他人、关心国家大事，把国家的利益与个人的成长联系在一起。特别是城区饭来张口、衣来伸手的学生，看到农民生产生活的艰辛，更加体会珍惜"谁知盘中餐，粒粒皆辛苦"的内涵，珍惜现在的生活，珍惜粮食，养成勤劳、勤俭的良好习惯。

（三）生存能力体验，掌握必备的劳动技能

在活动过程中进行摄影、摄像，是职业体验的一项易实施而又有一定科技含量的内容。学生按

每8~10人一组沟通联系一户农家自己制作晚饭，虽然简单有趣但也培养了动脑动手能力。当晚的晚餐对于同学们来说非同一般，不仅感受到村民的热情、体验到淳朴的民风，更品尝到了他们自己的劳动成果——丰盛的晚宴，渗透着职业体验，也是一次生存能力体验。

（四）发挥利用信息技术优势，获得两个提高

多媒体汇报课件全部由学生自行制作，已经把信息技术与"远足"实践活动的内容和实施过程有机地整合起来。每个研究性学习课题组用多媒体汇报展示"三农"问题的考察调研情况和整个活动中的心得体会等，应用信息技术的能力已经凸显，而且掌握信息技术、综合能力的同时进行了应用，可谓是一举两得。

　　[资料来源]游爱娇：《综合实践活动四大领域整合课程资源开发与实践——谈"远足"主题实践活动》，载《福建教育学院学报》，2006(6)。

第三节
小学综合实践活动资源的开发路径

　　课程资源作为课程改革实施的物质保障，其开发与运用的水平决定了课程实施的程度。有些教师缺乏课程资源开发的"操作技术"，在开发小学综合实践活动资源的过程中，会遇到"不会"和"对资源价值不能充分挖掘"的问题。综合实践活动的开发程序是怎样的？开发小学综合实践活动资源的策略有哪些？本节就这些问题进行探讨。

一、小学综合实践活动资源的开发程序

（一）选择特色资源

　　凡是具有区域、学校独特方式或特点的东西，都可以归为特色资源的范畴。不仅仅包括原本意义上的自然矿物，还有手艺、产品和文化(河南豫剧、山东梆子等)。特色资源在综合实践活动中具有十分重要的意义，主要表现在：第一，特色资源具有浓郁的生活气息，不仅容易获得、实用易用，而且为学生所喜闻乐见。它充斥于学生的整个生活，与之相关的话题也就成为当地学生最浅层、最朦胧的却又最发自内心的需求。只要教师有意识地加以调动，学生情感的闸门就会自然而然地打开。第二，是由综合实践活动课程的实践性决定的。因为学生所学的内容必须与真实的情境、学生的实践、社区的生活紧密相连，每所学校都有自己的优势和强势所在，结合当地特色资源，不仅有利于激发学生的兴趣和情感，而且对于学生和社区的发展也有着十分重要的意义。但是，并非所有的特色资源都可以进入课程，我们选择某种特色资源进入课

程，主要依据有：是否满足学生实践活动的实际需要；是否与本校教师的实际应用能力相符；是否在一定程度上体现了地区经济、文化特色。如果特色资源能较好满足依据，则可以纳入课程中开发其教育价值。

（二）生成多维资源

"横看成岭侧成峰，远近高低各不同。"多一个角度看待课程资源，就会多出一些教育价值。很多情况下我们都把电子游戏看作是一个玩物丧志的东西，可是有人却抛弃了传统的偏见，把它作为一种课程资源，看到了它所蕴含的丰富教育价值，对学习动机的引发、创造性思维的培养、探究性学习方式的形成及信息素养的培养都发挥着重要的作用，采用寓教于戏、寓学于戏、尝试于戏、交互于戏四种途径与方法来开发与整合，收到了较好的效果。① 四川省的都江堰水利工程是一个以农业灌溉为主、兼顾防洪、木材流送的综合性水利枢纽，多年来一直与我们的课程和教学相去甚远。可最近就有学者敏锐地看到了这个特色资源潜在的教育价值，提出可以从李冰父子不辞劳苦建造都江堰的故事着手对学生进行道德教育，从其设计规划的科学性着手对学生进行科学教育，从都江堰工程一带的二王庙、伏龙观等名胜古迹入手对学生进行审美教育。② 对于每种进入课程的特色资源，我们都可以从不同的角度开发出很多生动的内容，但综合实践活动课程所容纳的内容却是有限的，必须事先进行一定的筛选。

（三）筛选课程内容

开发资源的目标是实现综合实践活动的目标，因此就要经过一个冶炼提纯的过程。通过"去粗取精，去伪存真，由此及彼，由表及里"的筛选，精选那些对学生终身发展具有决定意义的内容，才能使课程真正构建在师生共同的世界里，真正变成学生自己的课程。在筛选进入课程的内容时，应当坚持如下标准。

1. 满足学生的需求

教育应该关注个人的发展，对内容的筛选应全面关注人的需求的各个方面。学生作为完整的人，需要是十分丰富的，而且不同的人也必然具有不同的需要。美国课程专家拉尔夫·泰勒将学生的需要分为以下六个方面：①健康；②直接的社会关系，包括家庭生活及与亲朋好友的关系；③社会公民关系，包括在学校和社区的公民生活；④消费者方面的生活；⑤职业生活；⑥娱乐活动。这种分层和分类方法虽然未必完全符合我国国情，但相对于我国课程目标以抽象的情感态度与价值观对学生需要进行分

---

① 殷亚林、刘延申：《校本课程开发的一种新思路：电子游戏与校本课程的整合》，载《教育理论与实践》，2004(17)。

② 李娟：《论地方课程资源开发的多维视角：以都江堰工程为例》，载《乐山师范学院学报》，2004(11)。

类则显得更为具体而详细。在描述学生需要时，具有一定的借鉴意义。此外，还应特别注意那些有助于学生自我实现的方面。综合实践活动坚持学生的自主选择与主动参与，发展学生的创新精神和实践能力，开发与实施要以学生的直接经验或体验成为基础，将学生的需要、动机和兴趣置于核心地位，充分发挥学生的主动性和积极性，鼓励学生自主选择活动主题，积极开展活动，在活动中发展创新精神和实践能力。因此，学生的自我实现也成为对内容进行筛选的标准之一。

2. 满足以社会的需求为基础依据及实现教育对社会的发展和改造功能

教育受制于社会，有关课程资源的主题的筛选要以社会的需求为基础依据，要帮助学生学会参与社会生活的各种本领，必须对有效参与社会生活所应具备的知识、能力和素质及整个社会对个人提供的施展才华的种种机会进行全面综合的了解。怎样将社会生活的需求确定为筛选标准呢？一种被普遍运用的方法就是由博比特首先提出的活动分析法。活动分析法要求首先对人类的经验进行分析，将人类的广泛经验分为若干主要领域，如语言、卫生保健、公民、社交、娱乐、家庭和职业等；其次将已经分类的领域进一步分成更为具体的活动。这个方法不可否认有其先进的一面，即从本国、本地区的实际社会生活出发，寻找一个比较恰当的标准对生活领域进行分类，在保证不遗漏社会需要的任何重要方面的情况下，对各个方面作进一步的调查分析，获得对内容的确立有实际意义的那些信息。但这个方法还存在不可弥补的缺陷，该方法将学校课程的功能仅仅定格在对社会生活的适应性方面，而忽略了对社会生活的批判和改造的功能，忽略了学校课程的相对独立性。因此，我们还应注意教育对社会的改造功能。社会改造观认为学校教育不仅要起到让学生适应社会的作用，同时还应在此基础上改变社会中一些不合理的地方和存在的问题。"在他们看来，为了开创一个更加公正、平等和人道的社会，社会的问题和危机正是学生应当研究的内容。必须让学生参与研究如何克服种种障碍，以开创一个更加理想的社会这一问题。"①但这些内容无法在传统的学科中心课程中实现，综合实践活动的设置就为实现这一目标提供了可能：它要求学生走进社区，运用第一手资料、访谈群众，系统地提出解决办法、验证假说，解决真实的问题。

(四)精心设计活动

综合实践活动的开发与实施强调学生乐于探究、勤于动手和勇于实践，注重学生在实践性学习活动过程中的感受和体验，要求学生超越单一地接受学习，亲身经历实践过程，体验实践活动，实现学习方式的变革。因此，设计活动就成为综合实践活动

---

① ［美］阿伦·C.奥恩斯坦、琳达·S.贝阿尔-霍伦斯坦、爱德华·F.帕荣克：《当代课程问题》，余强，主译，30页，杭州，浙江教育出版社，2004。

的应有义义。我们的目标是学生知识、技能、情感、态度、价值观多方目标的达成，因此需要设计丰富多彩的活动来实现课程资源的价值。在教育中应特别注意教学内容与教学目标之间的对应与匹配：不能用单一的活动去实现全部的发展目标；特定的发展目标应以特定内容的活动实现；要培养全面发展的人，就应引入全面而丰富的学习活动。

一般来说，综合实践活动课程的活动方式有四种类型：考察探究、职业体验、设计制作、社会服务。综合实践活动课程需要达成许多方面的目标，诸如提高学生动手能力、人际交往能力、收集信息和处理信息的能力等。活动和目标具有一定的对应性，试图用一种活动来达成所有目标是很不经济，有时也是无法实现的。学生要达到的目标是多样的，因此我们设计出的活动也应当是丰富多彩的。活动既可以侧重于某一能力的培养，也可综合实现多种能力的培养。只有活动的种类多了，才会有学生深层次的参与。

(五)设计活动手册

活动手册即指导学生活动的方案和指南，是为综合实践活动的有效开展而设计开发的直接用于辅助活动完成的图文材料。它对学生具有三个方面的价值：第一，为学生提供一种信息源，或直接在学生活动手册中为学生呈现进行活动所必需的信息，或提供寻找信息的途径；第二，有利于学生活动任务的布置，既给学生提供创造的空间和机会，又可以把他们宝贵的过程性资料记录在册；第三，为教师提供直接的帮助，在一定程度上弥补综合实践活动实施过程中出现的"规范"缺失，为学校综合实践活动的有效实施提供规范指导和必要的文本支撑。在编排活动手册时，应注意如下一些技巧。

第一，提供必要的、不冗余的信息。学生活动手册中呈现的信息包括两部分。第一部分是活动方案，也就是对学生活动具有指导意义的任务布置。活动方案应简要笼统，只要为学生的活动指明一个大体的参考方向就可以，不要太详细，否则学生很可能变成教师手中的棋子。第二部分是学生活动时所必需的信息资料或提供寻找信息的途径，来帮助学生完成任务。

第二，注意空白设计，给学生留足自由思考的空间。按照功能的不同，空白也分为两种。一种是把最能体现学生探究处设置为空白，其意图是：以虚映实，突出主题，给学生锻炼的机会。这类空白具有一定的挑战性，学生在填补空白的过程中各种素质都能得到提升。另外一种空白是为了在活动中不断完善学生活动手册：在活动开始前给学生提供的学生活动手册只是一种"预设"，综合实践活动的实施是一个不断变化、充满挑战的过程，很可能会发现原先学生活动手册存在缺陷。留有足够的空白，就可以及时增加新的内容或做修正，改进原有设计中的不足。

第三，加强插图的应用。由于小学生还处于表象思维阶段，过多抽象的内容与他们的心理发展水平并不相符，因此，在为小学生编排学生活动手册的时候，还应当加强插图的作用。在选插图的时候，首先注意插图和文字融为一体，相辅相成，每幅插图的加入都不应该让学生感到突兀和不合时宜，让插图成为学生活动手册的有机组成部分；其次要体现地方特色，应尽量选一些当地的、学生熟悉的事物作为插图，使学生感到亲切而现实；最后还可以使用一些轻松幽默，用漫画人物和他们的插语，或使用连环画等来说明科学的道理，有时能够起到文字所起不到的作用。

二、小学综合实践活动资源的开发策略

(一)立足学校

学校是学生学习和生活的基本场所。立足学校是指小学综合实践活动资源的开发要以校为本，充分挖掘和利用学校现有的课程资源，要把主要的精力和时间放在学校课程资源的利用和建设上。

1. 学校开发课程资源的优势

和校外课程资源相比，学校课程资源具有自身的优势。主要表现在以下四个方面。

(1)教育性

学校能控制各种环境因素并使之有利于学生身心健康发展。综合实践活动由于活动场所的不确定性，增加了教师对课程内容的控制难度，环境中的各种负面因素会对学生产生不利影响，而学生的辨别能力弱，极容易受到有害信息的诱导。学校是专门的教育机构，学校的各种课程资源是经过筛选并受到教师有效控制的，有利于学生的健康发展。

(2)全面性

综合实践活动对课程资源的要求比学科课程更为"苛刻"。它没有现成的教材，也没有固定的实施模式，课程资源的丰富程度决定了该课程的实施水平。学校作为专门的教育机构，课程资源具有全面性，它能为综合实践活动的顺利实施提供基本的课程资源，如合格的师资、必要的图书资料和必需的活动场所。无论是素材性课程资源还是条件性课程资源，学校都优于其所在社区，尤其是农村地区，学校是该社区的文化中心，社区难为综合实践活动提供足够的课程资源，因此，课程资源的开发利用应先内后外，把学校已有的课程资源用足用好。

(3)经济性

课程资源的开发与利用要尽可能用最小的开支和精力，达到最理想的效果。具体包括开支的经济性、时间的经济性、空间的经济性和学习的经济性。经费短缺是目前

制约综合实践活动课程资源开发利用的一大瓶颈，要解决这个问题除了增加教育投入外，还应考虑课程资源的开发成本问题。在降低课程资源开发的成本上，学校课程资源占有明显的优势。学校课程资源由学校自己支配，能够就地取材，减少经济上、时间上、精力上的消耗。学校课程资源还具有集中的特点，使用便捷，重复利用，提高课程资源的使用效益。

（4）安全性

综合实践活动是一门实践性很强的课程，要求学生走出校园，走进自然，走向社会，开展大量的调查、考察、参观、访问、试验、测量、制作等活动，这里面蕴藏着许多不确定的因素，容易引发安全问题。因此，综合实践活动课程资源的开发和利用要考虑学生的安全保障问题。立足学校，开发课程资源，能有效地预防学生安全事故的发生。学生熟悉学校环境，学校一般都制定了严格的学生安全保障制度，教师安全意识强，各种教学设备和场地是经过安全检测的，活动范围比较小，有利于教师的控制，这样避免了学生发生安全事故。

2. 学校课程资源开发要注意的问题

学校课程资源的开发要注意以下两点。

（1）摸清家底，精心组织

摸清家底是要对学校现有的各类课程资源进行普查，做到心中有数，避免学校的课程资源闲置浪费和重复购买。普查的范围主要包括：学校的基本情况（学校的地理位置、占地面积、师生人数、学校传统）、学生（家庭背景、生活经历、知识水平、智力水平、交往能力、兴趣爱好）、教师（责任心和事业心、现代意识和创新精神、专业知识和技能、特长和弱点、对新课程的认识和支持态度、工作量负担）和物质资源（图书馆、阅览室、实验室、电教室、活动室和这些物质资源的使用潜能，学校获得信息资源的能力，学校获取有关组织和个人支持的情况、学校的财力状况）。摸清了家底，深入把握学校人、财、物、时间、信息等资源的情况，有利于明确课程资源开发的方向和范围，扬长避短，提高课程资源开发的针对性和实效性。

（2）人尽其才，物尽其用

第一，教师是最重要的课程资源。在学校的各类课程资源中，教师是最重要的课程资源。教师不仅决定课程资源的鉴别、开发、积累和利用，是素材性课程资源的重要载体，而且教师自身就是课程实施的首要的基本条件资源。所以，从这个意义上讲，教师是最为重要的课程资源，教师素质状况决定了课程资源的识别范围、开发和利用程度及发挥效益的水平。为此，学校要为教师创设课程资源开发的条件，给综合实践活动的实施提供帮助和支持，为教师提供一个充分施展才华的舞台，营造一个不断创新的环境。此外，要加强教师教育，构建学习化组织。综合实践活动可持续发展的关键在于形成一支素质高的教师队伍，当前提高教师专业素质的有效措施是构建学习化组织。教师必须将工作与自身学习紧密结合在一起，在工作中不断地提高和充实自己，促使自己逐步由"经验型"向"科研型"转化。

第二，要树立经营意识。课程资源的开发和利用除了需要教师具有鲜明的课程意识外，还应树立课程资源经营意识。经营意识具体包括：成本意识，即想尽办法降低课程开发成本，要使成本意识渗透到课程资源开发的每个环节，渗透到每个教师的意识里；服务意识，即以人为本，把学生的需要、动机、兴趣置于核心地位，让学生自己从生活、社会现实中提出问题，选择和决定活动主题；品牌意识，即学校要考虑在软件建设方面抓特色，树品牌，扩大学校的知名度和影响力；资源共享意识，即学校要打破自我封闭，真正融入社区之中，把社区蕴藏的自然和社会资源纳入课程开发的视野，弥补学校课程资源的不足，降低课程开发成本，增大学校课程资源的储量。校际要加强合作，互通有无，优势互补。

(二)源于生活

综合实践活动是以学生的经验和生活为核心的实践性课程，课程资源的选择从学生的生活出发，从他们的生活世界中开发课程资源。

第一，鼓励学生从生活世界里寻找活动主题。综合实践活动的主题往往来自学生的现实生活，学生的所见所闻和所思所想都有可能成为综合实践活动的课程资源。不少小学生提出的活动主题都涉及他们自身的生活，从自身生活所遇到的问题确定活动主题或研究项目，如"寻找生活中的浪费现象""椰子与我们的生活""小学生饮食习惯、营养状况与身体健康研究""防治白色污染"。鼓励小学生从自身的生活实际出发选择或确定综合实践活动主题，能够极大地调动学生参与综合实践活动的积极性，培养学生自主选择和自主探究的能力。

第二，尊重学生的兴趣爱好。生活的世界是个性化的世界，生活是与需要、愿望、情感、体验相联系的，学生的经验、兴趣、个性差异就是重要的课程资源。综合实践活动主题的选择应与儿童生理、心理协调，具有新奇性、趣味性和实践性，给学生创造一个自由、民主和宽松的学习氛围。

第三，考虑学生的个性特点。由于综合实践活动的主体在年龄特征、能力、兴趣等方面是不同的，想要参与的活动项目也不同，在选择活动主题时要尽可能地估计学生的知识经验水平，选择与学生能力水平相当的主题。只有充分挖掘适合于小学生年龄特点和能力水平的探究题材，才能保障综合实践活动顺利开展。

第四，鼓励动手操作解决实际问题。综合实践活动基本的学习方式主要有考察探究、社会服务、职业体验、设计制作。这些学习活动方式的一个根本特征就是以活动为主要形式，强调学生亲身经历，要求学生参与到各项活动中去，在"做""考察""调查""实验""探究""服务""劳动"等一系列的活动中发现和解决问题、体验和感受生活，发展实践能力。因此，综合实践活动课程资源的开发必须考虑该课程学习方式的特殊性，综合实践活动的实践性学习是为了密切学生与生活的联系、学生与社会的联系，发展学生本身的综合实践能力。

(三)面向社区

综合实践活动项目的设计与实施，实际上是对地方和学校课程资源重组的过程。在设计综合实践活动项目和领域的过程中，必须研究社区课程资源的分布情况和特点。学生在教师的指导下，走出教室，进入实际的社会情境，直接参与并亲历各种社会生活和社会活动，参与社区和社会实践活动，开展各种探究学习、生活学习、实践学习、体验学习活动，使学生获得直接经验，发展实践能力，增强社会责任感。

1. 社区课程资源的选择

社区蕴含着丰富的课程资源，与综合实践活动的设计与实施相关的课程资源有：第一，社区的自然因素及其状况，如水土、气候、植被以及综合环境。这些因素都与学生进行的关于自然问题的探究有关，诸如水资源状况的调查研究、水土保持研究、垃圾问题等，城乡学校在自然问题探究方面，具体选题也有明显的差异。第二，社区的社会因素及其历史与现实状况，如工农业生产、文化遗产、社会经济生活、社区文化生活、民族习惯、政府与社会机构等，不同地方的学校可结合地方差异及其社会因素的课程资源，开展多样化的社会问题探究、社会考察、社会调查等活动。第三，社区民族文化传统，我国拥有漫长的历史和优良的文化传统，综合实践活动的设计与实施要充分利用这些资源，通过对文化传统的体验，使小学生获得文化传统的熏陶。第四，社区人力资源，包括学生家长、社区"公仆"、企业界人士、专家学者、离退休干部等。

2. 社区课程资源的开发与利用

社区课程资源的开发与利用包括两个方面：学校对社区教育资源的有效利用；社区为学校有效利用其课程资源创造条件。首先，学校、家庭、社区及整个社会必须树立大教育观，把学生的成长看作是包括所有公民在内的社会责任，教师、学生、家长和社会都应把社区乃至整个社会作为学生学习和成长环境中一个不可缺少的部分来看待。其次，学校应有效利用校外教育资源。社区是学生生活、成长的地方，学校应优先考虑社区教育资源的开发。应充分利用社区的各种有益场所、机构与环境，如科技馆、图书馆、少年宫、敬老院、孤儿院、车站、码头、公园、商店、工厂、农场及社区其他的自然与人文环境，应充分联系社区中的各界人士，如学生家长、各行各业的劳动者、知名人士等，学校还可与有关部门合作建立相对稳定的活动基地，并通过多种途径不断地开发出新的课程资源。最后，学校应做好课程资源的储备工作，加强课程资源库的建设，学校应与社区的各类组织加强联系，互通信息，相互支持，注重课程资源共享。

资料链接

　　我县峦山镇地处攸县东部，罗霄山脉中部，这里山川秀美，民风淳朴，物产丰富。闻名全省的酒埠江风景区就在其境内，自然景观有酒埠江水库、皮佳洞、禹王洞、仙人桥，有攸县第一峰——紫云峰。人文景观有井冈山革命根据地时期遗留下来的兵工厂、列宁小学。有1300多年历史的佛教圣地——宝宁寺。山上生产楠竹，地下蕴藏丰富的煤炭资源。煤炭业是该镇的支柱产业。镇中学根据可行性、经济性、教育性原则，确定了如下内容：

　　1. 课题研究　煤炭业在全镇经济、生活中的地位　煤矿安全　煤矸石的污染与治理　煤矿工人的工作环境与安全健康

　　2. 调查与考察　紫云峰动植物种类　认识楠竹产业（竹制品厂、胶合板厂）

　　3. 参观与考察　宝宁寺的佛教历史与建筑特点　列宁小学　村委会选举

　　4. 社会参与和服务　我做导游员　走进敬老院

　　［资料来源］钟启泉、崔允漷、张华：《基础教育课程改革纲要（试行）解读》，165页，上海，华东师范大学出版社，2001。

（四）体现特色

　　课程资源的开发，就是寻求一切有可能进入课程，能够与教育教学活动联系起来的资源。尽管课程资源多种多样，但是相对于不同的地区、学校、教师和学生，可开发和利用的课程资源具有极大的差异性。因此，课程资源的开发与利用不应强求一律，而应从实际出发，发挥地域优势，强化学校特色，展示教师风格，满足学生需要，扬长避短，突出特色。综合实践活动资源的开发与利用是一项极具创造性的实践活动，我国地域间各种资源在种类、多寡、存在状态和结构上差异很大，沿海和内地之间、北方和南方之间、东部和西部之间、城乡之间在自然资源、社会文化资源等方面存在显著差异。因此，课程资源的开发要因地制宜，要体现出地域特性、民族特性和文化特性。不盲目追求课程资源的统一性，应保持不同地域间这种资源的多样性，扬长避短，发挥优势，开发出特色鲜明的课程资源。

资料链接

　　大沙河是深圳市第二大河，有"南山母亲河"之称。大沙河是深圳市松坪中学周边环境和所在社区的一部分，以大沙河为综合实践活动的主题对于学校开展活动十分方便，学生也很有必要对它进行更为深入的了解和认识。结合校本课程开发，师生们共同商议选择了"孔雀鱼的养殖观察"作为活动主题，其原因是：第一，生活在大沙河的孔雀鱼是常见热带观赏鱼种，它食性广，适应性强，易养易繁殖，有"热带鱼爱好者启蒙老师"之称；第二，以养殖孔雀鱼为媒介开展综合实践活动，成本低，活动延续性强，有利于各年级学生共同参与，同时还可以通过探究孔雀鱼的养殖过程中自然生成的各种问题，培养学生的观察能力、实践能力和思维创新能力等科学品质。

　　长沙市清水塘小学位于开福区清水塘路，与长沙市博物馆毗邻，走到这里你会发现街道两旁的店铺都是古香古色，经营项目也都以古董、文化艺术品为主，因此清水塘路也称"文物一条街"，他们在开展"知我社区，爱我社区"这个主题活动中，曾组织学生参观了这条特色的街道，参观过程中学生对市场陈列的各种文物商品产生了浓厚的兴趣。之后，在讨论本期综合实践活动主题时，同学们又提到了访问文物街的话题：什么是文物？印章是什么时候出现的？怎么辨别玉器的真假？纸币最早出现在什么时候？古代画家的画为什么那么值钱？邮票发明于什么时候？同学们心中有无数个

疑团等待打开，好几个同学提议本期活动主题围绕文物艺术品这个内容展开，大家纷纷表示赞同，于是，"走进文物一条街"这个活动主题诞生了。

[资料来源]郭元祥：《综合实践活动课程设计与实施》，54页，北京，首都师范大学出版社，2001。

不同的学校具有不同的性质和任务，其所在位置、历史传统、培养目标、办学宗旨、师生结构、校风校纪、校容校貌等方面各不相同。重点学校和普通学校之间、新学校和老学校之间、地方学校和企业学校之间存在很大区别，在管理方式、教学方法、办学理念等方面也存在很大差异。具体来说，每所学校的教师、学生在知识结构、年龄结构、身心发展特点、个性发展特点上有巨大差异，每所学校的校园面积、建筑风格、社区环境等方面存在很大差异，可供开发利用的课程资源千差万别，各有优势，各有特色。城市学校可以更多地开发校外公共资源，如图书馆、博物馆、工厂、街道等资源，而农村学校则可以利用更现实的动植物、山川、江河等自然资源。因此，课程资源的开发要把学校课程资源的开发问题与特色学校的建设问题结合起来，在特色学校建设中注意培育并优化学校的课程资源。

资料链接

湖南攸县鸭塘埔中学是一所普普通通的农村初中，有18个初中班，学生1050人，有60名教职工，青年教师占80%，学校的教学设施、师资力量、办学水平在我县处于中等水平，前几年学校为了提高自己的知名度，把学生进入我县一中(省重点中学)的升学率作为自己的唯一目标，在初一就分重点班和普通班，但总不能如愿。在去年下学期开始的新课程改革中，学校想把综合实践活动作为突破口，力图通过综合实践活动的探索和实验，带动整个新课程计划的实施，促进教育教学理念的根本性改变。学校最初想从英语、计算机、美术、音乐等学科课程中引出综合实践活动主题，但由于缺乏必要的师资和设施等条件，综合实践活动几乎停滞不前。学校在分析本校和地方的课程资源后，认为农村学校综合实践活动主题和活动方式要从农村现有的物质资源、人力资源出发，从农村学校的知识实际出发，遵循科学性和可行性原则，既不迁就现实，也不好高骛远，不搞"一刀切"。他们以劳动技术课为着力点，以乡土资源为基础，采用研究性学习方式，把绿色证书和综合实践活动相结合，让学生接触社会，了解农村，掌握基本的谋生本领。他们整体购买了40多亩的乡茶园，作为学校永久性的综合实践活动基地，还将学校后面10多亩的荒山辟为果树园，综合实践活动以劳动技术课老师为主，还从县职校聘请了3名专业课兼职教师，又雇用了4名懂技术、会管理的农场职工作为综合实践活动的指导老师。主要活动内容是果树的栽培与管理。学校为了保证教学质量，组织编写了十几种乡土教材，采集、购置了近百种有关农、林病虫的标本。根据农时，学校采取分散和集中相结合的办法安排综合实践活动课时，平均每周2课时，学习3年，考核合格，发给"绿色证书"。

[资料来源]郭元祥：《综合实践活动课程设计与实施》，89页，北京，首都师范大学出版社，2001。

【本章小结】

　　小学综合实践活动资源即形成小学综合实践活动课程的因素来源于实施综合实践活动课程的必要而直接的条件。根据资源的性质，可分为自然课程资源和社会课程资源；根据空间分布，可分为校内课程资源和校外课程资源；根据存在形态，可分为物力资源和人力资源；根据功能，可分为素材性课程资源与条件性课程资源。课程资源分类的多样性，证实了课程资源存在不同的种类与存在方式，体现了课程资源的丰富性及开发、利用的灵活性和多元性。综合实践活动资源具有丰富性、多质性、动态性、具体性和潜在性等特点。

　　小学综合实践活动资源的开发意义体现在以下方面：有助于综合实践活动的实施，有助于转变学生的学习方式，有助于提升教师的专业素养。综合实践活动课程资源开发的主体是多元的，主要包括教师、学生、学校、家长、社会人士等。开发综合实践活动，应遵循因地制宜原则、经济适用原则、循序渐进原则等。在开发小学综合实践活动资源时，要求紧扣目标，讲求"适度"，因地制宜，注重整合。

　　在对小学综合实践活动资源进行开发时，可坚持的开发程序有：选择特色资源，生成多维资源，筛选课程内容，精心设计活动，设计活动手册。小学综合实践活动的开发策略有：立足学校，源于生活，面向社区，体现特色。

【章后练习】

　　1. 想一想：在你接触的小学综合实践活动中，学校是否对本校的综合实践活动资源进行了有效开发？如果是，学校是如何开发这些综合实践活动资源的？如果不是，请为该学校提出综合实践活动资源开发的建议。

　　2. 结合中秋节，设计一个以中秋节为主题的资源开发活动。可以对学校、社区、家庭等资源进行开发，要求资源开发能够促进综合实践活动的有效实施。

　　3. 根据你所在的地域性资源的特点，为社区周围的某所学校设计一个综合实践活动课程资源的开发方案。

【拓展阅读】

1. 黑岚. 小学综合实践活动课程的设计、实施与评价[M]. 北京：清华大学出版社，2020 年版。

2. 邓志伟. 多元文化·课程开发[M]. 合肥：安徽教育出版社，2008 年版。

3. 陈月茹、叶丽新. 课程开发与课程实施散点透视[M]. 济南：山东教育出版社，2008 年版。

4. 李臣之. 综合实践活动课程开发[M]. 北京：人民教育出版社，2003 年版。

5. 刘旭东、张宁娟、马丽. 校本课程与课程资源开发[M]. 北京：中国人事出版社，2003 年版。

6. 范兆雄. 课程资源概论[M]. 北京：中国社会科学出版社，2002 年版。

7. 管锡基. 中小学综合实践活动课程资源包[M]. 北京：教育科学出版社，2010 年版。

8. 杨静娟. 综合实践活动课程中的资源统整[M]. 北京：光明日报出版社，2016 年版。

章结构图

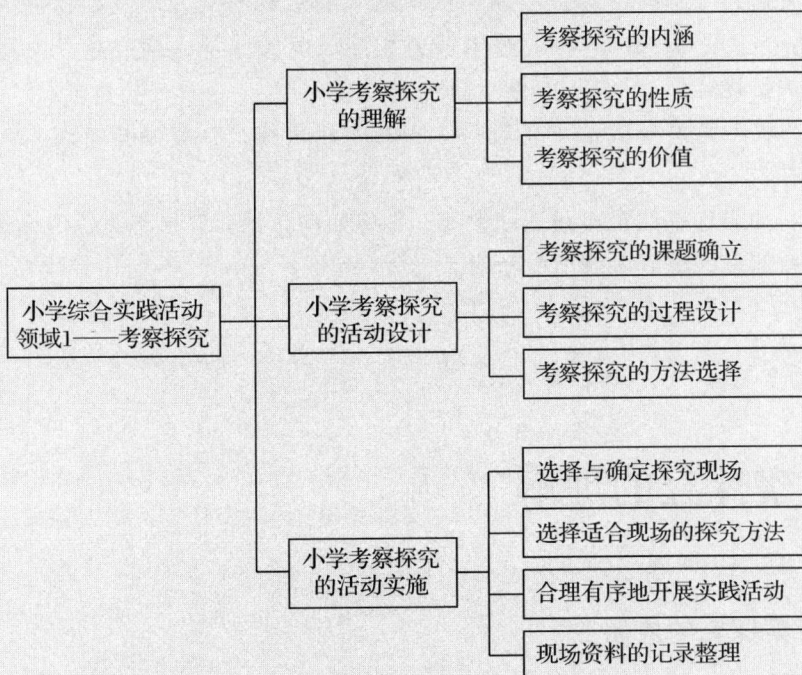

本章概述

　　本章以综合实践活动领域的考察探究为主题，主要涉及考察探究的基本理解、活动的设计与活动的实施三大模块内容。第一，在基本理解方面，从内涵、性质、价值三个方面诠释考察探究；第二，在活动的设计方面，阐述了考察探究活动的课题确立、过程设计和方法选择三个方面；第三，在活动的实施方面，阐述了四大步骤，即选择与确定探究现场、选择适合现场的探究方法、合理有序地开展实践活动、现场资料的记录整理。

学习目标

　　1. 理解考察探究的内涵、性质与价值。
　　2. 能对小学考察探究活动进行有条不紊的设计。
　　3. 能有步骤地对考察探究活动展开实施。

章前导语

　　考察探究作为小学综合实践活动课程最基本的活动方式，以其独特的内涵、价值与方法特点，成为落实"立德树人"根本任务和推进以发展学生核心素养为目标的基础教育改革的关键途径。
　　想一想：你对考察探究活动了解吗？它的内涵是什么？有哪些特点？考察探究活动的价值何在？
　　思一思：如果你是综合实践活动教师，你将如何设计和开展考察探究活动？
　　带着这些问题，进入本章节的学习。

第一节
小学考察探究的理解

一、考察探究的内涵

　　在《中小学综合实践活动课程指导纲要》中，考察探究是一个相对独立的新概念，是指学生在教师指导下选择和确定研究课题，以野外考察、社会调查、研学旅行等多种方式，综合运用各学科领域的知识进行问题解决和意义获得的学习活动。

从字面意义上来看，考察探究包含了考察和探究这两个相互联系的部分，相比传统的研究性学习，其内涵有了明显拓展。一方面，考察探究更加突出了学生到校园外的场馆、社区、地域乃至野外考察自然、经济、文化、社会状况的重要地位，如考察社区安全状况、调查当地名人、了解地方农业机械使用情况、参观文化娱乐设施等。同时也将小学已有的"研学旅行"项目纳入其中，鼓励学校开展有组织、有目的、有计划、学生亲身体验的校外集体活动。另一方面，考察探究也强调包括考察、旅行、调查、参观等在内的一切活动都与探究结合起来，也就是以研究性学习的方式加以实施。如在研学旅行方面，《中小学综合实践活动课程指导纲要》强调学生要收集目的地的资料，从中寻找自己感兴趣的问题作为研究课题，而后带着课题参加旅行，通过实地考察和调查，完成课题研究和旅行活动。

二、考察探究的性质

(一)跨学科性

考察探究活动的一个重要特点就是跨学科性，在主题式考察探究活动中，分割状态的学科式问题比较少见，学生只有整合两个或多个学科的知识和技能，才能促进对所探究问题的理解，也有助于解决那些在实践中单一学科或领域难以解决的问题。在考察探究活动中，学生围绕"问题"展开活动，并进行问题解决，在解决问题的过程中会用到多种知识，而所运用的这些知识，是以问题为中心进行选择和运用的，呈现横向的、相互交叉的状态。跨学科性的考察探究活动使学生的知识体系成为一个相互关联的整体，从而帮助学生用全面的观点看待世界、分析和解决问题。

(二)探究性

考察探究活动以学生主动探究为主，是学生发现日常生活、研学旅行、校外考察和社会调查中所存在的问题。在确定探究主题、明确探究问题之后，学生自主或以小组合作的形式展开主动探究，寻找问题的解决方法。基础教育阶段的学生对世界有强烈的好奇心和求知欲，考察探究活动正好适应了学生个体发展的需要和认识规律。所要探究主题的结论是未知、非确定的，结论的获得也不是教师直接告诉答案或书本上的现成知识，而需要学生通过查资料、做假设、进行求证，最终解决问题，得出结论。虽然探究活动并不具有严格意义上的科学探究的规范性，但它确实可以发展学生勇于探究的精神。可以说，考察探究活动的整个过程都需要学生多元智力的投入与整个身心的参与，也唯有如此，学生的理智才能获得真正的成长与发展。

（三）体验性

考察探究表现出鲜明的"体验"本质，它更加强调自然、社会与他人对儿童个体存在的意义，更加关注儿童的精神世界、价值世界和体验世界；它超越学科逻辑知识体系的传递，注重儿童已有的直接经验，在帮助儿童"如何知道"的同时更注意引导他们了解自己"想知道什么""为什么要知道"，它所关心的并不是结论性知识、解决方案或作品，而是学生在参与整个探究过程中所获得的生存体验及所发展的观念。考察探究深深植根于儿童内在的精神世界，通过师生对话、生生对话与合作及共同参与课题探究过程，使儿童获得关于他人、社会、自然与自我统一的认识与情感体验，最终实现对以往知识和经验的"超越"。考察探究所希望的就是带给儿童一种具体化的、直接的"生活体验"。

（四）自主性

考察探究活动以学生的自主性、探究性活动为主。探究活动的内容是学生根据自己的兴趣从生活中选择真实的问题并自主确定研究方向，以个人或小组合作的方式展开活动，其活动的内容、形式、进程、结果等主要取决于学生的努力。学生在教师的指导下，在规定的时间内成为某个研究课题的提出者、设计者、实施者，他对课程目标的实现负有主要的责任。学生真正被置于学习的主体地位。而教师在此过程中只是一个参与者、指导者。考察探究活动以学生主动学习、探究为主，通过创造条件，学生能积极主动地去探索、尝试，更好地发挥个体创造潜能，学生在活动中所要承担的任务和所需肩负的责任可以在很大程度上调动他的主观能动性，而这些责任和任务也可以成为学生自主学习、积极探究的内在驱动力。

三、考察探究的价值

考察探究作为综合实践活动课程中最传统、最基本的活动方式，对学生综合素质的发展具有重要价值。集中体现在以下三个方面。

（一）培养学生的探究精神

《中国学生发展核心素养》框架中的"人文底蕴"和"科学精神"皆要求学生具有从事人文和科学探究的基本精神与态度。而考察探究活动则鼓励学生遵循并发展自己的好奇心，根据自己对生活世界所存在的疑问构建研究主题；同时指导学生运用所学知识及观察、访谈、实验、文献查阅等方法进行深入研究，并开展一系列探究活动，如野外考察、公共设施参观、社会调查、研学旅行等，从而促进学生探究意识和探究能力的维持与发展。培养学生的探究精神，关键在于激发学生的好奇心，而好奇心也是学习兴趣的原动力。学生对所探究的问题有好奇心，才能激发他们的求知与探究欲望，从而在活动中为满足自己的好奇心而进行积极的探究。

(二)锻炼学生的创新实践能力

考察探究活动通常是围绕一个需要解决的实际问题展开的。其活动的内容和结果都是开放的，它为学生提供了一个大胆创新、亲历实践的环境。在整个探究活动中，学生大胆质疑，提出问题，探讨解决问题的方案，分析问题产生的不同结果，从而培养创新意识和创造能力。在考察探究活动的过程中，学生只有在综合各方面的因素并进行深入思考以后，才能提出有意义且具有可操作性的问题；在解决问题的过程中，学生也需要对所搜集的资料进行批判性分析，才能不断改进自己的研究方案，从而提出有创造性的想法和解决方案；在考察探究的最后环节，学生则会以创造性方式展示自己的研究成果，这些具体的活动内容均使学生的创新精神和实践能力得到实际锻炼与发展。

(三)促进学生合作交流能力的发展

考察探究活动通常是以小组的形式开展的，因此小组成员之间的分工、合作与交流是保障探究活动顺利开展的重要因素之一。小组成员之间的合作、交流、争议有助于激发学生的灵感，促进小组成员间的深层次理解，学生通过交流和分析经验并发挥各自优势，完成个人无法完成的探究任务。在整个探究活动开展过程中，学生既要明确分工，认真完成好自己所要承担的任务，也需要相互配合，共同完成考察活动。同时，活动任务通常具有一定复杂性，学生需要进行小组合作，彼此支持与配合，共同努力才能最终完成任务。即使低年级的活动相对简单，也需要学生经过沟通与合作才能完成。通过合作，学生知道完成考察探究任务需要共同协作，有利于培养他们的合作意识、团队意识，即在考察探究活动中培养共处能力。

(四)培育学生的社会责任与担当

考察探究学习活动主要联系社会生活实际展开，这为学生的社会责任感和使命感的发展创造了有利条件。在考察探究活动中，通过自然考察、社会调查、研学旅行等活动，学生能够深入了解自然环境、社会生活中存在的现实问题，逐步理解科学、技术、社会与自然之间的相互关系，学会关心国家和社会的进步，学会关注人类与生态环境和谐发展，培养和提高对社会、自然的责任心和使命感，采取行动，主动承担维护社会公平正义，保护生态环境的责任和义务。在考察探究的过程中，学生不但要努力提高自己的创造性和认知能力，而且初步形成关注社会进步的意识，懂得社会发展人人有责的基本道理。

第二节
小学考察探究的活动设计

考察探究是一门相对独立的活动领域，在性质上与传统的接受学习与根本的区别。学校要开展好考察探究活动，首先要做好设计工作，把握其活动的内容，明确其活动程序。

一、考察探究的课题确立

(一)问题的提出

考察探究是以问题为开端的，是学生在教师的引导和启发下，从自己的学习经验或生活世界中发现感兴趣的话题，经过个人思考和集体讨论，发现并提出问题的过程。

1. 问题的特点

考察探究所提出的问题，一般具有以下特点：第一，真实性。考察探究所指向的问题源于学生完整的生活世界，以学生的经验为基础，反映了综合实践活动课程最本质的特征，即生活探究。因此，学生所提出的问题应具有儿童般的纯朴、真实的品格，带着儿童浓郁的生活气息。第二，趣味性。考察探究只有建立在充分调动和激发学生兴趣的基础上，才能真正实现学生在理智和情感上的高度参与。由于学生的生活背景、经验和认知水平、思维方式的个体差异，触发学生兴趣的焦点必然会有所不同。教师应充分了解学生的经验，创造机会让他们自己去发现生活中可探索的议题，鼓励学生提出并构想自己感兴趣的问题，才能为后续研究的展开奠定坚实的基础。第三，自主性。自主性指主导考察探究的问题必须是由学生自己提出，而且问题的修改和最终确定也应是借助学生自身的力量来实现。自主性赋予学生决定考察探究内容和方向的权力，教师要随时注意学生使用此项权力的实际情况，确保学生能提出高质量的探究问题。第四，综合性。考察探究的问题来源于学生的生活，基于生活的问题具有综合性。让学生以整体的、综合式思维方式开展跨学科乃至超学科的探究，更有助于他们有效解决生活中的实际问题。

2. 问题提出的策略

(1)多路径关注问题的来源

《中小学综合实践活动课程指导纲要》指出，学生从个体生活、社会生活及大自然的接触中获得丰富的实践经验，形成并逐步提升对自然、社会和自我之内在联系的整体认识，发展价值体认、责任担当、问题解决、创意物化等方面的意识和能力。生活世界是个人、自然与社会彼此交融的有机整体，教师可以鼓励学生从日常生活、自然现象、社会现象与事件、自我意识等方面主动选择探究的内容和主题，教师本人也可以通过创设问题情境来引导学生从情境中挖掘出可探究的问题，但无论是哪种方式，教师都应激发学生进行申辩和创造性思考，启发他们在自己熟悉的情境中多角度、多层次地发现感兴趣的现象，将之转化为不同深度探究的课题(见表 4-1)。

表 4-1　问题来源与问题范例

问题来源	细分项目	问题范例
日常生活	校园活动 家庭生活 社区生活	1. "校园足球，快乐出发"的问题：我校足球史；各个年级有哪些足球明星；足球摄影大赛；画足球；话足球；等等 2. 怎样能让家里的下水管道不堵塞？我们可以做什么 3. 父母在心理上离我们有多远？为什么父母不能理解我们 4. 怎样有效处理小区内宠物的粪便问题 5. 怎样鼓励小区居民进行合理的垃圾分类
自然现象	动物 植物 天气 非生命现象	1. 蚕一定要吃桑叶吗？为什么能结出五颜六色的茧？蚕宝宝的一生是怎样的 2. 含羞草为什么会"含羞"？有哪些类型？生长在什么地方 3. 霾产生的原因是什么？改善天气，我们能做什么 4. 为什么学校旁边的小河这么不干净？怎样才能有效治理
社会现象与事件	社会事件 时事热点 地方资源	1. 共享单车的利与弊是什么？共享单车与公共自行车的异同是什么 2. 西溪花朝节是怎样发展起来的？一般有哪些活动？游人们的收获是什么
自我意识	自我认识 自我体验 自我控制	1. 同学们对自己的印象是什么呢 2. 怎样克服自卑情绪 3. 怎样做情绪的小主人

(2)多路径引导提出问题

考察探究鼓励学生从自身成长的需要出发，选择适宜的探究主题，主动参与并亲身经历实践过程，体验并践行价值信念。问题的提出贯穿于整个考察探究指导活动的全过程。在引导学生提问时，教师可以采取情境创设法、生活观察法、学科融合法等方法。第一，创设情境，因势利导。教师可以用图片、视频、对话等多种材料与方法，创设真实、复杂的问题情境，激活学生的思维，促使他们提出值得且可以探究的问题。教师所设计的情境必须有利于学生提出有意义的问题，从而实现其对已学知识及生活的建构或重构。第二，生活观察，启发于心。生活观察是指学习者根据一定的研究目的和计划，用自己的感官和辅助工具去观察被研究对象或现象，根据观察所得发现并提出问题的一种方法。观察的方法有时间观察法、事物结构法等。

案例呈现

一堂"走进饮料王国"的考察探究活动选题指导课，教师以三个小实验导入。

实验1：出示三个相同的玻璃杯，分别盛白开水、雪碧、雪梨汁。教师提问：看似完全相同的三杯饮料，不品尝，如何区分？学生用闻的方法，确定有淡淡的雪梨清香的是雪梨汁；通过观察，发现有气泡的是碳酸饮料。学生用多种方法发现不同的饮料有着不同的特性。

实验2：展示两瓶相同的牛奶，一瓶放在太阳底下，一瓶放在冰箱内。了解环境不同，牛奶变质的速度是不同的。

实验3：出示两瓶牛奶，一瓶变质，一瓶没有变质。提问：不品尝，如何分辨？学生通过闻一闻，发现有刺鼻味道的那瓶是变质的。

在观察完三个实验之后，引导学生提出与饮料相关的问题：为什么雪梨汁会有果香味？为什么碳酸饮料会有气泡？牛奶为何变质？等等。

通过上述三个实验，教师创设了关于饮料的诸多悬念，成功激发了学生提出不同的可探究的问题。

［资料来源］仇忠海：《研究性学习模式探索——开放性主题活动课程的理论与实践》，78页，北京，人民教育出版社，2004。

（3）巧用多学科课程资源

《中小学综合实践活动课程指导纲要》规定，教师要基于学生已有经验和兴趣专长，打破学科界限，选择综合性活动内容，鼓励学生跨领域、跨学科学习，为学生自主活动留出余地。但打破学科界限，并不意味着学生不能从学科课程的学习中汲取探究的资源，不意味着不要学科知识的应用和发展。各个学科课程的教材，都能在一定程度上为学生的考察探究提供重要的问题情境或数据库，只要教师开发妥当，都能使教材发挥综合实践的作用。因此，在开展考察探究活动时，指导教师应重新研读和开发学科课程的教材及其他资源，截取其中与学生生活密切相关的部分进行补充和调整，来为学生发现和提出问题创造更优质的条件。例如：语文学科中有"综合性学习"的专项内容，数学学科中也有相应的"综合与实践"。这些版块的教材内容为不同学科与考察探究的整合创造了条件。其他学科也可以在教材二次开发和调整的情况下，作为刺激学生提出考察探究类问题的重要材料。如一年级音乐教材中围绕"春天"这个主题探讨了杜鹃、《春晓》、布谷鸟、小雨沙沙、三角铁等内容，可以引导学生探索"春天里的声音"，提出春天里有什么声音、为什么不同动物有不同声音、如何用三角铁等乐器进行发声、关于春天的诗歌有哪些、杜鹃等鸟类的生活习性等有趣的问题，从而可以引发艺术探究、科学探究和人文探究。

(二)由问题转化为主题

学生在经历提出问题之后，为了更好地将问题转化为主题，还需要依据适当的标准，对遴选出来的问题做进一步甄别和考察，然后才能比较初步地确立为主题。主题的选择有以下标准。

1. 选题有价值

在主题选择时，要重视学生根据自身发展需求经过集体讨论而提出的问题，但同时也是要对学生生活世界产生实际意义的问题。对学生有意义，也就是对发展学生的综合素质或核心素养有积极帮助。学生所选择的课题，必须使学生获得关于自我、社会、自然的真实体验，建立学习与生活的有机联系，在具体目标上更是提出了价值体认、责任担当、问题解决、创意物化四个维度的要求。

如五年级学生探究"走进足球世界"时，提出了很多关于足球的问题：足球是由什么做成的？足球是怎么来的？为什么会有足球？足球是怎么踢的？有哪些规则？足球队伍一般有哪些人？他们的角色分别是什么？有哪些足球明星？……这些关于足球的问题都具有一定的意义，能够增进学生在不同层面(材料、历史、社会价值、规则、人员等)对足球的认知，开展跨领域的探究，提升问题解决、创意物化等能力。因此，教师需要帮助学生从这样的基本要求出发，判断哪些问题最能带给学生全面发展的意义。

2. 选题可操作

在所筛选出来的问题中，虽然有的问题表述明确且有价值，但并不适合学生来研究。"可操作性"具有如下含义：第一，贴合不同年龄阶段学生的认知水平、能力、经验和知识储备，教师需要基于对学生的经验与学情的了解来做出机智的判断；第二，要考虑考察探究在现有条件下实施的可能性，特别是资源条件，此外还包括设备、距离、经费等。例如：如果一组学生提出想要了解"听障儿童的生活到底是怎么过的"这个问题，但是学校周边若没有特殊学校可以参观，那么这样的问题可能就无法成为学生探究的课题。再如：有学生想了解眼睛的构造，但除了查阅网上资料之外，学生可能无法通过任何其他精密的科学仪器来了解眼睛，所以这样的问题也需要转化，否则就不能成为合适的课题。

3. 选题切口小

学生提出的问题，还会存在切口太大的难题。切口大是指学生虽然能对该问题进行探索并收集相关资料，但是其内在的复杂性和难度可能会让学生望而却步。即使有成人的引导，学生能够逐步克服困难，但在过程中却很容易让学生选择放弃，或者容易得出一些过度简化甚至错误的答案。中小学生限于认知与经验的局限，对于问题的思考可能也不会考虑这么周全。如有一组小学生对中国古代的四大发明感兴趣，他们非常希望探究这四大发明为什么出现在中国、它们到底是怎样操作的及对世界产生了什么影响等，这样的问题虽然有价值，也可以通过网络来获得解决，但是切口太大，其中牵扯的历史细节太多，考证难度太大，甚至需要专业人员的协助，而且四大发明在某些人眼中还存在争议，所以像这样的问题，并不适合于小学生来探究。对于切口大的问题，教师需要联合其他学生小组，一起协助将问题的切口缩小，回归到学生能够探究的问题上来。

4. 选题有创新

创新是指选定的问题是其他学生未曾关注、未曾解决或未完全解决的问题，通过自己的研究可以提出新的见解或想法，得出有创造性的结论。对小学生来说，严格意义上的创新要求是不适宜的，教师不能强硬要求学生满足这一点，而且由于考察探究更加强调学生的自我发展，因此创新主要是对作为探究者的学生而言的，只要对学生来说是他们从来没有关注过、探究过的，或者从来没有从某个角度来思考过的，就都具有一定的创新性。

(三)课题的表达与规范

考察探究的课题一旦初步确立之后，就需要按照一定的要求和规范对课题进行准确表述，才能使小组内其他组员都能一目了然且精准地判断，到底要探究什么、怎么探究等。

1. 课题的表述

课题的表述是指课题名称中一般包括的要素，通常包括探究所指向的对象、探究所关注的内容，有的时候也会在标题中直接指明空间范围、人员性质或探究方法。具体包含哪些要素可能需要依据探究的类别而定。常见的有现状探究、原因探究、关系探究、影响探究等。

无论何种探究，都包括探究对象、探究内容和探究方法三大要素。第一，探究对象。即活动中的人及其关系，也可以是某种动植物、环境、自然现象、社会现象等。如"身边的好人好事"的探究对象就是"好人好事"。探究对象是整个考察探究活动的中心指向。第二，探究内容。即指明究竟要探究关于对象的什么方面，才能使人对课题本身有清楚的认知。探究内容直接决定了探究的类别或性质。如"我们为什么要节约用水"这个课题的对象就是保护水资源，而探究的内容则指向原因，因此属于原因类探究。第三，探究方法。多数课题可以运用不同的方法来搜集资料，并最终解决问题。但也有的课题需要在标题中指明主要的探究方法，才能使课题有切口比较小的聚焦。如"关于网络游戏流行年龄的调查研究"和"关于某某小区垃圾分类情况的调查研究"，在标题中都明确提到了"调查"法。也有一些课题会明确指出参观、体验、访谈、实验等方法。

2. 课题的规范

　　课题的表达要做到明确、简洁和醒目。第一，明确。即指考察探究的课题要清晰表达研究的对象及其内容等要素，所用的词语、句型要规范、科学，似是而非、模糊不清的词尽量不用。第二，简洁。指简明扼要，清晰明了，能用比较精炼的文字去描述自己想要探究的内容，用比较适宜、凝练的字去精确地表达意思。第三，醒目。即课题让人一看就知道想研究什么并留下深刻印象，它带有某种直觉判断的性质。如"校园里的蒲公英"，初次接触者一看便知道学生想要研究什么内容或在什么空间开放探究活动。

二、考察探究的过程设计

(一)考察探究的活动程序

　　《中小学综合实践活动课程指导纲要》规定，考察探究是学生基于自身兴趣，在教师的指导下，从自然、社会和学生自身生活中选择和确定研究主题，开展研究性学习，强调学生自己在观察、记录和思考中主动获取知识，分析并解决问题。不同学科的教师在实施考察探究类综合实践活动时，要有明确的单元设计。它以一个活动主题为单位，教师设计单元主题，确定学习目标，然后分解主题，设计学习活动，规划课时、确定教学内容和评价措施。通过明确的教学规划与实施，让学生活动有目标可依、有过程可行、有时间可控、有评价可参，培养学生的信息处理、观察记录、方案设计、时间规划、小组合作、评价表达能力，促进其核心素养的提升。

　　探究过程的设计是一项相对复杂的工作，一般而言，探究过程整体设计的内部包括以下七个方面：①从生活中发现并提出问题，转化为考察探究的课题；②建立探究小组，明确目的与假设及小组成员的职责分工；③确定考察探究的基本内容；④根据探究内容、探究假设的需要，确定探究的主要方法，开发和准备探究的工具；⑤整体规划不同阶段的具体步骤，设计、安排探究的时间、场所；⑥制订探究活动的预案，包括安全预案、临时问题的解决预案；⑦预期探究的成果、展示交流的形式等(见表4-2)。

表 4-2 　　　　(主题)考察探究活动方案

探究主题	
探究目的与假设	
主要内容	内容1：_____ 内容2：_____ ……

续表

主要方法	方法1：＿＿＿＿＿＿＿＿ 方法2：＿＿＿＿＿＿＿＿ ……	
团队成员与分工	组长：	
	成员姓名	任务分工
	成员1：	
	成员2：	
	……	
探究步骤与时间安排	第一阶段（启动）：＿＿＿＿＿＿ 第二阶段（实施）：＿＿＿＿＿＿ 第三阶段（总结）：＿＿＿＿＿＿	
指导教师	拟聘请的校内指导教师：＿＿＿＿＿ 需聘请的技术指导教师：＿＿＿＿＿	
探究前期准备	工具、器材：＿＿＿＿＿＿＿ 其他：＿＿＿＿＿＿＿＿	
困难预设与预案 （工具器材、经费、时间、安全等）	可能的困难	问题解决预案
成果表达形式		

（二）考察探究过程设计的指导要点

学生的考察探究学习侧重观察和研究，需要经历一个完整的学习过程，需要教师在过程中和方法上给予指导。

1. 前期的观察记录与文献调研方法指导

学生在确定主题之后，先要到实践场所进行观察，记录所看、所听、所思，获得第一手资料，这些资料是后续考察探究学习的起点和基础。教师要帮助学生学习文献检索，借助已有的研究成果丰富自己的认识，打开研究思路。文献调研包括阅读大学教材、网上查阅资料，这个过程是学生主动学习、获取新知、学会学习的过程。在这个过程中，学生的求知欲望被调动起来，知识面得以扩充，信息提炼的能力也得以提高。

2. 中期的小组合作和实践总结

有了前期的充分准备，学生进入中期的实践阶段，实践的方式是小组合作探究主题，完成实践总结。合作实践过程强调学生亲历学习过程，主动参与学习、研究和发现，自主探究、解决问题，自主总结并获得最终答案，从而自主将知识内化；强调学生可以采用自己喜欢的、适合自己的学习形式开展学习，养成乐于思考、勤于实践的好习惯。

3. 后期的拓展延伸和深化提升

"知之而不行，虽敦必困。"扩展延伸和深化提升主要有两条途径：一是根据研究专题的某个点拓展延伸新的专题，形成相关性的专题研究；二是论证已有专题研究的合理性，让单元专题的学习不只是描述性的，呈现做了什么、取得了什么样的研究成果，而是进入解释性层面，进一步研究为什么会出现这样的研究结果，从而使得单元主题的学习更加深化。通过这样的活动，学生既能扩展知识面，又能全面训练思维，大大提升解决问题的能力。

三、考察探究的方法选择

(一)观察法

观察法是探究者根据一定的探究目的、探究计划，利用自己的感官和辅助工具(如观察表、摄像机、录音笔、照相机等)来搜集资料的一种常见方法。观察法在学生的探究活动中用得最为普遍，基本上绝大多数的考察探究项目都会用到这种方法。

1. 观察法的特点

观察法具有如下基本特点：第一，观察是在自然状态下感知对象。观察是在不对研究对象进行干扰和控制，也即是在观察对象与生存、活动环境不相分离的条件下感知事物，以便反映事物的真实面貌。观察不仅要用眼睛看，用耳朵听，而且要充分调动身体的官能和大脑，对所要观察的事物进行充分感知，以便全面地把握它们的各种属性。第二，观察是有目的、有计划、有系统的科学活动。科学的观察是带着问题进行的；观察对象和内容都有明确具体的要求；事先已做了充分的准备，并按既定的方法和程序实施；收集研究对象尽可能全面而系统的材料。第三，观察需要借助一定的手段和方法。科学的观察都是有目的、有选择地收集信息，把握观察对象的各种属性，通常需要一定的方法和技巧，并按一定的程序按部就班地实施，以便获得研究对象的现状或变化过程的第一手资料。为了更清晰和准确地把握事物的属性，必要时还应借助一定的工具，完成既定的观察任务。

2. 观察法的类型

观察法有不同的分类，如直接观察和间接观察、参与观察和非参与观察等。用于小学生的考察探究活动的观察，主要是不使用仪器的直接观察。在对自然现象的研究中智能使用非参与观察的方法，只有在对社会现象的研究时，有时需要参加到观察对象的活动中达到观察目的时，才有可能涉及参与观察的范畴。

根据考察探究活动的需要，重点介绍四种常用的科学观察方法。

(1)整体观察法

要想从整体上认识事物，就应该抓住事物的特点，有条理地进行观察。多数情况下可以循着先宏观后微观、先大后小、先远后近、先外后内的顺序观察和认识事物。当然如果需要，也可以考虑使用先局部、后整体地安排观察过程，这里的关键是要达到对事物整体的认识。

(2)重点观察法

重点观察通常是在对事物有了基本了解之后，再对事物的关键之处进行更加深入、细致的观察。重点观察法通常是为了把握事物的核心和本质的东西，除常会使用反复观察的办法外，一般还会用到许多专业知识和专业的方法。如利用植物的花的特点确定植物的种属，就要了解花的构造及花冠、花瓣、花萼、雄蕊、雌蕊等植物学知识和植物观察的方法和技能。重点观察常常需要处理许多细节的问题，是丝毫马虎不得的。

(3)比较观察法

比较观察是对两种或两种以上的事物就其外部特征用对比的方法予以研究，探索其相同或相似之处的一种研究方法。相似之处找不同，是在共性中寻找个性，重点用分析法；相异之处找相同，则是在个性中寻找共性，重点使用归纳法。比较观察法也可以看作是重点观察法的实际应用，因为多数的比较都是需要在事物进行重点观察的基础上进行的，因此在实践过程中需要对专业知识灵活应用。

(4)顺序观察法

顺序观察法即指按时间进程或空间排列的顺序进行的观察活动。由于地点的转移或变动，实地的场景、景物均会随之改变，观察的内容和相应的要求自然也须跟着加以变化。

3.观察法的基本步骤

(1)确定观察对象

观察对象的选择源自所要探究的问题，一定的问题直接决定到底要观察哪个事或物，以及具体要观察哪些维度、哪些方面。因为观察法总是服务于一定的探究目的，所观察的对象往往有较多的方面可供观察，如果没有方向地观察，就会获得大量无用的资料，无助于问题的解决。如学生要探究"校园里的桂花"，需要考察桂花的哪些方面，是观察它的生长过程，还是观察桂花的形状、颜色等，这就取决于学生们到底想要探究什么。当然，在这个课题里学生们可以分步骤观察，首先进行静态观察，然后再考察其动态的生长过程。

(2)制订观察计划

为了确保观察活动能有条不紊地进行，在观察之前应该要制订相对明确的观察计划。在观察计划中要明确指出观察目的、观察范围、观察的次数、每次观察的时间及地点、制订哪些观察记录表格及填写的要求等。观察计划制订得越详细，则越有助于观察法的实施。当然，最好是探究小组的所有成员都参与观察，每个人既可以有不同的观察角度，也可以就同一个角度进行多人观察和记录。

（3）做好观察准备

观察准备是否充分，往往会影响观察的效果。只有做了周密的观察准备，才有可能获得尽可能准确多元的资料，以解决所探究的问题。一般常见的观察准备工作包括以下方面。

第一，确定观察的具体内容。根据课题和探究计划的要求，将要观察的内容具体化，也就是将要观察的内容分成几个可以观察的项目。在做准备时，如果要使观察的内容非常具体且具有可操作性，则学生们需要将所观察的对象有比较充分的前期接触和了解，否则只能暂时提出几条观察项目，待进入现场之后调整和补充。

第二，恰当选择观察方法。观察的方法因人而异，因课题而定。前面所讲的整体观察法、重点观察法、比较观察法、顺序观察法是一般学生小组中用得比较多的类型，是最主要的方法，但我们也主张让学生尽量把多种观察法运用在同一课题中，以便获得尽可能多的资料或数据。

第三，设计观察表格及记录方法。一般而言，多数的综合实践活动指导用书都会给教师们提供类似的观察记录表格，当然指导教师也可以根据学生们的需要帮助他们设计一些模板，然后让他们根据课题探究的需要来调整修改。观察表格的设计至关重要，即便是针对动植物的自然观察，也需要制订一些可记录资料或数据的表格，才能使探究过程中的重要信息能够被合理地保存下来。否则观察过后信息很快就会被遗忘，再回忆可能就会出现各种问题。记录的方法则一般由评等法、频数记录法、持续时间记录法、描述记录法等。

第四，按计划实施观察并做好记录。观察时要特别注意两点：一是要选择尽可能好的观察位置，选择适宜的角度和光线以保证观察有效进行；二是在观察过程中，要注意看、听、问、想、记等多种行为互相配合，以达到最佳的观察效果，还要灵活运用摸、尝、闻等方式。另外，观察时要及时做好记录，以免遗忘观察结果。

第五，整理与分析观察资料。观察结束后，要对观察记录的各类资料进行整理和分析，为下一步得出探究结论做好准备。首先，要把所有记录的材料详细地加以检查，看分类是否恰当；其次，所有材料整理好后要进行通盘考虑，如果需要的材料还没有搜集到，那就要延长观察时间，直到所需材料基本齐全为止；最后，记录材料整理后，要对所有材料加以分析和说明，看从哪个方面对问题的解决做出了贡献，并以多种方式呈现观察的结果，以便为最后得出结论做好铺垫。

(二)调查研究法

调查研究法是通过一定途径,采用一定办法,有计划、有目的、有系统地收集资料,认识和了解自然、社会和生活中的各种问题的科学研究方法。使用调查研究法可以有针对性地在较短时间内取得第一手资料,为解决问题提供事实依据,同时又能较好地培养小学生收集信息、分析问题和解决问题的能力,因而在小学生的考察探究活动中得到了广泛应用。

1. 调查研究法的特点

调查研究法具有如下特点:第一,突破了时空的局限。它以收集难以直接观察的材料为重点,突破了观察的时空局限。从时间上看,调查者可以于事后从当事人那里了解已经过去的事实和材料,也可以通过访谈和资料查询,了解事发当时及事后社会大众的反映;从空间上看,只要研究需要,研究者可以摆脱地域的局限,极大地扩展研究的空间。第二,具有广泛的适用性。调查研究作为一种科学研究方法,具有广泛的适用性。凡是地理、生物、农业、环境等与自然有关的项目,抑或是政治、经济、文化、教育等社会领域的问题,都可以采用调查研究的办法加以解决,只是对待不同的研究对象和研究内容,应分别选择实用的调查研究的方法。第三,便捷和高效。调查研究法操作便捷,并且效率较高、成本较低。即使使用工具和材料,较之观察和实验也相对成本较低,操作也比较容易。

2. 调查研究法的基本步骤

无论哪一种类型的调查研究,一般程序多经由确定调查任务、选择调查对象、划定调查范围、制订调查内容、组织实施过程、分析调查资料、撰写调查报告等环节。为了比较深入地了解研究对象的特征,对于较小的选题自然可以进行全面调查,对于涉及面较大的选题,则可以从总体中抽取部分作为"样本"做详细调查,并用统计学的方法对调查结果加以分析,用样本所具有属性反映事物总体的属性。

(1)样本的选择

对自然现象的研究,样本一般需要选择典型。对于社会问题的研究,样本需保持其与总体属性上的一致性。选择样本的方法有概率抽样和非概率抽样两种形式。概率抽样需保证被研究对象中的每一个个体,都有可能作为样本成为直接的研究对象,样本要在总体范围内用随机方法取得。非概率抽样不要求样本必须代表总体,也不企图将研究答案推广到总体中去,这种方法更适用于小学生的探究考察活动。如小学生在街上向大众随机发放的环境意识调查问卷、在商店对顾客进行的商品需求调查及在阅览室对读者的抽样调查等,都属于这一类抽样。无论是概率抽样还是非概率抽样,对于涉及较多个体单位的研究,抽样均需达到一定的数量要求。

（2）编制问卷

问卷是由一系列经过设计的问题组合的书面形式，它反映了研究者希望获得的信息。一份完整的问卷由导语、问题和结束语三部分组成。答卷设计整体上应力争做到醒目引人、通顺流畅，吸引答卷者乐于做出真实回答。问卷制成后，根据需要可在小范围试用，再依使用情况做出修订，定稿后才能在研究中正式试用。

（3）访谈和文献调查

访谈即访问和交谈，既可以用开调查会的办法，请当事人或与研究内容相关的人开会调查，当面收集情况，征询意见，集思广益，也可以请个别人做深入交流，两种情况事先都要做认真准备，制订适用的调查提纲，邀请适当的访谈对象，访谈过程还须认真记录（见表 4-3）。作为直接调查的补充、对某些难于直接调查的内容或为收集相关问题的背景材料还可以采用文献调查法。通过简约报刊、文献资料、记录档案等，收集与问题相关的资料。

表 4-3　采访记录表

主题名称					
访问者		班级		指导教师	
访问方式（电话、书信、面谈、网络、其他）					
访问对象	姓名		工作单位	联系电话	
	职务		专长		
对象选择的理由					
访问日期		地点		访问时长	
访谈主题					
采访目的					
活动准备					
拟采访的问题					
访问记录（整理要点）					
结果（是否达到目的、解决什么问题、有什么收获和体会）					
被访问者的意见或建议（包括对学生和活动的评价）					

签名：　　　　　年　月　日

（4）资料的整理

对调查获得的资料的整理，通常包括对材料的及时整理和综合整理两项内容。调查过程中随时获得的各种文字、数据和实物材料等，如实地调查收集到的样本、观察和测量的记录等，以及社会调查回收的问卷、访谈记录及调查过程收集的照片和录像等统称为即时资料。对这些即时资料的整理关键在于及时。如有必要，还可以分阶段地对已经收集的材料进行综合整理，既可以对现有材料去粗取精，也有利于发现问题，确定今后工作的重点和努力方向。

（5）调查报告的撰写

调查工作结束后就可以在综合分析各项材料的基础上，完成从感性到理性的飞跃，撰写调查报告。至于调查报告的规格，不同内容的调查研究项目会有不同的要求。一般而言，对于较正规的调研报告，可以考虑如下因素：问题的提出与内容界定、调查过程和使用方法、研究结论及其主要观点、课题研究的价值及自我评价、研究中存在的问题及今后的设想与建议等。当然，对于小学生的调查研究活动的总结，还要根据实际情况区别对待，对不同学段的学生分别提出不同的要求，逐步提高他们撰写报告的能力水平。

（三）实验研究法

实验研究法是人们根据研究的目的，运用一定的手段，主动控制、干预或模拟事物发生发展的过程，获取科学知识，揭示因果关系，探索事物规律的一种研究方法。其相关理念如下。

1. 实验法的特征

（1）在对事物进行控制下进行研究

与观察法和调查法不同，实验研究不是被动地收集事物在自然状态下可能提供的东西，而是研究者在对事物有选择地进行控制的条件下提取"所愿望的东西"。实验过程使用人为控制的办法，排除自然状态下各种偶然因素和次要因素的干扰，去掉了各种假象的隐蔽作用，把现象的本质从非本质的背景凸显出来；或者使在自然状态中难以出现或不易出现的现象人为地引发出来，使之反复出现，处于容易观察的条件之下，从而强化研究对象的特点。

（2）有效揭示事物的因果关系

调查和观察，虽然也可以发现被研究的事物中存在的诸多联系，但对其中什么是因、什么是果却常常难以确切判定，研究得出的结论也多是以纯粹思辨的办法获得。实验研究法通过人为控制作用，简化和纯化了自然事物发生、发展的过程，把人们抽象地分析、综合等理性思维活动，通过有目的的实验设计和有效的操作过程，以及实验呈现的必然的结果，变成了人们可以看得见、摸得着的物化形式。因而实验研究的实证结果，比之在观察和调查的基础上通过思辨取得的结果更具有说服力。

（3）严格的规范和操作确保结果可靠

实验的目的是提供更多、更理想的认识事物的机会，以揭示其内在的规律。实验要求科学的假设和缜密的验证，有必要的仪器和设置的支持，有严格的规范和具体的操作要求，保证采集数据的精确、完整和研究结果的客观、准确。而且采用相同的条件，重复同一实验，还能得出同样的结论，这样的结论由不得人们不信服。

2. 实验法的核心概念

（1）实验假设

实验假设是针对实验结果的一种合理预期，即对实验问题的暂时性答案。在"绿豆种子的发芽"实验中"是什么影响了绿豆种子的发芽"，学生探究小组可以提出多种假设，如"在阳光下种子发芽快"或"适宜的温度会使种子发芽快"等，教师可以引导学生针对问题和这些假设设计相应的实验来搜索信息。

（2）自变量与因变量

自变量又称实验变量，是指实验中由实验者所操纵、给定的因素或条件。因变量，也称反应变量，是指实验中由于实验变量而引起的变化和结果。自变量是原因，因变量是结果，实验中要设法使一个自变量对应于一个因变量。如在"绿豆种子的发芽"实验中，发芽情况是因变量，而其他条件如空气、阳光、水等是可以调节、控制的，它们都是自变量。

3. 实验研究法的基本步骤

实验研究法的过程分为准备、实施、总结三个基本阶段，各个阶段的具体步骤如下。

（1）计划准备阶段

计划准备阶段可按照这样的要求进行：选择实验问题→决定实验形式→选定实验对象→选定实验因子→确定实验时间→准备测量器材→制订实验计划。这个阶段的主要内容是思考并提出问题，拟订可能的假设，设计完整的实验方案，明确实验方法及基本步骤，做好相关实验准备。如果是实验室实验法，就要把实验室的设备都准备齐全，并且最好也能使被试者提前熟悉一下实验室环境，以便实验法得到最理想的实施。

（2）具体实施阶段

具体实施阶段可按如下顺序进行：按实验计划进行试验→采取措施控制试验→记录实验的数据和资料等。实验实施时，实验者需要把实验的整个过程尽可能详细地记录下来，必要时写成实验日记，供整理时参考。这个过程如果不加以记录的话，就无法充分发挥实验法的优势来获取尽可能完整科学的信息，所以最好做实验者和记录者能够分工合作，做实验的学生可以采取出声思考的方式，以便记录人能够把思维的过程也记录出来，这对于事后的分析极为重要，也可以显示考察探究实施过程中学生思维的发展情况。

（3）分析总结阶段

分析总结阶段可遵循如下顺序推进：分析处理实验数据→确定误差范围→检验实验假设→得出科学结论。总结阶段的主要任务是分析实验数据，解释实验结果，完成实验报告和汇报实验成果。通常小学的考察探究活动中不涉及确定误差等较复杂的环节，其他环节则一般都会进行，但具体执行情况一方面须有教师的监督或指导，另一方面也需要学生小组自己体检与调整。

案例呈现

落实关键要素，开展考察探究

——以《你好，家乡》为例

我们的家乡太姥山镇，四季分明，风景秀丽，素有"鱼米之乡""海滨邹鲁"的美誉，但是现在本镇的孩子虽然生在本地，但对于家乡的了解比较浅显，如仅知道太姥山的某些经典，却对太姥山丰富的神话传说毫不知情，仅知道家乡现在的面貌，对家乡的变化知之甚少……

根据这些因素，我们围绕"人与社会的关系领域"这一维度，以"你好，家乡"为活动主题，引导学生多角度地深入了解家乡的多方面信息，发现并提出自己感兴趣的问题，将问题转化为研究小课题，并基于已有经验和兴趣专长，让学生通过亲历感悟、实践体验等方式感受家乡的美。在此基础上，升华学生的感情，培养学生热爱家乡、为家乡做贡献的道德情感及社会责任感。

一、确定研究问题

考察探究中的第一个关键要素是发现并提出问题。第一课时，我先创设一个来自生活中的问题情境，向学生提问："今年国庆节，我去外地旅游，遇到一个外地人，想向他介绍咱们太姥山镇，一时半会不知道从哪些方面介绍，如果是你们，想从哪些角度介绍？"接着小组自由讨论，关于这个主题，我们可以有哪些可以探究的问题，然后全班汇总交流，根据学生提出的各种各样的问题进行梳理，形成思维泡泡图，去掉完成度有困难的，或者实际比较不好操作的。接着学生根据自己感兴趣的问题自由选择想参加的小组，组建活动小组。

当然，因为学生的动手能力、思维能力、合作能力有差异，有的学生不知道自己可以去哪个主题，或者不知道和谁组队，有的学生能力都很强，大家谁也不服谁，小组不均衡。如果是刚开始接触综合实践活动课程的中段学生，我用按座位组队的方法，附近几桌组成一个小组，选定一个主题开展实践研究。因为班主任在安排座位的时候就已经考虑男女、能力强弱等问题，而且小组固定下来后，每个组合作久了，会形成自己的默契，分工快，效率高。

本课题面对的是已经有一定经验的六年级学生，所以我在学生自由组队的基础上，根据学生实际情况再进行疏导，优化组合，使本组内搭配得当，多个小组能力相当，这样才能保证每个小组在相同的水平上展开活动。

二、制订研究方案

考察探究的第二个关键要素是提出假设，选择方法，研制工具，这体现在制订方案这个课时上。

如果是三年级学生，他们处于刚刚接触综合实践活动阶段，我们可以直接给学生制订一个比较完整的方案，先让他们按照模板进行模仿，还可以通过微课、讨论、指导、讲评、修改等进行逐层指导。

四五年级的学生在三年级的基础上，知道了一些制订方案的方法，但是往往出现目标不够明确、方法不够科学、步骤不够合理等问题，因此，我平常会采用搭建知识脚手架的方法，如前面比较简单的内容让他们自己完成，最难的选择方法、制订研究步骤等内容利用提供选项、帮助排序等方法，由扶到放。

本课的学生是六年级学生，比较有经验，所以我完全放手让学生自己制订方案，在此基础上再进行全班交流，互相评价，最后根据大家提出的建议进行改进。

三、实践成果展示

考察探究的第三个关键要素是获取证据。这个关键要素相对应的是学生在自己生活中通过实践探究来获取知识。

在活动过程中，我们还可以对学生的实践进行方法指导或展示指导，指导学生整理实践过程中收集的材料，提出自己的观念并讨论确定汇报方式，尤其要提醒学生，在小组展示汇报的时候，要把自己的实践活动过程进行说明，让听汇报的教师和其他同学了解到他们是怎样获取到相关知识的。

最后一个关键要素——提出解释或观念；交流、评价探究成果；反思和改进就体现在我们的成果展示课中。其中评价是作为重点来开展的。语数等其他学科可以通过作业、练习、测试等方法评价学生，得出分数，我们综合实践活动课程没有这样的评价，评价的首要功能是让学生及时获得关于学习过程的反馈，从而改进后续活动。不是只重结果、不重过程。在活动实施过程的每个步骤中，我们都可以根据实际情况设计多项的师生互评和生生互评，展示结束的评价只是其中一种。

刚开始，因为学生根本不懂从哪个角度去评价，在学生介绍或者展示结束后，我先从学生参与态度、技能掌握、任务完成、提出建议等方面进行评价，然后请其他小组的同学进行互相评价。

即使知道了可以从哪些方面进行评价，刚开始的时候，学生们也不愿意评价他人，我又开始鼓励：只要你勇敢站起来评价他人，无论你讲得好不好，我都给你一颗评价星，算到小组总分内去，一个学期下去，看看哪一组得到的评价星最多，哪一组就是本学期的最佳评价小组，这些最佳小组都是有奖状的，孩子们最喜欢奖状，没有奖品也乐此不疲，这样一来，每次学生都是抢着评价；第二阶段，我再把要求提高，那些没有实际意义的评价或者讲得不太好的评价就不给星了，只有讲得好，讲到点上，才能得到评价星。这样学生在每次其他小组介绍的时候就会很认真倾听，认真思考，慢慢地学习如何去评价他人。

如果说评价是针对他人的，在每节展示课即将结束时，我都会设计一个自我反思的环节：通过本次活动，你有哪些收获？学生在前面评价他人的基础上，在听了其他人对自己的评价和建议的基础上，学习他人的长处，改进自己的不足，从而在每一次评价和反思中得到提升。

综上所述，本次考察探究活动的整体流程如表 4-4。

表 4-4 《你好，家乡》课题考察探究活动整体流程

活动内容		课时	课堂主要活动	教师指导重点
活动准备阶段	明确主题	1 课时	1. 创设情境，走进家乡 2. 提出问题，组成小组	激发学生参与兴趣 指导筛选，确定有价值的研究主题
	制订方案		1. 方案要体现哪些内容 2. 小组讨论 3. 互动评价 4. 修改完善	指导根据研究主题，设置方案表格，填写内容
活动实施阶段	开展课后实践	课外	根据制订的研究方案，利用课余时间自主开展实践活动	通过照片、记录表等了解学生的完成情况，以便针对学生遇到的问题提供有针对性的指导
活动总结阶段	指导展示交流	1 课时	1. 各小组展示成果 2. 互动交流评价	指导学生对自己、对他人进行评价
			反思收获、分享经验，畅谈感谢	指导学生从多角度反思、分享

> 考察探究活动是一种探究实践过程，它不仅体现在过程性的现场活动之中，也包括课堂内的讨论、反思、资料分析和最后的评价、展示活动，学生只有经历了所有这些过程，才算是完成了一次完整的考察探究类型的综合实践活动课程。
>
> [资料来源]丁晶：《落实关键要素，开展考察探究——以〈你好，家乡〉为例》，载《天津教育》，2020(3)。

第三节
小学考察探究的活动实施

走进现场开展探究活动、搜集和整理考察探究资料，是整个考察探究活动的中心。如果没有现场工作，即便课堂内有探究的发生，也容易使文献阅读成为唯一的探究途径与方法，失去让学生与现场中的自然、社会和他人进行面对面交往和真切体验的机会，也就难以更好地发展他们的实践能力与创新素养。合理的现场可以是班级或校园中的一个部分，也可以是学校周边的社区、主题场馆或者其他与主题密切相关的自然与社会空间。考察探究活动的实施基本流程大致有如下四个环节。

一、选择与确定探究现场

走进现场开展考察探究工作是能完成课题指定任务的关键。为了能准确有效地解决问题，要对课堂内外的现场进行慎重选择。那怎样选择与确定探究现场呢？主要考虑两大因素。

(一)结合课题探究的实际需要

我们需要关注现场与探究课题的匹配程度，充分考虑其与探究问题的关联性。如在探究自然维度的课题时，首先，根据考察探究的内容确定各类自然的探究现场，山、水、林、地或公园等都是潜在的选项。其次，还要考虑探究课题最需要开展哪些活动，搜集哪些资料。若是需要文字资料，则学生需要走进图书馆的现场来开展探究活动；若需要直接观察，则应走进被观察对象所在的自然或社会空间。

(二)研判现场探究的可行性

考察探究还要关注现场探究的可行性。首先，需要判断所需要的现场是否方便进入，如有的课题组想要探究听障儿童的生活，但是聋哑学校又在比较远的地方，那么对于课题组而言，这样的现场可能会比较难以进入，或者只能有限地安排集中的时间进行现场考察。其次，要判断进入现场之后到底能开展哪些探究活动及所需要的资料是否能从现场获得。如进入现场要与被探究对象进行近距离接触，但是被探究的对象不允许近距离接触，观察的效果就会大打折扣甚至丧失。

二、选择适合现场的探究方法

考察探究的每个课题，从理论上说，都存在着运用多种探究方法获取资料的可能性。但是一个小型探究小组试图用尽可能多的方法去完成考察探究的任务，在有限的时间和能力范围内又是缺乏可行性的。因此，根据现场的实际环境确定最适合的探究方法才是明智之举。在这个选择的过程中，还需要同时考虑以下三个因素。

(一)契合课题

不同的课题需要走进不同的现场，采取不同的探究方法，因此对课题实际任务的考虑是第一位的。例如：关于自然的探究主题，需要学生走进自然，采取直接观察、实地考察甚至科学实验等方法来获取第一手资料；若课题是关于传统文化的，可能就需要进入相关文化场馆，因而选择实地走访、访谈等方法最为适宜。

(二)匹配目标

考察探究有其明确的目标，需要从价值体认、问题解决、创意物化、责任担当四个方面来设计目标，同时也要考虑学生核心素养发展的需要。无论学生探究小组选择什么样的课题，都是为了对所感兴趣的问题进行探究，从而求得解决之法或了解事物的真实面目，同时也是为了发展自己。所以，学生走进现场之后，尽管有多种方法实施的可能性，但也要尽可能选择那些有助于提升自己多方面能力的探究方法。如探究小组想要了解民间的非物质文化遗产，既可以通过走进"非遗"的现场进行实际观察，可以访谈"非遗"的传人了解"非遗"的特点及历史，也可以实地动手操作来体验"非遗"的制作等，这些方法能够在不同层面让学生对"非遗"有一定的了解，同时也能获得比较丰富的体验，尤其是实际动手操作这种方法的选择，最能给学生带来真实的认知与感受。

(三)依托学情

不同年级的学生能力和思维发展水平各有差异。低年级的学生直观思维较强，因此，比较直接、便利和容易的探究方法(如观察法)更为适应。而高年级学生的思辨能力相对较强，对探究的现场情境能进行自主思考和自主判断，可以通过更复杂的方法(如实验法、访谈法)来开展探究。因此，在考察探究活动中，不同年龄段的学生应在现场允许的情况下，结合自己的能力选用合适的方法进行探究。

三、合理有序地开展实践活动

为了让现场活动更顺利地开展，实践活动时既应执行原先讨论过的考察探究方案，也要保持一定的灵活性和动态性，以便适应现场千变万化的情况，甚至在必要时调整探究的问题及原来的方案。

(一)根据分工，各司其职

每个课题的考察探究都要根据学生个人的兴趣和实际能力而组成探究小组。在进入活动现场之前，各小组成员要结合自己的性格、经验、能力、知识、进入现场的便利程度等因素进行恰当的探究分工，即明确在现场谁做什么、怎么做、获取什么资料等，既要保证人人参与，又要按照具体合理的分工来推进活动。越是开放的现场就越会造成多种探究方法实施的可能性，以及更多可能障碍的存在，因此对小组成员的分工须结合现场的实际条件及变化来确定和调整。

(二)遵照计划，分段实施

在现场的整个考察探究活动可以划分为准备阶段、实施阶段和初步总结阶段。各阶段探究的内容各有侧重，准备阶段重在为进入现场探究做好各项准备工作，包括人员和设备等；实施阶段学生则进入具体现场开展各类活动，并做好资料的搜集与记录；初步总结阶段则是根据现场中搜集来的数据或资料进行初步总结与整理。因此，我们开展现场实践活动时，应根据不同的任务来分段探究。

(三)根据进展，适时调整

由于现场活动的不确定性因素较多，学生在实际探究过程中必然会遇到各种各样的新问题，可能发现原先设计和准备的方法与分工等都无法支持活动继续进行。此时，要根据探究的实际需要及现场的条件，及时变更与调整；面对新生成的问题与困境，适时地改变策略与方法，促进探究更有效地进行。

四、现场资料的记录整理

在实践活动现场，学生可能会通过不同的探究方法接触到不同类别的信息，但是在运用这些方法时，不可缺少的一个环节便是记录。基于现场的复杂性，需要不同的成员都能参与和应对，并将自己经历的过程以不同的方式记录下来，然后汇总整理。

（一）及时记录

现场信息的记录要优先考虑快速、便捷。因此，要选择方便记录的方式，例如：用文字描述关键信息；用拍照或拍摄的方式记录发生在探究现场的人、事与物；对于一些有价值的谈话、调查等，可以借助录音笔等工具快捷记录必要的信息。

1. 资料的呈现形式

（1）文字及数据资料

文字资料就是指学生在活动过程中用各种书面文字呈现的信息。数据资料是指用问卷调查所获得的统计数据及做实验过程中所获得的关键数据。这些数据对于探究结论的获得也发挥着至关重要的作用。

（2）图片及视频资料

图片资料指学生在探究过程中，利用手机或照相机拍摄、网络下载等形式获得的视觉资料，它是图画、照片、拓片等平面媒体的统称。如学生在春节文化的探究课题中，有关春节美食的现场照片、从网上下载的美食图片等，都属于图片资料。视频是学生使用手机或摄像机在现场拍摄下来的动态画面，对于还原事情发展的真相具有更重要的价值，在学生探究问题的解决过程中发挥着至关重要的作用。

（3）各种实物资料

在实地走访、野外调查、社会考察及科学探究的过程中，学生都可能会在现场搜集到不同类型的实物资料，诸如宣传卡片或宣传手册、各类自然实物等。在探究过程中，如果涉及一些手工制作、产品设计或其他类别的活动时，也可能会留下一些重要的产品性质的实物。

2. 资料记录的方法

（1）文字记录法

用文字进行直接记录是最为常用的记录方法。主要有两种类型：第一，直接摘录法。即记下原文中重要、精彩的内容，以便在今后解决问题时直接作为论证、引证之用。摘录时要注明参考资料的来源，如作者姓名、书名或论文题目、出版地、出版社、版本、出版时间等。这样记录后可随时查询，又可为成果形成做好准备。这种方法主要适用于对专门文献及互联网资料的记录。第二，提要记录法。提要是把原文的基本内容、主题思想、观点、独到之处或其他数据，经过删减或整理，用自己的话加以概括的信息；也可以是在现场中面对海量的信息所进行的重要记录。学生可以在笔记上直接记录或借助自己特别准备的一些小卡片来完成记录工作，但这类记录的条目可能会比较零散杂多，所以记录完之后需要以一定顺序保存起来，以便在日后的分析过程中能快速准确找到。

（2）表格记录法

为帮助学生更好地记录，有条理地获取及整理相应的资料，教师可结合不同探究方法的特点与具体要求，分类设计相应的记录表格，为学生的记录提供必要的支持。常见的表格有体验记录单、观察记录单和访谈记录单。

第一，体验记录单。针对考察探究过程中所出现的体验类活动，学生可以借助一定的表格来有条理地记录自己的体验过程及感想，以便为后续的分析奠定基础（见表 4-5）。体验的内容可以丰富多样，既可以是场馆体验，也可以是手工制作体验，因而可以设计不同的体验记录单。

表 4-5　体验记录单

体验人		体验地点		小吃名称	
春节小吃制作材料					
制作过程	步骤 1				
	步骤 2				
	步骤 3				
	……				
体验感想和收获	记录者：_____				
照片粘贴处：					

第二，观察记录单。学生在运用不同类型的观察法时，需要及时对被观察的事与物进行文字或数据记录。教师可以为学生提供一份观察记录单，呈现观察时间、地点、人员、观察对象、观察目的、观察工具及观察过程中的相关要点，从不同角度进行记录（见表 4-6）。

表 4-5　观察记录单

观察者		观察时间		观察地点	
观察对象					
观察目的					
观察工具					
观察过程的要点记录	要点 1				
	要点 2				
	要点 3				
	记录者：_____				
照片粘贴处					

第三，访谈记录单。在考察探究活动中，如果涉及对相关人物的采访，除了要拟订访谈提纲之外，为了采集访谈有关的资料，还需要通过制作一些访谈记录单来进行简要的记录(见表4-7)。在这个记录单里可以描述一下访谈的基本信息，摘录访谈过程中的问题及被采访人回答时的一些关键要点。

表4-7　访谈记录单

访谈人			访谈主题	
被访人	姓名：　　　　　性别：　　　　　年龄：			
访谈时间			访谈地点	
访谈摘录	问题1： 回答要点： 问题2： 回答要点： 回答3： 回答要点： 　　　　　　　　　　　　　　　　记录者：＿＿＿＿＿			
照片粘贴处				

记录资料时，要运用不同的工具及时有效地记录信息。如在上网查阅和翻阅书籍时可以打印、复印，也可摘录部分重要的文句；实地考察时，可以以录音形式记录声音资料，以拍摄的形式记录影像资料。在探究过程中要及时对信息进行记录，为后续活动的开展提供更好的服务。

(二)归类整理

对于活动开展中收集到的资料要及时进行分类整理，才能更好地为下一阶段的探究任务做好铺垫。在具体操作时，须结合探究课题的基本任务及目标，删除一些明显有误或重复的资料。再根据不同的类别(如图片、文字、表格等)及任务的需要，进行归类整理。

1.资料的整理

资料的整理是一个去粗取精、去伪存真的建构过程。一般经过以下四个环节：第一，资料的筛选。即将偏离目标、与主题无关或关联度很低的、重复的资料进行删除。第二，资料的编码。即将那些有助于解决问题的资料进行科学合理、方便快捷的编码。

通常可以用"D"表示日期，用"S"表示学生，用"P"表示场所，用"Q"表示问题等来对资料进行编码。第三，资料的分类。将资料编号后，小组成员可以分工合作，将搜集到的资料进行分类整理，将不同的资料放进不同的文件夹。第四，探究资料的增补。对照各组制订的探究计划，看看要完成课题研究还缺什么资料及需要补充什么资料；对照各组探究的主要目标，看看已有资料是否能够达成探究的各项目标；查看所搜集的资料是否能够解决在现场考察后产生的新问题。

2. 资料的分析

大致有三种主要的方法对资料进行分析，分别是数据资料的统计分析、文本资料的分析和探究资料的转化与呈现。

(1)数据资料的统计与分析

对数据资料的统计分析大致有三类：第一，计算分析。即整理者将统计的数据通过简单的加减乘除等运算总结出数据的一般规律。这种分析处理是大多数学生都可以操作的，而具体进行怎样的计算则取决于学生掌握数学计算知识及能力的程度。第二，图表分析。在信息化时代，学生完全可以利用计算机自带的图表工具进行统计，制作出饼状图、柱状图、折线图等。每种图表排列数据的方式和显示数据的意义不尽相同。饼状图主要显示数据各个部分的占有量；柱状图可以统计峰值和谷值，看出峰谷之间的差异；折线图重在呈现数据的走向和趋势。第三，列表分析。列表分析是将所得数据按一定规律用列表方式表达出来。表格的设计要求对应关系清楚、简单明了，有利于发现相关变量之间的关系。在活动过程中动态生成的资料即可采用这种列表法来分析。

(2)文本资料的分析

文本资料的分析方法主要有两种：第一，主题分析。资料之间的差异性和相似性通常体现在主题方面，在资料搜集完毕之后，探究者首先需要对这些资料背后的具体主题进行详细分析，看它与课题是否有直接关系、是否有助于推进探究问题的解决及是否存在归类不准确的现象等。第二，内容分析。学生在利用思维导图对主题进行概括分析的基础上，针对每个小主题所包含的内容进行精细的查阅，提取有助于解决不同细节问题的关键信息，按照一定的顺序进行排列和整理、找出内容之间的关联性，从而得出局部的结论或构建可叙说的真实故事，也可以用数量统计的方式抓取关键词，同样能得出一些有启发意义的结论。

(3)探究资料的转化与呈现

探究资料经过分析以后，学生需要将各种资料所浮现出来的主题、看法、观点、结论等进行多种形式的呈现。将分析过的资料用演示文稿、宣传报、卡片、展板、档案袋、音频等方式呈现出来。在呈现过程中，学生并不是简单复制已有的资料，最好能对这些资料进行创造性地重组，用自己的语言表达出来，否则很容易让其他同学无法理解。

【本章小结】

考察探究指学生在教师指导下选择和确定研究课题，以野外考察、社会调查、研学旅行等多种方式，综合运用各学科领域的知识进行问题解决和意义获得的学习活动。它具有跨学科性、探究性、体验性和自主性。其价值主要体现在：培养学生的探究精神，锻炼学生的创新实践能力，促进学生合作交流能力的发展，培育学生的社会责任与担当。

考察探究活动的设计包括课题确立、过程设计和方法选择三个环节。在课题确立环节，涉及问题的提出、由问题转化为主题、课题的表达与规范三步骤；不同学科的教师在实施考察探究类综合实践活动时，要有明确的单元设计。它以一个活动主题为单位，教师设计单元主题，确定学习目标，然后分解主题，设计学习活动，规划课时、确定教学内容和评价措施。教师在学生考察探究学习过程中要给予一定的方法指导，教师的指导要点有：前期的观察记录与文献调研方法指导，中期的小组合作和实践总结，后期的拓展延伸和深化提升。考察探究的方法有观察法、调查研究法、实验研究法。

走进现场开展探究活动、搜集和整理考察探究资料，是整个考察探究活动的中心。考察探究活动的实施基本流程大致有如下四个环节：选择与确定探究现场，选择适合现场的探究方法，合理有序地开展实践活动，现场资料的记录整理。

【章后练习】

1. 与综合实践活动其他活动方式相比，考察探究活动有哪些特点与价值？以小组为单位，结合综合实践活动具体主题进行讨论交流，并在全班进行交流。

2. 组织探究考察活动选题时，以小组为单位讨论生活中感兴趣、想探究的问题，在不断讨论与对比中，确定既可行又有意义的研究主题，并制订一份探究考察活动的方案。

3. 从学生对自然现象、社会现象或学生自身现象（问题）的思考入手，确定一个考察探究主题，并设计系列主题活动。

【拓展阅读】

1. 高振宇、包新中. 考察探究与设计制作［M］. 石家庄：河北教育出版社，2020 年版。

2. 缪克成. 探究能力［M］. 上海：上海科学技术出版社，2003 年版。

3. 夏雪梅. 项目化学习设计：学习素养视角下的国际与本土实践［M］. 北京：教育科学出版社，2018 年版。

4. Linda Torp，Sara Sage. 基于问题的学习：让学习变得轻松而有趣［M］. 刘孝群、李小平，译. 北京：中国轻工业出版社，2004 年版。

5. 吴颖惠. 研学旅行学校指导手册［M］. 北京：北京师范大学出版社，2018 年版。

6. 研学旅行研究中心. 中小学研学旅行手册［M］. 武汉：湖北美术出版社，2017 年版。

7. ［美］巴克教育研究所. 项目学习教师指南［M］. 任纬，译. 北京：教育科学出版社，2008 年版。

8. 李臣之、潘洪建. 综合实践活动课程实施研究［M］. 北京：中国社会科学出版社，2019 年版。

章结构图

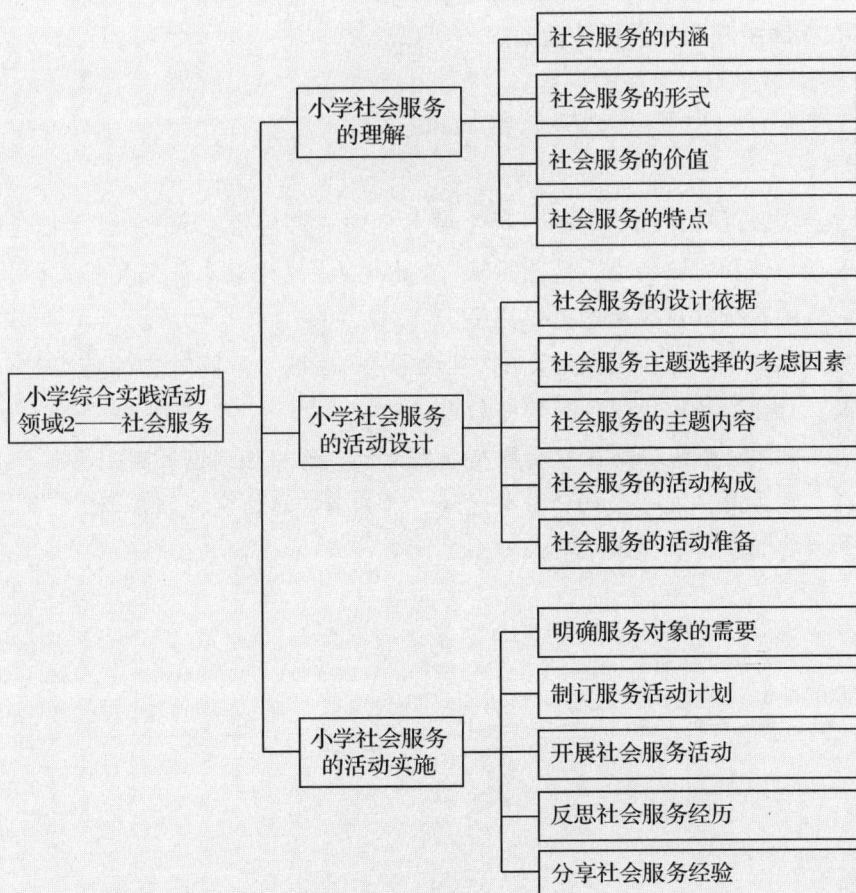

本章概述

　　"社会服务"是综合实践活动的重要活动方式。本章主要介绍了社会服务的基本理解、活动的设计及活动的实施三大内容。在基本理解方面，诠释了社会服务的内涵、形式、价值与特点；在活动的设计方面，主要介绍了社会服务活动的设计依据、主题选择的考虑因素、主题内容及活动准备；在活动的实施方面，介绍了社会服务活动实施的五大步骤，即明确服务对象的需要、制订服务活动计划、开展社会服务活动、反思社会活动服务经历、分析社会服务活动经验。

　　学习目标

　　1. 理解社会服务活动的内涵、形式、特点与价值。
　　2. 能对社会服务活动进行系列活动设计。
　　3. 能在实践中开展社会服务活动。

章前导语

　　作为综合实践活动课程倡导的一种主要活动方式和经验教育形式，"社会服务"以其独特的课程价值和方法特点，成为落实"立德树人"教育根本任务和推进以发展学生核心素养目标的基础教育改革的重要抓手。

　　想一想：你对小学综合实践活动的"社会服务"领域了解吗？它的特点是什么？具有哪些形式？社会服务对小学生有哪些教育价值？

　　思一思：如果让你设计一项社会服务主题活动，你将如何设计呢？

　　如果在实践中要开展一项社会服务活动，你知道应具体怎样展开吗？

　　请带着这些问题，学习本章节内容。

第一节
小学社会服务的理解

一、社会服务的内涵

社会服务传统上主要是一个社会学的概念，在综合实践活动课程的框架内，侧重作为一个教育学的概念。《中小学综合实践活动课程指导纲要》中将社会服务定义为："学生在教师的指导下，走出教室，参与社会活动，以自己的劳动满足社会组织或其他人的需要，如公益活动、志愿服务、勤工俭学等，它强调学生在满足被服务者需要的过程中，获得自身发展，促进相关知识技能的学习，提升实践能力，成为履职尽责、敢于担当的人。"

从字面上看来，社会服务与过去作为综合实践活动课程板块之一的"社区服务与社会实践"相比有较大的改变。首先，"社区服务与社会实践"实际上是两个概念的杂糅，在定义上往往不得不把"社区服务"与"社会实践"析分为二，而社会服务是一个独立的整体性概念。其次，在常识理解而不是学术定义中，"社区"容易被狭隘地理解为一个地域概念，而"社会"一词更突出了某种相互关系，即"社会"是和"个人"相对的，人们习惯上用"人与社会"而不是"人与社区"来表达它们之间的关系，用社会服务侧重表达这种关系及这种关系的道德属性。

从定义上来讲，社会服务被赋予了更为丰富和完整的内涵，即强调社会服务活动本身的服务意义和学习价值的有机统一。其含义不仅是单纯提供简单的劳动、服务，而且更加强调在服务中将所学知识运用于社会并解决问题，同时通过服务开展学习。如对社会组织、他人需求的了解与体察、与服务直接相关的方法技能的学习、实践经验的积累等，从而塑造个人品格与服务意识，增强社会责任感，强化对社会主义核心价值观的体认过程。从外延指向来看，社会服务的范围与对象进一步延伸和拓展，将服务对象延展到与"个人"对应的"社会"，如有需求的他人、各种社会组织、某些公共场所等。一方面，作为一个教育学概念，社会服务注重活动本身对学生的道德学习价值和知识学习价值；另一方面，社会服务并非只把服务贬低为一种手段，而是同样强调服务活动对他人和社会的贡献和意义，即服务本身也是目的，实际上，正是在认真对待这种贡献和意义的过程中，社会服务对学习的价值才更能得到扩展和深化。

按照上述的定义和解释，社会服务要求活动本身要体现出某种"服务"性质，因此需要学生做出相应的服务行动，即如果河流被污染的原因之一是垃圾污染，则可以让学生清理河岸的垃圾。不过，这种服务活动的意义还是有限的，服务的层次总体来说还是表面的，学生从中也只是浅层次地收获了一些道德体验，尤其是服务过程和结果都与学生的知识技能的学习几乎没有交集，或者说对学生的知识和技能学习几乎不产生什么影响。因此，根据学生的年龄特点和学习阶段，可以在更高标准和层次上设计社会服务活动，以更好地提升服务水平和推进学生的道德认知、理智成长和技能学习。如针对河流污染状况，可以让学生结合科学课的学习，从河流中获取水样本，接着分析样本和证实结论，并向相关的污染控制部门提供研究结果或通过各种媒体向大众发布和宣传自己的研究结果。

二、社会服务的形式

(一)公益活动

现代意义上的公益活动是一个西方概念，其中"公益"对应的英文名词是"public interests"，对应的英文形容词是"public"，而"公益活动"的英文词汇是"public activities"。公益活动有广义和狭义之分。"广义上的'公益'泛指'一切涉及公共利益的社会活动及个人行为'，包括政府性的和非政府性的……狭义的'公益'指个人和社会组织以非政府形式进行的，具有自愿性、非营利性、社会性特征的社会活动及个人行为"①。小学生的公益活动具有民间性，即"是指个体走出私人空间进入公共空间，通过参与、合作等途径在改善社区和社会建设中发挥个体力量、创造公共利益的过程，进而促进个体和社会的整体发展"②。

现代公益不仅仅像传统慈善那样扶贫济困简单地做好事，更是现代社会公众基于公民意识、社会责任感而主动自愿进入公共领域，参与社会公共事务的体现，意味着一种对社会正义的责任感，具有一定的公民教育价值。对小学生而言，应做到：第一，正确认识现代公益，寻找公益活动和公民教育的内在关联。正确认识公益，体会公益活动蕴含的"社会责任、团结互助、社会服务"等公益精神。第二，发扬公益精神，加深小学生的关怀体验。公益活动是带着关怀和利他情结的，是互助、互惠、共享、共建的。在参与公益活动中，激发个体自我价值感，引导其在公益精神的前提下思考和行动，培养学生的关怀和利他意识，获得自我价值和公共利益的恰当平衡。第三，发挥公益活动培育小学生公民素养的作用。公益活动是一种以世俗的"博爱"精神建立起

---

① 杨超、唐亚明：《"公益"概念辨析》，载《伦理学研究》，2015(6)。
② 张志红：《公益教育的概念、内涵与特点》，载《中国校外教育》，2013(24)。

来的公民情感共同体的路径，通过情感共同体而达到价值共同体。学生的公益认识和公益行为需要在情感的伴随下才能转化为信念，进而持续、坚持做公益。所以，应当发挥公益的享用功能，在享用公益快乐的情感体验基础上培养学生做好事的习惯，坚定其维护公共利益的信念。

（二）志愿服务

志愿服务直译自英文 volunteer service。志愿服务是指"不以营利为目的，经志愿服务组织安排，由志愿者实施的自愿帮助他人和服务社会的公益行为"。志愿服务组织是指"依法登记，从事志愿服务的非营利性社会组织"；志愿者是指"在自愿服务组织登记，不以获得报酬为目的，以自身知识、技能、体能等自愿帮助他人和服务社会的个人"①。志愿活动最大的特点是"志愿性"，即基于自己的自由意志，自主服务于他人和社会的利益。

小学生的志愿活动即通过小学生志愿服务活动的开展，帮助他们弘扬志愿者精神，传递人间真情，树立志愿服务意识，引导他们践行志愿者精神。第一，内化于心，深刻理解志愿者精神。通过讲解，小学生们感受"奉献、友爱、互助、进步"的志愿者精神，深刻思考如何更好地实现和发扬这种精神，挑起国家和时代赋予的重任，将志愿者精神付诸实践，实现精神层面及价值观的全面提升。只有真正意识到志愿者精神的本质，才能够长久地做到无私奉献。第二，外化于行，践行志愿者服务精神。小学生志愿者事业的发展需要多元化的志愿活动。因为多元化的发展会使小学生志愿活动涉及的服务对象得到扩充，社会影响力也随之增大，有利于提升学校小学生志愿者的形象，有助于小学生志愿者事业的发展，还能让更多群众真正认识小学生志愿者。通过不定期开展各种主题活动，如义卖、社区服务等，倡导小学生志愿者走进社区，使小学生志愿者在活动中不断提升自己，增强社会责任意识。

小学生志愿者活动的形式多样化，如"爱心义卖""留爱童行""岗位服务""宣讲浸润"等活动。

案例呈现

由新牌坊小学主办的"敬老、爱老、助老"主题志愿者活动在渝北区桂湖老年公寓成功开展，学校少先队代表、葫芦丝乐队团成员、书法小明星等参加了本次活动。

学校大队委为老人们准备了精彩纷呈的节目，少先队员们唱起欢快的歌儿，跳起优美的舞蹈，在活动中与老人们积极互动，全场的老人们都纷纷露出了笑脸。最精彩的是学校葫芦丝乐队团为老人们送上了一曲《月光下的凤尾竹》，优美的音乐响起，悠扬欢快的旋律让人如痴如醉，仿佛置身于傣族村庄里，跟随着乐曲领略傣族的风情；书法小明星们拿出笔墨，胸有成竹地为老人们写出一幅

---

① 王士恒：《志愿服务的内涵、功能及模式简评》，载《江南社会学院学报》，2011(1)。

幅风格不同的祝福语，每幅祝福语都代表了书法小明星们对老人的敬意和爱意，随着一幅幅作品的完成，现场瞬间弥漫着浓浓的墨香。最后，大队委为每一位老人送上了一朵装满了浓浓的祝福小花，祝愿老人们身体健康、寿比南山、长命百岁。

老年公寓的院长告诉我们，桂湖老年公寓已经成立12年，现在共有老人202名，平均年龄90岁，最长寿的老人有102岁了。老人院的责任就是替天下儿女尽孝，让老人们过上快乐、充实、阳光的晚年生活。这次活动不仅丰富了老人们的精神生活，为老人们带来了快乐、笑声和歌声，也让老人们有了一次难忘的回忆。以后学校会经常开展这类有意义的活动，将"敬老、爱老、助老"的精神传递下去。

［资料来源］刘蓓诺：《新牌坊小学成功开展"敬老、爱老、助老"主题志愿活动》，载《新教育》，2018(9)。

（三）勤工俭学

勤工俭学是一个本土概念，最早出现在1915年。李广安、张秀波、齐云卿等人在蔡元培、吴玉章、李石曾的支持下，把"俭学"和"以共兼学"结合起来，正式提出勤工俭学的概念。宽泛意义上的勤工俭学的主体可以是个人，也可以是团体，如学校。在综合实践活动范畴内谈勤工俭学，是学生的勤工俭学。

勤工俭学是一种教育经济行为，但以学生为主体开展的勤工俭学活动却比较特殊。在1983年出台的《中小学勤工俭学暂行工作条例》中，"组织学生参加生产劳动或公益劳动"是学校以学生为主体开展勤工俭学的主要形式。学生参与这些勤工俭学活动对学生来说往往算不得是一种经济行为，更多是一种义务劳动。勤工俭学所获得的成果，往往是上交给班级，供班级或学校日常使用。从这个意义上说，它是服务性的，不是经济性的；即使学生最终能享受到勤工俭学所产生的经济利益，但这种经济利益是间接性的。在小学开展勤工俭学，对学生来说并不是获得经济利益，其参加勤工俭学的过程是一种接受教育的过程。

三、社会服务的价值

（一）有助于转变学生的学习方式

学生的学习方式不是指具体的学习策略和方法，而是学生在自主性、探究性和合作性方面的特征。首先，在自主性方面，社会服务能调动学生的学习积极性，因为它源于学生的直接经验和兴趣；其次，社会服务还是一种探究性学习，强调学生的学习过程是一种研究、探索的过程，极大地发展学生分析问题、解决问题的能力；再次，社会服务还是一种合作学习，它重视师生、生生及社区和师生的合作与互动，扩大了学生的学习领域，培养学生合作的精神。社会服务拓展了学习资源，它把学生学习活动的范围延伸到校外，使学生的学习资源拓展到社区和社会，尤其是能提供社会方面的知识、技能及价值观的资源，改变原来仅靠课本资源的现象。

(二)有助于丰富学生的生命体验

兴趣是学生学习的主要驱动力。社会服务重视从学生的兴趣出发，组织和实施相关的主题活动。它的开设使学校教育面向学生的生活世界，使书本中的间接经验通过实践的途径内化为学生的内部知识，使教学更贴近真实的生活世界，进而极大地调动学生的兴趣，使学习不再成为一种负担，而是一种乐趣。此外，社会服务关乎学生的生活，与学生的生命活动息息相关。通过活动，学生知识、能力、价值观等方面的生命经验得到增长。

(三)有助于增强他们的社会责任感

社会服务将社会这个大世界引入教育的视野，扩大教学空间，能提供丰富的学习资源。它关切人与社会的关系，促进人的社会性发展，更好地体现学生个性和社会性的和谐共生。首先，社会服务重视培养学生的服务意识，引导学生服务社会，通过服务学习，学生将所学知识活化，同时满足社会的真实需要，进而增强学生的学习动机。其次，它改变以往过分注重对学生个性的培养，培养学生的社会责任意识、公民意识，学生作为公民，应主动承担社会责任。社会服务通过开展社会主题活动，让学生积极主动参与其中，增强他们的社会体验，体察个人和社会是休戚相关的，积极主动地履行公民的责任。

(四)有利于增长学生的实践智慧

社会服务是综合实践活动课程的活动领域，也是一门实践性课程，它改变了学科课程的体系化，与学生的生活实践紧密相关，关注学生实践能力的培养。活动主题是从学生的生活实践中选取的，它注意社会的实践需要，关注学生的实践能力和学校的资源条件(如财力资源、人力资源)。在活动的实施阶段，强调发展学生分析问题、解决问题的能力，培养学生的实践智慧。在评价阶段，注意培养学生的反思能力。通过反思，检验实践的成果，为以后的实践提供更有力的指导，更鲜明地体现了实践与理论的辩证关系。

四、社会服务的特点

(一)服务性

服务是民主社会的主要特征，教育应该培养学生的服务意识。社会服务的主要内容是学校组织学生活动，密切学校与社区、社会的联系，拓展学生的学习领域，让学生利用所学知识从事力所能及的服务工作。通过社会服务，既可以服务社区和社会，为特定的社会群体和个人提供服务，也可以服务学生的学习，因为在服务中，学生不仅可以获得直接的经验，而且可以把所学的学科知识应用于服务之中，强化、活化学科知识。再者，通过相关的服务学习，学生还可以获得一些职业知识，为他们更好地从事未来的职业做准备。总之，社会服务实践可以服务社会和学生的学习，养成学生的服务意识。

（二）社会性

社会服务的领域从学校延伸至社区和社会领域，为学生开辟了一个广阔的学习领域，进而使该项活动更具有开放性，便于学生的社会化。社区服务和社会实践的社会性主要体现在以下三个方面：①活动空间环境的拓展。学生的学习环境从封闭的课堂、学校环境扩展到开放、更富有社会意义的社区和社会大环境，这为学生提供了更广阔的学习和生活环境。②社会参与性。在活动中学生在教师的指导下，主动地参与社区服务，为社区和社会公共事务的管理提供宝贵意见，进而影响社区和社会的公共政策，发挥作为社区和社会一分子的作用。③政治参与意识的培养。通过该项活动，可以让学生举行听证会和参观、模拟政府机构的办事程序，学习政治参与的知识，形成政治参与意识，培养学生作为公民的参政能力。

（三）实践性

社区服务和社会实践具有实践性。它是以学生的现实生活和社会实践为基础开发课程资源，而不是在学科知识的逻辑体系中架构课程。社会服务以活动为主要形式，强调学生的亲身经历，要求学生在"考察、探究、实验、服务和参观"等一系列活动中发现和解决问题，发展自己的实践能力和创新能力。社会服务的这个特征不仅可以使学生所学的知识和技能得到"活化"，而且培养学生的实践智慧，对学生良好品德的养成也具有积极的作用。

第二节
小学社会服务的活动设计

一、社会服务的设计依据

作为综合实践活动的主要活动方式之一，社会服务是实现课程功能、培养学生综合素质的重要载体和有力途径。在设计时主要基于以下三点考虑。

(一)回应时代发展和教育改革的必然要求

当今世界，科技高速发展、文化日益多元，青少年成长环境发生了深刻变化，面临着日趋复杂环境的挑战。教育如何积极应对社会发展的挑战，培育与之适应的未来人才的必备品格与关键能力成为各国教育改革的主题。纵观各研究机构或各国提出的未来人才的核心素养框架，都格外强调公民观念与素养、跨文化交流互动等。我国2016 年发布的《中国学生发展核心素养》也将"社会参与"列为"文化基础""自主发展"同等重要的组成部分。其中责任担当、实践创新都与社会服务密切相关。尤其是责任担当的培养，在综合实践活动课程中更是直接借由社会服务这个部分具体体现和落实。通过社会服务促进学生认识和了解社会他人需求，增强学生服务他人、服务社会的意识和情怀，帮助学生理解并践行社会公德，提高学生的责任担当意识和能力。

(二)落实党的教育方针和立德树人根本任务

我国一直强调"教育与生产劳动、社会实践相结合"的基本方针，其目的是培养学生了解社会、服务社会的能力。在此次社会服务活动的设计中，把党的十九大强调的"全面贯彻党的教育方针，落实立德树人根本任务，发展素质教育"作为整体架构的出发点，通过社会服务方式，发展学生对他人、社区和社会发展的责任感、担当意识和服务能力，帮助学生获得有积极意义的价值体验，引导学生在服务他人、奉献社会中升华对社会主义核心价值观的积极体认。

(三)引导小学生自我完善并培育其公民素养

目前，我国小学生在整体上还存在社会责任感弱化、缺失的现象。尚处于发展时期的小学生正处于品格完善、责任担当意识和能力形成的关键时期，通过社会服务的方式能引导学生参与社会活动，帮助学生获得自我品格与意志的完善，实现自我发展，成为履职尽责、勇于担当的人。同时，引导他们积极体认、践行社会主义核心价值观，热爱中国共产党、热爱祖国，深化社会规则与国家认同，成为负责任的现代公民。

二、社会服务主题选择的考虑因素

(一)基于实际需要

社会服务活动主题的选择应建立在现实基础之上，具有一定的针对性与情境性。教师在这里就好比建筑工地上的工人，在正式施工之前先提前画好图纸，对整个施工的布局和设计有一个前提性的预期，从而保证了整个活动的计划性、针对性。然而，任何活动的开展都不可能按部就班地依照预设的前提性方案进行，所选择的活动主题也是随着现实的情境变化而不断发生变化的。

因此，社区服务的主题选择既要关照学生发展水平，又要确保与生活的紧密连接。就前者而言，是活动主题的选择，在符合基本的课程标准同时，也要考虑到学生的身心年龄实际发展水平，学生不仅作为"生活中的有待发展的个体"，而且具有丰富的个体差异性，不可"拔苗助长"。就后者而言，是保证主题的选择与学生生活紧密相关，而不是一系列抽象命题。如果把活动过程想当然地理解为"输入→加工→输出"的简单线性的控制方式，则会使整个实践活动僵化而无活力，学生的创造性和主题的情境性也将遭到破坏，无法彰显社会实践的丰富内涵。

(二)体现地方文化特色

社会活动主题的选择，必须在考虑现实需要的基础上突出文化特色。这需要客观认识当地现有的人文地理面貌、经济发展水平等社会历史背景，利用当地现实的教育资源、参与活动的学生整体学情及指导教师的专业发展水平等基础教育状况。如果在主题选择时未能有效结合当地、学校文化的现实样貌，而照搬或照抄其他地区和学校所提出的先进经验和发展模式，往往会因未能充分考虑东西部地区、发达与贫困地区、城乡地区的差异，而出现"橘生淮南则为橘，橘生淮北则为枳"的现象。这种舍近求远式的主题选择不仅湮没了当地文化的特色，而且也会使学生日渐沦为家乡文化的边缘人。

不可否认，适当的借鉴是必要的，但我们也应该注意目的。借鉴的目的是更好地发展自己，而不是亦步亦趋地跟在别人的后面，让自己学校沦为先进经验的试验田。我们需要借鉴和学习的是思路与方法。因此，社会服务的主题选择需要考虑文化的内在特色与差异。

（三）坚持主题利用的可持续性

社会服务活动主题的选择，需要在现有资源之上挖掘出特色项目，这是对选题合理性的要求，但仅有合理性是不够的，还必须关注选题的可持续性。可持续性的主题选择首先要具备审慎的态度，并不是所有的主题都适合于社区服务，对列入选择范畴的主题通过合理性（现实需要、本土特色）的筛选之后，还要将主题的可持续性纳入考量范围。每个月甚至每次课都更换不同主题是社会服务选题不可持续性的重要表现，出现这种情况无非两种原因：一是不深入；二是不科学。学校在活动选择过程中必须考虑社会的、文化的、学习过程的、个人发展的及学科的特点，学生参与社会活动是一个与新的教育目的相联系的过程。不可否认，可持续性的选题是以上述的现实合理性为前提的，但除了这种同构性之外，最重要的还在于选题的科学性，只有科学的知识才具备纵深探讨的条件，随着主题的深入，必然伴随着其内涵与外延的扩展，从中不断衍生出来的新主题是实现选题可持续性的关键。

（四）重视经验的衔接

直接经验与间接经验的有效衔接是知识系统化的必要前提，也是选题可持续性的重要保障。在参与社区服务与社会实践活动中，学生是在已有间接经验的基础上不断体验和丰富直接经验。获得直接经验的目的是巩固和内化间接经验，直接经验与间接经验是在相互碰撞中不断深化的，并不存在重要性上的等级关系。因而在主题选择时充分考虑经验之间的衔接性问题，是社会服务的题中应有之义。但在现实的主题选择中，很多学校认为社会服务就是以获得间接经验为主要目的，对直接经验与间接经验之间的相互促进关系认识不足，无意识地把间接经验降至次要位置，甚至没有考虑已有直接经验的结构性特征。在主题选择过程中对间接经验的忽视，必然带来社会实践活动的低效或无效。诚然，直接经验有利于学生探究大自然的奥秘，在人与人的交往过程中关爱他人。但是，直接经验如果缺少间接经验的必要依托，不能超越直接经验自身，就很难内化到认知结构当中，呈现为碎片化、浅表化的状态。

学生在实践活动中所得到的直接经验丰富了学生已有的认知世界，这些直接经验在与间接经验的砥砺中，实现了对本身的超越，催发了学生的问题意识，也深化了学生对知识的认识和理解。从这个意义上说，间接经验在社会实践中是直接经验的有益补充，在主题选择时要充分考虑两种经验的有效衔接，以发挥二者的相互促进作用。

三、社会服务的主题内容

社会服务活动的主题内容包括三大方面：自我服务、对他人的服务、对社会的服务。这三个方面的服务形式呈螺旋上升的趋势。

(一)对自我的服务

小学生社会服务活动的主题内容首先表现为自我服务。学生在幼儿时期多依靠父母生活，但随着年龄增长，他们将逐渐学会自己吃饭、洗脸、刷牙、穿衣、穿鞋等基本生活技能，并将这些事情视为自己的分内之事，由此养成自我服务的意识。自我服务的内容包括：①应使学生养成"自己能做的事情自己做"的意识，学会独立自理，而不麻烦他人；②应使学生学会客观审视自己身上的不足，学会在自己身上寻找服务点，养成"自己不会做的事情学着做"的意识。只有具备良好自我服务的意识，才能以积极的态度和正确的手段去服务他人和社会。

(二)对他人的服务

从"自我"到"他人"是小学生社会服务能力提升的最重要一步，也是最为艰难的一步。其关键在于学生需要完成对自我服务意识的转化，逐渐地推己及人，产生服务他人的意识和能力。因此，首先应使学生从"自我中心"走出，不再只关注自我的需求，而开始关注他人的需求，并付诸满足他人需求、服务他人的行动。完成这种转变，应使学生加强人际交往，并在人际沟通中认识他人，学会主动为他人考虑和关怀他人。然后应使学生努力服务于自己身边的人，如亲属、朋友和同学等。在这个过程中，被服务对象应给予学生的服务行为肯定与鼓励，由此不断强化其对他人的服务意识和服务能力。具体而言，对他人的服务表现为：①他人有需求，学生愿意主动为之提供帮助；②学生能主动探求他人需求，并愿意为之提供帮助。这两个方面内容对学生的要求是不同的，前一个方面到后一个方面的变化，是学生从"被动"走向"主动"，对他人的服务意识不断提升的体现。

(三)对社会的服务

社会是人的聚合，所以服务他人的过程，即是小学生与社会产生联系，并在某种程度上服务社会的过程。但是，对"社会"的服务和对"他人"的服务有明确的区别：从对象上说，"社会"服务不再局限于对社会个体的服务，而是有着更为宏观、庞大和抽象的服务对象，如国家、群体、社会机构及环境等；从服务要求上说，因为社会需求具有复杂性和多样性，所以应使学生具备更高的服务技能；从服务反馈上说，因为社会无法像人一样直接说话，学生在完成社会服务行为之后得到的反馈常常是滞后的，甚至是没有的，因此要求学生应具备更高的道德素养，需要有强烈的奉献意识，将社会服务视作自己发自内心的需求。服务社会的学生：①能够正确处理个人与他人、个人与社会的关系，并具有以社会需求为首要服务动机的意识；②能够主动迎合社会需求，并能以自己的服务行为影响他人，具有努力激励更多的人参与社会服务中去的意识。

四、社会服务的活动构成

(一)社会服务的活动目标

1. 社会服务的活动总目标

社区服务与社会实践是指学生在教师的指导下，超越单一的教室空间，参与社区和社会实践活动，以获得直接经验、发展实践能力、培养社会服务意识、增强公民责任感为主旨的学习领域。设置社会服务活动是加强未成年人思想道德教育的重要途径，是强化课堂、学校与生活、社会的联系的重要纽带，是增强学生对他人、对集体、对社区乃至整个社会的使命感、责任感和奉献精神的重要举措。通过学生参与服务活动促进学生的学习和发展；拓展知识，增长经验，增进社会适应与创新能力；主动参与社会实践，增强公民意识和社会责任感；服务社区和社会，对自然、社会和他人有责任心和爱心；发展自我，确立自信，培养独立意识。

2. 小学社会服务的活动具体目标

(1)增强服务意识，形成积极健康的生活态度

热心参与志愿者活动，参与公益活动，关心社区中的重大活动和社区存在的主要问题；关心他人，关心残疾人、老年人等群体，乐于为他们做一些力所能及的事情。积极面对生活学习中遇到的困难与挫折，对他人的帮助心存感激，并随时乐意帮助他人。通过社会服务活动，学生要逐渐认识到，服务和关心并不仅仅是给予，它更能带来心灵上的收获，在服务社会、帮助他人特别是帮助有困难人群的公益活动过程中会有痛苦也会有快乐，会有挫折也会有成就，这都是难得的教育资源，都有助于学生珍视生命、热爱生活和体验服务的充实与愉悦。通过社会服务活动，学生要逐渐理解帮助他人、贡献社会的体验是自己完全能达到的过程。这对于丰富学生的生存体验、全面提升学生的精神境界具有独特价值。

(2)培养社会实践能力，强化社会责任感

小学阶段要特别注意积极参与社会生活和适合学生特点的社会实践，通过形式多样的活动与实践，提高实践能力，获得社会经验。要学会对自己所做的事情负责，进而逐步增强对家庭、社会和国家的责任感。要懂得为人做事的基本道理，懂得尊重人、宽容人，初步形成与他人友好相处、共同成长的意识与能力，学着处理人与人、人与社会、人与自然的互动关系，初步树立心中有祖国、心中有集体、心中有他人的道德情感。这对于实现学生在认知、能力、情感态度价值观等领域的全面、协调发展具有重要意义。

(3)改变学习方式，提升学习质量

学生要力求在实践中，在服务社会、帮助他人的体验中寻求学习的动力，改变重书本学习、轻社会实践的现象，注重实践教育、体验教育，贴近实际、贴近生活，把学习场所从教室拓展到社区乃至整个社会，改变单一的学习方式和学习空间，使课堂知识学习和社会体验学习结合起来，将教学与生活结合起来，发掘蕴藏于邻里、社区乃至整个社会的有利于学生学习和成长的教育资源，充实学生的学习生活，全面提升学习质量。

（二）社会服务的活动内容

社会服务的内容领域是开放的，非常广泛，既可以从个人、家庭、学校和社区、社会等维度出发选择内容，也可以从服务社区、关爱他人和参与社会生活、进行社会实践等方面着手选择内容。一般来讲，可以从以下五个方面组织内容。

1. 走进社会

通过走进社会情境，接触社会现实，参与各种社会活动等途径，使学生理解社会基本运作方式、人类生活的基本活动，积累社会生活经验；理解社会规范的意义，并能自觉遵守、维护社会规范与公德；在社会实践活动中形成并增进法治观念、民主意识；在实践中发展社会参与能力，形成参与意识和较强的公民意识。通过参观、考察和探究，懂得科学技术与日常生活、社会发展的关系，形成正确的科学观。通过接触不同国家、不同民族、不同地区的文化，懂得理解、尊重文化的多样性。

2. 服务社区

通过社区活动，让学生熟悉社区的地理环境、人文景观、物产特色、民间风俗等方面的特点，继而萌生亲切感、自豪感，并懂得爱惜、保护他们；使学生经常留意社区中人们关注、谈论的问题，并能综合而灵活地运用自己的知识加以解决，从而掌握基本的服务社区的本领，形成良好的对于生活环境的情感和态度；使学生在服务的过程中学会合作、交往，形成团队意识和归属感，增强服务意识和责任感。

3. 珍惜环境

通过与自然接触，领悟自然的神奇与博大，懂得欣赏自然的美，对自然充满热爱之情。通过观察、考察身边的环境，懂得自己的生活与环境息息相关，加深珍惜环境的情感。通过保护环境的活动，懂得人们的生产、生活对环境的各种影响，熟悉环境保护的知识，掌握基本的技能，并能综合运用所学的知识解决环保中的问题，关注周围、社区、国家乃至世界性的环境问题，并养成随时随地保护环境的意识和习惯。

4. 关爱他人

通过和他人的接触、交流，学会理解他人的生活习惯、个性特点、职业情况，懂得尊重人、体谅人。通过体验个人与群体的互动关系，懂得他人和社会群体在个人生存与发展方面的重要性，体验关怀的温暖，对他人的帮助心存感激。通过与人交往、合作，形成团结、合作的精神。经常留意身边需要帮助的人，自觉而乐意地为他人服务，掌握志愿服务的有关知识和技能，对他人富有爱心，使学生在与那些由于他们的帮助而从中获益的人的接触中获得深刻体验、感受和满足。

5. 善待自己

通过各种活动感悟生命的奥妙、意义和价值。发现自己的优点和弱点，知道如何发挥自己的优势，弥补短处。能够了解自己的情绪，并学会用适当的方法控制和调节自己的情绪，进一步适应各种社会角色，正确理解个人价值。通过各种锻炼活动，掌握安全生活的常识，能够在危难中自救与求救，养成对自己生命高度负责的态度。懂得自己的权利和义务，能够学会用法律来保护自己。养成好的生活习惯、健康乐观的生活态度，愿意为创造美好的生活而不懈努力。

(三)社会服务的活动方式

1. 直接服务

直接服务是指由学生直接与服务对象接触，并提供必要的服务活动。例如：关怀空巢老人，为儿童说故事，为病人表演歌舞，到敬老院为老人服务，参与社区环境维护、政策宣传活动等。这种服务结束后能够带给学生直接的成果和反馈。

2. 间接服务

间接服务通常指通过短期的、团体的服务活动，开发和利用社区资源，帮助社区或处于不利地位的人群解决问题。如协助社会福利机构义卖、募捐、办理活动、布置会场等。学校组织的社会服务活动主要是以团体活动的方式进行，因为这便于学校的组织、计划和安排，也是出于对学生安全的考虑。

五、社会服务的活动准备

准备是高质量的社会服务的重要保证。在准备阶段，我们需要考虑这样一些基本内容：选择一项活动、制订一套活动计划及帮助学生做好各种准备。

(一)选择一项社会服务

作为活动的组织者，首先，教师应对社会服务的课程目标、实践及场所提出一些要求；其次，教师要帮助学生选择一项可实施的活动，由于教师、学生和活动内容的不同，选择一项社会服务的方法也不同。通常教师可以采用下面三种方法来帮助学生选择一项社会服务。

1. 根据社区需要或问题来确定活动主题

教师可以在班上开展一项头脑风暴活动，让学生提出自己发现的社区需要或问题，鼓励学生大胆地、创造性地想出尽可能多的观点；教师也可以让学生们课前通过访问邻居、进行一项社区调查或与当地社区机构联系来收集社区居民都比较关注的社区问题。如在上海一所小学四年级的综合实践活动课上，老师让学生们说说社区中大家遇到的主要问题。一位同学说有一天他收到小区居委会发给他家的宣传单，内容是关于小区垃圾分类处理的，而且还通知居民小区设立了两个彩色的垃圾箱……这个消息引来了班上孩子们各种各样的问题："那人们会按照这宣传纸上的要求做吗？""垃圾到底是怎样分类处理的？"……随后，老师决定利用综合实践活动课的时间来组织学生展开对这个问题的调查。

2. 根据一门课程目标来选择相应的主题

目前在小学，语文、数学等学科教师为了加深学生对所学学科内容的理解，他们组织学生参加了本学科有关的社会服务活动。自然地，学科教学与社会服务活动在目标、内容方面紧密地结合在一起。在这类活动前，教师们常常把活动目标呈现给学生，并提出一些问题来引发学生对活动的思考，如"通过服务于我们的学校和社区，我们如何来达到学科教学的某个目标？"石景山京源学校刘巍老师在她的政治课教学中非常重视实践活动环节。她认为"书本知识只有在实践中才能得到验证和发展，才具有实践价值"。一次，在政治课上，她向学生提出："在鲁谷小区投资开花店是否可行？我们如何运用我们所学知识来回答这个问题？"进而，她结合自己政治课的教学安排了校内外的一系列鲜花营销实践活动。她想通过活动，不仅能帮助社区（如证明了在鲁谷小区投资开花店是可行的），同时也使学生对市场经济的主要特点——竞争性、处理内部竞争关系的原则、鲜花营销的策略及成本和盈余有了更为深刻的理解。

3. 根据具体的生活或社会实践来确定主题

有些事件通常是突发的，如某地区受到自然灾害（地震、洪水等）的影响或学校里某位同学生病而发起的救助活动。无论社会服务活动是围绕一个社区问题、一个课程目标还是一种突发事件，学生、教师和社区成员还需要提出与之相关的许多子项目，每个小组的学生在组内对那些可行的子项目再做选择。在小组讨论中，参与者要充分讨论支持者和反对者对于每个子项目的想法，选择既能使社区发生变化又能促进学生的学习的主题。一般来说，小学生在选择时会更多地受个人兴趣影响，忽视了思考活动所需要的各种条件支持。为此，教师要帮助他们来进行选择。

（二）制订一套活动计划

在参与者确定了一个社区服务和适合实践活动之后，接下来就是去设计一套活动计划。如果可能，所有参加者，包括社区机构成员和一些服务的接受者都应该介入。

这样才能从多方面收集到更多的不同看法，从而保证社会服务活动同时满足社区和学生的需要。制订计划的小组不应该太大，但应包括与活动有关的各方面的主要成员。如一项小学的社会服务活动设计小组可以由参加活动的三位教师、一位社区机构成员、一名家长和两三名学生组成。

计划是社会服务活动的一个完整的框架与蓝图。计划应包括活动目标、任务分工、后勤服务和评价等。

1. 活动目标和任务分工

一项小学社会服务活动的目标一般涉及三个方面，即学生、学校和社会。例如：对学生的影响，目标可能指向学生在知识、技能和能力方面的发展、社会责任感的增强及公民态度的培养；对教师和学校的影响，目标可能包括社会服务与教师教学策略的整合、组织建设的增强、学校和社会关系的改善；对社会的影响，目标应详尽陈述学生对于学校或社会问题或需要所做出的贡献。目标一旦完成并经过各方同意，它将成为参与者评价社会服务是否成功的重要依据之一。接下来，就要在全班或小组内进行任务分工，人人都要有较为具体而明确的任务。想得越细越好，包括与社会服务有关的所有重点，越具体越好。从根本上说，计划将涉及参与者需要做什么、如何做、何时做、哪里做及谁做什么。制作一个表，把参与者需要采取的所有步骤都放进去，谁将做哪一步，把它写下来，分配下去。这样每个人都清楚正在发生什么，他们需要做什么。

2. 后勤服务

需要提供什么样的后勤服务？由于社会服务活动的种类、地点不同，社会服务的后勤服务也不同。但很多活动都涉及时间表、交通、责任和安全四个方面。

（1）时间表

在小学，学生参与社会服务的时间安排可以是多种多样的。教师和学生根据活动任务、学生年龄及活动场所的远近等不同来安排不同的活动时间。一般来说，有这样几种时间安排方式：第一，利用大块时间来开展，如在寒假或暑假集中来进行。通常是以小组的形式来开展，一些学校动员学生家长和社区成员参与社会服务活动的监督和管理；第二，指定一周半天、一个月一天或其他预先安排好的时间让全班学生一起去参加社会服务活动；第三，根据需要随时开展。如社会服务活动的场所是在学校周围或在学校内，学生可以根据活动的需要随时到活动现场。

（2）交通

如何解决交通问题对于社会服务活动的成功与否有着重要的影响。负责活动的教师应该事先安排怎样使学生到达社会服务场所，把学生的安全和责任问题放在心上。一般情况下，学校租车带全体学生到活动现场，或者有的学生家长自己开车把小组的学生送到活动现场。如果一些学校解决不了交通问题的话，负责活动的教师可以考虑从学校出发能够步行到的场所或使活动的内容侧重在学校问题上。

（3）责任

有关责任或危险的处理是社会服务活动的中心问题，让学生在社会开展活动涉及学生的个人安全问题。学校有责任保护学生免受伤害，学校也有责任保证学生在社会服务活动中不伤害他人。学校还有责任把他们意识到的与社会服务活动有关的危险通知给学生和家长，以得到家长的配合。

（4）安全

好的社会服务活动的管理包括危险的处理。教师不仅需要检查一下在社会服务活动中可能出现的问题，而且要熟悉处理危险的步骤。活动教师要了解所有参加者将要干什么，是否在安全地行使职责。

3. 评价

评价应该清楚地与活动计划中的目标相联系。如果评价要达到社会服务的预先目的——在重要问题和指定结果方面为活动的调查者和其他参与者提供反馈——收集信息的计划必须提早提出。参与者注意要收集以下方面的数据：活动中的参与者、受到社会服务影响的人们或环境、参加者取得的成果、各种活动的组织。作为评价的一部分，活动教师和参加者应该记录下他们的社区服务和社会实践的情况。提供记录是评价中重要的第一步，其他策略也经常需要使用记录去评估活动的目标是否实现。

（三）帮助学生做好准备

社会服务之前的会议和讨论是帮助学生准备的重要形式，那么我们如何利用会议和讨论呢？大致需要考虑以下方面。

1. 通过会议和讨论，教师进一步帮助学生了解社会服务活动中所遇到的各种问题，思考问题解决的策略

学校教师可以组织学生使用头脑风暴来一起想问题，想想在社会服务中可能出现的各种问题，并请同学集思广益来找出解决这些问题的策略。在实际中，一些教师没有对一些可预测的问题给予足够的重视，例如：学生就某个问题在社区的居民中展开问卷调查工作，有的同学很快完成了任务，而有的同学一上午没有完成一份问卷，还有的多次遇到的都是不合作的居民。尽管"不利的环境"是对学生的一个挑战，学生一旦战胜了困难，会倍增信心和勇气，但是我们作为教育者有责任帮助学生减轻恐惧，避免潜在的障碍，从而引导我们的学生去更快、更好地实现主要育人目标。所以，事先讨论活动中将遇到的问题是必不可少的关键一环。

2. 通过会议和讨论，教师帮助学生进一步明确和掌握社会服务所需要的基本知识和技能

学生在参加社会服务活动之前需要掌握一定知识和技能。但是每次活动由于活动

的任务、内容和环境等因素的不同，知识和技能的准备也存在差异性。要具体问题具体分析，不能笼统地说。为了使学生具备每次活动所需要的基本知识和技能，教师要在活动之前和学生一起来讨论活动中将要用到的基本知识和技能等。通过会议和讨论，一方面，教师在帮助学生了解自己掌握必备知识和技能的情况，诊断还有哪些基本知识和技能需要在活动之前掌握；另一方面，教师也在帮助学生丰富活动需要的知识和技能。

3. 通过会议和讨论，教师帮助学生进一步了解社会及其社会的合作者

既然是社会服务，那么就一定会与社会发生联系。教师可以召集参加社会服务的学生与参与活动的社会人士进行对话。通过对话交流，一方面，学生了解接受服务者的态度及其他与社会服务有关的社会情况；另一方面，学生也了解社会人员对他们的期望及在社会服务活动时所要遵循的工作规则和安全事项。例如：学生们在参加照顾孤寡老人的活动前，学校可以邀请居委会的负责人、有关学生和班主任一起来讨论学生们对孤寡老人的传统看法，并请居委会负责人进一步向学生介绍老人的实际状况。这样可以使学生能够快乐地参与服务，同时也使活动获得更大的成功。同时，在会议和讨论中要始终强调学生的参与，把学生放在非常重要的位置上。

准备是社会服务活动中的一个重要因素。在准备阶段，活动教师、学生和社区合作者等一起来选择一项社会服务活动，并且制订一套包括时间、参与者的责任和活动目标在内的活动计划，设计一项有效的、多方共同参与的活动。只有做好了充分的准备，学生才可能产生积极的学习体验，社会服务才能为学校和社区提供有价值的服务。

案例呈现

我是社区小医生

下面是"我是社区小医生"的社区服务活动中的部分活动安排。

1. 根据学生的年龄特点及实际，拟订授课及活动内容，把理论与实际联系起来。

2. 查阅生理卫生、医学、健康类书籍，收集资料。

3. 模拟情境，进行演练。

4. 由学生向有医务经验的家长代表、教师进行咨询。

5. 收集活动资料，如照片、体验感受、网上查询资料、活动记载等。

6. 成立"小喇叭宣传队"

• 培训红十字少年，组织以卫生健康为主题的培训、演出、知识竞赛等。

• 走进社区，宣传如何健康愉快地生活。

• 出宣传板报，提高学生自我健康教育。

• 在校园广播站开办"健康知识"专题讲座。

• 与卫生部门一起，走向街道开展宣传。

7. 成立"小小医疗队"

• 为学校同学服务：处理课间、秋游、体育竞赛活动中出现的意外事件。

• 利用双休日走进社区，为社区老人量血压，检查身体健康状况，为老人捶捶背、梳梳头，和他们聊天、给他们喂药等。

解读案例：案例从社区服务这一活动领域切入，同时关照了哪些活动领域？

　　[资料来源]姜平、胡良君、汪明春：《综合实践活动课程的实施》，128 页，北京，高等教育出版社，2003。

第三节
小学社会服务的活动实施

　　《中小学综合实践活动课程指导纲要》明确规定社会服务的关键要素包括：明确服务对象与需要；制订服务活动计划；开展服务行动；反思服务经历，分享活动经验。这四大关键要素界定了完整实施的社会服务活动的基本样貌。

一、明确服务对象的需要

　　开展一项社会服务活动是从确定服务对象及其需要开始的。服务对象的选择可从三个范畴来考虑：一是它可以是人，也可以是机构或组织；二是除了人之外，还包括动物、植物、环境等；三是从地域上来看，服务对象可以来自学校、社区、国家和国际社会。

　　确定服务对象就是确定服务对象的需要。开展高质量的服务是社会服务的基本标准之一，而要保证服务活动的高质量，在技术层面上首先要深入研究服务对象的真实需要，不认真研究服务对象需要的社会服务活动，往往是无效和无意义的，甚至可能给服务对象造成干扰或损害。

　　可直接接触的社区(学校、学校周边社区、家庭所在社区)构成了学生可感受的日常生活空间，因此，从有利于直接开展服务活动的角度来说，社会服务活动的服务对象主要来自这样的社区。相应地，对于开展社会服务活动来说，一条重要的途径是调查所在社区和周边社区的需要。调查的方式包括个人的观察和体验、关注媒体报道、问卷调查、访谈及咨询社区机构等，通过调查得出的需要有各个方面的，例如：校园的某处需要绿化，低年级的某些学生需要学习辅导，社区里某所孤儿院的孩子需要陪伴和关心，社区里某个孤独的老人在生活上急需要他人帮助照料，等等。

二、制订服务活动计划

　　制订服务活动计划在很大程度上决定着服务过程的质量。制订计划要经过一个前期调查研究和协商讨论的过程，虽然在这个过程中要尊重学生的主体性，即推动学生以主体身份参加服务计划的构想和设计，但是这个过程离不开教师的参与指导。制订服务活动计划要通盘考虑社会服务活动前后各种要素。可根据服务学习的内容和形式制订不同样式的服务活动计划，但一般来说服务活动包括服务对象及其需要、活动目标、活动内容、需要运用的资源和前期准备、活动时间和地点安排、反思方式、展示和交流方式等。

(一)社会服务的质量标准

制订高质量的社会服务需要考虑以下三个标准。

1. 真正研究了解服务对象的需要

社会服务计划的制订要针对服务对象的真实需要，如果对服务对象需要的认识不足，则服务活动计划就不能有针对性地聚焦，从而服务活动对被服务对象来说可能是无关紧要的，甚至可能提供的是一种负效用的服务，这种服务对服务对象来说就是一种负担。例如：如果我们的服务对象是"关怀某位孤寡老人"，那么我们就要考虑这位孤寡老人需要什么样的关怀。如果我们只是从自己的角度考虑，则我们可能会认为"既然他是孤寡老人，那他肯定比较孤独，需要和人交流"。基于这种推论，我们在计划中设定的服务项目是定期找这位老人聊天，但实际上这位老人也许就是喜欢独处，那么定期地上门聊天对这位老人来说可能就是一种负担而不是一种需要。

2. 以研究为基础

社会服务计划应该是研究的产物，研究是为了让制订的服务活动计划更具有科学性、合理性和可行性，不以研究为基础的计划很可能是随意、凌乱或不具有可行性的。研究就是要调查和确认服务对象的真实需要，就是要对信息、条件和资源进行客观的分析，并在此基础上提出具体的行动构想和目标，就是对行动构想和目标的可行性和操作性进行客观的衡量。当我们通过做问卷调查和访谈了解服务对象的需要或获取相关的信息时，我们是在做研究；当我们进入现场进行观察和体验时，我们是在做研究；当我们对社会服务的过程和结果进行结构性反思时，我们是在做研究。当我们把这些研究行为落实在或统一在一个社会服务活动中时，我们就可以说我们的社会服务活动是以研究为基础的。

3. 基于学校情况

综合实践活动中的社会服务强调服务活动的教育属性，这也就是服务活动对教育者的意义所在。社会服务所产生的教育意义很大程度上与教师预先在指定服务活动计划时有意识地安排服务活动和课堂学习的关联程度有关。在计划中，最好把服务活动与课堂学习内容可能有的联系详细地罗列出来。在服务活动与学科课程的学习之间找到更多的联系，一方面要让服务活动服务于学科教学的需要；另一方面则主要运用学科知识，从学科视角拓展深化服务活动的方案设计。

(二)社会服务的计划框架

一项完整的社会服务计划大致包括以下八个部分。

第一，服务者。服务者通常是一个服务团队或服务小组，在方案中首先要明确小组成员的角色分工。除小组长之外，每个人都承担服务过程中的某种任务，另外还可以设置如联络员、摄影员、资料员、美工等。小组成员的角色分工，最好采用民主协商的方式进行，慎重运用指派的方式。小组成员每个人的知识和特长各有不同，通过民主协商把每个人安排在不同的角色分工上，使其才尽其用。

第二，服务对象。可以列出一个服务对象的清单。

第三，服务活动的目标。包括针对服务对象的服务行动目标和针对服务者的学习目标。

第四，具体的服务行动内容。就是要考虑提供哪些服务劳动以满足服务者的需求，实现服务活动的目标。在这个过程中要结合考虑采取哪种服务活动方式，如是提供直接服务，还是进行公益宣传、通过义卖或勤工俭学的方式获得一些报酬并用于服务对象，或是这几种方式的整合等。

第五，需要运用和开发的知识和技能。包括学校里所学的学科知识。

第六，需要获得的外部支持。

第七，反思和分享的方式。

第八，时间安排和行动步骤。这里需要强调的是，鼓励学校利用暑假这种特殊的机会组织学生开展社会服务活动，但是不鼓励把服务活动一味推到暑假中来，因为这样的做法似乎表明社会服务活动是与正规学校教育时间格格不入的东西，尤其是当把社会服务活动放在暑假中由学生自行完成时，这样的社会服务活动通常难以完整地体现社会服务的关键要素，并且无法对社会服务过程进行监控。

案例呈现

保护×××河的服务活动计划

一、服务者和服务对象

1. 服务者：某班全体同学，组长×××。

2. 服务对象：×××河。

二、活动目标

1. 身体力行地为×××河的治理做出点儿贡献。

2. 了解河流的生态现状及历史变迁。

3. 提出具体的河流生态保护建议和倡议。

三、主要行动内容

1. 重点确定对河流某段流域进行现场考察和研究。

2. 采集生物样本和水样本进行研究。

3. 考察河流沿途的生产、生活情况，寻找污染源。

4. 认养某段河流区域，经常清理河岸垃圾。

5. 通过图片展等方式宣传河流保护。

6. 撰写研究报告提交给相关部门。

四、需要运用、开发和培训的知识和技能

1. 安全保护知识和技能。

2. 数据采集和记录技能。

3. 团队沟通和合作技能。

4. 与社区的合作和沟通技能。

5. 文字写作技能。

6. 摄影、摄像、绘画等技能。

五、需要获得的外部支持

1. 教师的支持：科学课教师、信息技术教师。

2. 当地村委会的支持。

3. 镇相关负责机构的支持。

4. 相关专业机构的支持。

六、时间安排和行动步骤

为期半年，具体安排……

七、反思和分享的方式

1. 坚持撰写活动日志，记录考察的体验和感受。

2. 找时间专门进行课堂讨论。

3. 撰写小论文。

4. 图片展或视频展示。

5. 发放宣传资料。

6. 在学校刊物、当地媒体等发表文章。

[资料来源]杨燕燕、仲建维：《社会服务与职业体验》，71～72 页，河北教育出版社，2019。

三、开展社会服务活动

开展社会服务活动是社会服务过程最有生机和活力的一个环节，因为主要是在这个环节真实体现着个人与社会之间的鲜活交互关系。不过，在进入服务现场之前必须做好扎实的准备工作。除了指物质资源等方面的准备外，更重要的是要做好行动前的培训工作。培训内容主要包括三个方面：相关的知识、技能方面的教育培训；使用工具等方面的专门培训；活动过程安全等注意事项的培训。

(一)保证服务活动有条不紊地展开

行动是对计划的落实，既然制订了详细的计划，就要保证计划尽量得以实现，让学生看到自己的计划和主意得到实现，会进一步鼓舞学生把社会服务行动继续进行下去。这一点可以通过小组成员的人员分工来实现，如设置小组长或设置专门的分工角色来负责组织协调和反馈等工作。需要说明的是，在进入服务活动现场时，有一些基础性工作可能需要由教师完成或由教师主导完成，如联系社区人员等。

(二)做好行动记录

做"行动记录"的意义有两个方面：首先，做行动记录的过程本质上就是记日记的过程，其直接意义是记载和留住一段过程，进而与他人一起分享行动过程里所发生的故事；其次，做记录的过程是一个推动学生进行思维整理和反思的过程，在记录的过程中学生留心某些事情，并在这种留心中发现某些信息、整理自己的体验、检讨过程中的问题和提出进一步的行动设想，进而通过这种思维整理，可以保证行动的连续性和合理性。"行动记录"的内容包括：我今天做了什么工作？今天发生了什么事情？今天有什么收获？今天产生了什么问题和困难？今天有没有产生新的措施和想法？今天收集了哪些素材(文字、图片、视频等)？做行动记录可以参考如下模板(见表5-1)。

表 5-1　行动记录模板

项目	内容
行动时间和地点	
今天做了什么？	
今天发生了什么事情？	
今天收获和体验到了什么？	
有没有新的措施或想法？	
添加一两幅代表性的照片或艺术作品	

(三)修正行动计划

根据服务行动所产生的真实的结果，考虑是否对计划做更新或调整。行动过程要关注预设性和生成性的统一，行动中既有预设性部分，也有生成性部分，预设是在制订计划阶段完成的，相应地，预设性行动就是落实计划，生成性部分则产生于行动过程。当进入现场展开服务行动时，可能会发现原来的计划行不通，服务期间产生的问题超出了我们的解决能力范围，或者发现原有的知识、技能或资源缺失或不足以满足服务行动的需要，或者真实的服务效果可能达不到预期甚至产生了与预期相反的效果，或者产生了比原计划更好的想法，这时候就可能需要重新调整计划或重新学习某些知识和技能。制订服务计划和展开服务行动之间的关系并不是线性的或单向度的。

（四）基于社区资源

社会服务活动相较于其他活动方式更多地要求和"社会"打交道。社会体现为一个个的政府机构、社区、组织、企业等，我们把这些社会实体单位为学生参与服务活动所提供的支持统称为社会支持。无疑，没有这种社会支持，社会服务活动是很难实施或很难保证质量的。在社会服务活动开展过程中，学生会和一些人群打交道，这些人包括警察、社区管理员、福利院人员、孤儿院人员等。可以说，他们都是专业的社会服务者，他们以自己的服务活动贡献于这个社会。他们以自己的专业工作诠释着服务和服务精神的意义，他们拥有丰富的社会服务经验，他们创造了许许多多关于社会服务的故事。同时，在这个过程中他们形成了对公共责任的理解。社会服务活动开展过程中，鼓励学生以访谈、请教的方式分享他们的社会服务经验和故事，分享他们自己对社会责任感的理解，这是培养学生社会责任感的重要方式。

四、反思社会服务活动经历

反思是社会服务活动非常重要的构成性特征。反思本质上是一种发现联系的探索，对于社会服务活动来说，反思至少包括下面两种意义：一是反思促进形成自我意识。反思嵌入人们的意识，推动着人们思考自己的知识、经验和情感，从而获得新的情感和认识的转变和成长。二是反思改进和完善服务活动学习过程。服务行动的过程还有许多看不见的思维盲区、行动缺点和迷思，因此需要回过头来进行反思性监视，反思发挥着向前看的功能，反思带来的学习成果会被吸纳到服务活动的过程之中，从而成为进一步影响和改进服务活动的过程和特征的建构性要素，并且维系着服务学习过程的持续性。反思渗透于服务活动的全过程，但是反思也是社会服务过程的一个专门步骤和阶段，这个阶段发生在服务行动结束之后，它有助于学生更全面完整地审视整个服务过程和学习体验。就反思形式来说，可以运用多种形式，如撰写小论文和组织讨论。

五、分享社会服务活动经验

分享社会服务活动经验是社会服务活动过程的一个必要阶段。分享本质上即展示、庆祝和邀请。学生都有表达和表现的需要，创造舞台让学生公开展示自己的成就，这体现了对学生的社会服务活动成果的认可和尊重，这种认可和尊重会激励和鼓舞学生进一步参与社会服务活动。对于参与这种分享的他人来说，自然也能通过这种分享获得某种间接经验和启发。

分享的形式多种多样。从学校的层面来说，学校可以编制一份报纸或在校园里开辟展示专栏，展示服务学习参与者的人名和照片及服务学习的成果。不过，更应该充分尊重学生对某种分享形式的偏好，如鼓励学生通过文章、图片、艺术作品、视频、幻灯片和表演等进行展示和分享。

案例呈现

走进社区：小公民环保政策宣传

活动背景：2008 年 6 月 1 日国务院办公厅颁布的"限塑令"开始正式实施，但效果不尽如人意，许多问题依然如故。究其原因，一方面，许多人对政策细则不了解，致使该法规形同虚设；另一方面，人们长期形成的习惯积重难返，加之执法不力，在农贸市场等地方此法得不到贯彻。以此看来，"限塑"任重道远。扬州市工人子弟小学是江苏省"绿色学校"，长期开展环保教育，具有进行"限塑"政策宣传综合实践活动的良好基础。此外，学校所在社区居委会也正在宣传"限塑令"，为主题活动提供了有力的社会支持。开展环保政策宣传，从学生身边的事做起，扩大到家庭、社区乃至整个社会，同时培养学生的服务意识、责任意识和公民参与意识。

一、活动方案设计

（一）活动准备

1. 教师准备

(1)引导学生对问题进行分类整理，从不同方面了解"限塑令"相关内容。

(2)指导学生根据自己不同兴趣进行分组，并选举小组组长。

(3)指导学生撰写宣传单和申请报告。

(4)指导学生学习相关行政办事程序，协调社区和环保局相关人员。

(5)筹措活动经费和所需物质。

(6)制订各小组活动指南。

2. 学生准备

(1)根据学生的兴趣特长，成立相应活动小组。

(2)学会写调查报告、访问记录、申请报告、活动日记等。

(3)学会使用相关的信息技术。

(4)在老师的指导下，了解国家法律、法规及行政办事程序。

3. 社区人员准备

(1)某市场管理人员为学生开展活动提供支持和力所能及的帮助。

(2)小区管委会为学生宣传活动提供场地和其他活动条件。

(3)社区政策宣传员协助学生了解政策发挥细则，提供政策资料。

(4)工商管理部门和环保部门为学生了解宣传申请程序提供法律、法规资料和帮助。

（二）活动目标设计

1. 基础性目标

(1)让学生了解社区的一般性知识。

(2)了解个人行为与社会的关系，学会做负责任的小公民。

2. 发展性目标

(1)知识目标：上网搜集资料，了解国家法律、法规、社会公共政策方面的基本知识。

(2)技能目标：培养社会参与、理性决定及实践能力；培养表达、沟通及合作的能力；培养探究的兴趣及研究、创造和处理信息的能力；发展批判思考、价值判断及解决问题的能力。

(3)情感态度价值观：通过活动体验，培养对社区及整个社会的认同和关怀；培养民主素质、法制观念及负责的态度；增强服务意识，形成积极健康的情感体验和充实进取的生活态度；培养学生了解自我与自我实现的能力，发展积极、自信与开放的态度。

二、活动实施过程

(一)活动实施

第一阶段：准备阶段

1. 确定各小组活动主题

根据"环保政策宣传"的主题，在教师的指导下，同学们自愿成立六个小组：(1)信息搜集组，收集相关政策和塑料袋的危害等信息；(2)调查访问组，调查居民是否了解这项政策和小区塑料袋的实际危害；(3)宣传单设计组，根据以上两组收集的资料设计宣传单；(4)宣传申请起草组，了解宣传活动申请的程序并起草宣传单；(5)宣传组，负责联系居委会，散发传单和讲解政策；(6)环保袋设计制作组，设计和制作环保袋。

2. 以小组为单位制订活动方案

由于有了前期的准备，孩子们在活动策划时很快进入角色，围绕自己的活动任务策划行动计划，并由小组长撰写计划书。

3. 选举小组长

在教师的指导下，各小组按照民主原则选取各组小组长，小组长为各组的活动召集人和带头人，负责小组的全部活动。

第二阶段：实施阶段

利用节假日时间，学生开展为期一个月的活动，活动以学生为主，教师、班主任、家长协助指导，具体活动实施情况如下(以两组为例)。

调查小组：

1. 设计问卷：先上网收集资料，列出信息点，然后设计问卷。

2. 进入小区、菜场发放问卷(发放问卷50份，回收41份，有效问卷30份)。

3. 问卷调查结果。

4. 问卷结果分析。(略)

环保设计与制作小组：

1. 图样设计阶段。环保袋设计、制作小组共有8人，成员之间分工协作，该阶段主要准备布、纸等材料，设计图样，然后进行裁剪。

2. 环保袋的粘贴和装饰。(1)把裁剪好的材料该粘贴的地方用双面胶粘贴起来；(2)在环保袋的上半部分的中间打两个一样大小的孔；(3)寻找两根带子穿孔；(4)对环保袋进行装饰。

第三阶段　总结阶段

1. 资料收集整理。

2. 各组实现资源共享。

3. 活动成果展示。(略)

4. 宣传活动成果。

(1)申请小组制作的广告宣传活动申请表。(略)

(2)宣传单、宣传画小组设计的宣传单与宣传画。(略)

5. 信息收集小组成果。(略)

6. 学生的个人活动收获。活动中及活动结束后，指导教师让学生写活动日记，这样便于学生在活动的过程中反思自己的行为，并以活动日记的形式体现出来，这可以使学生在反思中获得知识、技能，取得活动的效果和学生的自我效能感。

三、活动评价

（一）对活动方案的评价

（二）对小组的评价

（三）对学生的评价

1. 学生自评与互评。活动后，让参加活动的孩子对自己进行自评，反思自己在活动中的表现，发现自己的优点和缺点，同时展开互评。通过自评与互评，促进学生学会在反思中成长进步。

2. 社区人员对学生的评价：在社区服务活动中，社区人员协助并指导学生开展活动，在活动中社区人员与孩子们接触，了解他们在活动中的表现。此外，社区人员还可以对学校开展的活动提出自己的宝贵意见，促进学校的综合实践活动的开展。对学生、学校、学校与社区的合作进行评价是社区人员的义务和责任。

3. 指导教师对学生的评价：指导教师参加活动的筹划、准备、实施等阶段，对整个活动全程充分了解。他们的评价具有全局性和反思性，对以后此类活动的开展意义深远。

4. 家长对活动和孩子的评价：家长与自己的孩子生活在一起，了解孩子的生活习性、优缺点等方面，可以对活动及其对孩子的影响做出评价。

［资料来源］邹双武：《公民教育社区服务活动课程研究》，硕士学位论文，扬州大学，2009。

【本章小结】

社会服务是学生在教师的指导下走出教室，参与社会活动，以自己的劳动满足社会组织或其他人的需要，它强调学生在满足被服务者需要的过程中获得自身发展，促进相关知识技能的学习，提升实践能力，成为履职尽责、敢于担当的人。其形式有公益活动、志愿服务、勤工俭学等。它有助于转变学生的学习方式，丰富学生的生命体验，增强他们的社会责任感，增长学生的实践智慧。社会服务具有服务性、社会性、实践性等特点。

在对社会服务活动进行设计时，需要依据三大因素：回应时代发展和教育改革的必然要求；落实党的教育方针和立德树人根本任务；引导小学生自我完善并培育其公民素养。在对社会服务活动主题进行选择时，需要考虑的因素有：基于实际需要；体现地方文化特色；坚持主题利用的可持续性；重视经验的衔接。小学生社会服务活动的主题内容包括三个方面：自我服务；对他人的服务；对社会的服务。这三个方面的服务形式呈螺旋上升的趋势。小学社会服务活动的目标表现为：增强服务意识，初步形成积极健康的情感体验和充实进取的生活态度；参与社会实践，培养实践能力，强化社会责任感；改变学习方式，提升学习质量。社会服务活动的内容可以从以下五个方面进行组织：走进社会；服务社区；珍惜环境；关爱他人；善待自己。社会服务活动的方式有直接服务和间接服务。在小学社会服务活动的准备阶段，我们需要考虑这样一些基本内容：选择一项活动、制订一套活动计划及帮助学生做好各种准备。

社会服务活动的关键要素包括：明确服务对象与需要；制订服务活动计划；开展服务行动；反思服务经历，分享活动经验。这四大关键要素界定了完整实施的社会服务活动的基本样貌。

【章后练习】

1. 与综合实践活动的其他活动方式相比，社会服务的特殊性表现在哪里？它有何价值？特点有哪些？具体活动形式有哪些？以小组为单位，请结合某个具体社会服务活动讨论与交流，并全班分享小组讨论结果。

2. 社会服务不是单纯提供简单的劳动、服务，而且更加强调在服务中将所学知识运用于社会并解决问题，同时通过服务开展学习。请结合你周围的社区条件，设计一个学生小范围的社区服务或社会实践活动的具体方案，在设计时要注意加强方案的针对性和可行性。

3. 设计方案：依托你所在学校的社区环境，设计一个从家政服务内容入手的综合实践活动方案。

【拓展阅读】

1. 郭元祥 . 综合实践活动课程的实施[M]. 北京：高等教育出版社，2003年版。

2. 宋乃庆、靳玉乐 . 综合实践活动课程实施案例[M]. 重庆：西南师范大学出版社，2004 年版。

3. 陈树杰 . 综合实践活动课程引论[M]. 北京：首都师范大学，2010年版。

4. 杨燕燕、仲建维 . 社会服务与职业体验[M]. 石家庄：河北教育出版社，2019 年版。

5.[美]尼内斯特·波伊尔 . 基础学校：一个学习化的社区大家庭[M]. 王晓评，译，北京：人民教育出版社，1998 年版。

第六章

小学综合实践活动
领域 3——设计制作

章结构图

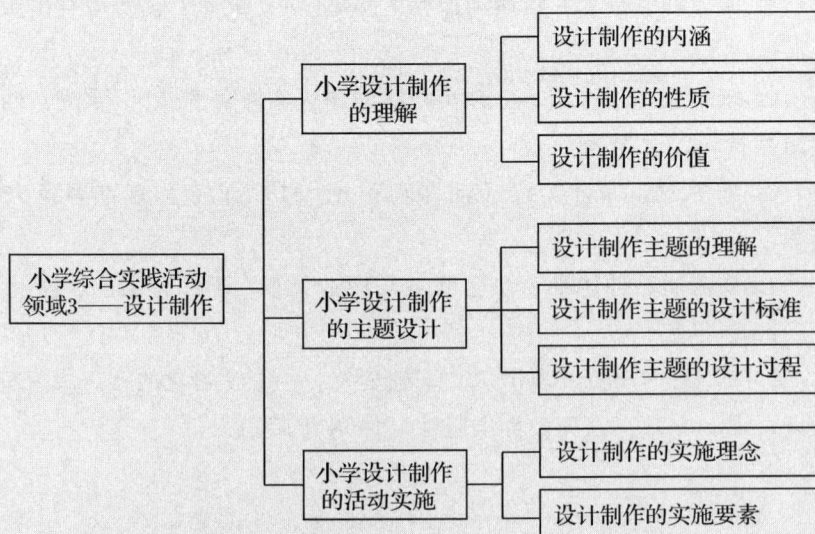

本章介绍了综合实践活动的重要活动方式——设计制作的相关内容。主要涉及小学设计制作的理解、小学设计制作主题的设计、小学设计制作活动的实施三大模块。首先，在设计制作的理解部分，诠释了设计制作的内涵、性质与价值；其次，在设计制作主题的设计部分，阐述了设计制作主题的理解、设计标准和设计过程；最后，在设计制作活动的实施部分，介绍了设计制作活动的实施理念和实施要素。

学习目标

1. 理解设计制作的内涵、性质与价值。
2. 能结合具体设计制作活动进行主题设计。
3. 能依据具体情境实施具体的设计制作活动。

章前导语

设计制作是综合实践活动课程的四大主要活动方式之一，主要包括劳动技术、信息技术两部分的传统内容。在强调设计思维和全民创客的时代，设计制作尤具有重大的意义。它是对当前科学与技术迅猛发展所做出的教育回应，也是综合实践活动体现教育与生产劳动、社会实践相结合教育方针、落实立德树人根本任务的重要途径，具有特定的内涵、价值、设计理念和实施框架。

想一想：与综合实践活动的其他活动相比，这类活动有何独特价值？如何对某具体设计制作活动进行主题设计与实施？在开展这类活动过程中，积累了哪些经验？遇到哪些困难？

带着这些问题进入本章节的学习。

第一节
小学设计制作的理解

一、设计制作的内涵

2017 年 9 月教育部印发的《中小学综合实践活动课程指导纲要》指出"设计制作是指学生运用各种工具、工艺(包括信息技术)进行设计,并动手操作,将自己的创意、方案付诸现实,转化为物品或作品的过程"。适当的设计制作活动是一个发现问题、界定问题,以及通过创造性使用各种材料、工具和技术解决问题的学习与创造过程。

从狭义上说,设计是为了提升后续创新行为品质,而在开发某事物或解决某问题之前所进行的系统精细的规划及观念生成的过程。从广义上考虑,设计本身就是一种建构,而不是为建构所做的准备,包括视觉的、空间的、造型的及问题解决方案构思等方面的建构。综合实践活动的设计正是通过为现实世界中的问题建构创造性解决方案而进行学习的过程,具有"基于项目的学习(project-based learning,PBL)"和"基于设计的学习"(design-based learning ,DBL)的特征,体现的是具有百年历史的"设计理念"和"设计教学法(project method)"的价值诉求。

制作是儿童本能之一,通常是指对原材料进行手工拆解、装配或加工,形成人工制品并理解其工作原理。相对于基于教科书的文化知识传授倾向来说,基于制作的学习具有典型的"操作学习(Hands-on Learning,HOL)"特征,更加倾向于杜威所提出的"做中学"实用主义教育观,强调在真实世界中开展实践性操作、体验性学习。技术孕育的是一种更加强调动手能力的、基于活动的教育。综合实践活动课程通过为学生提供手工制作、数字制作实践机会与环境,促使其成为人工制品的制造者,而不仅仅是消费者。

可见,设计制作是以尊重学生的制作本能为思想基础,以参与实践为特征的创造性学习活动。它是为实际生活中的问题建构具有创造性的解决方案,并基于已掌握的方法、原理及利用相关工具和材料进行实际制作的综合实践活动。

二、设计制作的性质

(一)创造性

设计制作的基本目标为"创意物化"，要求学生将一定的想法或创意付诸实践，发展学生的实践创新意识，并增强其创意设计能力。设计制作以设计和制作为基本的活动方式，鼓励学生手脑并用，为学生的创造力发展提供途径和平台。与传统学科课程、活动方式不同，在设计制作活动中，特别是在设计过程中，学生个体的想法或创意是活动的灵魂与核心，活动始终围绕学生的"设计构思"进行。无论是基于信息技术的编程、动漫制作、机器人设计，还是基于劳动技术的陶艺设计、手工制作、工具创新，都需要学生在掌握相关知识点的基础上，结合生活实际，发挥自己的想象力和创造力，设计出属于自己的、独一无二的方案或作品。设计制作没有标准的、固定的答案，它本身就是一个问题寻求多元解决的过程，也是学生创造力碰撞的舞台，创造性是其最基本的性质。

(二)操作性

设计制作是将"做中学"和"学中做"相结合的学习活动，强调在真实世界中开展体验性学习和实践性操作，具有较强的实践操作性。其活动过程要求学生将头脑中的想法和创意转化为实际的产品、作品，以学生的动手操作、个人实践为基础，强调学生通过技术操作、劳动实践获得直接经验和操作体验，并将已学到的间接经验、理论知识应用于实际操作与问题解决的过程之中。此外，在创意物化的过程中，学生需要操作各种工具、器械，通过对工具的操作实现个人创意的物化，它不仅强调活动中学生的技术操作，也能凸显学生在活动中的全身心参与，摆脱传统教学手脑分离的局限性。设计制作以发展学生的动手实践能力、技术操作为出发点，鼓励学生手脑并用，最终实现理论与实践相结合，加深学生对知识的理解，促进学生的知识迁移与运用。

(三)跨学科性

设计制作活动内容涉及信息技术与劳动技术两大方面，其内容具有跨学科性，如基于信息技术的动漫制作，要求学生在掌握计算机网络基本技术的同时，还要有绘画、美学等多方面的知识与技能。而基于劳动技术的手工制作，如设计制造建筑模型，需要学生了解一定的房屋结构、材料性质，具备初步的识读图纸能力及审美能力，这都体现了科学、艺术、技术、道德等多方面的融合，具有极强的跨学科性。此外，它鼓励学生综合运用多种知识和技能，将所学的知识运用于解决与自己生活息息相关的问题。在创意设计、操作实践的过程中，学生能感受到对多门学科知识的综合运用，以及知识、技能与生活实际的联结，促使彼此隔离的知识、技能在活动过程中互相融合，从而有助于学生融会贯通地运用各类知识和技巧，提高知识的迁移能力水平，促进学生的全面发展。

(四)反思性

在设计制作活动中，反思与改进既是活动的重要环节与步骤，也是对学生高级思维能力和学习能力的培养过程。反思作为活动的重要环节之一，实则贯穿了活动的全过程。学生在整个设计制作活动中需要及时进行反思，即通过小组或集体的讨论、交流不断对现有方案进行思考与改进，吸取他人的优秀经验和结论，从而在实践中不断优化自己的方案与作品。设计活动在第一次活动结束后进行评价修改，学生针对现有评价进行第二次活动过程循环，可以是全过程循环，也可以是部分环节的循环。在循环中实现螺旋上升，最终实现方案和作品的代际更迭。

三、设计制作的价值

设计制作在本质上需要的是深度参与实践性设计、协作学习，以及计算思维、工程思维、创造思维和反省思维等，从而具有独特的教育价值。

(一)有利于促进学生深度学习

"学会学习"是时代发展对于当代学习者提出的要求，也是我国学生发展核心素养之一。要发展这一素养，需要从学习的"获得"隐喻转身"参与"隐喻。学习设计存在这样的悖论："学生无法理解他要学习的东西，只有通过开始做他尚且不理解的东西，在做的过程中才能教育自己。"[1]从这个意义上来说，"参与实践促成学习和理解"[2]。

设计制作鼓励学习者能够结合自身兴趣爱好与现实需要，对具有"理智悬念"的问题做出观察与思考，提出多种问题解决的方案，并创造性运用各种活动材料和工具，将理论、概念等应用于实践，产生实践结果——创意物化，从而获得更加丰富、具体的经验(concrete experience)。此时，学习涉及对自身所处的真实世界和工具本身的理解，学术性学习与真实世界的联系得以加强，学习本身的内涵也超越了浅层意义上的"获得"，走向更为深度的学习。

---

① [美]唐纳德·A.舍恩：《培养反映的实践者：专业领域中关于教与学的一项全新设计》，郝彩虹、张玉荣、雷月梅、王志明，译，94页，北京，教育科学出版社，2008。

② [美]戴维·H.乔纳森、苏珊·M.兰德：《学习环境的理论基础(第二版)》，徐世猛、李洁、周小勇，译，32页，上海，华东师范大学出版社，2015。

(二)有利于增强学生的实践创新能力

实践创新能力、开发高质量产品的能力或生产力是 21 世纪学生发展核心素养内容。对于如何实现这些素养的发展,心理学提供了三种思路:"其一是在教学中注重与创造力相关的思维方式和行为倾向;其二是在课程设置和教学上为学生创造空间,鼓励他们根据自己的特长和兴趣对现实、知识和意义进行独特的建构;其三是通过参与特定领域(艺术、科学、商业、技术)共同体的创造实践活动培养与之相关的习惯、性向、知识,从而形成专长,并跃升到创新的理念、方法和产品的新水平。"①从设计制作的立意来说,以上思路均有所体现,而第三种思路尤为突出。人们逐渐意识到身体作为创造力的核心基础意义。

设计与制作正是借由信息技术类、劳动技术类活动,发掘学习者身体的生产性力量,培育其实践创新能力。一方面,学生通过经历丰富多彩的劳动活动,在了解劳动世界、理解劳动意义、获得积极劳动体验的基础上,形成较强的劳动意识,尤其是尊重他人劳动、愿意参加劳动等积极的劳动观念和态度。另一方面,通过安全而有责任心地参与通用技术、信息技术实践,学生对技术与人类文明有更深入、全面的理解,对技术发展与解决问题有较大的兴趣和较强的能力。同时,在创意设计和创意物化中充分发展工程思维、计算思维、材料认知能力,相关的审美意识、安全意识、经济意识、质量意识、环保意识,以及关心社会发展的责任意识等,从而形成自信而批判性使用技术的技术素养。此外,设计制作作为一个问题解决的过程,学生通过经历如何辨别问题、评估需要,如何思考各种选择及其约束条件,如何制订计划、建模及迭代的方式解决问题等,进而发展将未知情境转化为已知情境及在复杂环境中行动等重要问题的解决能力。

(三)有利于发展学生的动手实践能力

设计制作具有实践操作性,需要学生在动脑的基础上动手,亲历实践。与传统学科教学注重教材知识授受、理论学习不同,设计制作强调学生在学习活动中对所学知识、技能的切身运用,从单一的、抽象的理论学习转变为多元而具体的动手实践。在设计制作活动的具体实施环节,如设计、选择工具和材料、制作、交流展示、反思改进,都强调了学生自己的切身实践,特别是在制作环节,学生通过自己的双手将所学习到的知识、所掌握的技能转化为实际的物品或作品,这样既有助于学生加深对知识的理解和掌握,也有助于学生增强自己的动手能力,能充分发挥孩子好动的天性,在活动

---

① [英]Anna Craft:《创造力和教育的未来:数字时代的学习》,张恒升,译,总序 9 页,上海,华东师范大学出版社,2013。

中激发他们的探究欲，让他们在充满乐趣的实践活动中完成自己的作品，同时也完成知识和技能的学习。

(四)有利于培育学生的劳动素养和技术素养

劳动素养包括劳动态度、劳动品质和劳动能力等要素，是人们在劳动实践、劳动体验中逐步形成的。学生通过丰富多彩的劳动活动，在了解劳动世界、理解劳动意义、获得积极劳动体验的基础上，形成较强的劳动意识，尤其是尊重他人劳动、愿意参与劳动等积极的劳动观念和态度。而技术素养是指人的技术意识、技术实践能力、技术创新能力等多方面的相关能力，是"人的现代化"的重要标志。学生通过参与信息技术活动，能够对技术与人类文明产生更深刻、全面的理解，产生对技术发展与用技术解决问题的兴趣和能力，最终形成正确、合理使用技术的技术素养，形成技术伦理。而设计制作活动正是包含了劳动技术与信息技术两大方面的内容，学生通过多种多样的劳动实践及信息技术实践活动，从而获得劳动素养与技术素养。

(五)有利于提升学生的自主学习能力

设计制作活动从活动主题的选择到最后的反思改进，都需要学生从传统教学中的"接受者"转变为活动中的"决策者"。设计制作活动鼓励学生从自己的兴趣和爱好出发，通过与同伴、教师的沟通自主完成设计方案，并按照自己的设计方案完成作品的制作，特别是在最后的反思与改进阶段，实则是学生对自己活动全过程的审视与批判，这无疑是在每个环节都对学生的自主学习能力提出一定的要求。在这样的活动中，学生掌握了主动权。与以往传统的劳动技术课最大的区别就在于学生在活动中不仅仅是简单地学习、获得一定知识和技巧，活动的重要目的之一是要学生能够自主思考、自主动脑，让每个学生都能成为一名"小小设计师"，都能具备一定的自主学习能力。

案例呈现

竹蜻蜓的设计与制作

一、开发步骤

(一)编写课程教材

竹蜻蜓是一种中国传统民间儿童玩具，由竹柄和翅膀两部分组成。玩时双手一搓，然后手一松，竹蜻蜓就会飞上天空。学习材料以阅读知识卡的形式呈现。考虑小学生阅读的特点，内容设计要图文并茂，以图为主且文字浅显易懂。竹蜻蜓阅读卡的内容包括简介、简单的科学原理、设计制作步骤、工具的使用、实验调试等。为便于学生学习或使用，阅读知识卡的呈现方式可以有多种，如用小海报张贴于社团活动室、制作成小册子并发布于学校微信公众号或网站等。

(二)准备必要的制作工具和材料

制作竹蜻蜓最基本的工具和材料是手工锯、刻刀、竹片。有条件的学校还可以增加小电钻或手动钻、打磨砂纸、竹篾刀、学生专用机床等小型机械与专用工具。学校可以根据社团规模添置设备，满足学生学习与应用简单机械技术的需要。

（三）设计 STEM 实践活动

STEM 实践活动要给学生设定一个"明确的结果和模糊的任务"。这是 STEM 课程中最具挑战性的关键要素，目的是促成学生"玩中学"和"学中玩"。应使活动规则较少、有挑战性但不能过于繁杂，以激发学生的活动热情。如竹蜻蜓项目的完成标准是省力、易操作、飞得高，这样学生在制作竹蜻蜓时就要在重量、角度、面积之间寻找平衡，不断调试和改进，研究如何让竹蜻蜓省力、易操作、飞得高，这是有挑战性的。

二、实施方式

1. 探索型的考察探究活动

随着社会的不断发展，像竹蜻蜓这种需要自己动手制作的民间玩具正在被人们慢慢遗忘。为了激发学生对传统玩具的兴趣和热爱，在 STEM 课程实施之初，可指导学生开展"家乡传统的民间儿童玩具调查"。学生可通过采访父母、祖父母及身边的同伴，对比三代人儿时玩具的特点，了解家乡儿童玩具的演变。学生向祖父母、父母学习如何制作他们儿时的玩具，赞叹祖辈或父辈的本领，感受亲手制作玩具带来的喜悦，从而产生了继承传统民间技艺的积极意愿。

2. 创造型的设计制作活动

学生要亲历竹蜻蜓的设计与制作过程，根据"明确的结果和模糊的任务"，提出一个设计方案，制作一个作品，经过测试与改进得到最终模型。活动程序大致如下。

一是明确设计与制作的结果。如竹蜻蜓要省力、易操作、飞得高。

二是提出设计规划。在使用材料之前，要先画出竹蜻蜓设计草图，包括设计规格、简单的操作说明。设计时要考虑如下问题：

(1) 竹蜻蜓"翅膀"的长度、宽度是多少？

(2) 竹蜻蜓"翅膀"的厚度和角度是多少？用什么工具？如何完成削刨？

(3) 手柄的粗细和长度各是多少？

(4) 竹蜻蜓"翅膀"的手柄孔放在哪个位置？要钻多大的孔？用什么工具钻孔？

(5) 如何组装？

三是解释论证。尝试用学过的各学科知识解释自己的设计方案，并形成初步的实验论证方法。

四是劳动技能训练。教师要舍得花一些课时对学生进行劳动技能训练，以确保学生能够安全使用工具。

五是展示交流。总结学习所得和建构后经验。

3. 验证型的问题解决式学习活动

开展跨学科学习是 STEM 教育的主要特征，学生在竹蜻蜓的设计与制作活动中，对某个或某些问题的研究往往需要不同学科的知识才能解释，以便合理地设计与调整制作方案。

例如：竹蜻蜓是怎么飞起来的？怎样才能让竹蜻蜓省力、好操作、飞得高？这些问题是促使学生积极学习的原动力。学生要完成"制作省力、好操作、飞得高的竹蜻蜓"这个明确的结果，就需要不断调试和改进，应用科学原理、工程知识和数学方法展开验证，不断完善工艺与技术，以获得最佳方案。在这个过程中，学生会自然而然地进入相关知识的深度学习，实现知识与技能的转化，提高综合应用知识的能力。

以上几种类型的活动先是循序渐进地依次组织实施，随着学生活动的不断深化，各活动之间的相互作用不断增强，直到做出满意的竹蜻蜓为止。

三、学习评价

竹蜻蜓项目的评价可以分为两个部分。

一是以竞技比赛的形式进行形成性评价，看谁的竹蜻蜓更符合"省力、好操作、飞得高"的标准。学校也可以举办"竹蜻蜓试飞开放日"，让全校师生试玩，设立大众点评评委，评出"最佳工艺奖""最省力奖""最好操作奖"和"飞得最高奖"，使评价主体更加多元化。

二是面向学习过程进行反思性评价。

活动结束后，教师应积极组织学生开展经验分享和活动总结，指导有余力的学生完成项目学习研究报告，为学生本人、同伴、教师对每个学生在学习过程中的态度、兴趣、参与度、任务完成情况等方面开展评价提供依据。

[案例来源]李臣之、余丽：《设计制作类主题活动设计例谈》，载《课程教学研究》，2020(9)。

第二节
小学设计制作的主题设计

一、设计制作主题的理解

（一）设计制作主题的来源

《中小学综合实践活动课程指导纲要》附带的课程资源包中给出的设计制作类活动内容相对有限，并且由于多种客观原因的限制，有些内容在活动中心无法实施，这就要求活动中心根据自身特点加以取舍、改进和自主研发。

1. 从教师个人特长出发研发活动内容

学校之间的教师队伍有较大区别，每位教师的知识结构、教学特长差别较大。应认真分析每位教师的强项和特点，用其之长，避其之短，将教师队伍的优势最大限度地发挥出来。例如：某学校教师中有的具有理工类知识背景，有的具有艺体类技能特长，有的具有较高的信息技术技能，有的会手工针线，有的是持家能手，人人都有一技之长。该学校为了发挥每位教师的长处，提出"一个教师就是一门课程"的研发理念，鼓励教师遵循《中小学综合实践活动课程指导纲要》的内容理念研发活动课程，自活动中心成立以来，平均每年由教师自主研发的设计制作类活动课程内容达十余项。

2. 结合地方资源优势研发活动内容

设计制作类活动课程的研发必须结合学生学习和生活实际，尽可能利用学生熟悉的资源。一要结合当地人文历史、科技、农业等资源；二要结合学生生活实际，挖掘学生可接触到的家庭资源；三要充分利用活动中心已有资源。

3. 立足学生身心特点研发活动内容

综合实践活动课程是以学生为主体的课程，必须建立在学生已有的经验、认知能力、接受水平上，而设计制作类综合实践活动在知识结构、动手能力上要求更高，实践难度更大，这就要求这类活动的开展必须考虑学生的年龄特点、认知规律，不能不分年级、不分学段盲目、笼统地开展。学校在研发活动内容时，应努力做到分学段、分年级，以增加活动内容的针对性，提高活动实施的有效性。如在同一主题下，可针对小学低年级、中年级、高年级三个学段设计不同内容的设计制作类综合实践活动（见表 6-1）。

表 6-1　庐阳区青少年校外活动中心设计制作类综合实践活动列表

项目名称	一级分类	二级分类	活动内容列举
设计制作类综合实践活动	信息技术	科技创新类设计制作	创意机器人、3D 打印、三维图形设计、科技小制作
		电子工程类设计制作	电子模板、电子百拼、STEAM 创意拼搭、工业模型
	劳动技术	劳动生活类设计制作	水果拼盘、中西式面点，拆装维修、合肥四大名点
		传统工艺类设计制作	陶艺制作、丝带绣、古法造纸、木刻印刷、中国结、灯笼制作、香包制作
		艺术创新类设计制作	DIY 服装设计、衍纸创意、面具创意、创意沙画

4. 关联学科内容研发活动课程

要做到活动更有效，需紧密结合小学课程，在理念上保持一致，在目标上保持统一，并在活动内容的设计上尽量与学科知识相衔接。一要将学生已学的知识点、技能尽可能运用到设计制作类活动中；二要使学生通过活动加深对校内学科学习所获得的理论知识的理解和运用，转化为素养和能力；三要尽量不简单重复校内能够开展的综合实践活动。如果必须在方向上重复，那么内容上也应有所提升。如基于学生美术课学习基础研发的《DIY 面具制作》，基于学生音乐课基础研发的《创意电子和声》，基于学生信息技术课研发的《3D 打印》，这些设计制作类综合实践活动做到了既容易被学生接受，又符合活动中心实际，并且与校内教育相衔接（见表 6-2）。

表 6-2　庐阳区青少年校外活动中心各年级段设计制作类课程内容

一、二年级教学内容	三、四年级教学内容	五、六年级教学内容	七、八年级教学内容
3D 创客	三维立体图形设计	3D 打印——小书签	3D 打印——立体图章
创意手工坊	丝带绣	香包制作	串珠手链编结
美味厨房	水果拼盘	中式面点制作	西式糕点制作
DIY 服装设计	环保时装设计	动画人物扮演	动漫形象设计

（二）设计制作主题的特点

1. 基于真实问题

如考察探究一样，设计制作的起始点也在于真实的问题。如果没有真实的问题，学生只是就拿到的材料、面对的信息技术或某个劳动类型，直接进到现场开展种种设计制作或劳动，这就是缺乏实际意义的。

设计制作主题与考察探究具有相同之处，也有不同的地方。首先，设计制作主题必须是有助于学生参与到动手操作、数字设计、劳动等活动过程之中去的，而不是那种通过文献查找或现场调查就可以解决的，例如：在信息技术方面，常见的主题包括"我是电脑小画家""网络信息辨真伪""信息交流与安全""我的电子报刊""镜头下的美丽世界""程序世界中的多彩花园""我是平面设计师""开源机器人初体验"等；在劳动技术方面，常见的主题包括"我有一双小巧手""创意木艺坊""生活中的工具""多彩布艺世界""我是服装设计师""创客空间""生活中的仿生设计"等。这些主题都需要学生通过实际的操作，掌握并运用信息技术或劳动技术的相关技能来制作相应的作品。而考察探究则通常并不要求或规定学生通过这类活动去完成探究主题。

2. 指向创新实践

设计制作主题必须是能引导孩子通过上述活动过程进行探究从而发展实践创新、问题解决等核心素养的，虽然它包含有设计制作的环节，但是这些环节都包含有浓厚的探究元素，如要构想方案、克服困难、创意想象等，而不是对某个既定模型的简单模仿、重复试验或单调地从事某项劳动。以"数字声音与生活"这个主题为例，学生一方面固然要了解声音文件的基本格式，以及录制、保存、连接、混合和剪切声音等的技巧，但是更重要的则是体验数字化音频为人们生活与学习所带来的便利，学会利用数字声音来解决生活中的相关问题，加深对知识产权保护的意识，增强信息社会的责任感。

3. 源于学生兴趣

创作设计的主题应源于学生对某种技术产生兴趣，萌发出对相关主题进行探究的意愿。这就需要教师实现创设一定的问题情境来激发学生的设计兴趣。如教师通过资料准备创设了一个菊花展示厅，然后把学生领进到这个展示厅，对其进行简要介绍，从而激发了学生对菊花栽培的兴趣，教师顺势就可以提出该主题来作为整个活动的中心。但是在这个过程中，教师也容易走向极端，因为所创设的情境在主题引导上过于明显，相当于就是在给学生"命题作文"，学生能轻松地猜到教师的意图，也就不会去主动思考提出自己感兴趣的问题了。解决的办法是教师所创设的场景须留给学生相对自由的思考空间，教师可以提供问题解决的工具，展示工具的奇妙之处或陈列借助某种工具（如照相机）所完成的作品等，这些都可以作为刺激物来引发学生提出设计制作的问题。

二、设计制作主题的设计标准

设计与制作是综合实践活动的主要活动方式之一。《中小学综合实践活动课程指导纲要》明确指出：设计制作指学生运用各种工具、工艺(包括信息技术)进行设计并动手操作，将自己的创意、方案付诸实践并转化为物品或作品的过程。这就需要教师进行及时有效的指导，特别是在活动中制订出明确的相关标准。具体标准如下。

(一)创意与物化的有机统一

设计制作是从设计开始到制作结束，它的关键要素包括创意设计、选择活动材料或工具、动手制作、交流展示物品或作品、反思与改进。如为某个公园设计一盏灯，需要考虑以下标准：节约材料、照明效果好、灯架造型美观、坚固耐用等。学生只有始终牢记这些标准，他们的设计制作活动才能有实际的价值意义。设计一座桥与设计一个书架，"能实际制作"是其中的共同要求，否则设计的作品再新奇、美观也是毫无意义的。

(二)"教、学、做"的有机统一

陶行知先生认为：教学做是一件事，不是三件事。我们要在做上教，在做上学。在做上教的是先生，在做上学的是学生。从先生到学生的关系说：做便是教；从学生对先生的关系说：做便是学。先生拿做来教，乃是真教；学生拿做来学，方是实学。不在做上用功夫，教固不成为教，学业不成为学。"教学做"合一的思想突出强调了"做"的重要性。设计与制作，如果只是学生头脑中天马行空的设计，而不能落实在具体的实践中，甚至毫无变成现实的可能，根本就不能"做"，那么，这样的设计也就毫无价值可言。就比如学生在头脑中设计了一座无比精美的大桥，通过语言的描述，它既"动如脱兔"又"静如处子"，既"翩若惊鸿"又"婉若游龙"，集万千创意于一身，但却丝毫没有考虑如何实现这种结构、它的桥墩建在哪里、材料从何而来，甚至不清楚这座桥的长和宽是多少，试想：这样的设计又有什么意义呢？

(三)设计制作与"工匠精神"的有机统一

《中小学综合实践活动课程指导纲要》中明确提出"在设计与制作活动中，鼓励学生体验工匠精神"的要求。在学生的设计与制作活动中，无论是折一个简单的纸飞机，还是剪一片窗花，不管是拍摄一张照片，还是缝制一个沙包，都会有一个从简单到复杂、从稚嫩到成熟的过程。在这个不断发展的过程中，"工匠精神"应该成为最强大内驱力。正是为了让纸飞机能飞得更稳、更远，而去一次次地实验、改造；为了剪出更加漂亮别致的窗花，而采用更先进的工具、更有效的方法；为了拍出一张更美的蝴蝶图片，而去学习更复杂的摄影知识……这些都是"工匠精神"的具体体现。因为"工匠精神"是一种追求卓越的创造精神和精益求精的品质精神。这些精神品质也只有在实打实的物化制作中才能获得丰富的体验，在困难的经历与解决中得到培养和提升。

在设计制作中，我们建立清晰的标准意识，从而让设计有据可依、制作切实可行。设计与制作，归根结底，还是要落实到制作上来。这样的创意设计才会有意义，这样的教学活动才会有价值。

三、设计制作主题的设计过程

(一)设计制作主题的确立

设计制作主题的确立应遵循以学生为主体的原则，一般经历以下三个阶段。

1. 主题的构思

虽然设计制作主题总体上由学生提出，但是教师依然可以为主题的提出创设必要的情境(如教师可以提出某种劳动或信息技术的应用情况，或者展示其简要的制作过程)，毕竟这类主题不同于考察探究，因为它需要一定的知识或技能储备，并且这类知识或技能存在一定的梯度性，学生若尚未掌握某类知识或技能，或者某主题在操作上所需的知识或技能远远超过了学生身体或认知的接受程度，则势必难以在课堂内外真正实施。在此基础上，学生在教师提供某个问题场景之后，自由构思究竟要探索什么主题、为什么要探究这个主题，以及打算通过哪些劳动技术或信息技术手段来研究这个主题。

2. 主题的分享与点评

在班额适宜的情况下，可以让全班同学逐一分享自己的设计主题、设计理念及初步的制作计划，然后集体对其作出评论，提出可能的意见，这些意见包括对其设计理念的思考、对制作难度的考察、对其所需劳动或信息技术知识和技能的了解及具体制作过程的建议等。班级内部交流得越充分，则大家对主题的理解就会越深入。当然，如果班额较大，也可以临时组建小组，以5～6人为单位，先在组内进行分享和交流，而后每组选择最适宜开展设计制作活动的主题及计划在班级中进行分享，而后其他小组进行点评。

3. 主题的选择与精致化

在师生和生生进行充分交流的基础上，每个学生或小组需要对自己所开展的主题、理念及制作过程等进行重新思考，排除那些难度过大的、脱离生活的、设计太过超前的主题，或者转化主题活动的视角、调低其难度等，从而使其最终确立的主题更适于及便于开展。

案例呈现

少儿拖把设计思路的由来

下午两节课后，我们班的学生正在清扫走廊，几个低年级的学生扛着拖把走过来，拖把上的污水不时地甩到洁净的墙面上。班上的几个学生来找我去批评低年级的同学，让他们不要把拖把扛在肩上。而低年级的学生说："我们也不想把墙弄脏，可是拖把太沉，我们拿不动。"于是，我让我的学生自己想想有什么办法可以解决这个问题。其中一个学生说："学校发的拖把不适合低年级的学生，我们能不能搞个调查，看看究竟什么样的拖把适合他们？"另一名学生说："我们能不能做几个适合小同学用的拖把呢？"这得到了大家的赞同。学生把这个想法告诉了我，我认为这是一个很好的主题，就与他们一起把这次活动的主题定为"小学低中年级学生使用什么样的拖把更科学、更合适"。

　　[资料来源]黑岚：《小学综合实践活动课程的设计、实施与评价》，184页，北京，清华大学出版社，2020。

(二)设计制作的理念成型

　　在设计主题确立之后，学生需要对设计本身进行思考，注入自己的想法，最好具有一定的创意，而后才能将其转化为实践中的真实作品。因此，设计制作的设计理念实际上就是指学生对设计本身的想法或创意。

　　由于经验的相似性及生活的局限性，学生的设计理念很容易重复、差异较小、缺乏创新，为此就需要采取"开源"的办法来拓宽学生的思路，帮助学生诞生出更有创意且各具特色的设计理念，这方面的路径有以下三个方面。第一，借助思维引导工具来发展学生的思维感知能力，避免认知的狭隘及陷入经验主义的误区。例如：采用"5why分析法"（即五问法），即对同一个主题连续以五个方向（也可以更多方向）来提出问题；SWOT分析法，就是将与设计想法有关的优势、劣势、机会、挑战等都尽可能罗列出来，依照矩阵形式排列，然后用系统分析的方法，把各种因素相互匹配起来加以分析，从而判断某个想法是否可以实施及发现其他可能的想法。第二，借助小组合作的力量，运用集体智慧来相互激荡，从而生发出更多新的想法。第三，教师收集和分析学生围绕某个主题可能有的一些想法，进行合理解读，从学生的角度出发帮他们量身定制一些打开思路的练习或问题。

(三)设计理念的表达与呈现

　　设计理念需要通过一定的载体或媒介进行表达或呈现，才能够为接下来的实际操作奠定有效的基础。在表达和呈现设计理念的方式上，草图可能是其中最常见也最实用的一种方式。草图就是利用观察、感知、分析和想象的方式，借助图形及其他各种可能的符号，将设计理念和想法表达出来的一种重要方式。草图能否完全转化为实际的作品，取决于制作过程中所遇到的困难、所产生的其他想法等种种现实因素。

　　草图可划分为两种类型：第一，记录性草图。它的特点是快速灵活、手法多变，旨在及时记录学生所产生的设计灵感或想法。此类草图在多数情况下是学生自己初始构思阶段的"图示笔记"，不受表现手段的制约，可以是某种符号，也可以是某个概略的局部形象。因为它带有潦草、随性、涂抹、反复等特点，所以其中的图形、色彩、线条或其他符号都可以以各种不同的组合方式来记录学生转瞬即逝的想法，而这恰恰可以充分节约时间，确保学生能及时迅速地把自己的想法和灵感记录下来。第二，研究性草图。它包含学生构思设计的整个过程及各个小组所有可能的设计理念，因而是一种图形的组合，旨在使小组学生从宏观和整体上了解设计的理念，以及在此理念基础上可以制作完成的作品雏形。研究性草图是记录性草图整合、修改和拼接之后所形成的"二代"草图，也同时是更接近于最终作品本身的草图。

草图（尤其是研究性草图）的快速构建需要掌握一定的技巧，这种技巧体现在线条、色彩、图形及其他元素上，学生如何巧妙利用这些元素更准确地传达自己的想法，则是发挥草图之框架性作用的关键所在，而这种能力需要教师进行辅助性的训练或提示。草图训练包括基础技能的训练与应用技能的训练。基础技能训练包括单线条、直线、曲线、线的衔接转折、直曲过渡等多种线条训练方法，普通铅笔、马克笔、水彩笔等色彩训练方法，以及不同表现工具和材料的运用等综合表现训练方法；应用技能训练包括草图表现的平面布局，如构图方式、图画的视觉平衡感、完整性等，以及作品的图形特征，如形态特征、结构方式、色彩质感、比例尺度、组合方式、个性风格等。这些技能的训练可以在学生设计制作的过程中逐步进行和强化。

（四）设计方案的形成与确立

设计方案是在设计制作的主题确立之后，对设计制作的各项活动所做的整体规划与安排，主要回答设计制作什么和怎样进行设计或制作等问题。设计制作方案是否合理完善、是否周密详细和是否具有可操作性，不仅直接影响到整个设计制造活动的过程，也会影响到设计制作的结果。

一份完整的设计制作方案一般包括六大基本要素，即设计制作的主题、设计制作的材料或工具、设计制作的时间安排、设计制作的步骤或过程、成员分工、交流展示的作品等。①设计制作的主题：从主题自身的意义和已有材料或工具出发，结合生活实际和小组可用的资源，确立合适的设计制作主题。②设计制作的材料或工具：设计制作依赖于特定的材料或工具，通常教师会事先展示核心的材料、工具或技术，进行综合性的设计与制作。③设计制作的时间安排：具体写清设计制作活动的开始时间、计划制作时间、展示时间和结束时间等。④设计制作的步骤或过程：思考怎么展开设计制作的活动，通常先进行设计，后实施，接着再优化设计，改善设计或制作过程，最后呈现特定作品，需要将这个经历大体说明一番。⑤成员分工：根据学生的兴趣与意愿成立设计制作小组。由设计制作小组成员民主选出组长，并共同协商各自在设计制作活动中所应扮演的角色及完成的任务。⑥交流展示的作品或物品：通过设计制作，向同学们交流展示的作品或物品。设计方案的表格如下（见表6-3）。

表 6-3　设计方案

学校＿＿＿＿班级＿＿＿＿小组＿＿＿＿

项目	具体内容
参与人员	
设计制作的主题	
设计制作的材料或工具	
设计制作的时间安排	
设计制作的步骤或过程	
成员分工	
交流展示的作品或物品	

　　学会制订设计方案是整个设计制作过程非常重要的一环。它能帮助学生理清设计制作的思路，减少和防止设计制作过程中的随意性、盲目性，保证设计制作活动能规范、有序地展开。

第三节
小学设计制作的活动实施

　　虽然不同类型的设计制作过程不尽相同，但总体来说，各种设计制作类型都有共同的实施理念和关键要素。设计制作活动的实施理念有哪些？制作过程包含哪些要素？本节对这些问题进行探讨。

一、设计制作的实施理念

(一)创意与物化：沿着生长的轨迹

　　创意物化是《中小学综合实践活动课程指导纲要》提出的四大目标之一。创意物化目标和设计制作活动方式的提出，体现了从单纯注重活动形式向既注重活动形式又注重物化成果的转变。创意物化的实现，不仅需要设计制作的支持及需要造物工具和技术的支持，还需要综合运用数学和科学等多门学科知识。学生在学以致用的物化过程中，不仅能够提高实践能力，还能加深对学科知识的理解，激发学习兴趣。

　　创意的产生要有酝酿的过程，需要对客观事物有完整的认知，这个过程应该是自然生长的过程。在设计制作的主题活动中，在创意设计环节之前，应该有深化认知的过程。在这个过程中，学生或是在教师的带领下进入主题，或是通过自发性的活动产生主题，然后通过系列活动深化对事物的认识，并将认知同探究活动相结合，形成需要解决的问题，促进创意的形成，提出相对成熟的设计方案，最后在不断的解析与重构中优化设计，形成高水平的作品。

(二)学习与实践：伴随思维的过程

综合实践活动要有思维的参与，且应该让设计制作从普通的实践活动升级为能激发学生高阶思维的跨学科学习活动。设计制作的目标并不仅仅是创意物化、问题解决，因为设计制作活动往往是从真实生活中发现问题，最终解决问题，并以物化的形式服务于生活的。只要主题活动设计得当，价值体认、责任担当等目标也就能在设计制作的过程中得到一定程度的实现。

(三)合作与分享：实践过程的升华

在问题的解决与创意的物化过程中，同伴间的合作交流和经验分享，对于学生的发展具有重要的作用。我们应该看到，学业成绩方面的成就并不能保证学生未来能够成功，而未来的成功者一定是好的沟通者、合作者、创造者和思想者。综合实践活动课程以培养学生综合素质为导向，在"设计制作"活动中，我们应该引导学生分享问题发现的过程及解决的方案，鼓励他们通过协作达成目标，并通过评价深化沟通与合作，经历协作、表达、质疑、争辩、反思和形成共识的过程。同时，这种合作与分享应当遵循一定的规则。在价值体认目标中，《中小学综合实践活动课程指导纲要》提出"理解并遵守公共空间的基本行为规范，初步形成集体思想、组织观念"的要求。公共空间的基本行为规范包括网络行为准则。围绕这些目标内容，教师可以开展专题活动，帮助学生形成正确的网络空间规则意识，做遵守网络道德的小公民。

二、设计制作的实施要素

设计制作活动的关键要素一般包括创意设计、选择活动材料或工具、动手制作、交流展示物品或作品、反思与改进。

(一)创意设计

设计作为一种"热情的目的性行为"，本身是关于多元解决方案的提出与选择。因此，几乎所有的设计活动都有两项关键要求：创造性和想象力；全面性和苛求性。这个阶段主要包括：首先是定义问题，即明晰"问题"的本质属性，全面考虑设计的约束条件(如可用材料的限制)，厘清与该问题相关的学科知识(如科学概念)；然后进行猜想，通过集体讨论并运用大量的独创性设计理念和解决方案，表达出(如用思维导图画出)设计理念，并将不同的解决方案呈现出来，接着从中选出一个设计理念、一套解决方案。

为了体现设计的教育价值，还需注意设计的一般特征，如设计过程是一个学习过程、设计需要互动、设计需要理性和直觉性思维，以及经由设计得来的新事物具有实用效能等。

案例呈现

1. 用牙签造大厦

尝试用牙签搭一座高楼大厦的模型。

给定的条件一共有三样：50 根牙签、5 根塑料吸管及 30 克橡皮泥，看谁搭的大厦结实、稳定和设计独特。

当向全班展示制作的牙签大厦时，别忘了给大厦起一个合适的名字，并说明它有什么特殊之点。

在动手之前，几个同学可以商量一下，出主意，献高招，争取拿出自己的精品来。

2. 鸡蛋撞地球

20 世纪 80 年代，英国科促会推出了一项"让鸡蛋撞地球"的活动项目，要求使鸡蛋从 152 米(相当于 43 层楼房的阳台)高处落下后不被摔破。活动一经推出便风行世界，深受青少年喜爱。组织青少年开展这个活动，不一定非要 43 层的高楼，只要有适当的高度，地点适宜活动就可以了。

活动要求制作适当的装置，并经现场投放进行验证，看谁的设计合理、省材、美观。

3. 自制小车比赛

制作要求：用橡皮筋做动力制作一辆小车，材料不限，可选木板、竹片、塑料板等。要求在上面安置一个乒乓球，乒乓球上方开一个 5 分硬币大小的圆孔。

比赛办法：比赛时要求将乒乓球注满水，将小车置于起跑线后待发，跑道要求平坦光滑，起跑线前 2 米处横放一木板作为终点线。

听口令，小车起跑，以小车撞上前方终点挡板，乒乓球中的水余存量多者为胜。

[资料来源]陈树杰：《综合实践活动课程引论》，157 页，北京，首都师范大学出版社，2010。

(二)选择材料或工具

选择合适的材料和工具是使创意设计的梦想变成现实的重要条件。设计制作的材料可以包括纸、木、皮、纱线、泥沙、金属制作材料等；工具可以包括使用锯、钳、锥、钻、针、仪器、饮具、笔、电加工等传统工具，编程工具、数据库、可视化工具、概念图、超媒体等思维工具，以及激光切割机、3D 打印机、摄影摄像机、机器人等数字化、智能化工具。在这个过程中，需要注意的是要为学习者进行对材料的判断和自身能力的判断提供机会。材料的判断指能够根据解决问题的需要、现实条件及材料本身的属性特征选择恰当的材料。为了发展这样的"材料认知技能"，需要为学习者提供一个独立判断与选择的机会，哪怕是做出不恰当的甚至错误的选择，也可以是反思性学习的契机。

1. 选择材料与工具的基本依据

(1)考虑学生人身安全

设计制作活动要在确保学生人身安全的情况下才能开展。所以，教师首先要注意材料的安全性，如选用积木材料、颜料、空气黏土等时，一定要保证材料本身的无毒无害。教师还要考虑学生座位设置和专业教室环境布置的安全性，要特别强调工具使用的安全性，如教会学生科学使用工具、正确放置工具、妥善及时保养工具等。另外，不同年级学生对设计制作的材料与工具的熟悉程度不同，运用能力也不同，所以在安全性方面应当提出不同的要求，如低年级学生自我控制和协调能力略差，不能有效识别某些材料或工具的危险性，所以过于危险或可能产生危险的东西则不宜让他们使用；高年级学生的自控力和动手操作能力略强，所以可以选择难度大一些的工具，但也要监督学生在使用过程中是否会存在困难，以便消除可能的安全隐患。

(2)发挥地方资源优势

在设计制作材料和工具的选择上，要尽可能挖掘地方资源或身边资源的优势并充分加以利用，才能更好地达成设计制作的任务。一方面，这些资源便于取用，甚至数量不限，可以为设计制作提供充分的材料保障；另一方面，以地方资源为主要材料和工具，可以更好地凸显出设计制作的地方优势，形成具有创造性的项目作品。

(3)渗透低碳环保理念

在选择设计制作的材料和工具时，低碳环保也是非常重要的依据和原则。低碳就是指较低的室温气体排放，而低碳环保材料则是指在确保使用性能不变或不受损的情况下降低不可再生自然原材料的使用率，制造过程低能耗、低污染、低排放，使用寿命更长，使用过程中不会产生较多有害物质，并且可以回收再生产的材料。作为教师，理应担负起环境保护和环境教育的责任，一方面在选用材料和工具时尽可能选择那些低碳环保的常见材料和工具；另一方面则积极鼓励学生参与到废物利用、变废为宝的活动之中，增强学生的环保意识，感受低碳生活的乐趣。

2. 选择合适材料和工具的方法

(1)以作品为载体进行选择

顺应不同年龄段学生的生理和心理特征，以作品为载体，选择合适的材料与工具。小学生以形象思维为主，动手操作能力还不发达，可以让他们多模仿，设计可感的、形象的、操作难度不大的作品，根据这些作品制作的需要来选择相应的材料与工具。

(2)以技术为主线进行选择

设计制作对学生的技术或劳动技能有一定的要求，所以教师在面对学生所提出的设计项目时，应帮助学生判断自己是否能够胜任设计的任务。如果设计的项目超出了自己的能力，则应当考虑降低难度；如果项目对本小组来说轻而易举就能实现，则要考虑适当提高项目设计的难度，或者选择难度更大的材料来完成同样的设计制作任务。

通常对于技术水平一般的学生，教师应更多考虑那些可反复使用的材料，如纸、布、线、绳、黏土、彩陶等，相应的工具也需要易于使用才行。而对于技术水平相对较高的学生，则教师可推荐他们多选用木作、钳工、3D 技术、编程、动漫制作等需要一定技术知识与能力的材料，以便设计出更高端、更精细或更创意的作品。

（3）以生活为出发点进行选择

材料与工具的选择，应跟学生的生活实际密切相连并以之为主要出发点。一则学生的材料及工具应是从学生生活中而来的，如果超出了学生生活的实际，则学生必然不便取用，也就会阻碍设计制作活动的推进；二是学生的设计与制作之目的乃在于支持和发展学生的生活经验，服务于学生自己的生活，如果只是为了追求美观或创意，而完全不顾及生活的适用，就会远离综合实践活动课程的宗旨。所以，在具体的设计制作活动过程中，教师应引导学生主动联系自己的生活实际，选择合适的材料与工具，以此来设计和制作作品，并最终服务于自己的生活。

(三)动手制作

创意物化意味着学生需要进行现场工作，进行系列程序的"动手"操作——将创意物化为人工制品。动手制作的程序可能包括折叠、裁剪、切割、测量、烧铸、纸模、作图、激光雕刻等手工制作，以及建模、编程、3D 打印等数字制作。当然，制作活动并不仅限于手，通常还包括心灵、眼、耳、口、足等方面技能和动作的相互适应和协调。在这个环节中，需要特别注意工具使用的安全性与规范性。

1. 设计制作活动的类型

依活动目标和学生身心发展水平不同，可以将设计与制作活动分为三种不同的类型。

（1）照图施工式的设计与制作

这是指依据现成图纸和制作说明，使用简单工具进行操作的设计与制作活动，其成品可以是工艺作品，也可以是科技作品，活动主要实施于中低年级的学生，重点在于培养学生动手操作和简单的工具使用能力。

（2）有所改革式的设计与制作

这类活动虽然也有现成的设计图和说明书，或者仅提供基本的活动器材和参考用图，但都留有供学生发挥的余地，学生在活动中可以对原设计进行改革，也可以提出自己的新设想，使最终成品不具有唯一性。这类活动多适用于中高年级，不但有利于操作能力的培养，而且能够有效地发展学生的想象力和创造力。

（3）有所创造式的设计与制作

这是介于制作活动和发明活动之间的一种活动类型，它提供设计要求，并提出一定的限制条件，要求学生按要求自行设计并制作出一定的实物成品，如可以要求学生用方便筷子搭建一座塔或一座桥等。这类活动为学生活动留有更大的空间，也提出了更高的要求，广泛受到学生的欢迎，对于全面提高学生的科技意识、思维能力、动手能力和创新能力十分有利。

2. 作品制作的方法

作品的制作无疑是设计制作环节中极为重要的环节。作品的制作一方面要考虑学生实用的劳动与信息技术能力的发展，另一方面则要培养学生的创新精神与实践能力，养成热爱劳动、善用技术的意识，力求实现技能掌握、态度养成、价值发展的有机统一。作品制作一般由以下两种方法。

(1) 常规制作法

运用常规制作法制作时，学生需要厘清劳动或技术制作的常规顺序，教师按需引导学生开展制作活动，这是按照演绎的思路所进行的制作。采用常规制作法时学生首先要有制作的初步想法和方案，而后在制作过程中进行调整和改进。制作时需要进一步理清思路，运用学过的技能和身边的材料进行动手制作。教师在引导时可以在活动过程中添加一些制作技能学习的片段，避免学生无序操作。

案例呈现

校园模型制作

《美丽校园模型设计》活动中首先是提出问题。让学生针对现在的校园提出最想解决的问题，例如："教室的窗帘太高，小学生必须爬上凳子才能够碰着，我想设计一个遥控窗帘！""校园二层以上的楼道玩耍的地方太小，我想把楼道扩建，添上小喷泉，增加图书角、运动角等。"……

其次是设计方案。针对需要解决的问题提出设计方案，设计前要考虑用什么材料做——卡纸、橡皮泥、积木……将方案画在纸上，注意标明制作尺寸。

再次是动手制作。对应自己的或小组的方案表，用相应的材料制作完成作品。如果是小组合作，请学生根据分工完成各自承担的任务。

最后是修改完善作品。作品完成后在组内通过讨论、试验等方法对作品进行测试，最后修改完善直至组内成员满意为止。

[资料来源] 高振宇、包新中：《考察探究与设计制作》，223 页，石家庄，河北教育出版社，2020。

---

(2) 拆解制作法

拆解制作法是指学生通过拆装成品来了解作品的基本结构、熟悉可能的制作方法，然后依靠已有的材料进行设计并制作新的成品的过程，这是按照归纳的思路所进行的制作活动。其一般顺序如下：成品→拆分成零件→组装原成品→设计新方案→设计新成品。拆装是拆解制作的起步阶段，能较好地激发学生的制作兴趣，也能培养学生的观察力和动手能力。制作的第二步则是在拆装的基础上，结合手中已有的材料和工具，进行新方案的设计与制作，并形成与成品既相似又有不同的新作品。通过拆装过程中的仔细观察和探究，并综合利用各个学科的方法，结合自身生活经验和已有的制作技巧，学生能更好地将设计方案进行创意物化。学生在制作过程中既可以单独完成，也可以集体合作完成。

案例呈现

六角亭制作

六角亭的制作会涉及卡纸或其他材料的插接技巧，学生在学习时首先是带着问题将完整的六角亭折分。

1. 插片和亭片分别是什么形状？

2. 插接口有哪些特征？（从长度、宽度上考虑）

3. 亭子角的数量和插片的关系如何？（提示：可以联系数学中内接几何形的画法）

4. 亭子的高度和宽度是否有关系？

带着问题折分，容易引发学生思考。折分后学生回答问题，尤其是第 2 个和第 3 个问题同下一步设计紧密相关，需要重点讨论。

［资料来源］高振宇、包新中：《考察探究与设计制作》，224 页，石家庄，河北教育出版社，2020。

(四)交流展示

交流展示是设计制作过程中不容忽视的一个环节。学习者通过交流设计制作的实践过程(包括期间所经历的快乐乃至痛苦)展示实践成果，解释其工作原理，澄明并提升其思维过程等，以期与同伴在思维、情感上"相遇"。

1. 展示交流的方式

(1)作品展览会

学校可以以小组、班或年级为单位进行统一展出，也可以定期在学校内的档案馆、博物馆或展览馆进行分批分级展出，所展示的作品不一定是非常完美的最终成品，也可以是学生尚未完成的作品。在展览过程中，设计小组可以在台签或卡片上简要写明自己的创意设想，使其他小组明白自己的设计意图，同时也可以用多种方式，如照片、记录表、循环播放视频等展示整个制作过程，以了解作品的由来。实践成果的展示方式可用静态呈现方式和动态呈现方式。静态呈现方式，即利用学校的橱窗或宣传窗、社区社会的展板、教室的黑板或区角等，将上述成果汇编汇总后以小组的名义进行呈现；动态呈现方式，即组织专门的展览活动，各小组除了展现上述现成的作品之外，还可以在现场进行解释、表演或示范制作，与其他小组的成员进行对话交流互动等，从而使其他小组的同学有更深入的了解。无论采用哪种方式进行展览，各小组最好都能提供一些让其他小组反馈的小卡片或建议表等，使其他同学在参观时都能表达他们的想法，以便为后期的评价、反思与改进奠定基础。

(2)项目汇报或答辩会

项目汇报或答辩会是指教师专门创设的、由各个小组分别汇报自己的设计制作历程及最终作品、其他小组作为评委参与讨论的活动形式。这种形式主要依赖于学生的语言表达与解释说明，辅以其他不同成果的展示。在汇报之前，教师可以指导学生做好准备。如让学生注意进一步提炼和整理设计制作的所有相关成果、精选汇报的内容，并注意汇报时将过程与结果结合起来说明。在汇报过程中，教师可以指导各小组做好明确的分工，汇报组须以多种形式呈现自己的实践成果，针对评委提出问题及时准确地进行回答。教师可以训练学生如何扮演好评委的角色，提出哪些关键性的问题，一般包括设计的方案、制作的过程、团队合作情况、最终作品的质量等方面。汇报完成之后，各小组要做好总结工作，为下一步的评价、反思和改进打下坚实的基础。

2. 展示交流的常见误区

（1）重最终成果，轻过程体验

设计制作所围绕的中心是某个或某些劳动或信息技术的作品，应避免使设计制作的展示交流活动在形式上陷入单一的局面，也不要忽视整个制作过程中所积累的能反映学生真实体验与成长状态的实物或记录，如视频、照片、格式记录表等。如果只是以最终作品作为展示交流的唯一内容，可能会使后面的评价陷入以结果评价为唯一评价形式的尴尬局面之中。所以教师应提醒学生要从对自己的意义之角度来思考到底展示哪些内容，务必要使他们将过程与结果性的材料都能以适当的方式呈现出来，才能更全面地反映他们的成长状态。

（2）重数量，轻质量

学生在设计制作的过程中，不仅仅会形成自己的最终作品，而且也可能包括过程中的许多其他反映自己变化发展的材料，如照片、视频、记录单等。因此在展示交流环节，他们可能会将这些成果都展现出来。小组往往会以成果的多寡来衡量自己设计制作的成效，如制作完成了各种各样的书签、学会维修了不同的家用电器等，教师也会倾向于以作品多寡来评判学生。成果的质量在这个阶段常得不到特别强调，学生也会缺乏筛选、提炼的能力，所以很容易被忽略。为此，教师须提醒学生要严格根据设计制作最初制订的目标或想要解决的问题来筛选作品，而且要尽可能选择其中相对质量较高的部分来展示，同时向集体说明自己所展示的作品对自己是有成长意义的，对他人也有借鉴和启示作用，这样才能使整个现场的展示活动产生最大的价值。

（3）重展示，轻交流

设计制作的展示和交流是两个不可分割的环节，展示的目的一方面是为了显现自己在设计制作过程中的所言、所行、所感、所悟及最终的作品，但另一方面也是以材料为刺激物，激发其他学生的思考，促成学生之间的对话。所以如果展示不能和交流相互匹配，则展示很容易演变成各个小组的"舞台秀"，而其他不在"舞台上"的小组就成了不动脑只动眼的"看客"。因此，在某个小组汇报的时候或结束之后，其他小组在仔细倾听的基础上，应尽可能提出相关的问题来帮助明晓该小组的观点及解释，同时也可发表自己的听后感等，也唯有布置这样的"任务"，其他非展示或汇报小组才会真正"在场"倾听和思考，从而抓住自我发展的契机。

（五）反思与改进

反思与改进的过程是学生发展反省思维必不可少的环节，并且这里的反思具有双重意义：第一个意义在于学生通过对实践过程中的行动及其结果做出思考，可以使行动及其结果更趋完善；第二个意义在于学生的思维在"在行动中反思"变得更加娴熟，从而成为反思性实践者。其中，前者主要指通过提示学生评估和评价自己的工作及问题解决方案的适切性，思考是否有更好的方式来解决问题、实现目标。而以更好的方式来解决问题并对新设计再一次进行测试的过程即为改进。

1. 设计制作的反思

设计制作的反思主要涉及作品的反思、自我的反思和活动的反思三大维度。

（1）作品反思

设计制作的作品在功能、造型及创意上如何，是否有效解决了制作项目起始提出的问题等，都是设计制作小组及其他小组要协同反思的议题。在这个阶段，各组可以围绕自己的疑惑提出批判性意见，以便为作品的后期改进奠定基础。

（2）自我反思

自我反思则是指向自己在整个设计制作过程中的具体表现及综合素质的发展情况。教师可以通过设计可能的反思表格或问题清单，帮助每个学生进行自我反思；也可以通过小组交流的形式，在组内进行相互反思。在反思过程中，学生需要特别注意自己所在小组的团队合作情况如何，是否有发生交流不畅、分工不合理的情形，有没有发挥每个成员的优势，整体合作效率及效果如何；注意自己的批判思维、创造思维、动手实践及问题解决能力是否得到运用及发展情况如何，如自己提出了什么创意、有没有体现在作品之中等；还要注意相关学科知识与技能的应用情况，如在设计制作中运用了哪些学科知识，运用了劳动与信息技术的哪些技能，又从过程中吸收、发展和创造了哪些新的知识与经验等。只有将作品反思和自我反思结合起来，才能将设计制作建构为一种操作性学习，而不仅仅是简单的动作操作、掌握技能。

（3）活动反思

对活动的反思主要指向整个设计制作过程本身的思考，如原先的设计有没有纰漏，在实践的过程中有没有进行改进，有没有在应用的过程中遇到难以物化的情况；制作时有没有遇到什么具体的困难，又是如何自主克服的，或者有没有求助教师、其他小组或专业技术人员等；展示和评价过程中有没有遇到什么挑战，汇报者是否将作品的亮点全部准确地呈现出来，对自己和其他小组的评价中有什么特别的发现等。通过对设计制作每个环节进行深入反思，有助于学生进一步明确过程中存在的问题及自己当时的处理方法，以便为未来开展设计制作活动提供实践的经验与启示。

2. 设计制作的改进

在明确设计制作过程中存在的问题、自己的发展情况及作品本身的质量之基础上，教师可以指导学生对作品进行改进。设计制作环节的改进包括三类，即作品改进、自我改进与活动过程的改进。

（1）作品的改进

各小组在之前展示交流和评价环节中，已经对各自的作品有了一定程度的了解，再经过反思环节的深度接触，已能提出有针对性的改进建议。各小组应秉持谦虚、包容、开放的态度，积极吸收其他小组所给出的建议，并将其融入未来设计制作活动之中。

（2）自我改进

针对前一阶段对自我的反思，学生需要对自己及自己所在小组未来的发展提出明确可行的建议，当然也可以在不同小组之间开展相互改进的工作。改进的内容一方面是围绕技术素养、劳动素养、团队合作能力、交流沟通能力、批判与创造能力、动手操作能力等方面展开，这是自我改进的主要方面；另一方面可以就相关学科知识的应用、经验的吸收与改造等提出改进的建议，如未来可以结合哪些学科来拓展设计制作的广度和深度、可以结合生活中的哪些经验等。

（3）活动过程的改进

活动过程的改进环节包括目标设定、创意设计、小组创建和分工、材料和工具选择及使用、动手制作、展示评价等。一方面，学生在设计制作过程中，肯定会存在过程和方法上的优化空间，抑或存在一些显性的问题与困难没有得到及时解决，也可能存在一些自己没有意识到但其他小组或指导教师指出来的隐性问题，这些都可以为后期的完善提供改进的方向；另一方面，设计制作过程中那些无法直接回应的问题、因各种各样的原因没有得到有效解决的问题，抑或因为时间、人员等关系没有进一步拓展，或者制作过程中还想到了别的设计或制作方法但没有办法展开和尝试等，这些遗憾或未尽之处，也可以成为下一步行动的方向。

此外，为使设计制作活动具有真正的教育价值，还应满足以下四个方面的条件：一是以特定活动目的和行为激发、支持学生持久的兴趣；二是避免只有琐碎的活动、暂时的娱乐性，而是要让活动本身要具有内在的价值；三是在设计制作开展过程中要适当地提出问题，以唤起学习者新的好奇心与求知欲望，以将其思维引向一个新的境界；四是要有充足的活动时间，以确保设计制作活动过程中的连续性，而不是零散、无关联行动的拼凑。学习者通过经历这个多阶段、多步骤、多维度的设计制作过程，既加深了对设计、制作内涵及其特征的理解，也发展了社会理解力和责任感。

案例呈现

纸　趣

【活动背景】

纸广泛应用于社会生活的各个领域，与学生的关系也十分密切。但学生对纸并不了解，身边浪费纸的现象随处可见。因此，本案例以"纸"为主题进行研究，通过收集资料、参观调查、模拟造纸、节约用纸、保护环境等方面的实践活动，使学生们走进"纸"、了解"纸"，更好地利用"纸"。

【活动目标】

知道造纸术是中国古代劳动人民的一项伟大发明。通过讨论、探究、体验，并通过与纸发明以前的书写材料对比，感悟古代劳动人民的智慧与伟大的创造。

运用纸展开各种游戏活动，在活动中感受纸张带来的乐趣。了解纸的发明、制作过程，实践制作独具个性的手工纸，将创意融入纸张中，感受劳动的喜悦、合作的快乐。

【教学准备】

课件、造纸工具、纸浆、毛巾、各种纸。

【活动过程】

表 6-4　"纸趣"综合实践活动具体流程

教学环节	教师活动	学生活动	备注
谜语导入激发兴趣	同学们，喜欢猜谜语吗？今天，姚老师给大家带来个谜语[出示：(引读)正看一大片，侧看一条线，轻来风中飘，重可载千年]，猜猜看。 老师拿出一张宣纸，让学生摸摸，说说触摸的感觉 老师用毛笔在宣纸上写字，写出的"纸"字，贴黑板做课题 今天这堂综合实践课，咱们就围绕纸来学习、探究	猜谜语，触摸宣纸，对纸形成初步印象	
感受纸的特点，展示纸的奇妙	同学们把带来的这些纸的名称、特点在小组内交流交流（板书：聊纸） 学生展示纸及作品。刚才各组的汇报真精彩！牛皮纸、瓦楞纸、餐巾纸……纸的种类丰富、用途广泛 这些纸不但用途广泛，还能变成艺术大师，给我们带来美的享受（课件展示纸艺作品）	小组交流，聊聊纸的名称、特点。每组派代表展示各种各样的纸	
废纸利用体验乐趣	姚老师跟你们做个游戏，乐一乐，让你们放松放松，好吗（出示：纸中装人） 你们像姚老师刚才那样，用纸来玩游戏吧（板书：玩） 同学们刚才想得都很棒，让我们用纸玩起来吧！开始（放音乐） 学生展示，作品贴在黑板上 刚才我们见识了那么多纸，还用纸玩了不少游戏。你能用一个词来说说纸吗 （随机板书：趣）齐读课题：纸趣 纸与我们的生活紧密相连，那我们的祖先在没有纸的时候，是怎么记录文字的？学生自由说 直到纸问世了，这种情况才大改观（出示：古代的书，现代的书）	小组合作，用纸做游戏，可以折纸、刮纸、剪纸、染纸等鼓励学生开动脑筋，玩出创意	

续表

教学环节	教师活动	学生活动	备注
动手实践 个性制作	那你们可知道，"纸"是怎么创造出来的呢？说到纸，不禁会想到一个人 造纸术是闻名世界的四大发明之一，是我们伟大祖先的发明 我们来看一段关于造纸的介绍（出示动画） 下面，我们也来做一回"小小蔡伦"，制作一张纸。小组合作造纸 纸造好了，请每组派一位代表将做好的纸送到前面来展示 小结：同学们真能干，造出了各种纸	小组合作，结合创意工具，制造各具特色的手工纸	
师生评价 总结提升	同学们今天真棒，让我们用一首诗来夸夸自己（齐读） 奇妙的纸世界，还等着我们去继续探究呢！今天这堂综合实践活动课就上到这里	全班齐读小诗，感受纸趣	

［资料来源］吴积军：《中小学综合实践活动课程实施策略》，179～181 页，西安，西安电子科技大学出版社，2018.

【本章小结】

设计制作是以尊重学生的制作本能为思想基础、以参与实践为特征的创造性学习活动。它具有创造性、操作性、跨学科性和反思性等特点。其价值体现在：有利于促进学生深度学习；有利于增强学生的实践创新能力；有利于发展学生的动手实践能力；有利于培育学生的劳动素养和技术素养；有利于提升学生的自主学习能力。

对设计制作主题进行设计时，主题选择有以下来源：从教师个人特长出发研发活动内容，结合地方资源优势研发活动内容，立足学生身心特点研发活动内容，关联学科内容研发活动课程。其主题具有基于真实问题、指向创新实践、源于学生兴趣等特点。设计制作主题的设计标准有：创意与物化的有机统一；"教、学、做"的有机统一；设计制作与"工匠精神"的有机统一。设计制作主题设计一般经历如下过程：设计制作主题的确立；设计理念的成型；设计理念的表达与呈现；设计方案的形成与确立。

各种设计制作都有共同的实施理念和关键要素。其设计制作的实施理念有：创意与物化；学习与实践；合作与分享。设计制作的关键要素一般包括：创意设计；选择活动材料或工具；动手制作；交流展示物品或作品；反思与改进。

【章后练习】

1. 结合某产品的设计制作活动，谈谈设计制作的性质与价值。

2. 手工制作能够锻炼动手与动脑能力。制作一个自己喜欢的作品，并向大家介绍制作的材料、设计理念和制作过程。

3. 国外的小学生经常需要做一些手工制作的项目，这些项目要送到学校去参加评比，一般情况下是父母帮忙运送，但有时父母比较忙，学生一觉醒来发现父母都不在身边，这时自己必须骑自行车上学，又要带一个大的项目到学校去，出现这种情况怎么办呢？于是两位学生想到，要是自行车有拖车就好了，为什么不动手做一个呢？因此他们准备设计制作一辆自行车拖车及其制作指南，从而在方便自己的同时也可以为其他同学提供帮助。这种想法是切实可行的，两位学生在两位校外木匠的帮助下完成了任务。这个方案耗时 1 年，每周占用两天，每天大约 1 小时。

（1）试运用本章所学习的理论对此案例进行分析。

（2）本案例对你有何启示？你认为我国综合实践活动的设计制作应如何实施？

【拓展阅读】

1.［美］唐纳德·A. 舍恩. 培养反映的实践者［M］. 郝彩虹、张玉荣、雷月梅、王志明，译，北京：教育科学出版社，2008 年版。

2.［英］Anna Craft. 创造力和教育的未来：数字时代的学习［M］. 张恒升，译，上海：华东师范大学出版社，2013 年版.

3. 韩桂玲. 吉尔·德勒兹身体创造学研究［M］. 南京：南京师范大学出版社，2011 年版。

4. 冯瑞新、郝志军. 主题选择的依据与原则——《中小学综合实践活动课程指导纲要》活动主题解读［J］. 人民教育，2018，（Z1）.

5. 陈群波. 在做做玩玩中学习——上海市小学低年级主题式综合实践活动课程实践指南［M］. 上海：上海科技教育出版社，2021 年版.

第七章

小学综合实践活动领域 4——职业体验

章结构图

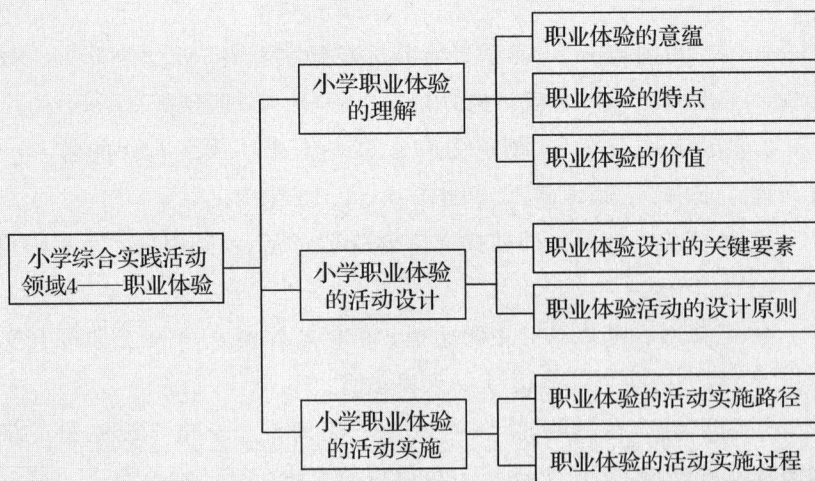

本章概述

　　本章系统介绍小学综合实践活动的重要方式——职业体验。主要涉及小学职业体验的理解、活动设计和活动实施三大模块。在职业体验的理解部分，诠释了职业体验的意蕴、特点和价值；在职业体验活动的设计部分，阐述了职业体验活动设计的关键要素和设计的原则；在职业体验的活动实施部分，介绍了职业体验的活动实施路径与实施过程。

🎯 学习目标

　　1. 理解职业体验的意蕴、特点与价值。
　　2. 能结合具体情境设计职业体验活动。
　　3. 能组织与实施具体职业体验活动。

章前导语

　　职业体验是综合实践活动课程的重要内容与活动方式。2017 年教育部颁发《中小学综合实践活动课程指导纲要》，职业体验活动被纳入中小学综合实践活动课程，成为学校必修课程。小学阶段是学生了解自己、认识社会、理解职业的开端，是其职业生涯实现形成的初级阶段，被称为职业幻想期，在该阶段开展职业体验课程，能及早地为学生提供职业启蒙。职业体验活动已成为学生职业探索的重要形式与途径。

　　想一想：什么是职业体验活动？小学生的职业体验活动如何设计？小学阶段如何实施职业体验活动？带着这些问题进入本章节的学习。

第一节
小学职业体验的理解

一、职业体验的意蕴

(一)职业体验的内涵

1."职业"的内涵

"职业"一词最早在《荀子·富国》中出现:"事业所恶也,功利所好也,职业无分;如是,则人有树事之患,而有争功之祸矣。"在《现代汉语词典》中,职业是指"个人在生活中所从事的作为主要生活来源的工作"。在西方语境中,德语"beruf"最初是指与资本主义经济活动有关的职业。在英语中,有学者认为,vocation 体现的"个性"、profession 体现的"专门性"、occupation 体现的"薪酬性"和 carreer 体现的"连续性"综合在一起,成为一个完整的现代职业概念。[①] 马克思·韦伯对职业概念首次进行了详细的界定,他认为职业一词,就它构成个体收入或收益的连续机会而言,是指个体功能专门化、功能细分和结合方式。[②] 可见,职业具有双重属性:一是基于劳动分工的个体性和谋生性;二是自我实现方式的连续性和专业性。从这个意义上说,作为一种持续不断地从事有目的的活动,职业是学生面向未来生活和可持续终身学习的必然内容。

2."体验"的内涵

"体验"一词出自《淮南子·泛论训》:"故圣人以身体之。"《荀子·修身》:"好法而行,士也;笃志而体,君子也。"[③]在《现代汉语词典》中,对"体验"的解释是"通过实践来认识周围的事物;亲身经历"。在西方语境中,德语"erleben"和英语"experience"都可译作经验、经历等。在哲学中,狄尔泰认为体验是生命存在的一种方式,是对生命、人生和生活的感发和体悟;伽达默尔认为可以从分析"经历"一词的意义来获得对体验的理解,体验不仅指人经历了某件事,而且在这种经历中获得了某种体悟和某种深切的感受。在心理学中,体验作为人的一种特殊的心理活动,由感受、理解、联想、情感、领悟等诸多心理要素构成。在体验中,主体以自己的全部"自我"去感受、理解事

---

① 孟景舟:《职业教育基础概念的历史溯源》,43 页,博士学位论文,天津大学,2012。
② 〔德〕马克思·韦伯:《经济与社会(上卷)》,林荣远,译,163 页,北京,商务印书馆,1997。
③ 辛继湘:《体验教学研究》,68 页,博士学位论文,西南大学,2003。

物，因发现事物与自我的关联而生成情感反应，并由此产生丰富的联想和深刻的领悟。因此，体验是具身的，是通过身体的体验及其行为活动方式而形成的；体验于经验中，是学习者从直接经验中构建知识、技能和价值的过程；体验与生活相关，是一种链接生活的实践活动。

3. 职业体验的内涵

根据职业的"个体性与专业性"和体验的"具身性与实践性"等根本属性，对职业体验的理解可以从平面的"关系"与立体的"维度"两方面把握。

(1) 职业体验的三对关系

显然，职业体验是合成词，它具有"职业"的规定性，也有"体验"的特质，因此，职业体验涉及"人与身体、人与实践、人与岗位"三对关系（见图 7-1）。

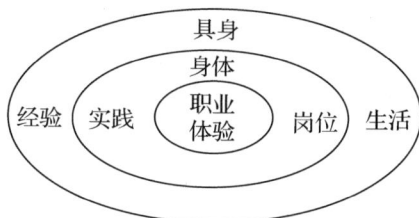

图 7-1　职业体验的三对关系

从人与实践的角度看，职业体验是一种实践活动或实践过程，是学生"认识职业、了解职业"的实践活动，是学生在实际工作岗位上和模拟情境中见习、实习的实践过程；从人与身体的角度看，职业体验注重"以身体之，以心验之"，强调通过学生物理身体的激活、身体情感的感知及身体、情境和心智的统整实现对职业的理解；从人与岗位的角度看，职业体验就是要在学校只是获得与社会各种活动和职业岗位之间建立有效联系，引导学生从科学世界走向生活世界（见图 7-2）。

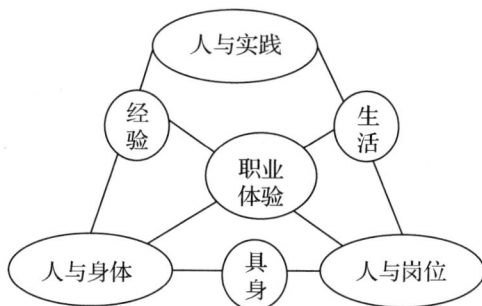

图 7-2　职业体验的概念结构

(2) 职业体验的维度划分

从层次分析，职业体验可分为职业意识体验（感性体验、知性体验、理性体验）、职业知识体验(知识体验、专业体验和技术体验)和职业技术体验(学力体验、技能体验和技术体验)。从过程来看，职业体验包括四个环节：选择或设计职业情境；实际岗位演练；总结、反思和交流经历过程；概括提炼经验，行动应用。从价值判断而言，职业体验有助于促进职业认知，帮助学生获得真切的职业认识和情感体悟，形成深刻的职业理解；有助于提升职业素养，促进学生掌握一定的职业知识与技能；有助于培养职业精神，充分认识职业的价值，形成正确、积极的职业态度(见图7-3)。

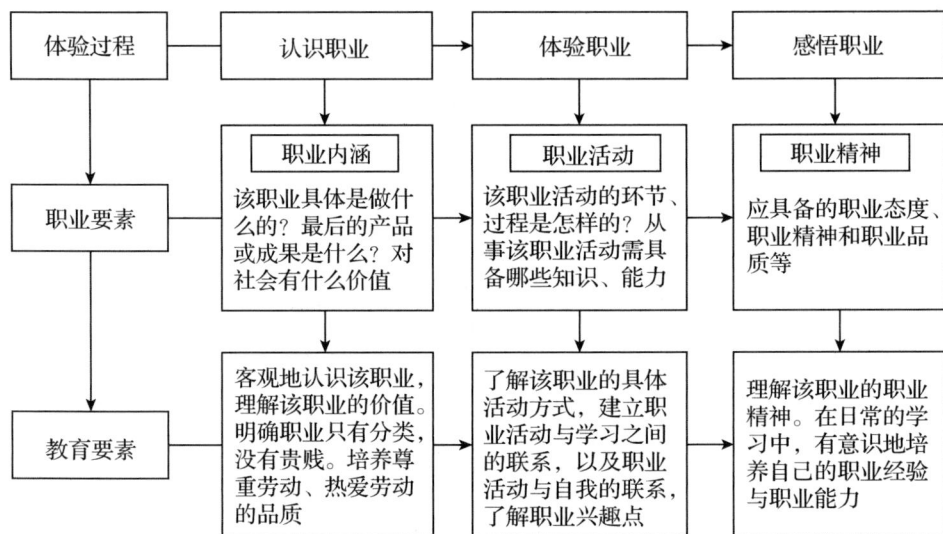

图 7-3　小学职业教育体验过程

(二)相关概念之间的关系

与职业体验相关的概念有职业启蒙教育、学生发展指导、综合实践活动、劳动教育等。在概念层次上，它们都是中小学职业体验的上位概念。

1. 职业体验是职业启蒙教育的行动路径

职业体验强调引导学生通过实操演练、角色扮演等方式亲身体验相关职业的奥秘，领悟特定职业所需的职业品质，让学生直观了解"什么是职业""这个职业是做什么的""怎样才能做好这个职业"等一系列与职业规划相关的信息，促进学生认识职业、认识自我，从而实现职业启蒙。例如：日本将职业体验活动作为促进职业启蒙教育的重要手段，形成了小学以参观为主的各级活动的层次递进体系；美国、加拿大、德国等则开设了多样化的职业模拟活动。

2. 职业体验是学生发展指导的实践内容

《国务院办公厅关于新时代推进普通高中育人方式改革的指导意见》要求"普通高中学校要明确指导机构，建立专兼结合的指导教师队伍，通过学科教学渗透、开设指导课程、举办专题讲座、开展职业体验等对学生进行指导"。职业体验是小学职业生涯教育和学生发展指导的实践内容，为学生的生涯规划提供必要的实践基地，有助于学生发现自己的专长和爱好，了解社会，逐渐建立行业印象，形成职业生涯规划，促进自我实现。

3. 职业体验是综合实践活动的活动方式

《中小学综合实践活动课程指导纲要》将"考察探究、社会服务、设计制作、职业体验"确定为综合实践活动的四种活动方式。职业体验包括"找个岗位去体验""职业调查与体验""走进现代农业技术"等主题，充分体现了学校课程"走近现代农业技术"等主题，充分体现了学校课程"向生活世界回归"的理念和做法，有助于培养学生价值体认、责任担当、问题解决、创意物化四个方面的意识和能力，促进学生对自我世界、职业世界和社会发展的理解。如学校通过开展"探社区生活究职业甘苦"综合实践活动包括"公园卫生工作体验与探究""食品卫生和宣传工作体验与探究""销售业体验与探究"等系列活动，引发了学生对社会问题的关注，增强了社会责任感，提高了解决实际问题的能力。

4. 职业体验是开展劳动教育的重要途径

《中共中央国务院关于深化教育教学改革全面提高义务教育质量的意见》指出："充分发挥劳动综合育人功能，制定劳动教育指导纲要，加强学生生活实践、劳动技术和职业体验教育。"职业体验具有面向职业生活和劳动世界的特点，是将教育与生产劳动相结合的重要手段。一方面，小学生所获得的体验由劳动（包括脑力劳动和体力劳动）产生，职业体验的过程就是小学生主动参与校内外劳动的过程。当前美国、日本等教育实践也表明，职业体验是实施劳动教育的重要途径，是培养学生"理想的劳动观和职业观"的有效手段。学生通过对职业劳动的真切体验，形成对劳动意义和价值的理解与获得。另一方面，职业体验能促进学生形成良好的劳动素养，帮助学生熟悉了解当代生产、服务等领域内各种职业的基本特征，发展学生创造性劳动的潜质，为学生将来的职业选择和定向做准备。

二、职业体验的特点

(一)体验性

职业体验活动非常重视学生的体验。学校必须创设一定的情境，让学生在职业情境中亲身实践、体验，体验既是一种过程又是一种结果。作为过程，学生在职业情境中能接触到不同的职业，亲身体验不同的角色，增强职业感知。作为结果，学生通过职业体验活动的亲身实践，获得不同的职业认知、态度和情感体验。

（二）自主性

职业体验活动是以学生为主体，强调学生的自主参与性的实践活动。因此，教师应充分调动学生的主动性与积极性，引导学生自主、自愿、自觉地参加职业体验活动。学生在职业情境下，应以主动积极的态度去认识、去感知、去体会职业，通过不断的学习与自我反思，才能更好地获得自主发展与提升。

（三）专业性

职业体验活动并非单纯的娱乐型活动，而是以一种寓教于乐的活动形式去触发学生在体验不同职业角色的基础上构建相应的职业认知，具有较强的专业性。不论是体验的过程还是职业知识的讲解，都应具备专业性，并通过其体验活动促进教育目的的实现。学生在教师或专家的指导和帮助下，亲身体验职业角色，习得专业知识和技能，并通过自我反思与建构展示职业学习成果，为今后的职业生涯发展奠定基础。

（四）适应性

职业体验活动的设计要具有适应性。一方面，社会是不断发展与变化的，因此职业体验活动设计要适应社会现状及发展要求，准确反映社会发展趋势，适当添加新兴职业，有助于培养学生形成适合未来社会对人发展所要求的品质；另一方面，个体在每个阶段的身心发展都具有不同的特点，因而课程内容的设计也必须符合学生身心发展规律及未来的发展趋势，强调随着体验的深入，在活动内涵及活动复杂性上逐步往更深层次发展，提高学生身心发展的水平。

三、职业体验的价值

（一）个体价值：以学生发展为旨归的实践转向

职业体验活动对于核心素养的形成具有积极意义，主要体现在人文情怀、社会责任、劳动意识三个方面。

1. 职业体验涵养学生的人文情怀

《中国学生发展核心素养》指出："人文情怀要求学生具有以人为本的意识，尊重、维护人的尊严和价值，能关切人的生存、发展和幸福等。"[①]职业体验活动强调学生的实际动手能力，其目的是增强学生对于各种职业的真切理解，强调以学生为本的思想。

---

① 林崇德：《构建中国化的学生发展核心素养》，载《北京师范大学学报（社会科学版）》，2017(1)。

职业体验活动将学生的学习真知与生活实践联系起来，重视学生的学以致用，给学生提供将学校中学到的知识应用于真实情景中的机会，让学生从封闭的象牙塔中走到实际生活中去，从生活实际中获得真实体验，从而实现生活世界与科学世界的对接。在活动过程中，充分尊重学生的主动性，从学生的兴趣爱好出发，以学生为本，一切为了学生，而学生在体验的过程中认识到任何职业都是伟大的，从而学会尊重社会上各行各业的工作人员，具有尊重劳动人民的意识。在《中小学综合实践活动课程指导纲要》的职业体验主题活动中，有多种项目体现了这一点，如"找个岗位去体验""来之不易的粮食"都会使小学生体验到人民的辛苦，从而树立尊重他人劳动成果的意识，以及体会劳动创造幸福生活的内涵，让小学生深入地思考：人如何生存？怎样生存、怎么发展才能更好地促进人们的幸福？在这样的熏陶浸染下，学生能进行更细致的思考。这样就能促进学生情智发展，推动他们人文情怀的养成。

2. 职业体验孕育学生的社会责任

社会责任在于增强学生之间的诚信友善、宽和待人；使学生孝敬自己的长辈，对身边的人具有感恩之心；加强小学生之间的团队合作意识和互助能力；提高他们明辨是非的能力，使小学生具有规则与法治意识。小学生在参与职业体验的过程中充满好奇心与求知欲，通过与企业或其他各种行业的亲身接触来体会各个企业的文化内涵，从而培养小学生诚信友善、宽以待人。由于小学生年龄小，身心发展还不健全，这样的特点使得他们对自己的家长存在崇拜之情，因此家长可以把孩子带到自己的工作岗位上，让孩子亲身感受家长的艰辛。如在《中小学综合实践活动课程指导纲要》的职业体验主题活动中，"创建我们自己的'银行'"这个活动就是学生通过讨论与分析如何创建"银行"来解决各种日常生活中的问题，以提高学生之间的合作交流能力、团队意识，使他们具有对自己及他人负责的心态。而在"走进立法、司法机关"活动中，学生可以在学校教师的领导下走进当地的法院、检察院等，与司法机关的工作人员进行座谈，或者在工作人员的指导下组织开展"模拟审议""模拟法庭"等活动，提高小学生对法律的认识，使学生从小对法律有敬畏之心，具有规则与法治意识，从而使他们积极地履行公民义务，行使公民权利。

3. 职业体验生发学生的劳动意识

劳动意识是指小学生具有积极向上的劳动态度和良好的劳动习惯，使小学生在参加家务劳动、生产劳动、公益劳动等社会实践中具有改进和提高劳动效率的意识，并且使小学生意识到通过诚实合法的劳动能够创造成功的生活。职业体验课程不仅仅在于培养小学生对未来职业的期望，还在于生发学生尊重劳动的意识，使学生在不同的情境中体验不同的职业，感受不同职业的劳苦艰辛，进而主动思考不同的职业是如何促进社会的进步与发展的，也使学生真正地理解习近平总书记《在知识分子、劳动模范、青年代表座谈会上的讲话》中指出的"人类是劳动创造的，社会实践是劳动创造的。

劳动没有高低贵贱之分，任何一份职业都很光荣"，从而更加深刻地体会到各行各业人员的辛苦劳累及更加尊重劳动人民。职业体验就是让学生亲身投入职业场景当中去，通过亲身接触来提高他们的创新意识。如在"走进现代农业技术"主题活动中，就是让学生掌握先进的农业技术及其发展趋势，从中体会现代农业技术高效、节能、生态的优点，通过亲身接触体验，培养学生的经济意识、质量意识、环保意识，提高学生的创新意识。

(二)教育价值：普职深度融通的改革要义

《国务院关于职业教育改革实施方案的通知》提出"鼓励中等职业学校联系中小学开展劳动和职业启蒙教育"。职业体验是普职深度融通的有效载体，有助于深化基础教育综合改革，促进职业学校转型发展，提升职业教育影响力。

1. 落实学生发展核心素养，深化基础教育综合改革

2001年，联合国教科文组织颁布的《关于技术和职业教育建议(修订方案)》明确提出"了解、掌握技术和知晓职业生活应是普通教育不可或缺的组成部分"。立德树人、发展学生核心素养是当前教育改革的方向，职业体验有助于发展学生的健康生活、责任担当和实践创新素养。从健康生活角度看，职业体验有助于促进学生正确认识与评估自我，根据自身个性和潜质选择适合的职业发展方向，提升自我规划和管理能力。从责任担当角度看，职业体验有助于培养学生的社会责任。如在"我做城市小主人"青少年职业体验主题活动中，通过扮演"小城"中的行政管理和服务机构工作人员的社会角色，体验不同的职业，了解社会行政机构职能和运行，从而培养社会责任感和公民意识。从实践创新角度看，职业体验有助于培养学生的创新精神和创新能力。例如：通过组织学生参观科技公司，在体验中了解中国经济转型发展，近距离感受科技创新给现代生活带来的改变，从而提高科学素养和创新创业能力。

2. 推进供给侧结构性改革，促进职业学校转型发展

职业体验是普职深度融合的有效载体，是激发职业学校办学活力的重要手段。一是创造新供给满足新需求。职业学校可立足专业特色，基于专业建设、实训场地和专业师资的优势，充分发挥优质资源服务社会的功能，为普通小学开展职业体验提供支持。例如：2019年上海市学生职业体验活动中，63所职业学校、94个市级开放实训中心提供了17个专业大类430个职业体验项目，可供6万名学生体验。二是以提升办学能力促新发展。职业学校可主动服务普通小学职业体验的现实需求，加强基础能力建设，探索建设集职业倾向测试、职业场景体验、职业规划指导、职业拓展培训等功能于一体的职业体验学习中心。同时，通过加大职业体验课程的研发力度、创建职业体验项目团队、加强职业体验评价研究等措施，提升职业学校教师专业能力，完善课程体系建设。

3. 推进普职深度融合，完善大职教观构建

建设现代职教体系已成为一项国家战略。《国家中长期教育改革和发展规划纲要（2010—2020年）》指出："到2020年，形成适应经济发展方式转变和产业结构调整要求、体现终身教育理念、中等和高等职业教育协调发展的现代职业教育体系。"职业体验是现代职教体系建设的重要内容，是促进普职深度融通、实现普职教育共赢发展的有效举措，是扩大优质职业教育资源使用效益、提升职业教育吸引力和影响力的重要路径。一是基于现代社会需求的大职教观理念构建。现代职业教育体系的外部适应性体现为满足广大人民群众的广泛性需要、迎合职业人个体发展的普遍适用性需要等。二是基于横向融通的普职融合性建构，促进普通教育和职业教育在教育目标、课程内容、教育体制等方面的相互沟通、相互融合。在教育目标上，共同解决学生"对自身职业生涯规划不够清晰"的问题，培养学生正确的职业观、劳动观和人生观。

（三）文化价值：价值引领实践的文化育人

对社会而言，职业体验具有重要的文化价值，有利于发挥全面育人、全程育人的独特功能，传承劳模精神和工匠精神，传承中华民族传统文化，引导学生形成正确的价值信念，实现文化育人。

1. 落实价值体认，价值引领职业体验实践

《中小学综合实践活动课程指导纲要》鲜明地提出了价值引领职业体验实践，价值体认就是让学生在职业体验活动中"获得、加深有积极意义的价值体验"，要求教师在活动设计时站在全面育人、全程育人的高度，让学生在活动中始终贯彻正确的价值取向。如在3～6年级"找个岗位去体验"活动中，要指导学生体会职业劳动的艰辛，体会劳动创造幸福生活的内涵，树立尊重别人劳动成果的意识。小学是学生价值观形成的重要阶段，职业体验不仅要激发学生积极的职业情感，更要让学生理解职业所倡导的精神，有意识地引导学生合理进行价值选择。

2. 培育职业精神，弘扬劳模精神和工匠精神

中共中央办公厅、国务院办公厅《关于深化教育体制机制改革的意见》指出"引导学生适应社会需求，树立爱岗敬业、精益求精的职业精神"。国务院办公厅《关于深化产教融合的若干意见》指出"将工匠精神培育融入基础教育"。《2019年上海市职业教育工作要点》指出"向中小学及社会公开开展职业体验活动，推动劳模精神、工匠精神进校园"。职业精神是人们职业活动中形成的思想意识、思维活动和心理状态，体现为工作中的敬业守信、精益求精、勤勉尽责，是促进人自由发展、形成行为规范的内在精神。职业体验活动中要重视职业精神的培育，让学生在职业体验活动中深入认识劳模和工匠，干一行、爱一行、专一行、精一行。

3. 体验职业文化，实现以文育人以文化人

职业文化是人类文化的一个子文化，职业文化包括职业社会与职业单位的制度、习俗与道德，具体包括职业道德、职业精神、职业纪律和职业礼仪等。文化的本质是"人化"和"化人"的统一。"人化"即人按照自己的方式改变、改造世界，使任何事物都带上人文的性质。"化人"是用这些改造世界的成果来培养人、武装人、提高人，使人的发展更全面、更自由、更深刻。职业体验的内涵是"体验一个项目，了解一门职业，感受一种文化"。学生在实际工作岗位和模拟情境中，感受和体验企业文化、职业文化、工匠文化和传统文化，在文化传承与创新中育人。

第二节
小学职业体验的活动设计

一、职业体验设计的关键要素

（一）课程对象的确定

职业体验类综合实践活动设计的第一个关键要素是课程对象的确定。课程设计要根据学生身心发展规律、不同学段来进行设计，要适应学生身心发展规律。每个年龄阶段的学生的认知特点、知识水平、能力结构都不相同，他们对于职业的认知、体会，以及获取职业知识和能力培养的要求各不相同。

针对小学阶段的学生，职业体验类综合实践活动课程的设计更多应该聚焦在对职业的认知、体会等方面，此时职业体验类综合实践活动课程应该是一种职业启蒙教育，帮助学生广泛地接触和了解职业，引导学生对职业产生认知和兴趣。学生的不同年龄阶段特征决定着职业体验类综合实践活动课程的类型、目标与活动过程要求的不同。因此，一定要根据课程对象有针对性地进行职业体验类综合实践活动课程的设计。

（二）职业体验领域、岗位的选择与模拟

职业体验类综合实践活动课程是一种在实际的职业领域、工作岗位或是模拟的职业领域、工作岗位上的见习与实习的课程形态，因此，要选择和模拟出能够真正发挥该种课程功能的职业体验领域、岗位。

第一，根据课程对象的年龄特点进行职业体验领域、岗位的选择与模拟。不同年

龄的课程对象决定职业体验领域、岗位的选择与模拟的差异性，不要选择与模拟不符合学生年龄特点的职业领域、岗位，这样会影响职业体验类综合实践活动课程的效果。职业体验领域、岗位的选择和模拟可以随着学生的年龄的增加逐步进行拓展和延伸。在小学阶段，课程在设计与实施中可以只选择或模拟某个职业领域（而且应该是为儿童熟知的一些职业领域），同时这种体验只需要局限在职业领域即可，而不需要扩展到具体岗位的体验上。

第二，发挥学生在职业领域、岗位选择和模拟中的自主性。综合实践活动课程强调学生的自主性，在课程内容组织和选择上"要重视学生自身发展需求，尊重学生的自主选择"①，职业体验类综合实践活动课程在职业领域、岗位的选择和模拟中必须充分考虑对于职业领域、岗位的意见，要根据学生的职业兴趣来选择和模拟职业体验的领域、岗位。

(三)职业体验的目标设计

作为综合实践活动课程，职业体验目标设定是职业体验活动开发与实施中需要首先考虑的问题。目标是否具有合理性与合规性，决定了所开发的职业体验活动是否符合《中小学综合实践活动课程指导纲要》的内在精神要求，而这需要我们对职业体验活动的目标有一个较为全面的解读。

1．职业体验类目标设计依据

(1)基于纲要政策

职业体验活动的设计应与综合实践活动课程的目标相匹配。2017 年颁布的《中小学综合实践活动课程指导纲要》将综合实践活动课程的总目标表述为"学生能从个体生活、社会生活及与大自然的接触中获得丰富的实践经验，形成并逐步提升对自然、社会和自我之内在联系的整体认识，具有价值体认、责任担当、问题解决、创意物化等方面的意识和能力"。其中，价值体认被列为首位，强调对价值观念的认可并积极同化到自身的价值体系中去；责任担当是指社会责任的担当与社会功能的发挥；问题解决是指对实际问题的应对解决能力；创意物化意在发挥自身的动手能力，对相应的产品进行设计与制作，强调动手能力。在此基础上，《中小学综合实践活动课程指导纲要》从这四个方面对各年级进行规划与描述，设计了递进式阶段性目标。

职业体验活动作为综合实践活动课程规定的四种主要活动方式之一，是综合实践活动课程的有机组成部分，虽然有一定的独立性，但并不是孤立于其他活动方式之外的。因此，综合实践活动课程范畴中的职业体验活动必然与《中小学综合实践活动课程指导纲要》所要求的总目标相契合，也需要在价值体认、责任担当、问题解决、创意物

---

① 　肖慧：《综合实践活动课程的方式关键要素与实施期待》，载《教育科学论坛》，2019(8)。

化四个方面有所侧重地对学生进行培养。

（2）基于理论基础

第一，金斯伯格的生涯发展理论。金斯伯格将青少年的职业生涯分为11岁以前的幻想期、11～17岁的尝试期及17岁以后的现实期三个阶段。其中小学阶段正处于职业幻想期，学生对待职业的态度完全出于好奇心与个人兴趣的幻想状态。

第二，舒伯的职业生涯发展理论。舒伯根据不同年龄阶段将职业生涯划分为五个阶段，而小学阶段处于生长期。这个阶段学生主要以模仿或想象等方式来发展自我概念和认识社会，应发展学生的自我概念和职业认知两方面。

第三，SOE模型。美国联邦教育署推出的SOE模型将幼儿园至大学阶段的生涯教育划分为生涯认知、生涯探索、生涯准备三个阶段。其中小学处于生涯认知时期。这个阶段学生不仅需要了解各种职业门类及不同的工作和世界，也需要了解自我与工作、世界的关系，为将来做好准备。

（3）基于国内外经验

职业体验是小学职业生涯启蒙教育的一种特殊形式，通过体认不同的职业角色，增进职业认识并提高规划能力。与我国相比，国外的生涯教育尤其是小学阶段的经验更为丰富。

在美国，生涯教育在小学阶段被划分为自我认识、教育和职业探索、生涯规划三个方面。其中自我认识包括懂得健康的自我概念、掌握必要的沟通技巧等；教育和职业探索包括明白教育成果带来的益处、认识工作与学习之间的联系等；生涯规划包括做出决策及体会不同职业角色、职业性别的重要性。

在日本，中小学职业生涯阶段要培养学生人际关系形成与社会关系形成能力、自我理解与自我管理能力、课题应对能力、职业生涯规划能力这四类基础通用技能。其中，职业生涯教育在小学阶段的总体目标被定义为：在出路选择与探索的形成期，形成对自己与他人的关心，提高对周围环境及工作的关心，初步描绘未来的自己与梦想，形成勤奋努力的性格。

目前，我国对于小学阶段的生涯教育目标没有具体规定。但继《中小学综合实践活动课程指导纲要》颁布后，各省市教育局响应号召，相继发布了关于在中小学开展职业生涯教育的通知。其他国家有关生涯教育的目标设定对我国小学开展生涯教育提供了一定的借鉴。

（4）基于学生学情

从心理发展规律来看，现阶段学生的思维能力逐步从具体思维过渡到抽象思维，这也是人格和意识形成的关键时期。因此，学生经历简单的职业训练后，有助于形成初步的职业意向。

2. 小学职业体验活动目标维度的侧重点

综合上述纲要政策、理论基础、国内外经验和学生学情，小学职业体验活动目标维度应注意以下四个方面侧重点。

(1)在价值体认维度

一方面，职业体验活动侧重于使学生形成正确的职业观，进而树立正确的世界观、人生观、价值观。在职业体验中不仅要让学生体验岗位工作，还需要注意价值引导，组织学生开展有关职业的反思研讨，从中帮助学生分析社会分工，正确认识职业对个人素质的要求，让学生克服职业偏见，形成健康积极的职业心态和价值取向。另一方面，职业体验活动有助于形成学生对劳动的正确认识与态度，因此我们在设定目标时既要关注通过特定职业体验过程而期待学生认同的一些具有专业性的职业精神，如对特定的职业体验过程获得一些普遍适用的职业精神，以及一丝不苟、精益求精、至臻完美的工匠精神。

(2)在责任担当维度

一方面职业体验活动可从知、情、意、行等不同层面对学生的责任与担当产生影响；通过加深对职业角色及其相应的职业生活的认识，提升学生对特定职业道德与职业规范的理解，从而形成其对自身、对他人、对家庭及对社会负责的态度。同时，还要引导学生在不同职业岗位体验的学生去挖掘所体验的职业领域中职业人群爱岗敬业、积极进取、刻苦钻研、不断创新的劳动精神，因为这些共同的精神有助于增进学生成为"有责任、敢担当"的职业人的主动性，也有助于他们将来在不同的职业岗位上继续将优秀的劳动精神发扬光大。

(3)在问题解决维度

职业体验活动侧重于使学生在体验中学会解决问题，积累发现问题、解决问题的经验，掌握解决问题的方法，提高分析问题、解决问题的能力，并在活动过程中发现自己的特长和兴趣所在，为将来职业的选择打下坚实的基础。如学生在体验快递员这个职业时，不仅要将邮件送往目的地，还要考虑如何分拣邮件、安排路线以节约时间、提高工作效率等问题。所以，职业体验过程中相关问题的解决，有助于提升学生敢于并善于解决问题的意识和能力。

(4)在创意物化维度

职业体验活动可使学生有机会通过实际操作而尝试创新，通过制作或改善作品来提升自己的实践创新能力，为自身的生涯发展奠基。如学生体验产品设计人员、研发人员的工作，从设计图纸到优化方案再到制作成品，从市场需求调查到产品改良，每个环节都能激发学生的实践能力与创新能力。

基于此，我们尝试细化了小学各个阶段的职业体验活动在上述四个维度的具体目标(见表 7-1)。

表 7-1　职业体验活动四维度的具体目标

能力	小学阶段
价值体认	学生走进职业，形成对职业的感性认识，能够初步了解、分析和评价不同的职业生活； 能反思自我，发现自我的职业兴趣所在，达到初步认识自我的目的； 体验并了解职业的基本环节和流程，体会劳动的艰辛，培养尊重别人劳动成果的意识，体会劳动创造幸福生活的内涵
责任担当	初步理解不同社会角色的工作及职责； 学会理解、体谅父母和老师，初步形成对自我、学校及社区负责任的意识
问题解决	能结合学校、家庭生活中的现象，发现并提出自己感兴趣的问题； 学生能够把问题转化为小课题进行探究，在老师和家长的帮助下寻找初步的解决方案，并形成对问题的初步解释
创意物化	通过积极的劳动体验尝试创新，培养动手操作能力； 能形成具有个人创意的展示品，包括手工制作、绘画作品及以文字材料形式呈现的活动感悟等

(四)职业体验的内容设计

课程内容是课程设计的核心，是实施职业体验教育的基本载体。课程内容设计包括宏观层面的课程框架体系和微观层面的课程具体内容设计。

1. 课程框架体系设计

职业体验课程与语文、数学等课程相比，一个最为显著的特征就是体验。所以，课程结构应是根据学生的认知特点，由简单到复杂、由低级到高级、序化了的一系列体验模块。各体验模块相互平行、相对独立，但目标一致，都包含职业意识、职业知识和职业技术等体验目标。

2. 课程具体内容设计

职业体验任务需要在具体的职业情境中，通过完成具体的体验、学习任务来达成。每个职业体验模块都可以包含多个具体体验内容和多个学习任务。在选择设计内容时应注意：第一，从最贴近学生日常生活的职业入手，可以学生父母的职业为切入点，选择与学生最熟悉、最贴近的职业群体作为起点，逐步扩大，引导学生了解职业、理解职业；第二，在职业内容与教育内容之间建立联系，职业体验不同于职业工作，更不同于职业介绍，在设计具体内容时应充分考虑教育的特点，将职业内容转化为教育内容，让学生通过体验，全面、客观地感知职业内涵、职业活动，感悟职业素养，获得职业认知与职业能力的提升。职业体验内容必须全面客观地体现该职业的基本内涵、性质和特点，以及该职业对知识、技能和素养的要求。同时，职业体验内容不同于职业介绍，是对学生实施教育的教学内容。因此在设计与开发过程中，应充分考虑教育的特点与要求，在职业内容与教育内容之间建立联系，对职业内容进行转化，使其成为适用于开展教育活动的课程内容(见表 7-2)。

表 7-2　职业活动中职业要素与教育内容的关系

职业要素	说明	教育要素
职业内涵	该职业是做什么，产品和成果是什么，对社会的价值是什么	客观认识该职业，理解某个职业的社会价值
职业活动	该职业活动的内容与流程是什么，从事该职业活动需要哪些相关知识与技能	了解该职业的具体职业活动，在职业所需知识与技能与学校学习内容之间建立联系
职业素养	从事该职业应该具备的职业道德、职业意识、职业能力与职业形象等	理解在学校教育中获得的能力与素养可以迁移到职业中，能够有意识地培养自己的综合素养

(五)职业体验的过程设计

根据小学生认知发展的特点，小学职业体验课程可以按照认知职业、体验职业和感悟职业的步骤开展。第一，认知职业。认知职业的目的在于借助特定的职业情境，帮助学生走近职业，初步了解职业的职业内涵和社会价值，形成对该职业的感性认识。第二，体验职业。体验职业的目的在于引导学生通过亲身参与职业活动，了解职业活动的基本环节与流程，明确完成职业活动所需要的知识、技能，形成理性认识。第三，感悟职业。感悟职业的目的在于帮助学生通过展示体验成果，深刻感悟该职业活动的精神，发现激发职业兴趣，明确职业取向，为未来的职业规划奠定基础。

二、职业体验活动的设计原则

(一)系统性原则

系统性原则是指在课程目标和内容方面具有连续性和一致性。首先，在课程开发过程中应该对课程目标进行整体设计，即根据小学教育目标和职业生涯发展理论对学生完成本课程学习后在自我认知、职业认知和社会认知，以及职业规划能力方面应有的发展水平进行规划与设计。同时，还应根据义务教育阶段的学生特点制订各学段目标。各学段课程目标应以课程总目标为依据，在内涵方面与课程总目标保持一致，同时根据各学段学生特点在能力要求上不断提升，呈逐步递进与发展的趋势。其次，课程内容的设计应遵循学生的认知规律，有利于学生不断深入地了解职业与培养职业规划能力，即课程内容要进行整体设计，各阶段课程内容要根据相应学段的课程目标进行设计，使课程内容与课程目标相契合，形成以课程整体目标为引领，教学内容不断深入、不断衍生的特点。

(二)适应性原则

适应性是指课程内容在选择与设计上既要适应经济社会的发展又要适应学生的特点与需求。适应经济社会的发展是指课程中选择的职业类型和职业活动应能反映当前经济社会的发展水平，准确真实反映当前社会职业发展现状及各类型职业的特点与发展趋势，为学生提供具有前瞻性的职业信息，有效发挥本课程职业启蒙与职业探索的意义和作用。适应学生的特点与需求是指在选择体验内容与设计体验活动时要考虑学生的身心发展特点、认知水平与能力，根据不同学段的学生有针对性地设计体验内容与组织开展体验活动的方式，有效调动学生的学习兴趣，使学生能够积极主动地参与到体验活动中，并通过体验活动获得关于社会与职业的有效信息，为自己的生涯发展规划提供帮助。

(三)灵活性原则

灵活性是指职业体验课程的课程结构要素能灵活调整，适应课程内容的更新与变化。职业体验课程是由一系列职业体验任务构成。由于职业类型和职业活动内容会随着经济社会的不断发展而发展变化。职业体验课程应在保证课程目标统一、内在逻辑关系合理的基础上，设置有利于动态调整课程内容、灵活开放的课程框架，根据职业的发展变化对体验内容进行动态调整，为学生提供准确的职业信息，才能更好地服务于本课程的课程建设与教育目标。

(四)区域性原则

区域性原则是指职业体验课程内容的开发，一方面，要与区域经济社会的发展相适应；另一方面，课程开发过程中还应考虑对区域内职业教育资源的合理利用。首先，根据区域内社会经济发展的现状和职业类型选择职业体验课程内容。与现实状态相契合的课程内容不仅有利于为学生提供生动的学习资源和真实的学习环境，更有利于学生深入了解职业活动内容，有效培养学生设计与规划自身的职业发展的能力。其次，在开发职业体验课程中应充分利用区域内职业教育资源。借助区域内职业教育力量，开发职业生涯教育课程，不仅可以解决普通教育领域缺乏职业生涯教育师资和课程资源的困难，还可以充分发挥区域内职业教育的资源优势，实现职业教育与普通教育的有机沟通与融合，提升职业教育的服务力，促进普通教育素质质量的提升。

第三节
小学职业体验的活动实施

作为综合实践活动的方式之一，职业体验是一种链接生活的课程形态，强调在职业情境中通过真实或仿真职业活动，辅助学生感知职业价值、强化职业理解、培养职业兴趣、提升生涯规划能力。如何让学生走出象牙塔，走进生活，实现利用课程链接生活、感知职业属性已成为当前职业体验课程推动过程中亟待解决的问题。

一、职业体验的活动实施路径

(一)建立审议组织：构建课程集体

作为一种新的课程形态，职业体验课程在开发与实施过程中面临着课程的科学性、适切性和可行性等问题，但仅靠单一教育系统内部力量的审定是不切实际的，只有通过多种教育力量的互动合作，建立一种致力于课程问题解决的课程审议组织是保证课程有效运行的前提条件。

"课程审议"最早由施瓦布提出。他强调通过建立课程集体，发挥各教育主体的力量，对课程进行谨慎的审议，确保课程学理性和操作性的平衡。职业体验课程的职业性、开放性的特征，决定了构建课程集体、建立审议组织、发挥集体审议功能是这门课程开展的基础和保证。有别于一般课程的审议组织，除包含专家、教师和学生等教育内部人员以外，职业体验课程还应包含专业技术人员和社区相关人士。

课程审议采取集中讨论、互通交流的运行方式，致力于职业体验课程开发、实施和效果评价方面的问题解决。首先，在课程开发方面，专家能专业分析课程问题，教师可依据实践经验提出见解，理论结合实践综合审定课程开发的适切性与科学性，确保课程发展方向的正确性。其次，在课程实施方面，教师将面临资源配置、基地类型选取、活动开展形式等方面的问题，审议组织将基于学生表现、学习体验和教师的教学态度、质量对课程进行诊断，探寻问题根源并制订解决方案。最后，在课程效果方面，审议组织对课程的评价是反映课程效果的有效依据。课程评价即专家和教师对开发课程的效果分析和监控过程，审议组织以职业体验课程资源为基点，以课程研发与课程实施内容为主线，以儿童发展为目标拟订行之有效的评价方针，确保课程实施方向的正确性。

(二)创设职业场域：建立职业体验课程基地

职业体验课程基地是学生职业学习的情境场，能让学生进入真实或仿真工作情境，引导学生从科学世界走向生活世界，在实习、见习活动中培养其职业兴趣，进行职业反思；职业体验课程基地是学生的场域学习圈，学生可借助多彩的学习圈获得职业知识和技能；职业体验课程基地是拓宽儿童职业成长的辐射域，学生可在活动体验的过程中强化职业理解，获取职业成长；职业体验课程基地是学生职业经验积累的经验塔，学生在仿真职业情境中积累职业经验，能更好地适应社会发展需要，提升生涯规划能力，展望职业前景。

职业体验课程基地建设以学校为依托，以学生年龄特点、认知能力、人的素质定位的基本准则和课程的属性目标为依据，涉及财商贸易类、艺术文化类、信息技术类、加工制造类、园林农工类、医药卫生类等职业范畴。小学职业体验课程基地立足于学生素质发展目标，主张建立五种职业体验课程基地：一是建立爱国情怀的"红色"教育基地，指向学生人生价值观的教育。学生借助革命纪念馆等"红色"基地，培养爱国情怀，建立民族文化归属感、认同感。二是建立强调技术创新的科技教育基地，指向学生知识技能教育。学生借助科技场馆、展厅、企业等平台，在现场体验、参与的同时获取科技知识，以应对未来科技发展和社会进步。三是建立强调身体素质的生命教育基地，指向学生体能健康的教育。学生借助医院等医疗、卫生机构基地，学习健康知识和求生技能的同时建立珍爱生命、健康生活的意识。四是建立强调历史文化传承的文化教育基地，指向学生文化鉴赏和情操素质的教育。学生借助文化基地，近距离聆听、触摸、感受历史，建立文化传承意识，提高文化素养。五是建立强调植物环境保护的生态教育基地，指向学生劳动观念和劳动技能教育。学生进入植物园、产业园，在实际操作的过程中感受劳动的辛苦与魅力，培养学生的劳动意识和观念。另外，职业体验课程基地依据学生体验参与程度分为三种层次：一是注重实地参观观摩性基地，促进学生理解职业属性；二是实现初步观摩与实践相结合体验性基地，让学生具身体验实际操作；三是强调在职业理论基础上进行"实操演练"的参与性基地，让学生在相关职业情境中具身体验。

(三)搭建学习平台：丰富职业体验课程资源

职业体验是特殊的课程活动，强调青少年的动手实践性，注重在实践操作中培养学生的综合能力，指向学生兴趣发展、同伴互助和职业导向，以促进学生终身学习、适应社会的发展需要。丰富的课程资源是职业体验课程研发的来源，可帮助教师打造优质课程，让学生获取职业价值观，确立职业目标和职业理念，树立正确的职业判断。

作为课程资源，其丰富性以职业体验课程基地建设为依据。综合考虑五种职业体验基地属性并提出红色资源、科技信息资源、医药卫生资源、历史文化资源、植物生态资源五类资源形式。在具体实践中，第一，爱国情怀的红色教育基地建设，应立足于地区文化以挖掘红色资源，将博物馆、烈士公园等"红色遗产"发展为基地，通过追寻红色记忆以传承革命精神，培养学生的爱国情怀。第二，技术创新的科技教育基地建设，应充分利用互联网技术以发掘科技教育基地建设，应充分利用互联网技术以发掘科技信息资源。在科技发展的信息时代，学生利用组建科技社团走出学校，体验多种科技服务活动的同时，提高科技实践能力和理论专业技能。第三，作为生命基地基础的医药卫生资源，是开展卫生服务活动体验的基本条件，学校与医疗机构成立长期合作关系，定期为学生宣讲健康卫生知识，并在专业人员引导下体验、参观。第四，历史文化传承的文化基地，主张将历史文化资源引入基地建设，学校应充分挖掘当地已开发的历史文化，并对历史文化进行探寻追溯。第五，植物环境的基地建设需要引进植物生态资源，学校在充分利用校内绿植的同时与周边校外产业园区、农场、牧场等植物生态资源建立长期合作关系，让学生在生态园中深入体验农业活动的魅力。

(四)链接生活情境：完善职业活动样态

职业体验是一种间接的职业教育，具有较强的职业代入感，可间接促进职业预备，强调链接生活情境，注重学生主动探究和具身体验。职业体验有些要求观摩、参观，有些重视学习理论与实践兼顾，有些则注重动手操作。基于学生的参与程度，将活动分为三种：以观摩体验为主的研学旅行活动；以场馆体验探究为主的场馆学习活动；以活动体验为主的主题学习活动。这三种职业活动样态立足于生活情境，共铸优质课程。

1. 研学旅行

研学旅行作为校外素质教育活动多在户外进行教学，是学校组织的参与、观摩、体验式实践活动，是学生初步了解职业、学习职业知识的重要形式。研学旅行在设计研学主题时要充分考虑体验性、趣味性、真实性，尤其要重视活动的职业教育价值。在开展研学旅行过程中，教师首先通过实地考察对资源进行评估梳理，确定活动开展的适用性和可行性，并确立研学旅行的主题范围。研学主题要依据研学目的有所侧重，并做适当的取舍和提炼，形成相对完整的主题内容和过程。研学旅行活动的设计要以教学内容设计为基础，充分调动学生的积极性和主动参与性，研学活动结束后教师要组织学生学习交流、分享，力争使学生学有所获，研有所得。

案例呈现

花式蒸饺

课程对象	小学生	课时安排	4 课时
课程 目标	知识与技能目标：掌握花式蒸饺的制作方法		
	过程与方法目标：掌握花式蒸饺每个步骤的操作要领		
	情感态度及价值观目标：培养学生的协作精神、珍惜食材、注意卫生、吃苦耐劳的好习惯，从细微之处提升其职业素养		
教学过程 及内容	1. 创设情境，导入课程 (1)让学生们抽签分组，每组 4 人，每组选出组长一名 (2)教师讲解面点实训室中安全注意事项 2. 指导教学，学习新知 (1)教师讲解蒸饺的由来，播放面点大师制作蒸饺视频 (2)教师演示操作过程 3. 创作体验，形成技能 (1)教师讲解负责组内分工与整合的练习分组操作的要求，操作的内容方法，在 90 分钟内完成蒸饺制作的任务 (2)原料准备：学生自取本组所需的原料，教师检查后方可开始制作 (3)学生制作：在制作的调面、调馅、成型、熟制、装盘这五个过程中教师都要做到每组亲临指导，每组的炉灶旁配一名面点专业的学生作为本组指导教师 4. 激发潜能，表现评价 (1)装好盘后，每组与劳动成果合影后，把蒸饺放到规定好的展示区 (2)教师结合每组的制作过程和成果进行点评 5. 成果展示，拓展升华 (1)享用亲手制作的蒸饺，享受劳动成果 (2)共同打扫实训室卫生，体验写作乐趣		

[资料来源]周继红、刘慧、陈旭：《体验学习视角下上海市学生职业体验日的经验及启示》，载《当代职业教育》，2016(12)。

2. 场馆学习

场馆学习是立足于场馆环境的学习活动，通常有固定的活动场地。相较于传统的学校教育，场馆学习具备更广阔的教学空间和更丰富的课程资源。在场馆学习时学生可通过观摩、探究、体验和自我建构感知职业价值，强化职业理解，培养职业兴趣。场馆学习重视情境嵌入、具身体验和学用交互。情境嵌入是场馆学习的前提条件，通过情境嵌入营造良好的职业学习环境，激发学生的好奇心和兴趣。在职业体验学习的过程中，通过情感和认知的有机交互，引导学生走向职业理解，感知职业价值。学用交互是场馆学习的主要特征，学生将所学习到的知识或技能与实际情境相结合，通过运用、尝试、改造等实践活动，实现学生的职业经验积累。

案例呈现	我是东坡书院小导游		
课程对象	小学生	课时安排	6 课时
课程目标	知识与技能目标：学生通过课内外的学习掌握东坡书院内某个景点的讲解		
	过程与方法目标：学生通过自我练习、组内合作、探究体验等方式感受东坡文化		
	情感态度及价值观目标：学生通过感受、体验并讲解东坡书院内的景点，提升了自信，提高传统文化素养		
教学过程及内容	1. 校内理论课（2 课时） （1）创设情境，导入课程 ①学生观看东坡书院全景浸入式实地教学软件，让学生们对东坡书院有全面的认识 ②研学导师介绍东坡先生的生平并讲解东坡书院的四个重要景点 （2）指导教学，学习新知： ①学生任抽取一个景点的标签，作为校外实践课的讲解景点，抽到同一个景点的为一组，每组 5 人 ②学生按抽到的签背好讲解词，运用东坡书院全景浸入式实地教学软件进行练习 **2. 校外实践课（4 课时）** （1）感受职业，体验创作 ①学生们换上古装，由研学导师带着游览东坡书院 ②学生体验拓片、书法等中国传统技艺 ③学生到东坡书堂听东坡故事，诵东坡诗词 （2）激发潜能，表现评价 执行研学讲解任务：学生轮流进行讲解，其他学生负责引导路过的游客听这位学生做讲解，并请游客写下对此位学生讲解的评价 （3）成果评价 ①教师根据每组的讲解表现及游客们的评语给予鼓励性评价 ②在回程的车上每位学生谈谈今天体验的感想		

[资料来源]步星辉：《职业体验类综合实践活动课程的设计与实施》，载《当代职业教育》，2020（1）。

3. 主题学习

主题学习是以主题为纽带，以活动为载体，引导学生在"做中学"，突出学习的过程性、实践性，是围绕职业教育主题、依靠学科整合开展活动课程，通过引导学生跨学科的探究、体验和发现丰富学识的职业经验。主题学习的活动目标设定、活动环节设计、问题设置等皆要立足于学生发展，主题选择需要链接学生生活，符合学生的认知水平和能力水平。在实施过程中要充分利用儿童喜爱"游戏"的心理，设计有趣且具有逻辑发展性的职业活动，充分信任学生能力，尊重学生观点，激励学生敢于质疑、表达，激发学生的探究兴趣、欲望和学习动机。

二、职业体验的活动实施过程

职业体验活动课程的实施主要分为三个阶段：活动准备阶段、职业体验阶段、活动成果展示与总结应用阶段。

(一)活动准备阶段

本阶段主要分为活动宣传、兴趣评估与职业意向评估指导、选择主题、制订活动方案、搜集资料五个部分。活动准备阶段的主要任务为借助特定的职业情境，激发学生探究职业奥秘的兴趣，帮助学生通过多种途径搜集相关职业知识、走进职业，明确职业的基本内涵与类别，了解职业的现状和社会价值，形成对该职业的感性认识。活动实施的具体流程如下。

1. 开展职业体验活动宣传

职业体验的顺利实施需要多方人员的参与，只有学生、教师、家长等相关人员认识到职业体验的重要性和意义，才能保证职业体验活动的有效开展。学校要加强职业体验活动的宣传力度，积极营造浓厚的职业文化氛围。面对教师群体，学校可以通过组织全校宣讲会、讲座、培训等方式，让教师充分了解综合实践活动课程的价值，学习如何设计与实施综合实践活动课程、如何开展有效指导等；面对学生家长，学校可通过"致家长的一封信"或开家长动员会的形式，向家长普及职业体验活动内容，让家长了解职业体验活动的意义、可能存在的安全问题等，为后期家校合作奠定基础；面对学生，学校可召开与职业体验活动主题相关的班会、展览会、板报展、手抄报展等活动，激发学生的职业兴趣，培养学生主动探索的精神。

2. 兴趣评估与职业意向评估指导

兴趣与职业意向的评估主要是为了了解学生的兴趣爱好与职业意向。兴趣评估不仅可以加强学生的自我认知，而且方便教师为学生提供指导。由于各个年龄阶段学生特点不同，实施评估的方法也不尽相同。教师可根据各年龄阶段学生的特点，采取适当的方式对其进行有关职业兴趣和职业生涯意向的心理评估，了解学生关于职业的知识背景与能力。例如：针对低年级学生教师可采取游戏、视频等方式，以趣味性为主；而对高年级学生，则可采用各种心理测试、调查问卷等方式，了解学生的职业生涯意识。

3. 确定职业体验活动主题

职业体验课程的特殊属性决定了其课程实施必须走出校门，与社会、与行业企业、与职业院校通力合作。职业体验活动的实施需要取得各方信任与支持。学校要与家庭、企业、教育部门等多方沟通合作，形成多方共育的局面，共同为主题的设置提供帮助与支持。

（1）职业体验活动主题的类型

职业类别的设计，主要从以下四个方面选择。

第一，校园式。校园是学生进行职业体验的重要场所之一。校内资源主要包括餐厅、图书馆、宿管科、档案管理科、保卫科等岗位，供学生进行选择。除此之外，学校可举办各种丰富的活动，为学生提供更多展示的机会，如科技展、画展、文艺汇演等。各学科可根据学校自身情况进行岗位的设置。

第二，家庭式。在日常生活中，学生与家人接触较多，因此，可以对家庭成员的职业进行详细的调查，了解家人工作的特点，体会家人工作的辛劳。同时，家庭岗位角色的扮演也能够让学生充分体验职业的乐趣，如小理财员、小厨师、小美容师等。

第三，场馆式。可以建立职业体验馆，学生在职业体验馆内，通过模拟和体验成人的角色来了解和接触社会生活。这种以"寓教于乐"为主旨、以"角色扮演"为主导的儿童模拟体验在产业市场上占据一定地位。

第四，实岗式。在专业指导教师的带领下，走进社会，走进公司、工厂、企业等场所，进行实地观摩，直接参与和体验不同的职业。学生在社会之中能够接触到更多的岗位，认识更多的职业，从而丰富自己的职业认知，在体验中树立职业志向。

（2）职业体验主题选择方式

学校根据四种主题种类制订具体体验的职业岗位。学生可自主选择，也可由教师组织进行选题。主题的选择有两种方式：第一，学生自主选择。学生在自主选题时，每人每天都要随身携带一个信息采集本，记录自己在日常生活中所接触或观察到的职业及内心的所思所感；教师可在每周的实践活动课中抽出 20 分钟时间，让每个学生都交流自己的想法，谈谈一周来最感兴趣的职业是什么，教师记录下有意义的问题，作为开发职业体验活动课程的资源。第二，教师组织选题。教师可从开发的活动中确定活动选题范围，让学生进行选择。

4. 制订职业体验活动方案

（1）建立小组

在制订活动方案前，选择同一活动主题的同学组成职业体验活动小分队，建立新的团队。为增加新生团队的凝聚力，树立小组合作意识，让学生对小组学习产生浓厚的兴趣，指导教师可通过发放相关故事资料的形式对学生进行启发诱导，引导学生树立小组合作意识，明确合作的重要性。同时，小组成员之间也可自行安排交流、合作与尝试。同组成员可一起搜集关于"合作"的故事，在班上一同交流讨论。学生在搜集资料的过程中体会到合作的乐趣，激发小组合作的意识。小组成员要明确本小组的活动特色，推选出研究能力和组织能力较强的学生为组长，并聘请自己心中喜爱的指导教师，同时为小组取名。

（2）拟订活动方案

学生活动方案一般包括活动主题、活动背景、活动目标、活动内容、小组成员及分工、活动时间与地点、活动方法、活动步骤、预期成果及表现形式、可能遇到的主要困难及应对的策略、问题与反思等部分。学生要明确活动方案撰写的具体要求。教师可通过开设讲座或提供成功案例的方法向学生具体讲解如何撰写活动方案。学生在进行方案的制订时要对主题进行充分思考，以职业体验的某个领域为主设计活动，并能够在实施过程中兼顾其他领域的要求。从课程开发的三个维度（自然、社会、自我）出发，充分挖掘主题活动中所蕴含的自然、社会与自我因素。尽可能向主题外渗透，糅合多种主题，从中挖掘更多的内容。

（3）汇报交流

学生在完成活动方案的撰写后，在全班各个小组间进行交流讨论，分析方案的可行性。教师对学生方案进行指导。学生根据讨论对方案进行修改。此环节在学生小组之间进行，主要让学生在与其他小组交流的基础上，学习其他小组的方法，反思自己方案的不足，进一步完善方案。

5. 搜集职业体验资料

在学生正式进行职业体验前，要完成相关资料的搜集。资料搜集可通过书籍、网络、报纸等各种途径获得。学生要对搜集的资料进行分类，如文本、图片、数据等。文本资料要去粗取精，进行分类概括。图片资料要进行命名，按顺序粘贴并加以说明。数据资料可绘制统计表或统计图。教师可根据学生的需要进行详细指导。小组长将搜集来的关于本主题职业的相关资料进行整理汇总后，放入资料搜集档案袋。学生资料的搜集还可以通过对身边的家人、邻居调查访问进行。教师可在学生访问前对其开设小讲座，讲解采访的相关知识。学生在采访过程中需完成采访记录表。访谈记录表要清楚记录采访人与被采访人的基本信息，以及采访时间与地点和整个流程。

（二）活动体验阶段

职业体验活动的体验阶段，就是学生自主或在教师带领下，走进模拟或真实的职业场所进行亲身体验，开展实际岗位演练。本阶段的主要活动有职业观察学习、实际岗位演练、多领域主题探究。

1. 职业观察学习

学生在初步认知职业的基础上，在学校及教师的指导带领下进入职业体验场地进行现场观察。职业观察的过程也是教师为学生进行讲解的过程。教师可鼓励学生采用多种方式进行观察记录，如拍照、文字、录音、写日记等。小组成员可以相互配合，采用多种形式结合，记录活动过程中的认识、体会与反思，记录活动过程中的过程与方法，记录观察中发现的问题，记录活动过程中的相关数据及收集的文字资料，这样便于互相补充和完善，使记录更全面。在活动结束后，每位学生需要完成观察记录表。观察记录表要包含项目名称、体验人、体验时间、体验地点、体验时长、小组成员、活动目的、体验过程、体验感悟等内容。

2. 实际岗位演练

通过前期学习与观察，学生即将进入职业体验阶段。学校统一组织学生进入职业体验场地，小组指导教师与两名家长须与学生一起前往，负责学生的安全工作。学生职业体验时间不得少于 2 小时。每完成一次体验，指导教师都需要提醒学生填写职业体验记录表。职业体验记录表详细记录学生的体验时长、体验内容与体验感悟。指导教师签字，写评语。学生在真实的职业场景下进行职业角色体验，掌握基本的职业技能，体会不同岗位的特点与责任，有利于其形成理性的职业认识。

3. 多领域主题探究

引导学生扩展领域探究是学生进行主题深化的重要方式。学生在职业体验过后，要根据活动方案的设置、职业体验经历提出疑问，进行深入探究。在教师的指导与小组成员的共同协作下，通过多种途径、方法解决疑问，实现主题的扩展、深化与综合。

（三）成果总结阶段

本阶段的主要工作为活动成果展示。首先，小组成员讨论成果展示方法，力求以多样性与创新性的方法进行成果展示，互相交流和借鉴。其次，学生对体验活动进行总结、反思，并撰写总结报告和学习心得，指导教师要对其进行评定，并将其放入学生成长档案，进行留存。最后，提炼经验，实际应用。学生依据生活情境，将自己所学应用到社会生活中。

1. 活动成果展示

（1）整理资料

活动结束后，每位学生要整理好个人资料，并由小组长对小组成员的材料经汇总分类整理。可参照以下模式进行分类：一文字类，包括日记、访谈记录表、观察记录表、活动反思等；二实物类，包括小制作、照片、模型、录音带、光盘、学生种植的植物等。

（2）展示成果

小组成员讨论成果展示方法。成果展示方式多样：学生可以表演职业中的事情；可以以晚会或主题活动形式在全校进行交流；可以制作宣传手册；可以对自己的未来职业进行畅想，根据自己的职业体验，设想自己将来的职业或设想将来社会中可能会产生的新职业，以此来开发创新能力。

（3）组织交流

各小组之间进行初步交流与沟通后，学生交流小组调查的主题、过程及在调查过程中的情感体验。教师鼓励学生提出疑问与建议。同时，小组之间进行互动交流，让学生学习其他小组的成果，了解其他职业的基本特点，从而开阔视野。

2. 撰写职业体验活动总结报告

活动结束后小组成员讨论活动收获，汇总活动结果，形成对职业的系统化认识与评价。活动成果的撰写须经指导教师审核，由教师进行评定，提出修改意见，进一步修改完善。

(四)经验应用阶段

教师指导学生依据生活情境，将自己所学应用到社会生活中，实现活动的深化与升华。通过几个月的学习、观察与体验，学生已具备多方面能力。在日常的生活学习中，教师和家长要适当地创造条件，让学生学会运用自己所学的技能。教师的指导可以有选择地涉及以下四个方面的内容：第一，在学生自我认知方面，学生经历过职业体验后，教师可以引导学生进一步认识自身的特质、能力、特长，以及对待学习、生活、职业的态度和价值观，逐渐形成自我的规划意识，并学会对自我进行时间、情绪、压力等的管理；第二，在学业指导方面，可以引导学生反思职业体验中所涉及的专业要求与知识，鼓励学生认真学习，形成观察、分析、质疑的能力和习惯，掌握科学的学习方法，实践创新，终身学习；第三，在生活指导方面，可以引导学生把职业体验中与人沟通、交往及合作的经验应用到实际生活中去，同时更深层地反思生活与职业劳动的关系，建立积极健康的生活态度，健康成长；第四，在职业指导方面，教师可以引导学生对体验的职业进行反思与探索，进一步唤醒职业意识、了解职业世界、理解职业生活，感悟劳动带来的价值意义和社会责任感，加深对职业角色的认识，尝试对未来职业发展进行规划。

案例呈现

走进立法、司法机关

(一)活动背景

法律如同学校的规定、班级的纪律，告诉学生现实生活中什么事情可以做、什么事情不可以做。但目前青少年犯罪逐渐低龄化，反映出小学生的法律意识并不足。这些现象警示我们，学校在巩固文化课的同时，也应当给予学生交流分享对法律尊严与认识的机会，并培养学生规则意识与法治意识。因此，在专业人士的指导下，学生通过走进当地法院、检察院，去亲身体验审判长、陪审员等职业的职责与义务的方式，感受法院的庄重与法庭的威严，了解法律的重要性。这不仅有利于学生用法律的武器保护自己，也有利于学生从小树立正确的法治观念，同时也响应了社会所倡导的普法活动。

(二)活动目标

1. 通过播放视频或家长进课堂等形式，了解司法机关岗位构成，把握具体工作岗位的基本特征与具体要素并自主完成体验学习单。

2. 结合前期搜集的司法机关信息，发现并提出自己关于职业感兴趣的问题，以小组为单位进行讨论与交流，形成对问题的初步解释。

3.通过"模拟法庭"进行实岗体验，分审判人员、检察人员等具体职业角色，了解所需的职业技能与职业道德，明确职业价值。

4.通过体验学习司法机关公平公正、一丝不苟的精神，培养职业兴趣，形成正确的劳动观念与人生志向，并对自己的表现做出评价。

5.通过司法机关体验，进一步学习法律知识，尊重法治，敬畏法律，具有规则与法治意识。

(三)准备活动

1.学生方面

(1)活动实施前，搜集相关资料，对司法机关中的职业信息进行初步的了解。

(2)在体验活动当天，要穿着轻便的衣服便于活动。

2.教师方面

(1)与司法机关或者相关职业的家长进行联系，明确体验活动的实践与人员安排。

(2)前期做好学生的安全教育。

(3)做好课务调整及学校申请，配合活动的顺利进行。

(4)提前向家长告知活动开展的时间与内容，争取家长的配合，促进活动的进一步宣传。

(四)活动实施

1.活动一：我们来交流(2课时)

为了更好地参与后续体验，活动初期应当给予学生初步认识职业的机会。因此，在体验前学生们一起交流活动前收集到的法官、陪审员等职业的信息，再在专业指导教师或是相关职业家长的指导下对职业信息进行进一步的梳理，有助于学生更加全面了解职业性质与职业内容，为后续体验过程奠定基础。

(1)具体体验阶段

①看一看。播放法庭视频或相应图片，产生初步的职业印象。然后专业指导老师或是相关职业家长根据视频对法庭上各职业代表进行初步的介绍，如陪审员、书记员、律师的工作性质等，或者可以通过对具体的职业工具或是职业所代表的精神含义进行简单的讲解，如法官的法槌代表司法公正等。由此帮助学生了解法院的工作职能、审判执行、文化建设、青少年法制教育等方面的知识，促进职业内容的初步认识，并在此基础上完成体验学习单。

②动一动。在指导教师的帮助下，叙述亲自体验法庭所需的工具，如帮助和开导未成年人过程中所使用的沙盘及维持法律秩序的法槌，也可以扮演书记员宣布法庭规则等。

(2)反思观察阶段

想一想。小组合作，学生通过前期的资料收集及上一阶段初步了解，对指导老师提出的问题进行思考并在组内进行交流。例如：通过刚才的讲解，你对司法机关有哪些了解？这与你前期了解的司法机关有什么不同之处？

(3)抽象概括阶段

议一议。学生以小组为单位在班级内针对反思阶段所讨论的问题进行交流与分享，甚至可以展开研讨与辩论。

2.活动二：我们来体验(2课时)

在对法院及其职能有了初步的了解之后，学生们将走进法院、检察院等司法机关，切身感受法制氛围，亲身经历一场别开生面的体验。

(1)主动检验阶段

①看一看。走进学校附近的司法机关进行"零距离"的参观学习，在检察引导员的带领下亲身感受职业环境的构成，如检察服务大厅、未成年人工作室、询问室、听证室等，通过介绍审判庭的各项功能的设置和不同审判庭之间的区别，帮助学生认识审判法庭的人员组成及法庭的整个格局布置。

②听一听。学生旁听公开的受审案件，了解法庭审理的整个流程与细节。考虑到学生的理解能力，法官、检察官们在庭审对话时语速要放慢，而且语言要较为直白。

③访一访。听完庭审后，学生们化身为小记者，可以向辩护人提出许多问题。例如：你为什么要为罪犯辩护？

④演一演。学生在检察官的引导下化身为公诉人、辩护人等职业角色，进行职业体验。程序包括书记员宣布法庭规则、审判长主持开庭，其中经历开庭准备、举证质证、法庭辩论、合议宣判等过程，真实还原庭审过程。加深学生对法律的认识。

3. 活动三：我们来展示(2课时)

①说一说。学生交流体验后的心得与成果，可以以文字的形式，也可以通过图片、视频的形式，甚至可以通过小品进行表演，使学生在体验后也能有所收获。不仅如此，这一阶段也可以提一提体验过程中需要改进的部分，帮助活动更好地开展。

②编一编。在经历过模拟法庭后，可以在老师的帮助下，学生精心挑选案例并进行模拟法庭剧本的编写，帮助学生拓展更多的法律知识。优秀的剧本可以在全校进行展示，甚至可以进行排练并公开展示表演。

(五)活动评价

活动评价分为三个方面，包括体验活动整体评价表、岗位体验活动评价表、成果展示评价表。整体评价表以活动整个过程的表现为评价标准，包括自评、互评、师评。具体岗位活动评价表是指学生在参观法庭及体验模拟法庭之后检察引导人员对学生的评价。成果展示评价则是对学生在汇报过程中表现进行评价。

表7-3 体验活动整体评价表

姓名_____ 体验内容_____ 体验时间_____ 体验地点_____

项目	考核内容	评分标准	自评	互评	师评
活动准备	前期准备	对司法机关中各职业信息进行认真搜集			
	体验准备	按照要求穿好法袍等制服，明确法槌等职业工具的作用			
	职业了解程度	认真填写体验学习单，了解职业内容			
活动过程	积极参与	主动参与小组讨论，积极思考，主动提问			
	尊重同伴	聆听同伴意见，合理沟通			
	合作精神	组内合理分工并认真完成自己的任务			
	文明素质	参观过程认真听引导员讲解，保持纪律，不破坏公共物品			
	模拟法庭过程	严肃完成职业角色任务，不嬉笑打闹，善始善终，认真体验			
	成果展示	演讲自信大方，主题鲜明，内容丰富			
活动后期	取长补短	善于反思，能汲取同学之间做得好的地方，也能提出改进的建议			
	案例编写	案例生动，逻辑清晰，内容完整且规范			

表 7-4　岗位体验活动评价

评价内容	评价等级
积极参与体验	
正确完成具体工作任务	
克服体验过程中遇到的困难	
体验中和同伴合作共进	

备注：评价采用等级制，如优秀、良好、合格、不合格。

[资料来源] 吴晓：《基于学习圈的小学生职业体验活动设计研究》，41 页，硕士学位论文，温州大学，2019。

【本章小结】

职业体验是综合实践活动的重要方式。它具有体验性、自主性、专业性、适应性等特点。其价值体现在：对学生而言，具有培塑人文情怀、社会责任、劳动意识等个人价值；对教育而言，落实学生发展核心素养，深化基础教育综合改革，推进供给侧结构性改革，促进职业学校转型发展，推进普职深度融合，完善大职教观构建；对社会而言，职业体验具有重要的文化价值，它落实价值体认、价值引领职业体验实践，培育职业精神、弘扬劳模精神和工匠精神，体验职业文化，实现以文育人、以文化人。

小学职业体验活动设计的关键要素有：课程对象的确定，职业体验领域、岗位的选择与模拟，职业体验活动目标设计、内容设计、过程设计等要素。职业体验活动设计应遵循的原则有系统性原则、适应性原则、灵活性原则、区域性原则。

小学职业体验活动的实施路径体现为：建立审议组织：构建课程集体；创设职业场域：建立职业体验课程基地；搭建学习平台：丰富职业体验课程资源；链接生活情境：完善职业活动样态。职业体验活动课程的实施主要分为三个阶段：活动准备阶段、活动体验阶段、成果总结阶段与经验应用阶段。活动准备阶段主要分为活动宣传、兴趣评估与职业意向评估指导、选择主题、制订活动方案、搜集资料五个部分。活动体验阶段的主要活动有：职业观察与学习；实际岗位演练，亲身体验；扩展主题，多领域探究。成果总结阶段的主要活动为活动成果展示和撰写职业体验活动总结报告。经验应用阶段主要是学生依据生活情境，将自己所学应用到社会生活中，实现活动的深化与升华。

【章后练习】

1. 试结合某具体职业体验活动，谈谈小学职业体验的特点与价值。

2. 以"快乐实践——我成长"为主题，分组讨论设计该主题的职业体验活动方案，并在全班进行交流。

3. 结合社区、家庭及学校相关资源，设计组织小学生开展职业体验活动的完整过程。

【拓展阅读】

1. 杨燕燕、仲建维. 社会服务与职业体验［M］. 石家庄：河北教育出版社，2019 年版。

2.［斯洛文尼亚］朱·科特尼克. 儿童学习空间设计［M］. 潘潇潇，译. 桂林：广西师范大学出版社，2017 年版。

3. 李彦儒、孙翠香. 职业学校与中小学合作开展职业启蒙教育：困境与推进路径［J］. 职教论坛，2019(11)

4. 丁运超. 研学旅行：一门新的综合实践活动课程［J］. 中国德育，2014(9).

5. 殷世东、程静. 中小学研学旅行活动课程化的价值意蕴与实践路径［J］. 课程·教材·教法，2018(38).

6. 吴支奎、杨洁. 研学旅行：培育学生核心素养的重要路径［J］. 课程·教材·教法，2018(4).

第八章

小学综合实践活动的教师指导

章结构图

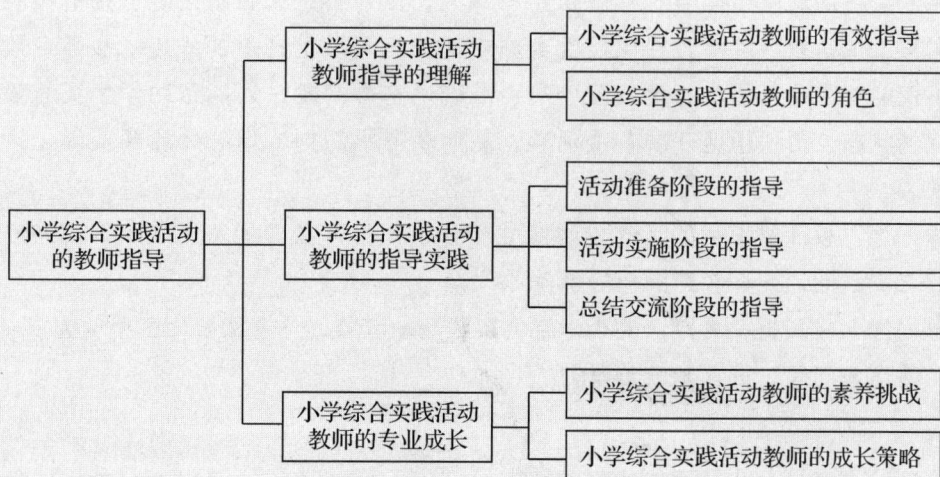

本章系统论述综合实践活动教师指导，主要涉及小学综合实践活动教师指导的理解、小学综合实践活动教师的指导实践、小学综合实践活动教师的专业成长三大模块。在意蕴理解部分，诠释了小学综合实践活动教师的有效指导、小学综合实践活动教师的角色两方面；在指导实践部分，阐述了活动准备阶段、活动实施阶段、总结交流阶段的教师指导；在教师专业成长部分，介绍了小学综合实践活动教师的素养挑战与成长策略。

学习目标

1. 理解小学综合实践活动中教师的有效指导与教师角色。
2. 能对小学综合实践活动的各个阶段进行常态化指导实践。
3. 了解小学综合实践活动教师的成长挑战与成长策略。

章前导语

综合实践活动课程倡导学生的自主与探究，但并不意味着不需要教师的指导，从某种意义上说，教师的指导在课程的实施中往往起着举足轻重的作用。教师有效的指导，不仅能够帮助学生及时地发现问题、准确地把握问题，还能帮助学生更有效地进入探究的状态、更科学地开展各项活动，从而获得更深刻的情感体验并实现个人的良好成长。

想一想：教师对学生的活动指导意味着什么？教师指导的基本任务有哪些？如何提升综合实践活动课程教师的指导素养？

思一思：成长为一名专业的小学综合实践活动教师，你还需要做哪些努力？

带着这些问题，进入本章节学习。

第一节
小学综合实践活动教师指导的理解

综合实践活动是一门实践性、开放性、生成性很强的课程，要切实实现综合实践活动的课程价值，提高课程实施对学生发展作用的有效性，克服课程对学生发展影响"表层化"的局限性，需要增强教师指导的有效性。然而，近几年来，在综合实践活动课程实施过程中，课程制度、指导规范等方面都尚未真正建立起来。综合实践活动中的有效指导如何理解？教师在综合实践活动中的角色怎样定位？本节就这两个问题进行探讨。

一、小学综合实践活动教师的有效指导

（一）教师指导的意蕴

综合实践活动的课程实施过程是教师指导下学生的自主实践学习过程。教师的有效指导是实现综合实践活动课程价值的基本保证。学生自主性的实践学习总是与教师的有效指导相伴随的。综合实践活动不是教师"教"出来的，而是学生"做"出来的，学生是综合实践活动的主题。但在学生"做"的过程中离不开教师的指导。在综合实践活动实施过程中，教师与学生的关系是指导与被指导的关系。教师的指导意味着什么？主要体现在以下三个方面。

1. 激发动机，培养兴趣

由于知识经验、综合学力和社会阅历的局限，学生往往认识不到实践学习对自我成长的价值和意义。因而，激发学生参与实践学习的动机、培养学生参与实践活动的兴趣，是教师指导的基本内容。教师在指导学生开展综合实践活动学习的过程中，不应只是简单地布置活动主题和活动任务，而应首先使学生明确开展综合实践活动及相关主题的目的，明确综合实践活动对个人成长的意义所在。意义不明确，学生在活动中往往处于被动、执行的状态，随着实践活动的深入，学生的持续活动兴趣会逐步降低。目的不明确，学生在活动中往往会处于盲目的状态，只有那些具有个别化、具体化和情境化的活动目的，才能引导学生持续性地开展不同方式的活动。

2. 引导方法，建立规范

教师对综合实践活动的指导不以传授知识为主要方式。学生活动兴趣和活动主题

的多样性，决定了教师应以引导学生的活动过程、指导活动中问题解决的方法及建立综合实践活动实施过程中的基本操作规范为主要任务。教师的指导应突出对学生进行活动方法和实施过程规范的指导。实践方法的指导要引导学生尝试合理、完整地运用问题解决的基本方法，经历问题解决的全过程，在方法的有效使用过程中发展学生的创新精神和实践能力。综合实践活动课程具有开放性，但开放性并不等于不讲方法的合理性和操作过程的规范性。方法的合理性和操作的规范性，不仅有利于提高活动的效率，更重要的是对发展学生的科学精神、创新精神具有重要意义。

3. 跟踪过程，把握价值

综合实践活动具有鲜明的过程属性和过程价值，其课程价值就在学生活动的实施过程中，因而综合实践活动中教师的指导应遍及活动的各个阶段、各个环节。从此意义上说，教师的指导意味着跟踪过程，把握价值。教师对学生综合实践活动的指导要关照过程，兼顾结果。关照过程的前提是跟踪过程，了解学生在实施过程中遇到的困难和问题，引导学生在过程的不同阶段以任务为取向，展开相应的问题解决活动方式。当然，跟踪过程并不是要求指导教师整天跟随学生，而是要求教师采取不同的联系、沟通方式，及时把握学生活动过程的动向。指导教师跟踪过程的目的在于把握活动的价值不随意偏离，防止活动过程中的价值漂移、价值减损或目标模糊的问题。

4. 帮助进程，倾听体悟

在综合实践活动课程的实施过程中，教师的指导要以尊重学生的兴趣、爱好和需要为前提。指导不等于规定，不等于统一要求。有的学校在实施过程中从活动主题的提出开始，就由教师统一规定活动主题或课题，活动方案也由教师规定，这不符合突出学生主体的基本理念。教师指导的有效性应取决于是否充分发挥学生活动的积极性和主动性，是否尊重学生的主体地位。教师应帮助学生深化活动的进程，倾听学生在活动过程中的感受和体悟。体验是自主的个体在特定的情境中，为了获取客观事物与自身意义关联与价值关涉而历经接受、批判、反思和建构这一过程的主观内省活动。教师的指导有助于学生在实践活动过程中由体验转向意义的构建和价值的获得。

(二)教师指导的有效性体现

在小学综合实践活动课程的具体实施过程中，要提高教师指导的有效性，需要做到以下三个方面。

1. 适时指导

适时指导是在综合实践活动过程的不同阶段，针对不同的目的和任务，指导教师需要履行不同的指导职责，发出有效的指导行为，落实方法，遵循规范。综合实践活动的过程一般都可以分为三个基本阶段来组织实施：第一阶段是活动准备阶段。活动准备阶段的基本任务是提出问题、确定活动主题、构成活动小组、制订活动方案及准备必要的工具和条件。在活动准备阶段，教师应指导学生自主地从生活中发现问题、提出问题，明确活动的具体目的和任务。第二阶段是活动实施阶段。活动实施阶段的基本任务是运用一定的方法，搜集文献资料和第一手资料，进入实际活动情境，进行具体的活动操作，获得实际的实践体验。在活动实施阶段，教师应着重指导学生运用问题解决的基本方法。第三阶段是总结交流阶段。总结交流阶段的基本任务是整理活动过程中获得的资料、经验、结果和感受，形成对问题的基本看法、问题解决的基本经验，发展实践能力及良好的情感态度价值观。在活动总结阶段，教师应引导学生对活动过程、活动体验进行系统总结和提升，参照活动目标，深化活动的收获。尽管活动的具体方式或方法因主题的不同而不同，但基本活动过程应该是相对稳定、一致的。教师应针对不同的进程落实指导行动。

2. 适度指导

综合实践活动教师的指导要善于发现学生在活动过程中的困惑和困难，留给学生自主思考、独立实践的空间，充分信任学生的潜能，要把握好指导的"度"。提高综合实践活动课程实施的有效性，必须处理好教师与学生的关系，一方面要突出学生的主体地位、兴趣、爱好和需要，另一方面要加强指导的针对性和实效性。

综合实践活动是一种学生本位课程。教师在综合实践活动实施的准备阶段、实施阶段、总结交流等环节都应该尊重学生的实际，关注他们的兴趣、爱好和需要。突出学生主体，综合实践活动的全过程都应该发挥学生主体的主动性和积极性，发挥学生作为活动主体应有的地位和作用。从活动主题的提出到活动方案的制订再到活动实施，以及活动的总结、交流与评价，都应该尽可能让学生自主活动，教师有效地针对学生的实际进行适当地引导，防止教师包办代替。

案例呈现

下面是一堂信息技术课中教师指导学生动手操作的情况。

教师首先一边讲授如何使用挤压钳，一边进行操作演示，学生模仿教师的动作，然后是学生动手操作和体验如何使用挤压钳。一位同学连续几次都不能把网线剪整齐，教师走到学生身边说："拿给我，你看我剪。"教师直接操作，剪好了，站在边上的这位学生却一脸茫然。教师说："你剪剪看。"

学生自己操作，仍然没有剪齐。

这次教师问："你为什么剪不好呢？"

学生："不知道啊。"

教师："你把网线排整齐了吗？"

学生仔细检查了网线后说："哦，我没有把它们排齐呢。"

教师："那你排齐试试看。"

学生按照教师的说法排齐网线。

教师："你放在钳子里的时候不要乱了，平着放进去。"

学生照着做下去，成功剪齐网线，学生脸上露出成功的笑容。

教师："首先你要排整齐，放的时候要平着放。"

学生说："我记住了！"

【学习与思考】

第一次教师在指导时，教师指导属于过度指导，教师完全是越俎代庖，自己实践操作了，学生没有获得操作机会。第二次教师指导吸取教训，只是指导，由学生自己操作，收到较好的效果。特别是操作活动，教师不能代替学生去实践，学生只有自己体验，才能获得真正的知识。

［资料来源］夏俊彦：《有效指导 实践探究——例谈小学综合实践活动中教师的指导作用》，载《湖北教育》，2015(7)。

3. 适当指导

适当指导是指教师的指导方式的多样性与指导任务的切合。在学生活动的各个环节，教师要根据活动的阶段性任务适当采取专题讲座、方法讲解、操作示范、案例剖析、分析综合及总结评价等方式对学生进行指导。只有适合学生活动主题的特点、活动过程的需要及对活动过程中的困惑有针对性的指导，才可能是"适当"的指导。在学生活动的全过程，教师的指导要考虑学生对活动主题的意义理解及相应的知性了解、心理准备，学生的综合实践活动不能成为"无知"的实践。因此，针对某些主题，指导教师组织相应的专题讲座、专题资料搜集、资料整理与分析，其目的在于为学生的实践活动过程奠定有效的认识基础和理性准备，注重活动中最基本的问题解决方法的理解和掌握。所以，在教师指导过程中，必要的讲授、文本学习是不可避免的。但不能仅仅采取教师讲授、师生问答的方式来完成教师的指导任务。指导方式的多样性是教师对学生活动过程适当指导的前提，对学生活动的不同阶段、不同任务，指导教师应做到指导方式的不同。在小学综合实践活动的课堂活动中，师生问答的色彩过重，反映了教师指导方式的单一。而指导方式单一则难以达到有效指导的目的。

(三)提高教师指导有效性的基本要求

教师的有效指导是防止综合实践活动流于形式的基本保障。教师的有效指导策略的建立应关注以下两个方面。

1. 设计与制订教师指导方案，增强教师指导的计划性

教师指导方案包括学期指导方案、学生活动主题的具体指导方案。指导教师在要求学生制订活动主题实施方案的同时，针对学生活动主题的展开过程及其需要设计教师指导方案。教师指导方案应包括学生活动主题的具体目标、学生活动过程与具体方法的指导、学生活动主题必要的资料与工具准备、学生活动评价策略等。制订教师指导方案有利于教师明确指导任务，落实具体的指导行为。

2. 加强程序性方法和问题解决方法的指导，建立教师指导的行为规范

目前，在小学综合实践活动课程实施过程中，教师指导规范或指导常规尚未形成，教师对学生活动的指导行为比较随意。应初步建立起教师指导行为的基本规范，如活

动准备阶段的教师指导行为(提出问题形成活动主题的指导、制订活动方案的指导、必要的活动资料与活动工具准备的指导等)、活动实施阶段的教师指导行为(进入活动情境的指导、方法实践的指导、搜集与处理资料的指导等)、活动总结交流阶段的教师指导行为(活动结果总结的指导、活动过程总结的指导、活动体验总结的指导、表达与交流的指导等)。建立教师指导行为的基本规范和指导行为规范,有助于增强教师指导的有效性。

在综合实践活动的实施过程中,学生必定要学习运用问题解决的基本方法,如调查法、实验法、参观法、设计与制作法等。这些方法的运用不应是随意的,而应符合方法的基本规范和要求。要提高综合实践活动过程的有效性,克服走过场、形式化的倾向,指导教师应加强对学生的方法引导,使学生了解、正确运用问题解决的基本方法。

二、小学综合实践活动教师的角色

综合实践活动开展得成功与否,很大程度上取决于指导教师的水平。为此,我们需要厘定指导教师在综合实践活动中的角色,明确指导任务,确定有效的指导策略,促使综合实践活动的有效开展。

(一)活动的指导者

综合实践活动课程强调学生的自主选择、主动探究,但由于小学生身心还不成熟,因此完全让学生自觉、自主显然不现实,其间需要教师的组织、指导和协调。综合实践活动中教师的指导主要是创设学生发现问题的情境,引导学生从问题情境中选择适合自己的探究课题,帮助学生找到合适的学习方式和探究方法,提供学生必要的资源材料,推动学生积极开展活动并进行成果分享与交流。

教师作为学生学习的指导者,不能"包办和代替",不能"越俎代庖"替学生完成综合实践活动。教师应该对活动主题生成、活动方案设计、活动程序安排、活动成果形成、活动主题拓展等进行引导,促进实践活动有效展开。

案例呈现

下面是综合实践活动"元宵乐翻天"中的一个片段,看看指导教师在综合实践活动过程中是如何对学生进行引导的。

在"元宵乐翻天"综合实践活动中,学生对元宵花灯的种类比较感兴趣,于是我们想到,除了在假期里学生可以和家长合作制作花灯之外,还可以在学校借助美术老师的力量,让学生在画花灯中进一步走近花灯,了解花灯。于是,我校美术老师在课上专门设计了"画花灯"的内容,学生参与的兴致非常高,收到了很好的效果。

　　活动中还有很多精彩的环节给学生留下了深刻的印象，如制作花灯时遇到的难题及如何解决难题、校园花灯展时的所见所闻、巧手搓元宵的乐趣、小组合作展示成果的成就感……这些精彩瞬间连起了学生成长的点点足迹，是学生宝贵的记忆财富。为了帮助学生及时记下这些难忘的瞬间，语文老师及时引导学生从活动中选择有价值的素材，用自己的语言和文字记录下美好的一刻，也为学生留住美好的童年回忆，在这个过程中学生的语言能力和写作水平也有了大幅度的提高。

　　此外，由于三年级的学生接触信息技术不久、基本功不够扎实，在研究活动中学生会真正感叹自己"学艺不精"。我适时与学校的信息技术老师取得联系，针对学生在活动中遇到的困难和问题，及时为孩子补上一课，让学生能够自由地畅游网络，神游探索世界。通过这次综合实践系列活动，不少学生在信息技术方面的知识和技能都得到很大的长进。

【学习与思考】

　　1. 解读案例：案例中的教师是如何引导学生的？如果你是实践活动教师，你会怎样处理？

　　2. 经验总结：学生学会开展实践活动，教师的指导是必须的，关键要把握好度。

　　3. 成长档案：记录一次自己在综合实践活动中指导学生的过程。

[资料来源]万莺燕：《试论综合实践活动中教师的过程指导——以"元宵乐翻天"系列活动为例》，载《江苏教育研究》，2009(9)。

(二)资源的开发者

　　综合实践活动课程内容是开放的、生成的，是紧密联系社会实际和学生生活的课题和项目。因此，它需要教师结合主题活动，根据具体情况开发相应的课程资源。《综合实践活动指导纲要·总则》提出："学校要因地制宜、因时制宜，充分开发利用各种教育资源(包括校内资源、社区资源和学生家庭中的教育资源)，落实课程计划的要求。要积极创造条件开发信息化课程资源，拓展综合实践活动的实施空间。"可见，开发相关课程资源是综合实践活动教师的基本职责。教师可以利用自身的爱好专长、才艺资源开发身边的资源，例如：教师会唱福鼎本地的山歌，就可以开发"走进福鼎诗，欣赏民间艺术"主题实践活动；教师会手工剪纸，就可以设计"剪纸艺术"主题活动；教师爱好根艺，也可以设计"根艺探究"的主题活动。而没有爱好专长的教师如何开发课程资源呢？可以从以下五个方面着手。第一，从学科中挖掘课程资源。每门学科都可以挖掘综合实践活动课程资源，例如：数学学科可以设计"探索数学美及其运用"的主题探究活动；生物学科可以开发"家庭绿化设计研究"的主题活动；语文学科也可以开发出"走进唐诗"等主题活动。第二，充分挖掘学校的特色优势资源。根据学校的办学特点开发综合实践活动。例如：福建龙岩的一所以武术教学为特色的学校，就开发出"走进连城舞狮"的主题实践活动，把综合实践活动办得有声有色。此外，像科技创新、国防教育、心理健康教育都可以作为探究点开发课程资源。第三，充分挖掘本土资源。每个地方都有当地的本土资源，只要多用心去发现，就可以开发出很好的课程资源。如福建的三坊七巷、北京的故宫、上海的城隍庙等。第四，开发传统节日、宣传日课程资源。例如：春节可以开发"年宵花市调查""春联探究""拜年习俗"等课程资源；其他的传统节日及各种宣传日也都可以转化为探究的资源。第五，从生活中挖掘课程资源。

案例呈现

活动资源从哪里来

在农村一所小学担任综合实践活动的蒋老师去省城一所实验小学参加了该校一天的综合实践活动教学观摩研讨会。一天的活动让蒋老师感慨颇多：人家综合实践活动课程资源多丰富！学校里有两个机房、一个颇具一定规模的学生阅览室，学生家长有不少人为学校办事；学校周边还有书店、博物馆、体育馆……这些资源有利于综合实践活动课程的实施。难怪他们小学的综合实践活动这么出色！想想自己的学校，条件差，内部资源匮乏，外部资源缺乏，家长大部分是普通农民或工人，学校周边"贫民区"居多……哎，我们哪儿来的活动资源？我们搞好综合实践活动课程，难度大呀！

……

随后在市里综合实践活动教研员的指引下……经过科任教师的合作……大家发现，自己学校可开发利用的资源还不少啊！

【学习与思考】

1. 在综合实践活动中，为什么强调"教师作为课程的开发者和研究者"？实地观察一所农村小学，有哪些优秀的课程资源？

2. 经验总结：教师成为课程的开发者和研究者，有利于校本课程的正确开发和使用。

3. 案例设计：设计一个案例，说明教师如何就一个问题设计校本课程？

[资料来源]李臣之、陈铁成：《校本课程开发与综合实践活动》，24～27页，天津：天津教育出版社，2005。

（三）过程的管理者

活动过程的管理者角色是担任综合实践活动课程的教师所特有的。综合实践活动不仅在活动时间上灵活性强、周期长，而且在活动空间上比较开放，面临的交际环境常常比较复杂，这就需要教师对活动过程进行管理：对学生开展的社会服务、社会实践和校外调查进行安全上的有效管理，对学生在活动中的交际言行进行管理；协调各种人际关系，尤其是积极协调学生、学校与家长的关系，协调教师之间的关系，协调社会有关部门、机构与学生的关系，目的是管理好为学生实践活动顺利进行的外部条件和环境。因而，综合实践活动教师的管理具有多元性和动态生成性。

（四）活动的评价者

如何制订一套综合实践活动评价标准，以及如何有效实施综合实践活动评价，是摆在学校和教师面前迫切需要解决的研究课题。综合实践活动课程的教师作为评价者，一方面，不仅要对学生的活动进行全程性、过程性、多元性评价，还要善于运用积极鼓励性的语言来评价学生的活动，对不同学生要用不同的评价语言，并且做到公平、公正和客观；另一方面，还应对自己参与活动的表现进行评价，不断反思自己在活动中的成败得失。教师需要做到以下三个方面：第一，建立电子档案平台。学校为每个学生建立单独文件夹，下面再建立若干子文件夹如"考察探究""社会服务""职业体验""党团队活动"等。对学生空间的相关栏目做统一规划，作为学生的电子档案平台。第二，做好写实记录。这是活动评价最关键的环节，需要教师设计每次活动的记录单，指导学生记录参与活动的具体情况。每次活动的记录单视活动情况会有所不同，记录单的内容应尽可能详细，包括活动的主题、参与的学生、组员的责任与分工、每个组员承担的角色、活动或学习的内容、采用的研究方法与具体步骤、遇到的困难与对策、组员完成情况、活动的感受与收获、活动的持续时间及资源的使用情况等。每次活动教师都要指导学生及时填写活动记录单，并保存好活动现场照片、视频、录音、采访记录、实验数据等事实材料。每次活动结束，教师都要指导学生将活动记录单及事实材料上传空间。第三，开展科学评价。教师应为每项活动设计评价表，评价表的内容以有利于学生的成长、突出学生综合素质的发展为导向，既要有对活动成果的结论性评价，又要有对活动过程的表现性评价。评价的形式包括自我评价、组员互评、小组间互评、教师评语。此外，教师还是学生活动的协调者、帮助者。

总之，小学综合实践活动指导教师在综合实践活动中担任以上诸多不同角色，任重道远。但我们也要注意到，综合实践活动的指导教师并不是在任何活动项目或活动的所有阶段同时兼任这些角色，不同活动或活动的不同阶段需要担任的角色各有侧重。

第二节
小学综合实践活动教师的指导实践

小学综合实践活动过程是按照一定的教学模式设计的活动程序，它一般分为三个阶段，即活动准备阶段、活动实施阶段、总结交流阶段。综合实践活动的教师指导范围包括活动准备阶段的指导、活动实施阶段的指导和活动总结交流阶段的指导。教师在每个阶段的指导任务有哪些？如何有针对性地进行阶段指导？本节就这些问题进行探讨。

一、活动准备阶段的指导

（一）活动准备阶段的指导任务

1. 确定主题

在活动准备阶段的主题确定课上，如何创设情境、启发学生对问题的思考、产生对问题的兴趣和欲望，以及怎样引导学生寻找自己感兴趣、有价值的问题的切入点，是活动实施的关键。因此，一要创设好情境，二要根据此主题活动的价值和目标预设好小组活动主题，这样利于在活动中有效地引导学生生成能达成活动价值与目标的小组活动主题。

2. 成立活动小组

以师生共同总结、归纳的问题为依据设立活动小组，学生根据自己的兴趣、爱好和特长决定要参加的活动小组，并由学生民主选举小组长，小组长主持小组的全部活动。

3. 制订活动方案

在活动方案制订过程中，活动内容和方法的设计是关键。教师在方案制订课前要预设各小组活动内容和方法。如"校园安全小组"的活动内容和方法：制订一份调查问卷，向不同年级的学生进行调查；采访校长，了解学校的校园安全情况和采取的措施；用自己的慧眼去发现我们美丽的校园存在的安全隐患；撰写一份建议书。

(二)活动准备阶段的指导策略

这个阶段着重帮助小学生寻找研究的问题，明确研究任务。由于小学生兴趣广泛、好奇心强和探索欲旺盛，本阶段学生可以在教师指导下建立研究性学习小组，从多个角度发现问题和分析思考问题。具体涉及的指导范围如下。

1. 目标确立的指导

目标的明晰与确立是综合实践活动顺利实施的重要前提。确立综合实践活动目标要做到以下几点。

(1)明确目标的分类与层次

教师要引导学生对活动目标进行分类及分层。按主题活动的进程，主题活动目标一般由三部分构成，即主题活动总目标、主题活动各阶段目标和各阶段中一次活动的目标。三个层次的目标是一个有机整体，由一般性目标逐步具体化为特定目标，彼此是上位目标和下位目标的关系。从维度上分，可以把目标分为知识目标、技能目标和情感目标。其中，知识目标又可分为方法性知识、经验性知识和综合性知识；技能目标包括收集处理信息的能力、自主获取知识的能力、分析与解决问题的能力、表达与交流的能力；情感目标包括环保意识、资源意识、人本意识、社会责任感、合作意识、安全意识等。对每个综合实践主题活动，教师都要引导学生设计出详细的活动目标。教师通过目标设计，使学生对活动的开展有一个整体认识，明确每个阶段的工作和任务，对活动做到心中有数。

(2)主题活动目标表述的基本要求

综合实践活动目标表述时，要注意以下三个方面。

第一，目标表述以学生为主体。综合实践活动目标在表述时，主体一定是学生而不是教师。如"培养学生的合作意识与能力"，这个目标的达成只需要教师为其创造合作的机会，无法评价学生在这方面的能力水平。可将上述目标表述为"提高学生的合作意识与能力"或"学生具备一定的合作意识与能力"。

第二，目标表述具体、确定。主题目标设计的过程是根据活动内容将目标具体化的过程。"知识与技能"目标可采用结果性目标陈述方式，这类方式明确告诉人们学生参加主题活动学习的结果是什么，所采用的行为动词要明确具体、可评价，如"知道可能发生危险的场所""说出自己知道的五个商标"。在表述"过程与方法"和"情感态度与价值观"方面的目标时，可采用表现性目标陈述方式，这种方式主要描述学生参加主题活动所获得的心理感受和体验，如"经历、体验、参与、尝试、接触"等。另外，目标还必须是确定的，不宜使用"应该""可以"等不确定的、只表明意向的字眼。

第三，目标表述简明，具有可行性。由于活动内容不同、学生状态不同，活动目标的侧重点也会有所不同。在综合实践活动的目标设计中，要将《中小学综合实践活动课程指导纲要》中的目标与活动主题、学生活动的特点结合起来，根据实际情况确定课程目标。另外，目标表述要具有可行性。目标的可行性是指主题活动目标是否能通过特定的主题活动实现、是否能作为评价活动效果的依据及能否操作。教师应能避免脱离学生主观经验和实践活动的客观条件制订大而空的主题活动目标，提高目标对活动的具体约束力和导向力。

2. 课题选题的指导

主题的选择和确立直接影响整个综合实践活动的内容、方向和最终成败，确立合适的主题是开展综合实践活动的前提。综合实践活动以问题解决为中心，以主题活动为载体，课程内容来源于学生现实生活中的具体问题及对自然、社会的认识与思考。学生课题选题经历了"发现问题——确定主题——制订方案"的过程。教师在课题指导中，要有意识地引导和培养学生的问题意识、分析问题的能力及规划能力。教师要做到以下三个方面。

(1)带领学生观察生活，发现问题

科学研究始于问题，始于研究者对特定领域问题的发现、提炼和选择。一个有创意的课题产生，取决于学生对各种社会现象和自然现象的深入细致的观察，取决于学生对"问题"的感受深浅。社会生活包罗万象，丰富多彩。小学生们如果缺乏观察和思考，一些很有意义的现象就会成为过眼云烟。教师要经常组织学生参观、访问、交流、讨论，针对社会问题开展办板报、画廊、展览等活动，有目的、有重点地帮助小学生对个体的生活、学习、社会、学校及家庭等方面的事物进行细致的观察和思考，多角度地审视和思考问题，寻找不平衡的矛盾因素，发掘和捕捉那些学生感兴趣又有意义的生活难点、社会热点，学生对社会认识越深，问题意识越强。

案例呈现

下面是一节主题为"生命无价·交法记心中"的活动课的视频片断。该主题的目的是教育学生遵守交通规则，珍爱生命。

教师走进教室开始播放两个没有遵守交通法规而导致交通事故的视频，然后就开始提问学生。

教师："大家看了有什么感受啊？"

学生："很惨！"

教师："那么我们以后该怎么办？"

学生（统一回答）："遵守交通规则！"

教师："是的，我们的生命只有一次，我们每天上下学，外出旅游时一定要遵守交通法规。"

教师："接下来，大家来想想，你觉得我们应该怎样遵守交通法规？"

学生开始思考。

【案例反思】

教师在主题选择上能够贴近学生生活，但没有提前调查学生对此是否感兴趣。主题是教师拟订的，以任务的形式交给学生，没有关注研究主题对于学生的意义。教师在主题导入时没有让学生参与，忽视对学生问题意识的培养。

［资料来源］刘振：《初中综合实践活动课教师有效指导策略的研究》，硕士学位论文，苏州大学，2014。

（2）引导学生分析问题，提炼主题

小学生们在生活中有许多问题，但并非每个问题一开始都能成为探究的主题。对小学生来说，由于受知识经验、生活阅历等限制，对什么问题能成为主题难以把握。因此，小学生们提出问题之后，教师还需要带领小学生对这些问题深入分析、辨别真伪、区分优劣，指导学生多角度地分析问题，让他们明确研究问题的标准，从一定目标出发锁定关键性问题，指导学生从提出的问题中选择确定主题。在主题选择时，要尊重学生的兴趣爱好，考虑选题与学生的能力水平是否相当，以及能否有效地利用本校、本地的课程资源，注重问题的研究价值和操作性，用协商讨论的方式减少分歧，达到统一。

（3）明确解决的问题，分解主题

主题的表述往往具有一定的综合性和概括性，仅依据主题是无法了解活动需要完成的主要工作。在确定主题之后，还需要对主题进行分解。每位学生根据自己的兴趣爱好选择不同的子主题作为活动开始的切入点。在指导学生分解主题时，教师可以从以下策略入手。

第一，指导学生从自己熟悉的领域入手。以"了解家乡传统历史文化"这个主题为例，可以先让学生谈谈自己熟悉的方面，然后根据学生的交流确定如下子主题开展活动，如"家乡的一些著名风景""家乡人的生活习惯""家乡方言的特点""家乡的一些古迹""家乡的风俗习惯""家乡人的娱乐活动""家乡的寺庙""家乡的房屋建筑特点""家乡的特产"等。

第二，引导学生向人与自然、人与自我、人与社会三个维度拓展。在综合实践活动实施过程中，不管是哪个主题，教师都从人与自然、人与社会、人与自我三个维度进行整体关注，充分挖掘主题活动中所蕴含的自然因素、社会因素和自我因素。以"挖掘巴陵的历史文化"这个主题为例，可将主题分解为三个方面：人与社会——岳阳城建规划是"东移北扩"，而岳阳楼是在岳阳城的西边，如何能让市政规划时重视老城区的文化遗址的保护和开发？人与自然——老城区沿湖一线长期被湖水浸泡，不断出现垮塌现象及环境卫生的脏、乱、差现象，影响了城市的形象，有什么办法进行补救？人与自我——血吸虫病的重现，会给旅游者造成什么样的危害？如何才能防止游客得血吸虫病？

第三，引导学生向多种活动方式切入。在综合实践活动过程中，要尽可能地采取多种多样的活动方式。在主题活动实施过程中，要求每个活动尽可能采取调查、观察、设计、实验等活动方式，从而通过多样化的活动方式引导学生向多种活动方式切入，分解主题。以"家乡畜禽饲养方法的调查"这个主题活动为例，教师引导学生向多种活动方式切入，分解主题，涉及的活动方式有：调查——家庭散养畜禽饲养方法的调查、现养畜禽优良品种的调查；考察——考察专业养殖场；设计——解决畜禽产品的安全问题方案设计；研究——特殊养殖问题研究。

第四，指导学生向学科课程拓展。综合实践活动分解主题也可以采用向学科渗透的方法进行，从中挖掘出小主题。如在"了解家乡的交通"这个主题活动中，可以采用学科渗透的方法这样分解主题：向社会学科渗透的活动——公路沿线十里行；向语文学科渗透——公民安全意识调查；向思想政治学科渗透——走近交警；向劳动与技术教育领域渗透的活动——自行车突击检查。

3. 方案制订的指导

科学合理的活动方案是综合实践活动顺利实施的基础。教师参与方案制订，要对学生进行分组分工，帮助小组修改活动方案，使学生明确活动任务和研究方向，根据活动主题设计活动目标、内容，对时间、场地、活动方式、活动的具体过程等做出安排。例如：对活动小组的划分，教师可根据活动的主题、内容等帮助学生科学划分活动小组，以"组内异质，组间同质"为原则，小组之间在能力上基本相同，明确每个学生在组内的职责，培养小组成员的合作精神，避免个别组员出工不出力；对学生学习方式的运用指导，教师可以通过专题讲座对学生进行培训，如培训如何搜集处理资料、如何撰写总结报告；鼓励学生通过实践，结合具体案例对调查、实验、观察、操作等活动方式的掌握。不同的活动主题采用的方法是不同的，不同的研究方法使用范畴有所不同，教师应指导学生根据不同的主题选择合适的研究方法。

为了做到有计划、有目的性指导，教师需要制订指导方案。教师的指导方案与学生的活动方案完全不同，主要记载教师的指导行为和方法。教师的指导方案主要内容是"指导什么""指导到什么程度""用什么方法指导"。还需记录学生活动主题的背景、活动的目的、活动过程、活动的拓展和评价。教师要明确自己的指导任务，把握好指导的深度和指导方法的适应性。活动过程中学生所需要准备的工具、材料等需要提前告知学生，以便能够及时地准备好。

二、活动实施阶段的指导

(一)活动实施阶段的指导任务

活动实施阶段是综合实践活动最核心、最活跃的中心环节，也是综合实践活动的核心价值所在。活动实施阶段主要是到实践现场去实践体验，获取相关信息。学生在自己亲身实践和体验过程中，不仅学会观察和思考，学会对问题的分析和研究，更重要的是逐渐培养他们对生活问题的切身感受。活动实施阶段除了在"生活大课堂"中进行的实践体验课外，还包括在教室里进行的课堂教学，主要有方法指导课和阶段交流课。实践体验课、阶段交流课、方法指导课根据学生活动需要循环交互进行，并没有固定的先后顺序。

(二)活动实施阶段的指导策略

在确定需要研究的主题后，进入具体实施阶段。这时学生通过动手操作与体验探究，获得对探究过程的初步感性认识，掌握基本的探究方法，形成问题解决能力。在解决实际问题的过程中，学生往往会碰到各种困难，如研究方法不规范、研究兴趣不持久等，教师要及时予以帮助。

1. 掌握规范的研究方法，保证学习方式的科学性

综合实践活动是一门实践性课程，没有多样化的学习方式，综合实践活动的价值可能会受到影响。不同的研究主题研究方法不同，综合实践活动学习方式的选择应考虑不同研究主题的特点。例如：调查类活动有参观、考察、采访、上网、查资料、搜集、筛选等活动方式，这些是体验性学习的基本活动方式；课题研究类学习活动方式的核心是研究性；设计制作类活动则需要绘图设计、制作实验等活动方式；社会参与类实践性学习活动方式一般包括社区服务活动、公益活动和生产劳动三种方式。教师在对学生进行管理的过程中，应关注学生在活动中是否能根据活动的内容采取不同的活动方式。为此，教师可以通过开设讲座、发放学习资料、观看录像、案例分析等方式，为学生提供及时的方法论指导，将综合实践活动中所涉及的各种方法的适用范围、使用时注意事项的内容加以传授。同时，教师要指导学生对主题内容进行分析，帮助学生选择科学的探究方法，以保证学生研究过程中学习方式的科学性。

2. 监控活动过程，注重活动体验

综合实践活动的价值是在过程中实现的。在开展活动的过程中，切忌"只追求结果、浅尝辄止"的各种形式主义现象。为了保证学生活动的有效进行，学校和教师要对学生的活动过程进行监控。教师应建立相应的管理手册，实时记录学生参加活动的各种表现及考勤情况。在对学生进行管理的过程中，要引导学生正确认识综合实践活动的价值，帮助学生形成一种科学的成果观，将关注重点放在探索的过程和实践的体验上。同时，对学生出现的错误倾向和行为要及时予以纠正和制止。

3. 提供安全保障，强化安全教育

学生的安全问题是阻碍综合实践活动健康、稳步发展的首要问题。建立行之有效的安全保障机制，解决学生活动的安全问题是实现综合实践活动快速发展的保证。学校和社会方方面面都应该做好这项工作。首先，学生的安全保障来自学校。每所学校都应该建立学生安全指导小组，负责学生的安全教育、安全检查、安全防范、安全指导等工作。学校可以通过举办安全讲座、板报等方式，积极开展安全知识的教育，提升学生的安全意识和防范能力。同时也要做好学生活动安全的管理。包括严格规范校外活动制度，学校安全人员的配备、突发事件的处理等，通过综合实践外出活动申报审核制度，把安全风险降低到最低限度。其次，学生的安全保障来自教师。教师要对学生活动作出周密的安排，如需要哪些活动场所进行活动、每到一处有哪些安全隐患及如何防范。最后，学生的安全保障来自社会。作为社会，应该在学生成长历程中给予更多的关注。社会对学生的安全责任，应该在方法引导、设施建设、活动经费投入、社会力量介入、支持与配合等方面发挥作用。

三、总结交流阶段的指导

(一)总结交流阶段的指导任务

总结交流阶段的活动要点是整理活动过程中获得的资料、经验、结果和感受，形成对问题的基本看法、问题解决的基本经验；选择适当的形式表达实践活动的成果，并进行成果的展示与交流；通过写感想、写心得等方式反思自己在活动过程中的体验、认识和收获，综合评价自己的实践活动。教师在这个阶段的指导主要有：指导学生运用定量和定性分析的方法对已整理加工好的信息资料进行分析，找出规律性的东西，提出自己的看法和观点，从中形成一定的结论；指导学生撰写研究报告；组织学生进行成果的展示与交流，让学生明白成果展示过程是"展示自我、欣赏他人"的过程，是成果的分享过程，是"情感交流、思维交锋"产生新问题和新想法的过程；引导学生对整个综合实践活动的过程与结果、收获与问题进行全面反思、评价，书写心得体会。

(二)总结交流阶段的指导策略

总结交流阶段在培养学生的综合能力和创新精神方面发挥着重要作用。它是教师引导学生对整个活动过程与结果进行更深层次地总结与交流，使学生通过综合实践活动有所知、有所得、有所获、有所悟。教师在总结阶段的工作主要包括资料的整理研究、成果的形成与表达及评价反思的组织。

1. 资料的整理研究

资料的整理研究是综合实践活动最重要的环节。搜集到的材料既多又杂，教师应指导学生对活动过程中的资料进行筛选、整理，形成结论。在指导学生进行材料的整理研究时，教师可以先介绍资料整理的基本程序和方法，让学生对整理分析有初步了解，再具体指导整理研究过程。具体策略有：①搜集到的材料登记造册，简要说明其要素、来源，对材料进行编序保存。②利用一定的时间组织学生对材料进行筛选，挑出有用的材料。必须指出，在整理材料时，必须坚持资料的真实性、准确性，杜绝虚假或含混不清。③用摘抄、剪贴、统计、综合、归类等方式对材料进行精选或重新组合。材料的精选和重新组合不能忽略材料中内容的顺序性(时间顺序、空间顺序、结构顺序和大小顺序)。④指导学生结合问题分析研究材料。学生最欠缺的就是对材料的深入分析和研究。教师在指导中要以整理为切入口，帮助学生找出材料所揭示的实质或规律。学生在分析研究时，最好以小组讨论的方式进行，组长主持，由一人做讨论记录，每位成员阐明观点，以材料为根据，举证说明。

2. 成果的形成与表达

成果的形成与表达过程在培养学生的综合能力和创新精神方面发挥着重要作用。当学生在成果的形成与表达中遇到问题，教师要引起足够的关注。这些问题包括研究结论无法形成、表现形式难以确定、表达方式不够成熟等。教师应该事先对这些困难有所觉察，针对具体情形给予不同的指导。具体策略如下。

(1)分析研究结论

教师要深入小组中对整理的材料作分析，了解学生的问题所在。对学生提出的一些观点，在充分肯定他们思考的情况下，指出其不足，帮助学生形成小组统一的意见。如果学生的结论各有理由，应该允许多元结论同时存在。

(2)确定表现形式

成果的有效表达是体现活动效率与价值的关键。研究主题不同，成果表达方式不一样。当学生对成果的表现形式难以确定时，这是由于他们不太熟悉各种成果形式的特点和表现方式的缘故。教师要用一定时间讲解各种成果形式的基本类型、表现方式，以及报告、论文、建议书的一般书写格式和要求，并与学生一道对成果形式做必要的修改，增强成果表达的科学性。

（3）提供合适的表达方式

指导学生选择不同的形式表达成果，其实是在指导学生如何与人交流，以及如何让别人认同活动结果并接受其观点和做法。所以，采用生动活泼的交流方式是有效表达的关键。当学生遇到表达方式的困难时，教师要提供给学生合适的表达方式，组织学生开展成果展示活动，如报告会、辩论会、演讲团、宣传小分队或自办小报、开辟橱窗等。在组织中加强学生的活动演练和方法指导，让学生在这些活动中得到进一步锻炼和提高。

3. 评价反思的组织

小学生正处在世界观、自我意识逐步形成的阶段，他们开始有自己的判断能力，其自我评价及他评的能力逐步形成。培养他们客观地评价他人和进行自我评价的能力，以及学会正确地欣赏和批判，是小学综合实践活动的重要目标。教师在活动管理中要做到：首先，让学生了解评价的目的，淡化评比，强化诊断与调整功能；其次，指导学生自主设计评价工具、自主收集评价信息并自主分析评价结果，把评价的主动权还给学生；最后，进行多元评价和过程评价，让学生感受成功。学生在活动中接触对象比较广泛，学生评价信息也应该来自活动所涉及的广泛群体，如教师、学生、家长、社区等。教师在指导学生进行评价的过程中，考虑到多元评价主体的评价及评价工具和方法的操作性，多方面搜集学生在活动整个过程中的信息，注重评价的过程性。

案例呈现

有效指导　实践探究

如何督促学生主动并较为完整地完成整个实践活动，教师的跟进指导很重要。作为一名综合实践活动指导教师，在解决这些棘手问题时做了不少尝试，也收到了一定效果。

一、对选题的有效指导

"蔬菜与我们的生活"活动主题的确定可谓一波三折。起初，学生想研究中华鲟。教师问他们为什么选择这个课题，他们说这是我们本地特有的一种生物资源，很有价值：本地有专门的中华鲟研究所，可以实地考察。我们一起分析了这个课题的研究价值，一致觉得它与我们的生活有些远，研究条件很有限，决定另选它题。后来又想到研究"姓氏的由来"，但觉得它太深奥，学术性太强，又放弃了。最后学生们观察到上学路上必经的菜市场所售卖的各类蔬菜，由平时所吃的不同颜色、不同口味的蔬菜想到：为什么有的人不爱吃蔬菜？吃蔬菜到底对身体有哪些好处？怎样使不爱吃蔬菜的人渐渐喜欢吃蔬菜？这些问题激起了大家的兴趣。经过讨论，学生一致觉得研究蔬菜的营养价值很有意义，贴近生活实际，便分头行动，开始进入研究阶段。

二、对活动进程的有效指导

如五年级学生在开展语文综合实践活动"遨游汉字王国"时，教师为了更好督促学生开展活动，在学生制订了活动计划后，便在黑板上设立了"每日活动日程"。从活动开展之日起，便由各组组长将自己小组每天准备开展的活动写在黑板上，只要活动结束，便及时更新。教师每天从这些活动日程上可以及时了解学生的活动进程，如果发现哪个小组的活动内容迟迟得不到更新，那很可能是这个小组在活动中遇到了困难，这样教师就可以深入小组进行指导。这样就可以把复杂的问题简单化，把模糊的活动版块具体化，把活动的主动权还给孩子们。

三、对活动实施的有效指导

首先由学生分小组，说出想知道什么，通过怎样的途径可以得到需要的信息，然后准备怎样做，详细地制订一份小组活动计划，接着教师和学生共同商讨、分析活动方案，看哪些事学生自己可以独立完成，哪些通过努力或相互合作可以完成，哪些在成人的帮助下能完成，哪些在现有条件下不能完成。最后，把小组能完成的活动重新排序，制订成完整的小组活动计划，这样就为学生的小组探究活动提供了保证。

在"蔬菜与我们的生活"这个活动中，每组选举了一个组长，由组长统一安排、分配工作。大家先精心设计了一份调查问卷，题目也挺专业的，例如，你平时为什么吃蔬菜？你认为哪些蔬菜人们平时最爱吃？等等。问卷设计好了，学生开始分头行动。几名学生拿着问卷到菜市场有模有样地当上了小记者；另一些学生找有关书籍，还安排了几个学生去做小摄影师，拍不同地方的蔬菜照片，剩下的几个学生上网找资料。

在整个活动过程中，教师一定要全程关注，尤其要及时总结学生的活动成果。如果开展得不扎实，教师可以建议他们不要急于往下进行，可以进一步帮助、指导他们将活动做扎实、做细致。

四、对资料整理的有效指导

学生在开放性的探究学习情境中，运用各种媒体、通过各种手段收集了大量信息和资料。在活动中发现两个普遍的现象：一是学生搜集资料多，并不表示学生的探究质量高，因为有的学生在收集资料时只看标题，并不关注内容，只追求多；二是一部分学生缺乏自主学习的意识，在小组学习过程中依赖心理严重，常常不把小组分配给自己的任务放在心上，总希望分享别人的成果。为了使所有的学生在活动中都能实实在在亲身经历研究的过程，习得基本的研究方法，获得丰富的经验和体验，主动获取知识，教师为协商提供充足的时间，引导学生把与研究活动有关的资料、信息找出来，并摘抄到自己的记录本上。这样不但可以引导学生学会抓重点资料，同时可以引导小组成员之间真正做到"优质资源共享"，使每个人都真正体验、经历探究的过程，通过由量到质的提高，真正体现学生的研究价值。

五、对成果交流的有效指导

综合实践活动成果表达交流的方式除了研究报告、手抄报以外，还可以有多种形式，如实物展示、图片资料展示、小论文展示、观察日记、实验展示、文艺小品表演、辩论会等。在这些展示活动中，学生可以整理自己收集的资料，也可以根据研究的成果进行设计、编排成有情节的剧目进行展示。交流和展示一方面体现了课题研究的价值，另一方面也为学生提供了学会欣赏别人的机会，并进行自我对照。教师指导的过程就是为了让学生养成及时总结的习惯，并能及时提高活动效率。

在"蔬菜与我们的生活"活动中，学生带着自己的劳动成果来到了课堂，小组分别汇报展示。负责问卷的几名学生了解到许多人吃蔬菜都是为了补充维生素，很少人知道蔬菜中除维生素外还有其他营养成分；有的人不喜欢吃某种蔬菜是因为它味道不好闻。针对调查的结果，他们想出了很多方法来改变蔬菜的味道，如采用更好的烹饪方法、加一些香料等。孩子们创新思维犹如泉水源源不断。摄影组的学生完成任务最出色，他们把菜场、自家厨房、餐桌上、菜篮子里的蔬菜都拍了下来，各式各样，丰富多彩。尤其值得称赞的是有些同学还把自家菜园里的蔬菜都给拍下来了。通过书籍、杂志、报纸、网络等途径，学生了解了许多有关蔬菜的知识，例如：蔬菜除了绿色的外还有其他颜色，如西红柿是红色的、彩椒有黄色的，还有无公害蔬菜、大棚蔬菜、高科技蔬菜等。就学生找到的资料，教师让他们分组进行讨论。学生各抒己见，场面热闹非凡。

在实践探究活动中，教师既是引导者，又是参与者，使学生运用各种具体的探究方法去实践操作，既增加了知识，又获得了生活经验，发展了自身能力；教师既是学生典范，又要培养学生各方面的品质，以前是学生配合教师学，现在是教师与学生共同学。教师的指导行为应伴随综合实践活动的全过程。如何引导孩子走向社会，在社会实践中发现问题、探索问题，从而激发孩子们解决问题的兴趣，将成为综合实践活动的关键。

[资料来源]夏俊彦：《有效指导 实践探究——例谈小学综合实践活动中教师的指导作用》，载《湖北教育》，2015(7)。

第三节
小学综合实践活动教师的专业成长

小学综合实践活动的实施过程不仅是促进学生成长与发展的过程，也是促进教师专业成长的过程。综合实践活动的实施需要教师具备与之相应的专业素养。那么，作为一名综合实践活动教师，为推进综合实践活动的有效进行，应该具备哪些专业素养呢？如何促进教师的综合实践活动专业素养的提升？本节就这些问题进行探讨。

一、小学综合实践活动教师的素养挑战

（一）专业知识：拓展原有的知识结构

综合实践活动课程的教学内容不是定向的、固定的、体系化的知识和技能，由问题而生成的活动主题是教学的主要内容。因此，指导学生实施活动主题所需的相关知识，就构成了指导教师的专业知识体系。由于活动主题的变化和不同，综合实践活动指导教师的专业知识构成就是一个动态变化的知识结构体系，教师在对不同主题活动的指导过程中需要主动拓宽原有的知识结构，不断更新教学所需的本体性知识、条件性知识和实践性知识。

1. 本体性知识

综合实践活动教师的本体性知识是综合实践活动指导教师从事综合实践活动教学专业必备的基础知识，本体性知识决定学生主题活动的质量和课程实施的有效性。主要包括：①综合实践活动课程属性及特征、教学内容、实施方式、评价方式等方面的理解与认识。此方面的知识保证教师的教学符合综合实践经验性、实践性的课程属性，以及体现综合性、探究性、开放性、生成性、自主性的特征。②研究方法的知识。主要为指导学生开展课题研究、项目设计与制作所需的各类知识。具体包括选题与方案设计的知识，文献研究法、调查研究法、案例研究法、比较研究法、实验研究法等各类常用研究方法的知识，以及如何撰写论文、研究报告等成果表达方法的知识。③指导方法及策略的知识。教师的指导方法和策略的知识关乎教师指导的有效性和成功率，教师在指导过程中的倾听、激励、示范、方法指导、教学组织、心理疏导、协调沟通、团队管理等指导方法和策略，使教师的指导形成自我独特的教学风格和特色。

2. 条件性知识

条件性知识是综合实践活动指导教师实施教学所需的背景性知识，它对综合实践

活动指导教师的教学起辅助作用。主要包括：①广博的文化科学知识。学生活动主题的多样性，对教师知识的广博度提出了挑战，不同的活动主题，需要教师具备相关的知识，在共同的语境中有效与学生交流，对学生进行指导。②学科专业知识。基于拓展学科资源开发的活动主题，学科知识在开展主题探究、形成活动成果中发挥重要作用，学科知识的广度与深度影响着活动过程与活动成果的质量，要进行深度探究，形成有价值的成果，指导教师必须具备精深的学科专业知识。③社会生活经验及阅历。学生的活动主题源于学生的"生活世界"，活动主题的实施离不开学生社会生活经验的运用，以及对社会生活的参与、考察、审视，因此教师的社会生活经验及人生阅历将给予学生有效的帮助。④学生及其特点的知识。教师指导的有效性，基于教师能针对学生的年龄特征、知识能力、思维方式、个性特点给予针对性和个性化指导。

3. 实践性知识

实践性知识是综合实践活动指导教师在具体的指导情境中积累的知识。它来源于日常的教学实践，构成教师的教学经验，帮助教师具体问题具体分析，使教师具备解决特定教学问题、应对突发教学现象的教学机智。综合实践活动课程的活动主题、实施范式、活动时空、参与对象、成果生成等，具有开放性、复杂性、多样性和发展性，这就为教师提供了丰富多彩的情境，便于教师在不同的指导情境中积累多样化的实践知识，为教师胜任不同的指导任务提供经验支持。

(二)专业能力：提升课程的执行力

综合实践活动是基于小组合作，围绕自主开发的活动主题开展探究与实践活动。一方面，学生在综合实践活动课程中的知识运用、思维方式、学习策略、活动方式等与学科课程的学习存在较大差异；另一方面，教师的教学指导需根据综合实践活动的课型系列展开，这与学科课程的教学对教师教学能力的要求形成区别。因此，综合实践活动对指导教师的专业能力提出了新的挑战。综合实践活动教师需要具备的专业能力有四种。

1. 资源的开发与利用能力

综合实践活动内容的开放性、实施过程的动态性必然需要丰富的课程资源作为载体和支撑。因此，教师对资源的开发与利用能力尤为重要。教师要对资源的类别和开发利用方法有明确认识，应善于转化课程"缺资源、无条件、少支持"的劣势，充分调动人力、物力、财力等各方资源为课程所用；能够深入挖掘校内资源，合理开发校园周边资源，善于利用各种社会教育资源，为学生创设更多的实践学习机会，丰富他们的直接体验，增强他们对课程的认识，提高课程实施的效果。

2. 主题活动的选择与设计能力

综合实践活动没有统一的教材和固定的内容，它以联系学生实际的主题活动作为其课程内容的主要呈现方式。如果说在学科课程当中教师是"依托教材进行教学"，那么，在综合实践活动中则为"联合学生共同创编'教材'"。即使是某些地区编写了指导教师教学用的资源包，但就综合实践活动课程而言，城乡之间、不同地域之间的资源差异显著，不同学校的学生情况、实际条件等也有很大差异。主题活动具有生成性和不可复制性，照搬照抄完全行不通。因而，教师主题活动的选择与设计能力就尤为重要。这种能力主要体现在能够指导学生从实际生活中发现问题、形成选题，能够选择科学、有效的研究方法，设计出适切、丰富的活动内容。

3. 对学生研究过程的指导能力

综合实践活动不是"教"出来的，而是学生"做"出来的。尽管有些学生有一定的研究基础，善于思考问题、解决问题，但对大多数学生而言，他们对"如何开展综合实践活动"在知识基础、方法储备、活动实施等诸多方面仍然需要教师的指导，教师不可能做到完全放手。教师应"导之以方向，辅之以方法"，适时、适度地对学生进行激励、启迪、点拨和引导，帮助学生完成研究过程，获得预期成果。具体体现在指导学生形成对主题活动的研究方案，对学生进行研究方法和研究策略的指导，帮助学生掌握科学研究的方法；对学生进行人际交往与心理的指导，帮助学生获得积极的体验；指导学生分析资料、从资料中提炼结论、形成基本符合学术规范的研究成果，并选择适当方法、提供多样化展示机会，指导学生充分展示与交流研究成果。

4. 对学生实践活动的组织与管理能力

综合实践活动是一门开放性很强的课程，实施过程中学生常常要走出教室、走出校园，开展实地的调查、访问、观摩、考察、体验、服务等多种活动。这种长周期、大主题、跨空间的学生实践活动，对教师的组织与管理能力的要求要远远高于教师组织常规的课堂教学的能力。教师需要具有良好的活动组织与管理能力，确保活动安全、有序、顺利地进行。这种能力要求表现在适时组织学生的研讨、交流与评价，协调好学生小组之间、学生与教师之间、学生与家长之间、学生与校外机构之间及与指导教师之间的关系，帮助学生获得活动必备的资源与条件，随时监控和掌握学生的活动过程等方面。

上述四种能力缺一不可。资源的开发与利用能力是开展综合实践活动的先决条件，主题活动的选择与设计能力有利于保证学生研究方向和研究思路的科学性，对学生研究过程的指导能力影响着学生活动的质量和深度，对学生实践活动的组织管理能力是确保活动有序开展、达到预期效果的必要保障。

(三)专业情意：执着教育理想的追求

综合实践活动作为新课改一门新增设的课程，其课程地位、教学准则、师生关系、教学情境及教师在此课程领域内的专业发展需要等与学科课程存在着一定的差异，综合实践活动指导教师需要培植、调整、重构自己的专业情意，以规划和应对自己的专业生涯发展。

1. 认同课程价值

对综合实践活动课程价值的体认是构成综合实践活动教师专业情意的基础，它影响着教师在该课程领域的教育信念、精力投入与智慧贡献。综合实践活动的课程价值已在新课程改革实践中得以充分证明，其增进学生综合素质与能力提升、促进教师专业发展、有效转变教师教学方式、完整与丰富学校课程体系的功能和价值不断彰显。综合实践活动教师首先应对课程抱有强烈的认同感，能够明了综合实践活动课程独立于学科单独设置的原因，认可它作为一门实践性课程而开设对学生发展的巨大价值，看到并坚信课程的发展前景。教师只有认同课程价值才会愿意为之付出努力，才会具有责任感和专业自信心。

2. 秉持教学准则

教学准则是引领教师实施教学活动的教学原则、规范与要求，它使教师的教学活动呈现出个人的教学效能和教学风格。综合实践活动的教学方式与学科课程有较大差异，固守或简单移植学科教学的准则将造成综合实践活动课程教学的低效或无效。综合实践活动指导教师需在自己的专业情意中建构适应本课程理念与教学方式的教学准则。例如：在思维方式层面，兼具科学态度与人文精神，强化问题意识与创新精神；在教学方式层面，注重指导而非传授，倡导教学的对话与合作，强调学生自主的探究与实践；在评价层面，注重激励而非奖惩，关注发展而非甄别；在师生关系层面，以开放、乐观、友善的个性品质感染学生，建立良好的师生关系，乐于助人，善于倾听，避免歧视，在主题活动中成为与学生一起学习的学习者……这些教学准则是教师实现综合实践活动教学成功的基础和前提。

3. 追求专业发展

不同的教育对象所开展的主题活动不同，学生在不同的时间阶段、不同的发展阶段所开展的主题活动不同，各主题活动实施的情境与要求不同，这为教师的指导工作提出了多样化的挑战。面对学生丰富多样的问题，面对需要攻克的研究课题，面对不断变化的指导情境，教师需要以进取型的专业发展需求，不断拓展自己的知识结构，不断提升自己的指导能力，以应对在教学中面临的各种指导任务，实现自己的专业发展。

二、小学综合实践活动教师的成长策略

(一)增强自身专业情感，丰富专业知识与能力

教师要通过理论学习、实际参与、切身体验，不断深化对综合实践活动课程价值

的认识，培植责任感，提高专业自信心，进一步增强专业情感；通过专业学习丰富自己的课程知识与课程理念；通过"做中学"，抓住综合实践活动的活动设计、实地指导、活动总结与评价等主要环节，开展行动研究、叙事研究、案例研究，不断观察、尝试、积累、总结、反思，已生成富有价值、行之有效的实践性智慧，完善专业能力。

（二）依托校本教研，促进教师专业发展

实践证明，基于教学情境的校本教研能够极大地促进教师实践性知识的生成和增长。在校本研究中，教师要抓住教学中的难点问题。如主题活动的设计与选择对学生研究性学习的过程与成果的评价及对学生实践活动的组织与管理等方面的难点，按照"专家引领、同伴互助、实践反思"的理念，依托教研组开展基于课例的交流与研讨活动，把理论性知识最大化地内化到教师的知识结构中，并通过教师的行动研究外显出来，进而提高教师指导学生的实践活动的能力。

（三）开展理论与实践相结合的研修培训

从综合实践活动的特点与需要出发，选择教师实施课程的难点问题，采用课例打磨式、案例研究式、专题探究式、参与开发式和现场诊断式等多种方式，促进教师的专业发展。

资料链接

五大研训方式助力综合实践活动教师专业能力发展

一、课例打磨式

课例打磨式是指综合实践活动教研组借助一个主题活动课例的研发，开展共同研读纲要、制订活动目标、设计活动流程、实施具体活动和反复修改、打造经典课例的一种研训方式。综合实践活动课程内容丰富、活动方式多样，但都是以主题活动的形式开展，通过以校为本或组织区域部分综合实践教师经历一个完整课例的设计和打磨过程，可以使参与教师对主题活动开发与设计尽快上手。综合实践活动课例打磨式的一般组织流程为：（1）集中讨论、确定本次集体备课的主题；（2）共同研读纲要，确定主题活动的总体目标；（3）根据目标，讨论活动的基本流程；（4）分解任务，选定成员承担各个流程活动的设计与撰写任务；（5）事先发给同伴阅读，并组织讨论提出修改建议；（6）再次修改，汇合形成整个主题活动的完整方案；（7）商定案例检验方式，确定指导教师；（8）参与备课教师进行观课研课，发现问题提出修改建议；（9）再次修改试上；（10）循环使用，形成经典课例。

课例打磨式借助具体主题活动课例的开发，可以推动教师主动对课程纲要、学科性质进行再次的学习解读并转化为具体教学行为，形成对学科操作的具体化认知。经典课例模型的打磨过程，强调教研组成员的全程参与和智慧共享，使教师在行动中积累了主题活动开发与设计的经验，对帮扶和提升综合实践活动教师主题开发与设计的能力起促进作用。

二、案例研究式

案例研究式是指组织教师对已有的综合实践活动课程资源开发案例进行分析讨论，梳理得出资源开发的类别和方法，然后运用同类迁移进行个性开发的一种研训方式。所选的案例是以叙事方式记录学校在开发综合实践活动课程资源遇到的难题及解决的方法。通过对案例的阅读和分析，教师明白了课程资源类别的多样性。例如：根据来源的不同，可分为校内课程资源、校外课程资源和

网络课程资源；根据性质的不同，可分为自然课程资源和社会课程资源等。接着通过讨论和交流，教师回忆校内外特定的自然环境和人文环境资源，参照案例从不同途径、不同渠道、不同方式产生资源开发与利用思路，实现触类旁通、同类迁移。在集中研训结束后，要求教师将萌发的思路付诸实践，记录开发过程形成案例，通过建立定期反思交流制度，帮助教师逐步形成资源开发与利用的能力。

案例研究结合跟进式指导，帮助教师有目的地将所学知识试用于自己的开发实践中，建立"实践共同体"，尝试"行动计划"的实施。建立在案例研究基础上的实践操作培训，将使教师今后在面对丰富的、大量的、开放的课程资源时能有所启示与把握，资源开发与利用的能力得到提升。

三、专题探究式

专题探究式是指根据课程实施过程遇到的共性问题和困难，从中确定若干个重点专题，采用教学示范、专题讲座、经验分享进行集中交流探讨的一种研训方式。根据主题活动不同阶段的组织难点，可以开展主题生成阶段、活动策划阶段、方法指导阶段、资料整理阶段和展示交流阶段等专题研训。在研训过程中，强调"基于真实需求、借鉴具体课例、启发实践经验和内化理论知识"。

专题探究式重视从教师实施课程遇到的具体共性问题中确定专题，在组织过程中强调课例支撑、经验分享和理论提升，体现知识形成从具体到抽象的建构过程。只有借助一个个专题突破综合实践活动教师在开展活动时的难题，帮助他们建构和完善相关的课程方法论知识，才能保证教师在开展和指导活动时具有张力，保障活动的有效实施。

四、参与开发式

参与开发式是指通过提供综合实践活动《学生活动过程记录手册》基础模板，参与开发和完善手册过程的一种研训方式。《学生活动过程记录手册》是遵循发展性评价原则开发的一种收集和记录学生活动过程表现的汇集本，由固定部分和活页部分组成。固定部分按照学生在活动过程中行为能力及其发展状况来设置，包含了个性信息设计栏、问题调查表、活动过程记录和学期检阅四个方面的内容；活页部分按照活动过程规范性操作行为的内容来设置，提供了活动开展过程所需的"主题筛选表、主题分解表、研究计划单、活动策划表、中期反馈、成果展示计划表、活动反思"和解决问题基本方法所需的"资料搜集单、采访记录单、观察记录单、实验记录单、问卷调查表"等十几种通用表格。因各个班级组织的主题活动不尽相同，同一个主题在不同年级对学生的知识能力和发展目标也有所区别，因此教师必须结合具体年级和班级开展主题，对所提供的模板进行灵活选择和开发创造性使用，形成各自主题活动所需的记录表格。

参与开发式借助《学生活动过程记录手册》的相关表格，帮助教师规范活动开展和指导的组织过程，同时又反过来促进教师深入思考和探索不同年级不同主题学生活动过程的管理和评价，通过具体实践操作强化教师对活动过程管理和评价的能力。

五、现场诊断式

现场诊断式是指科研人员、研训者和参训者一起有目的地对课堂教学过程进行严谨、理性的观察并进行面对面的分析讨论，提出改进策略的一种研训方式。引导教师利用课堂观察量表开展现场诊断式研训，既可以较快地提升综合实践活动教师听评课水平，还可以促进教师驾驭课程能力的提高。根据综合实践活动课程性质和实施过程的困难程度，综合实践活动的课堂观察量表可以从课程资源的利用与开发、活动的设计与效果、教师的指导与学生能力发展三个角度18个维度进行开发设计。现场诊断式研训活动的具体组织步骤：(1)选择三维综合实践活动骨干教师作为研训组长，实现对三种量表进行学习；(2)参训者根据报到时随机拿到的一种课堂观察量表，自动分成三组；(3)研训组长分别对三组临时组成的成员进行观察量表的解读和记录方法的课前培训；(4)三个研训团队分别从三个角度利用观察量表进行课堂观察和记录；(5)课后，研训组长各自组织改组成员进行交流分析，形成报告；(6)研训组长或优秀参训者，代表小组进行反馈汇报。

现场诊断式借助课堂观察量表引导教师用专业的眼光来观察和分析综合实践活动课程资源开发的适切性、活动设计的合理性和教师指导的规范性，诊断他人课堂的同时也反思自己，发展听评课能力的同时也促进课程实施能力的提升。

[资料来源]王雯：《五大研训方式助力综合实践活动教师专业能力发展》，载《福建教育学院学报》，2018(9)。

(四)提供促进教师专业发展的制度保障

综合实践活动课程的常态实施不能只靠个别教师的良知，而是需要规范化的制度建设和条件保障。目前，教师比较关注的课程制度包括"专设教师岗位""工作量认定制度""学习和培训制度""纳入评优评先机制"等。各级教育行政部门和小学应制订与综合实践活动课程发展相匹配的规章制度，例如：建立综合实践活动教师职称系列，设立综合实践活动岗位，完善教师的培训制度、工作量的认定制度、激励与评价制度等。唯其如此，才能免除综合实践活动教师的"后顾之忧"，更好地激发教师投入综合实践活动的热情，增强他们的专业情感。

(五)师范教育体系与基础教育课程改革配套推进

在师范院校为各专业学生开设必修的综合实践活动课程，使学生掌握课程的基本要求，学习活动设计，感受综合实践活动的全过程，从而为小学培养具有不同专业背景的综合实践活动课程专兼职教师。还可以尝试师范院校与中小学校合作培养实践活动教师的模式，采用在校进行理论学习与到中小学校进行课堂观察、教学实习等结合的方式，增强师范生的实践能力，培养适合综合实践活动课程需要的人才。

【本章小结】

综合实践活动的课程实施过程是教师指导下学生的自主实践学习过程。教师的指导意味着激发动机、培养兴趣，引导方法、建立规范，跟踪过程、把握价值，帮助进程、倾听体悟。要提高教师指导的有效性，需要做到适时指导、适度指导、适当指导。小学综合实践活动教师的角色有活动的指导者、资源的开发者、过程的管理者、活动的评价者。

小学综合实践活动过程一般分为活动准备阶段、活动实施阶段、总结交流阶段三个阶段。在活动准备阶段，教师指导范围涉及目标确立的指导、课题选题的指导、方案制订的指导。在活动实施阶段，教师的指导策略包括：掌握规范的研究方法，保证学习方式的科学性；监控活动过程，注重活动体验；提供安全保障，强化安全教育；在总结交流阶段，教师的指导策略包括资料的整理研究、成果的形成与表达、评价反思的组织。

综合实践活动课程的实施需要教师具备与之相应的专业素养，具体涉及：教学所需的本体性知识、条件性知识和实践性知识；具备资源的开发与利用能力、主题活动的选择与设计能力、对学生研究过程的指导能力、对学生实践活动的组织与管理能力；培植、调整、重构自己的专业情意，具体包括认同课程价值、秉持教学准则、追求专业发展。要真正促进教师的专业发展，还要采用以下一些基本策略：教师自身要增强专业情感，丰富专业知识与能力；依托基于教学情境的校本教研，促进教师实现专业发展；开展理论与实践相结合的各级研修培训活动；提供促进教师专业发展的制度保障；师范教育体系与基础教育课程改革配套推进。

【章后练习】

1. 结合某具体综合实践活动，以小组为单位，讨论教师在综合实践活动中的指导任务及有效指导，并全面进行交流。

2. 采访几位小学综合实践活动教师，听听他们是如何在实施综合实践活动过程中扮演好自己的角色的。

3. 结合自己的实践经验，谈谈你是如何看待综合实践活动教师的工作，以及如何成长为一名优秀的综合实践活动教师的。

【拓展阅读】

1. 叶澜、白益民、王枬、陶志琼. 教师角色与教师发展新探[M]. 北京：教育科学出版社，2001 年版。

2. 郭元祥、伍香平. 综合实践活动课程的理念[M]. 北京：高等教育出版社，2003 年版。

3. 李臣之. 综合实践活动课程开发[M]. 北京：人民教育出版社，2003 年版。

4. "研究性学习实施指南研制"课题组. 研究性学习教师指导手册[M]. 上海：上海科技出版社，2003 年版。

5. 刘铁芳、罗炜. 我的教师梦：综合实践活动教师成长叙事[M]. 北京：北京师范大学出版社，2014 年版。

6. 李颖. 综合实践活动课程与教师专业发展[M]. 长春：吉林人民出版社，2018 年版。

7. 田慧生、冯新瑞，等. 综合实践活动的有效实施与评价策略[M]. 北京：教育科学出版社，2016 年版。

第九章

小学综合实践活动的评价与管理

章结构图

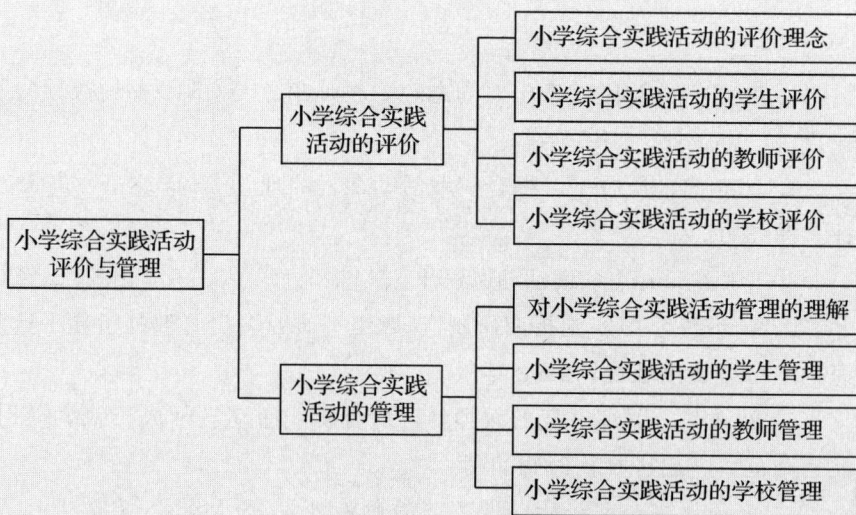

[本章概述]

　　本章主要介绍了小学综合实践活动评价与管理两方面内容。在评价方面，阐述了综合实践活动的评价理念及小学综合实践活动的学生评价、教师评价和学校评价；在管理方面，介绍了对综合实践活动管理的理解及小学综合实践活动的学生管理、教师管理和学校管理。

学习目标

　　1. 理解小学综合实践活动的评价理念、管理理念；
　　2. 能依据科学理念进行小学综合实践活动的学生评价、教师评价和学校评价；
　　3. 能依据科学理念进行小学综合实践活动的学生管理、教师管理和学校管理。

[章前导语]

　　评价与管理是综合实践活动实施的"中枢神经"。综合实践活动以知识的运用、生成、创造、再运用为运行机制，着眼于发展学生的综合素质。如何建立一套行之有效的评价体系与管理体系，发挥评价与管理在综合实践活动课程中的发展性价值，成为提升学生综合素质、促进综合实践活动课程发展的关键性议题。

　　想一想：小学综合实践活动的评价理念有哪些？小学综合实践活动评价体系包括哪些方面？如何开展综合实践活动的评价活动？

　　思一思：小学综合实践活动依据哪些管理理念？其管理的范围包括哪些方面？如何对综合实践活动各方面进行具体管理与操作？

　　请带着这些问题，进入本章节的学习。

第一节
小学综合实践活动的评价

一、小学综合实践活动的评价理念

(一)小学综合实践活动的评价特质

综合实践活动是以促进学生的全面发展为根本目的的学生评价理念和评价体系，它具有以下特质。

1. 评价目标：从知识技能的掌握向综合能力的发展过渡

学校课程体系按照课程的性质可分为活动课程和学科课程。综合实践活动作为活动课程，获取知识并不是主要任务，它倾向于能力目标取向。它与学科课程能力目标区别在于：学科课程特别是学科综合实践活动，虽然也着力发展学生的综合素质和技能，但它的主要目标还是落实在学生某个学科能力的培养。例如：数学综合实践活动侧重于培养学生将所学的数学知识运用到生活中的能力，或者能用数学知识解决实际问题；语文综合实践活动侧重于培养学生在生活中应用语文知识的能力。而综合实践活动往往要求学生综合运用各门学科知识，并将这些知识融会贯通，灵活解决各种问题。

2. 评价标准：从"一元化"向"多元化"转变

多元智能理论表明，不同的人的智能发展特点及各种智能水平的高低有很大的差异，加之人们的生活环境和社会经验又各不相同，他们在综合实践活动学习和发展中的表现也会各不一样。能力评价应充分考虑个体差异并适应不同学生，并在活动发展的不同阶段采用相应的评价标准和评价措施。如果面对学习比较困难的学生，评价标准可适当降低，选用的评价方式应当以正面评价为主，敏锐地挖掘其在活动中的闪光点和点滴进步并加以充分肯定和鼓励；而对学习能力较好的学生，评价标准可适当提高，激励他们自觉地寻找差距，总结经验。

3. 评价方式：兼顾过程与结果

综合实践活动作为一门经验性课程更关注学生参与的过程，包括学生参与的积极性、主动性、创造性等。它反对通过量化手段对学生进行分等划类的评价方式，其不仅仅关注终结性评价，更关注形成性评价；既关注学生学习过程中的设计、操作，也关注学生学习过程中的学习态度、情感、价值观、创新能力及合作能力的发展与变化。

虽然综合实践活动评价不排除终结性评价，但更强调把评价贯穿于整个活动，活动最后的成果可以作为评价时的参考依据，但主要的依据应来自该活动过程中学生的策划、参与、组织、体验、表现、感悟的情况。即使学生最终的活动结果失败了，只要学生参与并经历了活动的过程，在活动中得到宝贵经验，对于人文、社会、自然等形成了一定的认识，就应该给予学生积极的评价。

4. 评价问题：强调真实性和情境性

综合实践活动作为一门实践性、生成性课程，它创设开放性的、复杂的、没有明确解决方案的问题，让学生在解决具有现实意义的实际问题中展示其理解、探究和解决问题的能力。例如：小学学科教材中都有关于"春节"的内容，活动的指导教师可以引导学生开展各种不同的活动，如"指导学生通过调查、访谈等方式了解过年的风俗和习惯""带领学生欣赏各种节日饰品，并自己动手制作""教学生唱以春节为主题的歌曲，进一步体会节日的欢乐氛围"等。

(二)小学综合实践活动的评价主要原则

1. 激励性原则

综合实践活动作为一门新兴课程，其评价目的不是为了甄别与选拔，而是为了推动每位学生在原有水平上有新的发展。在评价过程中，要及时发现学生在活动中表现出的闪光点并给予鼓励，从而给学生营造一个比较宽松、自由的活动空间。综合实践活动评价主要采用个人内差异评价方法，注重学生自身的优点和与自己过去相比的进步状况，重视对学生进步的肯定。综合实践活动通过采用多元化的评价标准，对不同的学生进行不同内容与方法的评价。在评价过程中，要突出肯定性和激励性，不仅关注最终成果，更关注过程性成果，要注意保持学生的参与热情，激励和维持学生在活动过程中的积极性、主动性和创造性。

2. 过程性原则

与传统课程相比，综合实践活动更强调过程性原则，这与综合实践活动本身的特点密切相关。综合实践活动的目标是全面性的，不能仅关注学生认知能力方面的发展，更要关注学生参与活动的态度、创造性的发展和解决问题能力的发展等。因此，在评价时不应过于看重学生获得知识的多少、作品的优劣。特别在具体操作中，教师可以通过观察，采用及时评语的方式记录学生在综合实践活动过程中的行为方式、情绪情感、参与程度、努力程度等表现，并将其作为评价学生的重要依据。不论最终结果如何，只要学生在活动过程中对自然、社会和自我形成了一定的认识，获得了实际的体验和经验，就应该给予学生积极的评价。

3. 多元性原则

这里的"多元性"包括评价标准的多元性和评价主体的多元性。综合实践活动的评价强调多元价值取向和多元标准，肯定学生与世界交往的多元方式。不仅允许对问题的解决有不同的方案，而且允许表现自己学习的形式是丰富多样的。评价者要尽量避免将评价简化为分数或等级。多元智能理论为我们提供了一种个人发展的模式，它能够帮助教育工作者改进教学方法、拓宽活动范围、发展学生被忽视的智能、完善学生已发展的智能。综合实践活动的评价主体是多元的，教师、学生、校外指导教师、学生家长、学生同伴都可以作为评价者。此外，在综合实践活动的评价过程中，还应重视学生的自我反思性评价，鼓励学生通过自我反思性评价，提高辨别是非的能力和自我教育的能力。

案例呈现

　　YP 学校的小袁同学完成了论文《汉语新外来词的现状与发展趋势》之后，她自己、她的导师、指导教师及家长都对她的研究给予了评价。

　　小袁同学自己的评价：

　　做这篇论文最麻烦的就是进行调查统计。有那么几天，我成天钻在报纸堆里统计外来词，常常头昏眼花，这段最艰苦的时期让我狠狠地体验了一下做学问的辛苦。而接下来的棘手问题就是怎么写研究报告。的确，数据是这篇文章的灵魂，但文章还须有血有肉。我面对白纸常常一愣就是几个小时，总觉得无法下笔。经过几天的酝酿，加上指导教师和导师的点拨，我终于产生了一些灵感，一写起来就思如潮涌，不可收拾。终于，在一天晚上，我完成了初稿。面对电脑屏幕，我产生了前所未有的成就感和轻松感，原来努力做完一件事后会这么开心！我逐渐体会到了付出和收获是成正比的。不论成功与否，靠自己的力量、尽自己的努力完成课题研究，这种体验所带来的快乐和具有的人生价值已经超过了课题研究的成功本身。

　　一开始，我对这个课题的研究并不抱有很大的期望，但当我逐步撩起语言学的神秘面纱，开始一点一点地了解它时，我的热情也被逐步调动起来。我的态度能有这样的转变，首先要感谢我的导师申教授。我着手研究时常常一头雾水，是申教授的悉心指导和点拨让我的思路逐渐清晰起来。

　　我的论文之所以比较精彩，关键在于论题本身。它在报纸上曾被讨论过，所以比其他论题更时兴一些。当然，这个论题若让大学生来写，那么其可以挖掘得很深，而我的论文毕竟还是"轻量级"的。但正因为如此，我更能体会到研究问题所要付出的昂贵代价了。我在浅尝之后对于学者的钦佩也加深了。这次课题研究活动成了我一次宝贵的实践体验，它是我的财富。

　　导师在给校长的信中对小袁同学的评价：

　　小袁同学课题研究的论文《汉语新外来词的现状与发展趋势》用调查数据揭示出一个重要的语言现象，并对这一现象提出了与传统理论完全不同的新见解。她的调查结果将引起学术界的重视，她的观点会引起广泛的争论，因而此文具有学术和新闻双重价值。我建议将她的论文送至《文汇报》等有关报刊正式发表。学校也可以成立课题组对这一问题进一步深入研究，并组织学术讨论，请学生谈谈对吸收外来词的形式的看法。青少年对这个问题最有发言权，值得有关专家听取。小袁同学调查得出的数据也很有说服力。

　　学校邹老师（指导老师）对小袁同学的评价：

　　该生独立完成了资料的收集、整理工作，并在此基础上做了深入细致的理性分析，所提观点新颖独特，令人耳目一新。

　　文中所运用的报刊语言限时段穷尽性调查统计的方法，既有即时性，又有一定的权威性，紧密把握社会文化的演进，敏锐体现社会文化的内涵，符合社会语言学研究特点。

　　该生在为期四个月的课题研究过程中，态度严谨，工作一丝不苟，从她对资料的收集、分析及论文框架的构思看，她已具有了远远超出高一年级学生平均水平的学术研究能力。

该论文所收集的语言材料丰富鲜活，时代特征明显。全文的逻辑思路清晰，观点明确，论证有力，所用材料具有相当的说服力。文章的社会文化价值较高。

家长的评价(摘要)：

孩子对这次所选课题投入了很大的精力，取得了较好的成绩。这是我们所始料不及的。申教授给予了精心的点拨和指导，孩子也学到了很多东西。在此对学校、对申教授深表感谢。

[资料来源]王厥轩：《高中研究型课程案例》，158 页，上海，上海科技教育出版社，2003。

4. 真实性原则

真实性原则是指综合实践活动的评价应在学生学习的自然环境中进行，考查学生在自然环境中的真实反应，并以此作为评价的参考依据。传统的学科课程评价多为纸笔测验，所体现的对问题的解决也多是以虚拟化的命题来实现，这种测验忽视了现实生活情境的复杂性及对学生动手实践能力的考查，容易造成学生的"高分低能"。综合实践活动的评价贯穿在活动过程中，评价的过程就是学生解决问题的过程，是对学生在真实环境中的真实表现的评价。综合实践活动评价的真实性体现在活动情境的真实性、资料的真实性及活动结果的真实性等方面。通过真实性评价能更好地考查学生的实际能力与发展状况。

案例呈现

八土镇桥梁调查

我们无锡地处江南水乡，自古河道密布，众多年代不一的桥梁构成了水乡亮丽的风景线。桥梁是我们水乡的宝贵财富。我们觉得让孩子们去认识我们身边形态各异的桥，去探索为什么桥会有那么多的样子，有利于培养孩子们关注身边事物的习惯，提高他们的探究能力，使他们真正了解我们家乡的桥。不但了解家乡桥梁的历史，而且了解桥的类型、结构、艺术设计等多方面的知识。

前后不到 20 天，活动就结束了。在这一段日子里，孩子们以前所未有的热情关注了我们身边的桥，他们谈的是桥，想的是桥，梦里见到的也是桥。活动取得了良好的效果。

这次综合实践活动的尝试能有这样的结果，很重要的一个方面就是教师在活动中充分发挥了评价的导向作用，从而促进了活动的开展。我认为像开展桥梁调查这样的综合实践活动，其主要形式还是研究性学习，在活动过程中要强调在过程中评价，充分发挥评价的形成性功能。因此，我在这个活动中注意处理以下三个关系。

1. 评价与激励的关系

评价都有一定的导向作用，在活动中充分发挥评价的激励功能，努力营造一个让每个学生都有机会成功的情境，避免给学生造成压力，促进学生乐于学习。为此在考察活动中，我尽力在不引起学生注意的情况下仔细观察学生的表现，不时地对他们的积极尝试加以肯定，给予帮助，又不轻易地因教师的评价对学生的活动加以干扰。像有的学生为了对桥了解更清楚些，想绕到桥下，可是人小坡陡，有一定的危险，我就及时伸手扶他们一把，送上一个鼓励性的动作，轻轻地表扬一声"你想得真周到"，一下子就解除了他们刚刚产生的紧张感。

2. 过程与结果的关系

综合实践活动是一门重过程的课程，让学生在过程中有所体验、有所收获是我们的追求。因此，在评价时我们不仅要重视最后的研究成果，看是否产生了对学生本人及他人有价值的结果，更要重视学生在整个过程中的多种收获与体验、多种能力和品质，视过程和结果同样重要，甚至更重要。在整个过程的评价中，我始终关注学生尽力做了什么，突出评价他们做得出色的一面，允许他们选择自己感兴趣的问题进行研究，鼓励他们选择自己擅长的方式展示自己的考察成果。

3. 个人与集体的关系

综合实践活动强调培养学生合作交流的能力，学习主要以小组合作的方式进行。在开展桥梁调查的活动中，从确定研究方案到考察中的分工合作等，我都尽量促使学生结合起来开展研究。桥梁影集的诞生就是学生之间合作的成果。我在一个学生的胶卷很快用完时，以一句"你们这么多同学有相机，可不可以分工，节约一些胶卷呢"使他们结合在了一起。共同的设想促进了个人与个人之间的合作，以集体的力量完成了他们共同的愿望。

[资料来源]郭元祥、伍远岳：《中学综合实践活动》，251页，北京，高等教育出版社，2016。

二、小学综合实践活动的学生评价

(一)评价目标的确定

综合实践活动的评价目标很大程度上取决于综合实践活动课程目标，是开展学生评价的依据。综合实践活动评价是活动前、活动中和活动后的综合，因此，综合实践活动的评价目标可以表现为基于活动前的素养维度目标、基于活动中的过程维度目标及基于活动后的结果维度目标。

1. 评价目标的素养维度

(1)小学学段综合实践活动素养目标

《中小学综合实践活动课程指导纲要》明确提出总目标为：学生能从个体生活、社会生活及与大自然的接触中获得丰富的实践经验，形成并逐步提升对自然、社会和自我之内在联系的整体认识，具有价值体认、责任担当、问题解决、创意物化等方面的意识和能力。也就是说，价值体认、责任担当、问题解决、创意物化四大素养是综合实践活动评价的主要根据。《中小学综合实践活动课程指导纲要》对小学、初中、高中课程目标进行了总结。其小学阶段综合实践活动评价目标如表 9-1。

表 9-1　小学综合实践活动评价目标

能力	特征
价值体认	通过亲历、参与少先队活动、场馆活动和主题教育活动，参观爱国主义教育基地等，获得有积极意义的价值体验。理解并遵守公共空间的基本行为规范，初步形成集体思想、组织观念，培养对中国共产党的朴素感情，为自己是中国人感到自豪
责任担当	围绕日常生活开展服务活动，能处理生活中的基本事务，初步养成自理能力、自立精神、热爱生活的态度，具有积极参与学校和社区生活的意愿
问题解决	能在教师的引导下，结合学校、家庭生活中的现象，发现并提出自己感兴趣的问题。能将问题转化为研究小课题，体验课题研究的过程与方法，提出自己的想法，形成对问题的初步解释

续表

能力	特征
创意物化	通过动手操作实践，初步掌握手工设计与制作的基本技能；学会运用信息技术，设计并制作有一定创意的数字作品。运用常见、简单的信息技术解决实际问题，服务于学习和生活

（2）小学学段综合实践活动素养指标

①价值体认。价值体认是情感态度价值观的提升，可分为体验、体悟、体认三个阶段。第一阶段：体验。学生通过亲身体验不同种类的活动，在实践中观察事物，与人合作交流，获得有积极意义的价值体验。第二阶段：体悟。在行动中感悟，理解活动课程所蕴含的意义价值。第三阶段：体认。在持续、深入的综合实践活动课程中认识自我的优点和不足，形成正确的人生观、世界观和价值观。

②责任担当。责任担当可以分为自理、自立、自觉三层次。第一阶段：自理。在日常生活和社会服务活动中遵守规则，做到基本生活自理。第二阶段：自立。乐于接受可能的任务，合理安排时间，尽力完成任务，初步养成自立精神。第三阶段：自觉。乐于助人，乐于分享方法和经验，主动自觉地担负起自己的责任和义务。

③问题解决。问题解决的发展过程可细化为提出问题、解决问题与解释问题三层次。第一层次：提出问题。通过真实生活情境，发现并提出自己感兴趣的问题。第二层次：解决问题。通过个人查阅资料、小组合作交流、请教教师等多种方式方法，尝试解决问题。第三层次：解释问题。在顺利解决问题之后，进行问题解释，和同学展示交流并分享经验。

④创意物化。创意物化的能力和具体表现可分为创意、创作和创新三个阶段。第一阶段：创意。即在想法懵懂之时，提出自己的创意，进行图样设计和表达。第二阶段：创作。运用所需的材料和工具，将已有的创意转化为创作。第三阶段：创新。即把创意显化为可观察的具体物质，如科技作品或其他表现性的实物，甚至进行创新创造。

2．评价目标的过程维度

综合实践活动过程分为活动准备阶段、活动实施阶段和活动总结阶段，思想、行动、价值是综合实践活动课程的三大本质要素，也是综合实践活动评判的根本依据。因此，将设计思想、行动实施、价值成果作为判断一项综合实践活动开展效果的过程与内容参考。

（1）设计思想

设计思想是在活动开展前对于学生的设计过程和表现进行观察，以及对学生在活动中操作方式和开展形式的设计进行分析，以达到对学生设计思想的评价。"有无明确的、较为新颖的实践目的"是设计思想部分考查的内容。在设计思想评价过程中，首先要明确开展评价的目的是什么。恰当地组织问题有助于对问题或活动进行思考，这种评价的重点在于能否确定问题或活动中的关键信息，并且通过一定的组织形式进行设计和呈现。

（2）行动实施

行动实施更加注重实施的过程，关注在综合实践活动课程开展过程中，活动有无方案、工具和相应的解决问题的方法，强调对方式、方法的把握。因此，在这个过程中，需要对学生的运用量表、参与活动的方法、活动开展的效果等进行评估，还应该关注解决问题的方法，或者是学生对于策略的选择。应该注意的是，学生能否将知识和适宜的策略相联系，并且选择适宜的策略来解决他们在活动中遇到的问题。在解决方案的评定中，要注意学生是否能够运用有效的方法，提出对不同问题的正确解决方案，并进行验证。学生根据自己的理解对这些方案在活动中进行呈现，应该在行动实施方面注意培养学生根据不同的情境和问题寻找最适宜的工具和解决问题的方法的能力。

（3）价值成果

价值成果是最直观反映综合实践活动是否成功、目的是否达到、学生是否在活动中获得了知识的过程。不仅要关注活动的成果，还要关注成果中呈现的内涵，即活动成果是否具有创新性。

设计思想、行动实施、价值成果三个方面在综合实践活动课程中没有明确的界限，三个本质要素彼此包含且具有层层递进的关系。这种评价过程的三维展开形式贯穿于整个活动。将价值体认、责任担当、问题解决、创意物化四方面目标进行细化与重新编排，生成若干次级目标要素，然后归到设计思想、行动实施、价值成果三个维度下，得出小学阶段的综合实践活动评价的维度与内容（见表 9-2）。

表 9-2　小学阶段综合实践活动评价维度与内容

评价维度	评价内容
设计思想	1. 初步形成集体思想、组织观念 2. 能将问题转化为研究小课题，体验课题研究的过程与方法，提出自己的想法，形成对问题的初步解释 3. 运用常见、简单的劳动和信息技术解决实际问题
行动实施	1. 亲历或参与少先队活动、场馆活动和主题教育活动，参观爱国主义教育基地等 2. 围绕日常生活开展服务活动，能处理生活中的基本事务 3. 理解并遵守公共空间的基本行为规范 4. 能在老师的引导下，结合学校、家庭生活中的现象，发现并提出自己感兴趣的问题 5. 通过动手操作实践，初步掌握手工设计与制作的基本技能 6. 学会运用信息技术，设计并制作有一定创意的数字作品
价值成果	1. 通过亲历、参观主题教育获得有积极意义的价值体验，培养对中国共产党的朴素感情，为自己是中国人感到自豪 2. 初步养成自理能力的习惯，树立自立精神和热爱生活的态度，具有积极参与学校和社区生活的意愿 3. 运用常见、简单的信息技术服务于学习和生活

综合实践活动有四大活动方式，即考察探究、社会服务、设计制作、职业体验。过程性评价三维度即设计思想、行动实施和价值成果在四大活动方式中的具体指标如表 9-3 所示。

表 9-3　不同内容的过程性维度指标

领域	设计思想	行动实施	价值成果
考察探究	能将问题转化为研究小课题，体验课题研究的过程与方法，提出自己的想法，形成对问题的初步解释	1. 亲历或参与少先队活动、场馆活动和主题教育活动，参观爱国主义教育基地等 2. 理解并遵守公共空间的基本行为规范 3. 能在教师的引导下，结合学校、家庭生活中的现象，发现并提出自己感兴趣的问题	通过亲历或参观主题教育获得积极意义的价值体验，培养对中国共产党的朴素感情，为自己是中国人感到自豪
社会服务	初步形成集体思想、组织观念	1. 围绕日常生活开展服务活动，能处理生活中的基本事务 2. 理解并遵守公共空间的基本行为规范	初步养成自理能力的习惯，树立自立精神和热爱生活的态度，具有积极参与学校和社区生活的意愿
设计制作	运用常见、简单的劳动和信息技术解决实际问题	1. 能在老师的引导下，结合学校、家庭生活中的现象，发现并提出自己感兴趣的问题 2. 通过动手操作实践，初步掌握手工设计与制作的基本技能 3. 学会运用信息技术设计并制作有一定创意的数字作品	运用常见、简单的信息技术服务于学习和生活
职业体验	通过职业体验活动，发展兴趣专长，形成积极的劳动观念和态度，具有初步的生涯规划意识和能力	1. 通过自觉参加班团活动、走访模范人物、研学旅行、职业体验活动，组织社团活动，深化社会规则体验、国家认同、文化自信，初步体悟个人成长与职业世界、社会进步、国家发展和人类命运共同体的关系，增强根据自身兴趣专长进行生涯规划和职业选择的能力，强化对中国共产党的认识和感情，具有中国特色社会主义共同理想和国际视野 2. 学生能从个体生活、社会生活及与大自然的接触中获得丰富的实践经验，形成并逐步提升对自然、社会和自我之内在联系的整体认识，具有价值体认、责任担当、问题解决、创意物化等方面的意识和能力	初步体悟个人成长与职业世界、社会进步、国家发展和人类命运共同体的关系

3. 评价目标的结果维度

综合实践活动作为结果的证据主要包括两大类，即问题得以解决和成果得以物化。

（1）问题得以解决

问题得以解决能够表现和发展学生的某些能力和精神，是学生获得知识的确证依据之一，如分析资料的能力、收集数据的能力、团结合作的精神等。它具有如下表现：

第一，提出问题和分析问题。问题得以解决的首要表现是学生能基于实际的情境发现问题的价值。它表现为学生能够根据自己的观察主动发现问题，学生能够分析问题的重点。第二，计划和组织活动。计划具有严密性和逻辑性，分工明确但又相互联系，能有效指导活动的展开及选择解决问题的工具和方法，能有效地获取资料解决问题。同时，计划和组织的活动具有较大的弹性空间，个体能在进行实践活动时灵活变通，沉着冷静地面对与计划相冲突的状况，在冲突中找到平衡点。第三，证明和解释结果。学生将所有的资料整合起来，并能向全体同学清晰、有序地展示他是如何得出这个结论的。在解释与展示过程中，从内容的组织、语音语调的表现、仪表仪态及能根据情境与其他同学和周围环境进行互动等方面做要求。

（2）成果得以物化

成果得以物化是指学生能运用在综合实践活动中获得的知识和个体原有的知识制作出实物或文字性作品。只有物化出来的成果才能确证学生的学习效果。第一，物化的作品具有现实性意义。学生最终物化出来的成果必须与现实生活相联系，必须使个体有所收获、有所感悟。第二，物化的作品具有完整性。作品的完整性不仅包括作品的完整、报告格式的完整，而且包含其内容的真实有效及其具有的价值和意义。

（二）评价内容的选择

综合实践活动的评价内容由考察探究、设计制作、职业体验、社会服务四方面组成。不同的活动方式或评价内容，由于包含的关键要素不同，各自应用的评价方法也不尽相同，应该针对不同的要素或环节，设计不同的评价方法。四种活动方式在综合实践活动的开展过程中有时是单独出现的，有时是两两组合或多个组合的形式出现的。因此，我们在评价时也要注意根据不同的活动方式选择不同的评价方式，需要围绕综合实践活动的主要方式及其关键要素，设计出相应的体现其本质特性和关键要素的实践活动。

1. 考察探究的评价内容

《中小学综合实践活动课程指导纲要》指出，考察探究是学生基于自身兴趣，在教师的指导下，从自然、社会和学生自身生活中选择和确定研究主题，开展研究性学习，在观察、记录和思考中，主动获取知识，分析并解决问题的过程，如野外考察、社会调查、研学旅行等。它注重运用实地观察、访谈、实验等方法，获取材料，形成理性思维、批判质疑和勇于探究的精神。考察探究的评价内容应该围绕关键要素"学生发现并提出问题；提出假设，选择方法，研制工具；获取证据；提出解释或观念；交流、评价探究成果；反思和改进"等进行设置，对于评价内容的确定可以通过综合实践活动的目标和集体审议的方式进行。

2．社会服务的评价内容

社会服务指学生在教师的指导下，走出教室，参与社会活动，以自己的劳动满足社会组织或他人的需要，如公益活动、志愿服务、勤工俭学等。它强调学生在满足被服务者需要的过程中，获得自身发展，促进相关知识技能的学习，提升实践能力，成为履职尽责、敢于担当的人。社会服务的关键要素包括"明确服务对象与需要；制订服务活动计划；开展服务行动；反思服务经历，分享活动经验"。在进行社会服务评价内容的选择时应该注意对于这些方面的把握，可能一个活动无法将每个方面都具体地呈现，但对于该活动呈现的主要内容，应该在评价中有所体现。

3．设计制作的评价内容

设计制作指学生运用各种工具、工艺（包括信息技术）进行设计，并动手操作，将自己的创意、方案付诸现实，转化为物品或作品的过程，如动漫制作、编程、陶艺创作等。它注重提高学生的技术意识、工程思维、动手操作能力等。在活动过程中，鼓励学生手脑并用，灵活掌握、融会贯通各类知识和技巧，提高学生的技术操作水平、知识迁移水平，体验工匠精神等。设计制作的关键要素包括"创意设计；选择活动材料或工具；动手制作；交流展示物品或作品，反思与改进"。设计制作在进行评价形式的确定和评价内容的选择时会与上述综合实践活动有所不同，所以需要结合具体的活动来进行分析。

4．职业体验的评价内容

职业体验是指学生在实际工作岗位上或模拟情境中见习、实习，体认职业角色的过程，如军训、学工、学农等。它注重让学生获得对职业生活的真切理解，发现自己的专长，培养职业兴趣，形成正确的劳动观念和人生志向，提升生涯规划能力。职业体验的关键要素包括"选择或设计职业情境；实际岗位演练；总结、反思和交流经历过程；概括提炼经验，行动应用"。这里出现了选择或设计职业情境，所以评价通常也要在这些具体的职业情境中进行，以便于学生更好地反思和交流经验。在这个过程中，值得注意的是对学生的评价应多关注培养兴趣和提升能力，同时，评价的内容要兼具职业体验的内容。

（三）评价方法的选择

综合实践活动中的学生评价方法是质性评价方法，它着重对学生个性化的表现进行评定与鉴赏。其评价方式多种多样，如汇报成果或作品展示、研究报告答辩、演示、表演、竞赛、评比等。无论选用何种方法，其运用的先决条件为观察。通过观察、记录和描述学生在活动过程中的表现，并以此作为评价学生的基础，这是综合实践活动中各种评价方式运用的基本要求。在具体操作中，成长记录袋与协商研讨式评定等方法被认为是非常有效的评价方法。但值得强调的是，评价方法的选择要根据评价内容和评价对象的特点来确定，应充分考虑可提供给学生真实的可操作的情境，充分考虑学生的表现性指标，从而达到有效地激励学生完成实践活动的目的。

1. 成长记录袋评价

成长记录袋评价是指通过成长记录袋的制作过程和最终结果，以学生的现实表现作为判定学生学习质量的依据的评价方法。一般是由学生和教师共同完成的。成长纪录袋的制作过程涵盖了学习活动从起始到完成的整个阶段，通过收集表现学生发展变化的资料反映学生成长的轨迹。学生有权决定成长记录袋的内容，可以与指导教师或家长、同伴协商。特别是在作品展示或过程记录中，学生自己负责判断提交作品或资料的质量和价值，从而拥有了判断自己学习质量和进步、努力情况的机会。

根据所收集材料的性质不同，成长记录袋可分为过程型成长记录袋、目标型成长记录袋和兼合型成长记录袋三类。在运用成长记录袋评价法时，可以考虑以下做法：①建立学生综合实践活动档案袋，收集保存每位学生每次活动的原始材料（如综合实践活动记录表，见表 9-4）和活动成果作品。②每学期末举行一次综合实践活动成果的展评，积极开展综合实践活动优秀学生评选，为学生所获得的成果提供展现的平台。关于优秀学生的评选，可以采取个人评价、小组成员评价、指导教师评价和家长评价等多元化评价方式，并对学生个体进行等级评价，附加评语。评选的结果可以作为学生学期综合实践活动学业考核的结果。③每学期末由学校综合实践活动领导小组根据学生各学年综合实践活动学业考核结果，并参考学生参加各类区域性综合实践活动比赛的获奖情况，对学生进行综合考评。考评结构可以分为优秀、良好、合格三个等级，并对优秀等级的学生进行班级或学校内公示。④把考评结果纳入学生综合素质评价体系。在此过程中，要规范考评制度，建立抽查回访制度，防止弄虚作假。

表 9-4　小学综合实践活动记录

学生姓名：		指导教师：	日期：
活动题目			
活动地点			
小组成员			
使用材料			
活动步骤	观察情况		
	讨论过程		
	设计制作		
活动任务			
活动完成的情况			
讨论记录			
指导教师意见			

2. 问卷调查评价

在学生参与综合实践活动前，进行一次问卷调查，做好原始记录，待活动进行一段时间后，再做一次问卷调查，将前后两次调查结果进行分析比较，就可以揭示学生在实践过程中的一些阶段性变化。问卷设计一定要科学严格，必须注意：问卷调查在一般情况下不记名，如果要求记名，应向学生保证调查结果仅供研究使用；问卷设计尽量隐蔽些，不要过于直接；问卷设计要规范、简单、明白；为了验证被调查者的选择是否反映真实情况，可以对同一个问题设计几个相关问题，穿插在不同之处。另外，在做完问卷调查后，要做好问卷后期的整理和分析工作，根据调查结果对下一次的综合实践活动进行改进和完善。问卷可以参照表 9-5 进行设计。

表 9-5　调查问卷

序号	问　　题	回　　答
1	学习了本课题后，你的环保意识增强了吗？你认为应该如何保护我们的环境？	
2	你认为学习本课题对其他文化课的学习有没有帮助或影响呢？	
3	本课题的学习有没有促进你与同学之间的合作学习？你的交流和沟通能力提高了吗？	
4	本课题的学习过程使你感受到快乐或者满足了吗？你的学习自信心有没有得到提高？	
5	你喜欢老师和同学对你在综合实践活动中的课堂表现、创新精神、实践能力进行评价吗？你能接受怎样的评价方式？	

小学综合实践活动的学生评价以问卷调查的方法进行，可以比较准确地了解学生参与综合实践活动的时间、次数及在活动过程中的一些可以量化的信息内容，也能在一定程度上了解学生的态度、情感等内部感受。但问卷调查也有局限性，例如：学生发展的一些技能性内容很难在问卷中进行体现；关于学生兴趣、态度、情感的调查可能会因为学生的主观判断的偏差而不一定客观准确。为此，可以用其他评价方法如表现性展示评价、成长记录袋评价等方法弥补问卷调查评价法的不足。

3. 表现性展示评价

表现性展示评价是指学生参加综合实践活动的过程中，对其不同活动阶段所获得的成果和收获进行展示，然后针对展示的内容进行评价的一种方法。对学生活动成果的展示分为随机展示和成果展示。随机展示是在活动开展过程中，当学生表现出闪光点或者小小的成功时，及时给学生提供展示机会，激励学生更加自信、积极地参与活动。成果展示是指展示综合实践活动的成果，它有多种形式，如课题研究论文、实验报告、调查报告、作品和方案设计等，对不同的成果应该设计不同的评价指标。评价课题研究论文的主要标准有：课题背景与研究的目的意义是否讲清楚了；所要研究的问题是什么，假设是否明确无误；研究过程的论述是否严密、科学，包括提供的数据要精确，提供的实时分析要符合逻辑；研究结论对目标的达成度是否有一定的创新性。

评价学生的实验报告时要注意：实验报告必须完整地反映实验探索活动的全过程，并且必须有较规范、详细的记录，实事求是的描述，以及较严密和合乎逻辑的推论。对实验报告的评价可以从科学性(包括假设的理论基础和实验设计的合理、正确)、准确性(实验过程的控制、测量水平)、有效性(分析推理的逻辑、社会现实价值)等方面设计评价指标，按评价指标的标准进行衡量。

评价学生的调查报告要注意引导学生把调查的过程，包括目的、任务、对象、采用的方法、实施步骤讲清楚。在表达结果时尽可能多用图表，给人直观、形象的结论。调查报告的评价标准主要体现在抽样的代表性、手段方法的适当性等方面。

评价学生作品的标准有：作品是否体现了主题，即完成需要解决的问题；作品是否符合科学性，即是否用到了学科的科学知识或原理；作品使用的材料是否合理、合适，是否废物利用；作品是否有创新性。

评价学生的方案设计时主要考虑的标准有：科学性，即方案运用的科学知识是否正确、合理；独创性，即方案的设计思路是否新颖、先进；实用性，即方案是否解决了提出的问题，是否有现实价值。

4. 系统观察评价法

系统观察评价是指教师根据评价的项目和标准对学生的不同行为、言语等进行观察和记录，通过收集到的信息对学生进行评价。它的特点是要求把握学生活动的本来面貌。使用观察评价要预先明确评价角度、记述标准，按计划进行评价，尽可能地客观处理。观察结果的记录主要有三种方法：第一，事项记录法。这是把学生的活动按发生的顺序实录的方法，也是评价的原始资料。用这种方法要注意在记录的各阶段区别事实记录和判断记录、含有解释的记录。第二，行动目录法。把想要观察的事项预先列表，发现与之相符的事项，立即校对标记。对于观察者来说，这种方法具有效率高并一次能处理许多同类事项的长处。但是由于记录机械，不能反映行动的因果关系，所以有必要补以对活动场面和产生的条件的记录。第三，评定尺度法。把学生的行动按事先制定的标准逐阶段评价记录。这种方法是将所要观察的特征用简短的文字设立不同程度的标准，使观察结果归类或标准化，或者把评定尺度图示化。后者是在直线上设不同的阶段点，往上做标记。

运用观察评价需要注意：第一，观察应有全面性，要反映学生在不同场合下的行为表现。第二，提高教师自身的观察能力。教师要经常与学生在一起，要乐意观察，善于观察。第三，要把自然观察与目的观察结合起来。自然观察就是观察学生在活动中的各种表现，目的观察就是专对学生的某个方面进行观察。自然观察不易深入，目的观察不易全面，两者结合起来可以相辅相成，收到较好的效果。同时，教师也可指导学生对自己和同伴进行行动观察和记录，这样不仅能丰富第一手观察材料，也有助于培养学生的自我评价和评价他人的能力。

5.师生商讨评价

师生商讨评价是学生自我评价、组内互评与教师评语三种评价方式相结合。学生主体、小组成员与教师将自评、他评、互评三种评价手段结合起来，让评价手段变得和谐民主，使学生与教师的关系变得平等融洽，增加学生与任课教师之间的沟通机会；让学生通过这种评价方式，知道自己的优势与短板，以促进自身综合素质的提高；让评价做到可使学生在课程开展过程中积极参与、能力提高、自我优化。同时在交流探讨的过程中，加强各方之间的了解，更有效地促进学生综合素养的发展。

在完成多方面评价整合后，经过总评得出最后的评价建议，即被评价者、组内其他成员、教师分别将其做出的评价进行整合。整合过程是此评价方式最为重要的内容。被评价者在阐释自己观点的过程中，需要对自己做此评价的原因及依据进行说明，对其他成员及教师给出的评价可以提出疑问，通过三方的讨论与沟通，从而得出一个相对客观、公平、全面的最终评价结果。这种评价方式可使被评价者正视自我评价与他人评价的相同点和不同之处，可有效地培养学生正视和接纳他人建议的能力，促进合作团队精神的形成。被评价者若对最后的评价还存有质疑，应把它暂时保留。

(四)评价结果的反馈

评价中的反馈环节对于发挥评价的激励和促进功能有着重要作用。通过评价反馈，学生能够了解自己目前的学习状态，看到自己的成长和进步及存在的不足，还有可能得到教师、同学和家长对改进自己的学习所提出的建议，这些都有助于学生的发展。展示交流既是对学生在综合实践活动中各种表现和活动成果的一个小结，也是一种师生之间、生生之间共同学习和交流的过程，是学生发现自我、欣赏别人的过程。活动主题不同，活动过程和方法有差别，展示形式也多种多样，最常用的有以下四种形式。

1.充分利用教室，进行自我展示

综合实践活动的学习环境是开放的，学生的感受与体验也是丰富的，对于它的评价也应该是开放的。在实践中，通过引导学生进行展示性评价，使学生将实践活动中的丰富体验与收获通过多种形式展示出来，满足学生对评价的需要。例如：将学生活动中的照片贴出来，办一个摄影作品展；将学生所写的活动过程中的体验制成手抄报展示出来……此外，还可设置问题专栏，学生在活动过程中遇到或发现什么问题、有什么新的设想，可将其直接写在专栏里，其他同学可一起参与讨论并探究。

2.开展成果交流，感受过程性体验

当一个主题活动或某个阶段活动结束后，综合实践活动就进入展示交流阶段，教师要提供机会让学生进行交流。例如：北正街小学某班学生开展的"社区小医生"活动结束后，学生将活动过程中发生的趣事编成小品、快板、舞蹈等节目汇报，其中小品"我的访谈经历"描述了学生在一次访问调查活动中由于缺乏语言艺术遭到拒绝，后来改变访谈方法，取得成功的故事，形式活泼，发人深省，并在班上引发了一场如何与人交往的讨论。学生成果展示交流形式多样，有的展示调查报告，有的展示反思日记，有的展示手抄报，有的展示手工制作……这些展示可充分表现学生在活动过程中丰富的情感体验。

3. 开展讨论会，进行活动拓展

随着活动的展开，学生会遇到许多问题，因此，可组织学生开展一些讨论，使一些有问题的学生在听取大家的意见后，将活动不断深入下去。例如：在一次综合实践活动中，有一个学生在研究多功能黑板刷时遇到了吸入粉尘的处理问题。在讨论会上，同学们纷纷发表见解，通过讨论，想出了在黑板刷中的小风扇后安一个塑料袋的办法，帮助他解决了遇到的问题。又如，在一次"三湘院士知多少"活动中，学生通过采访中国科学院和工程院院士，从多方面了解院士的活动，他们收集了许多有关院士的资料、照片，被院士们献身科学、造福人类的精神所感动。在讨论活动中，他们谈到了现在学生中的"追星"现象，觉得有必要向所有人宣传院士的事迹，于是，他们确立了"宣传三湘院士"的活动主题，通过讨论，将活动进一步拓展。

4. 随机展示，满足学生评价的需要

有时，学生的成果不一定要等活动结束才展示出来，一旦发现学生的闪光点、学生取得小小的成功，指导教师就应该满足学生展示的欲望，及时提供展示的机会。例如：有一个班在一次"小当家"主题活动中，学生在家里学做水果拼盘，洗菜，择菜，并参加了在班上举行的"厨房小帮手"比赛，学生还将活动过程进行了录像，老师将录像在校园电视台播放，看着自己在活动中的表现，学生对活动更感兴趣了。这样随机性的展示使学生体会到成功的喜悦和与他人分享成果的乐趣，能激励学生更好地、更自信地开展活动。

综合实践活动的主要目的是让学生亲身参与社会实践的过程，在这个学习环境中，学生的感受与收获是丰富多彩的，对于它的评价也应该是开放性的。展示性评价是把学生在实践活动中丰富的经历、收获、作品等通过教室墙壁、媒体、舞台等展示出来，满足学生对评价的需要，让学生认识自我，进行自我反思性评价，强调同伴之间的评定，激励学生继续努力。

案例呈现

ZJJ学校在进行研究型课程的成绩评定时，既对课题组进行评定，又对个人进行评定，评定既关注最终的成果，又关注研究的过程。他们在评定课题组的成绩时综合考虑了以下几方面的因素。

方案设计（占总分的30%）：对方案设计的评价主要集中在选题的价值、科学性和可行性，研究思路，人员分工，进度安排，研究方法和预期成果这几个方面。

　　研究过程(占总分的 30%)：由指导教师评定，根据学生研究计划的周密性、活动过程的严谨性、结题报告的准确性给出分数。在这一过程中，由指导教师和课题组成员不断地进行自评和他评。在整个课题进展过程中，评价可分为前期评价、中期评价和结题评价。

　　成果鉴定(占总分的 30%)：由学校成果鉴定小组评定。主要的评价内容有成果的表现形式、材料的完整性、预期成果的达成度、成果的可靠度、成果的可信度和成果的实际水平。未取得预期成果的，从反思和分析未成功原因的正确度来评定。

　　答辩表现(占总分的 10%)：由学校成果鉴定小组评定。评价内容主要包括：陈述的条理性、语态、仪表；成果的展示情况及陈述时间的运用；回答问题时的应变能力、应答的正确性；回答问题时的合作性和对时间的运用。

　　课题成绩按上述指标综合评出，个人成绩由小组评议决定等第，上报班主任。"A 等"表示"能够出色地完成自己承担的任务，并在课题研究活动中发挥骨干作用"；"B 等"表示"积极参加各项活动，较好地完成自己承担的任务"；"C 等"表示"能够参加课题组的活动，基本完成自己的任务"；"D 等"表示"经常缺勤，不能认真做好自己的工作"。个人的最终成绩是小组成绩和个人等第的权重的乘积。

　　附：

表 9-6　课题研究成果鉴定
（成果鉴定小组填写）

课题名称：					
课题组组长：			指导教师：		
课题组成员：					
成果质量					
成果的表现形式	好　较好　一般		材料的完整性		完整　一般　不全
预期成果的达成度	好　较好　一般		成果的可靠度		好　较好　一般
成果的可信度	好　较好　一般		成果的实际水平		较高　一般　较低
成果答辩					
1. 陈述(10 分钟，阐述课题的来源、实施过程、主要成果、主要收获)					
条理性	有条理　一般　较差		成果展示		好　较好　一般
语态、仪表	好　较好　一般		时间运用		合理　一般　较差
2. 回答问题(5 分钟)					
应变能力	高　较高　一般		正确性		好　较好　一般
小组合作性	好　较好　一般		时间运用		合理　一般　较差
课题成果综合评价：					
课题成果评审成绩(分 4 个等第，打"√"表示) 成果质量等第：A(100)B(90)C(80)D(70) 答辩表现成绩：A(100)B(90)C(80)D(70)					
评审人：(签名)					

[资料来源]王厥轩：《高中研究型课程案例》，179 页，上海，上海科技教育出版社，2003。

三、小学综合实践活动的教师评价

(一)小学综合实践活动的教师评价理念

1. 以促进教师发展为目的

发展性教师评价不再把教师分为优、良、合格、差等级，并以此为依据进行鉴定和奖惩。为教师提供关于教育教学的信息反馈和咨询，帮助教师反思和总结优势和薄弱之处，不断改进实践，确定个人未来的专业发展需求，制订教师个人未来的专业发展目标，促进教师获得专业发展是发展性教师评价的最终目的。综合实践活动评价应通过向教师提供一个开放、宽松的支持性环境，让教师能够真诚地开放自己的经验与教训，与其他的评价参与者共同探讨自身的指导观念与行为，同时帮助教师从评价中获取大量的有价值的信息和经验，从而反思和改进自己的指导工作，进一步确定教师未来的指导角色定位及指导方法运用，进而促进教师专业发展。

2. 彰显教师主体地位

小学综合实践活动的教师评价应突出教师在整个评价过程中的主体地位，把教师看作是评价活动的积极参与者，评价者通过与被评教师建立平等合作伙伴关系，鼓励教师民主参与、自我评价与自我反思。评价过程高度重视教师本人的积极参与、自我反思，这样有利于收集到准确的评价信息，做出客观正确的判断，有利于教师本人发现问题并主动地改进和提高，从而更加有利于教师理解自己，理解评价制度。综合实践活动指导教师在研讨集体中是平等的个体，每位教师都有表达观点的自由和权利，在这里评价者和被评价者的界限被淡化，教师积极投入热烈而富有成效的讨论，每位教师都能获得对别人清晰的认识，同时也在有意识地认识自我和评价自我。当自身主体地位得到提升，教师就会以积极的心态投入自己的指导工作。

3. 重视教师个体差异

教师在人格、职业素养、教育教学风格、师生交往类型和工作背景等方面存在差异，对综合实践活动教师的评价应承认并尊重教师的个体差异，通过将教师评价时的水平和表现与教师的背景和原有基础进行纵向比较，以期发现教师在某个时间周期中的进步和成长发展轨迹，并根据这种个体差异和个体成长轨迹，确立个体化的评价标准、评价重点及相应的评价方法，明确地、有针对性地提出对每位教师的改进建议、专业发展目标和进修需求等。这样有利于充分挖掘教师的潜能，发挥教师的特长，更好地促进教师的专业发展和主动创新。综合实践活动教师评价应以发展性教师评价为基础，重视教师的个体差异，不倡导划一的指导方法，对指导教师的评价不再以统一绝对的指导方法和指导结果为评价标准，让每位教师的个性得到张扬，让每位教师的个性化指导方法和想法都得到充分的表达和评论，每位教师也就会逐渐形成属于自己的指导风格。

４．注重开放性评价共同体的培育

对综合实践活动教师的评价应注重评价的多渠道和开放性，从学生、行政领导、教师自身及社会各方面对教师的认识来全面评价教师工作。综合实践活动教师指导工作的复杂性更加要求评价渠道的多元与开放。开放性评价共同体的培育并不局限于教师之间，还包括行政领导、学生及社会人员的参与，为每位参与者提供发表个人见解、提出批判性意见的氛围或论坛。在这样一个共同体中，每位参与者不仅是各种资讯的接受者，也是资讯的提供者。它注重营造宽松的环境，鼓励教师勇于把自己指导过程中的问题和经验展现出来，让更多的教师参与进来，进行开放评价，呈现对教师的"多重解释"的理解。最终，在这样一个开放平等的共同体中，深入理解综合实践的理念，在理解别人的同时，也提升对自我的理解与反思。

(二)小学综合实践活动的教师评价内容

由于综合实践活动具有开放性、综合性等特征，所以对教师的要求较高，具体来说，评判教师的指标体系主要有以下五个方面。

１．课程开发能力

综合实践活动的具体工作内容是由地方和学校依据实际确定的，但在具体的实施过程中，它是由每个教师个体来选择的，实质上就是由教师本人来开发的。有时候为了尊重每位学生的兴趣、爱好与特长，这种课程还是生成的。因此，课程开发能力是评价教师最重要的内容。由于综合实践活动内容广泛，除了四种指定的活动形式和建议主题，还有大量的学校可以自主开发的内容。因此，开发出的课程应该具有：丰富性，活动项目内容全面，使学生得到多方面的能力培养，经历多种历练；适宜性，适合学生的心理生理发展水平，适合学生的实际需要；深刻性，活动内容有较大的意义和价值，能促进学生深层次的发展；创造性，活动项目新颖别致，特色突出。

２．活动设计能力

综合实践活动中学生的活动是自主的，但也应该是在教师精心设计下的活动，活动的设计与指导是活动质量的根本保证。活动的设计可以是每次进行的活动的设计，也可以是整个学期活动的设计。活动的设计应该具有：计划性，每次活动都是精心设计的，各步骤与环节都有通盘的考虑，对这样的设计要达到什么目的、能够达到什么目的，这样的设计意义何在，都心中有数；合理性，活动设计安排与活动内容相一致，与课程总目标一致，活动过程可体现综合实践活动课程的特点；可行性，活动的设计是在现有资源条件下，学生经过努力可以实现和完成的，而不是纸上谈兵式的空想。

3. 指导协调能力

综合实践活动中的每个活动对学生来说都是全新的经历和挑战，因此，教师的指导与协调能力必不可少。指导与调控应该具有：及时性，对学生在活动中遇到的困难或出现的问题能立即做出适当的反应，提供有效的帮助；协商性，对活动中发生的问题，师生要加强沟通，在师生平等的交流中共同找到应对的办法；启发性，对学生在活动中的需要，不是教师包办代替，而是通过策略性的启发，让学生学会自己解决问题，在解决问题中发展和成长；灵活性，采取多种方法，巧妙抓住好的机会。

4. 评价反思能力

在实施过程中，需要教师具有专业的评价与反思能力。第一，评价能力。综合实践活动强调学生主动参与学习过程，重视培养学生的创新精神、实践能力和社会生活适应能力，注重学生在活动过程所获得的认识和经验。因此，教师要改变以往的评价方式，树立新的评价观念，提高综合评价学生的能力，既要全方位地评价学生，也要全过程评价学生。第二，反思能力。综合实践活动的课程内容是否全面，学生的创造潜能是否得到开发，都需要教师进行不断的反思，及时进行调整和改进。因此，综合实践活动对教师的反思意识和能力要求更高。

5. 学生的活动成效

综合实践活动的成效最终总要体现在学生的一系列表现中，主要体现有：参与性，学生对综合实践活动课始终抱有很高的参与热情，兴趣持久强烈；发展性，在活动中确有收获，各方面的能力得到了较好的发展；深刻性，学生在活动中的亲身体验及探究的深度都有所提高。

由上述内容可知，综合实践活动的教师评价指标可以整理为表 9-7。

表 9-7　综合实践活动的教师评价指标

一级指标	二级指标	指标说明
课程开发能力	丰富性	活动项目内容全面，使学生得到多方面的能力培养，经历多种锻炼
	适宜性	适合学生的心理生理发展水平，适合学生的实际需要
	深刻性	活动内容有较大的意义和价值，能促进学生深层次的发展
	创造性	活动项目新颖别致，特色突出
活动设计能力	计划性	精心设计各步骤与环节，目的明确
	合理性	活动设计安排与活动内容相一致，与课程总目标一致，活动过程体现综合实践活动课程的特点
	可行性	活动的设计是在现有资源条件下，学生经过努力可以实现和完成的

续表

一级指标	二级指标	指标说明
指导协调能力	及时性	对学生在活动中遇到的困难或出现的问题，能立即做出适当的反应，提供有效的帮助
	协商性	对活动中发生的问题，师生要加强沟通，在师生平等的交流中共同找到应对的办法
	启发性	对学生在活动中的需要，是通过策略性的启发，让学生学会自己解决问题，在解决问题中发展和成长
	灵活性	采取多种方法，巧妙抓住好的机会
评价反思能力	评价能力	树立新的评价观念，提高综合评价学生的能力，既要全方位地评价学生，也要全过程评价学生
	反思能力	反思课程内容是否全面、学生的创造潜能是否得到开发等，并及时进行调整和改进
学生的活动成效	参与性	学生对综合实践活动课始终抱有很高的参与热情，兴趣持久强烈
	发展性	在活动中确有收获，各方面的能力得到了较好的发展
	深刻性	学生在活动中的亲身体验以及探究的深度都有所提高

(三)小学综合实践活动的教师评价模式

1. 小学综合实践活动评价教师的方法

(1)常规评价

教师常规评价是指对教师日常教育教学工作的评价。考核重点有以下三个方面：一是考核教师的工作态度，主要考核教师是否认真对待综合实践活动的实施和研究；二是评价教师的工作能力，侧重考核教师对综合实践活动的规则、组织、管理和指导等方面的能力；三是评价教师课程开发和实施的实际效果，重点在于以学生的收获来反映教师的教育教学成绩。对教师的常规评价可以通过审阅相关的文字材料来进行，如教师在综合实践活动开始前制订的活动指导规划、活动设计方案、活动案例分析、学生活动情况记录、学生个案指导记录、教学指导反思、教学总结，以及为教科研准备的教育文献摘要、参加校内外专业培训和教研活动的记录、撰写的研究论文等，必要时也可以采用学生座谈、家长问卷等方式，从而全面客观地了解教师的工作状况。

(2)专项能力评价

教师专项能力评价是指对综合实践活动教师某方面专业技术能力的评价和考核，如活动设计能力、技术操作能力、教学实践能力及具有一定综合性特点的教学基本功的考评，其宗旨主要在于促进教师本人专业水平的提高。教师专项能力评价的一般程序是先从基层选拔出优秀综合实践活动教师，然后由所属区域范围内的教育行政联合教研部门组织竞赛，再对竞赛结果予以公示，最后根据参赛成绩给各优秀教师不同程度的奖励。目前在各地常见的具有一定级别的活动案例设计竞赛、教学观摩、说课大赛、教学基本功竞赛等都属于教师专项能力评价的常见形式。

（3）综合评价

综合实践活动教师的综合评价，一般由教育行政领导、教研部门和学校共同进行。此类评价适用于教师职称晋升、市（区）以上级别学科带头人和骨干教师的确认等。评价具有较强的甄别目的，必须审慎组织。其评价的内容包括教师自评、说课、理论与教学基本功测试等。第一，教师自评。即教师填写统一印刷的相关申请表，简要说明本人近年来参与综合实践活动教学工作取得的成果、主要经验、存在问题和努力方向，并向评委做简要的陈述报告，接受评委的询问。第二，说课。参加评比的教师进行现场说课，说明活动设计的目标和要求、教学理念及达成情况，反思活动存在的问题，明确改进的方向，并回答评委的询问。第三，理论与教学基本功测试。理论与教学基本功测试多用笔试，也可以用口试办法进行。重点考查综合实践活动的基本理念、教育功能、常用指导策略和研究性学习基本方法等。

2. 综合实践活动的教师评价基本程序

综合实践活动的教师评价是持续的循环往复的过程，是由学校领导、教师、学生、家长多主体共同参与的综合性评价体系。具体来说，主要由以下五个步骤构成。

（1）建立评价委员会

学校成立以校领导为首，专家、教师、学生、家长等多主体参与的评价委员会，他们负责共同协商教师的评价计划，确定评价范围，组织评价工作的开展。

（2）初步面谈

初步面谈一般安排在学期初，旨在通过面谈与被评价对象共同商讨、制订出具体评价方案。面谈的主要内容有：第一，交谈本次评价的目的。综合实践活动的教师评价旨在促进教师的专业成长，以此打消被评教师的顾虑，营造一种宽松的评价氛围，使被评教师能主动参与到评价活动中来。第二，协商本次评价的过程与方法。根据被评教师的实际情况确定评价的具体步骤与实施时间，让被评教师对整个评价活动心中有数。第三，商定信息收集的渠道、方式和类型，制订考核量表，并确定其他参与评价的人选。

（3）收集信息

这是教师评价的关键阶段，只有建立在大量准确可靠信息的基础上的评价才是科学的、令人信服的评价。根据信息的形式，可分为文本信息、影音信息、口头信息等；按收集信息的方式，可分为行为观察、调查问卷、调查访谈、查阅相关记录等；按信息的来源，可分为自我评价、专家评价、同事评价、学生评价、领导评价等。

（4）综合评价

经过近一个学期的信息收集工作，评价委员会在学期末可根据所掌握的情况与被评教师进行面谈商讨。在面谈中，将近一个学期的评价工作与学期初制订的评价方案进行对照，了解评价方案的执行情况。根据执行过程中所发现的教师教学行为的优势和不足与教师进行协商，尽可能达成一致的、清晰的认识，并共同寻求解决问题的方法。

（5）建立和完善教师评价档案管理制度

学校要建立教师评价专项档案，将教师评价的有关资料、最终结果收集起来，作为评定教师教学业绩和评优、晋升职称的依据。同时，该档案还将作为教师自我反思、自我改进、自我提高的依据。

3. 小学综合实践活动的教师评价活动中应注意的问题

在对综合实践活动教师开展评价时，需要处理好如下方面的关系：第一，确定好评价指标的内容。定性与定量相结合的评价过程中，定量目标内容的确定难度不大，而定性的质量目标的确定及目标达标度的测量有难度，这就需要在收集信息的过程中，注意方式方法，尽量做到翔实、合理、公平，使评价结果真实可信。同时，有的项目则应采用有效的比较法进行模糊量化，可先打等第不打分值，再以等第靠分值，做到相对准确。第二，处理好数量与质量的关系。从刚开始以数量统计为主渠道，质量评价逐步加强，过渡到"质量唱主角，数量统计不可少"的局面，实现质化评估，使评价过程成为一个与时俱进的动态运行过程。第三，处理好自评与他评的关系。在整个评价过程中以自评为主，在自评的基础上结合同行、专家、领导等的评审。通过被评者的积极主动参与，使评价过程成为教师自我认识、自我分析、自我完善的教育过程。同时强调每个教师都应了解评价手段积极参与评价的全过程。第四，长期评价与不定期评价相结合。综合实践活动课程的教师评价应是由一个相对长期的阶段性评价与一系列不定期的短期评价共同构成的评价体系。长期的阶段性评价有助于促进教师的专业成长，而不定期的短期评价有助于激发教师的工作热情，及时调整自己的教学行为，提高教学效率。

四、小学综合实践活动的学校评价

（一）小学综合实践活动的学校评价价值

1. 提升综合实践活动课程建设的质量

综合实践活动是一门"国家设立，学校开发"的课程，由于各学校基础条件不同，对综合活动的理解与认识不同，各地区或学校在综合实践活动的课程开发与建设上必然会有相当大的差异，因此，有必要通过评价对其进行引导、规范和提高。随着学生能力的不断发展，教师应放手让学生自主确定主题、活动项目或具体小课题。在学生初步选择或自主提出系列活动主题、活动项目或具体小课题后，教师要引导学生进行论证，以便确定合理可行的方案。

2. 保证综合实践活动管理的规范化

综合实践活动处于"弱势学科"的地位，各地区或学校对综合实践活动的重视程度不同，还存在着挤占综合实践活动课时的现象，因此，有必要通过评价活动监控、督查和促进。

3. 促进综合实践活动学生评价科学化

综合实践活动追求学生解决问题能力、动手操作能力的发展，鼓励学生对学习的主动参与和大胆创新，鼓励个性化发展。学生对活动参与得如何及在活动中获得怎样的感受和进步，这些都需要通过科学合理的评价活动获得真实可靠的信息。

(二)小学综合实践活动的学校评价原则

综合实践活动课程的学校评价应坚持以评促建，通过评价来发现制约课程实施的因素并加以改进。主要有以下原则。

1. 发展性

《中小学综合实践活动课程指导纲要》提出，评价要突出"发展导向"。发展性既是综合实践活动的学生评价原则，也是开展学校评价的基本准则。综合实践活动的学校评价的根本目标是促进课程的建设与有效实施。评价过程中要围绕立德树人目标，从综合育人、实践育人的角度来考察课程的实施成效。同时，评价不能仅关注论文与课题数量等"硬指标"，而要将重点放在对学校管理者的思想认识、组织机构、师资队伍、制度建设等要素的考察上。教育行政部门或教研部门要通过评价来诊断和检视学校的综合实践活动在实施中存在的问题及制约因素，并督促学校加以改进完善，以达到以评促建的目的。

2. 特色性

综合实践活动的实施应避免出现千校一面的情况，各校要根据自身实际，形成富有特色的综合实践活动课程开发与实施模式。综合实践活动的学校评价要将能否形成自身特色作为体现课程实施成效的重要指标。综合学校活动的学校特色既包括学校结合自身实际和周边社区资源开发的内容特色，也包括教师组织实施的教学指导特色，还包括学校在综合实践活动课程建设与管理上的特色。

3. 参与性

综合实践活动的学校评价并不是简单的上级对下级的工作检查，而是为了帮助学校分析和查找制约课程有效实施的因素，从而促进学校的改进提高。因此，评价者不仅要查阅相关的档案资料、收集相关数据，还要组织召开座谈会，邀请各方人士参与。其中，既包括教育行政部门工作人员、教研员、学校领导、一线教师等，也应邀请社区人士及学生家长参加。通过访问、座谈等方式，评价者与学校管理者可以了解到课程实施的真实情况与存在问题，集各方智慧，共同探讨解决途径。

(三)小学综合实践活动的学校评价内容

综合实践活动的学校评价是从宏观层面对学校在课程实施中的各种要素的评估与价值判断，它对课程的实施具有重要的导向与推动作用。学校评价应考虑以下七个方面。

1. 课程指导思想

就综合实践活动而言，课程指导思想直接反映学校管理者对课程的重视程度。学校管理者如果仅从应试的角度来考量，由于综合实践活动不是统考科目，课程就很容易被边缘化，沦为"副科"。反之，学校管理者若能从立德树人、实践育人的角度，充分认识到综合实践活动课程在知识学习之外所具有的"回归生活世界""运用学科思维""践行社会责任"的育人价值，就能深刻理解我国在基础教育课程改革中设置综合实践活动的"初心"，并将其置于与学科课程同等重要的地位。在综合实践活动的实施中，每所学校都必然会在国家统一规定的目标下，从本校特色出发，确立本校的具体实施目标。那么，指导思想是否可行、目标定位是否准确应该是评价学校实施综合实践活动状况的首要指标。

2. 课程组织机构

与传统的课堂教学不同，综合实践活动的活动方式多样、实践场域多元，相关工作仅凭单个教师的力量是难以完成的。因此，《中小学综合实践活动课程指导纲要》提出，学校要成立综合实践活动课程领导小组并根据实际情况设立相应的教研组。校领导要亲自担任领导小组的负责人，并将教务处、教科处等相关处室的人员纳入上述机构中，负责对课程进行整体规划、协调与指导。同时，为保证课程的常态化开展，学校应成立专门的综合实践活动教研组，并由综合实践活动专职教师担任教研组组长。综合实践活动日常的实施工作主要由教研组负责，包括开展听评课等各种教研活动。在制订年度课程计划或组织学生参加研学实践等大型活动时，由教研组提出方案并交课程领导小组审议后决定。上述机构应作为学校综合实践活动课程实施的"标配"。

3. 课程师资队伍

教师队伍是影响综合实践活动课程实施的关键因素。《中小学综合实践活动课程指导纲要》提出，每所学校至少要配备一名专职的综合实践活动教师。对课程的组织与实施而言，专职教师在学校中既是课程实施的示范者，也是课程有效开展的策划者。为了更好地发挥综合实践活动专职教师的示范引领作用，学校应对其有相应的考核要求，包括开设示范课的次数及组织开展各种研讨活动的情况等。同时，学校应鼓励各学科教师参与到课程实施中，尤其是与综合实践活动课程关系密切的科学、通用技术等专业教师，不断充实师资力量，形成多学科有效协作的综合实践活动教师指导团队。此外，还要组织开展综合实践活动专兼职教师的全员培训，并通过网络教研、区域教研等多种形式，不断提升教师的业务水平。

4. 课程实施规划

课程的实施规划包括课程活动领域的规划和校本课程开发的规划。综合实践活动包括考察探究、职业体验、制作探究、社会服务四大活动方式。在综合实践活动的实施中，学校必须有明确的课程意识，对指定领域和非指定领域的内容进行统筹，特别应该注意将大量非指定领域的内容纳入综合实践活动。综合实践活动要充分利用本地区的教育资源和优势，而不是封闭在教室里，局限在书本上。教师要引导学生在家庭、学校、社会的广阔背景中创造出更多、更好、更适宜的活动，并且在此基础上规划校本课程开发。

5. 课程条件保障

为了满足综合实践活动的正常实施，学校应该对在人、财、物及其他资源方面所应达到的基本条件进行评估。首先，学校要有可供学生收集资料的图书资料室、网络多媒体教室，以及学生开展设计活动的设计室等。其次，学校应为综合实践活动课程建设提供相应经费，主要用于学生开展研学实践、参加各种劳动体验活动等，也包括综合实践活动教研组开展各种教研活动、教师的进修提升等。上述经费应当纳入学校的年度经费预算，专款专用。此外，还包括地区优势资源的开发、社区特色资源的开发、家庭资源的利用、学校人才资源的利用、学校物质资源的开发与利用、信息技术资源的开发与利用等。

6. 课程制度建设

《中小学综合实践活动课程指导纲要》提出，学校要建立综合实践活动的教研制度。首先，学校要根据上述要求定期组织教师开展综合实践活动的教研活动，包括教师的公开课展示、听评课或网络教研等，不断提高教师的专业水平。其次，由于综合实践活动课程的实施与学科课程的实施存在较大差异，为保证课程的顺利开展及教师的参与积极性，学校有必要制定相应的管理制度，包括综合实践活动教师的工作量计算、职称评聘规则等。此外，由于在综合实践活动中学生要参与各种考察探究、劳动体验、社会服务等活动，学校应出台相关的学生安全教育与管理规定，尤其是学生安全责任认定条例。出台相关的规章制度，一方面可以使师生在组织开展各种活动时有规可依，另一方面也可以在工作量计算、安全责任认定等与教师切身利益密切相关的问题上有明确标准，以解决教师的后顾之忧。只有出台明确的规则制度，才能使更多教师愿意参与综合实践活动课程的实施，以保证课程常态化开展。

7. 课程实施成效

学校评价还要考量课程的实施成效。综合实践活动的学校评价内容除了学校的课程组织与建设等，也要纳入师生在开展综合实践活动过程中所取得的成绩。其中，既包括教师在综合实践活动领域发表的论文、申请的各类课题，也包括师生在综合实践活动中获得的各种奖项。一些地区的教研部门还组织了对学生的综合实践活动能力的测试，上述成绩也应列入学校评价，作为课程实施成效的依据，但不应成为唯一指标。开展学校评价要避免简单以测试成绩或论文成果数量作为唯一指标，应重点关注制约课程常态实施的各种学校因素。

(四)小学综合实践活动的学校评价方案制订

小学综合实践活动的学校评价方案包括学校评价重点与评价项目、学校评价活动的组织形式、学校评价的操作程序和学校评价结果表述四个部分。

1. 学校评价重点和评价项目

对学校的评价，一般是由上级教育行政部门综合实践活动评价指导中心组织和完成。行政部门评价指导中心可以根据当地新课程改革实施的不同进度、不同类别学校的办学要求、学期或学年的综合实践活动课程改革的实施重点来确定相应的评价重点和评价项目，即要依据当地实情和被评价学校的实际发展水平，分阶段、分层次地确定评价重点和评价项目，切忌不加考察地一刀切、千篇一律或盲目照搬照套。

2. 学校评价活动的组织形式

作为学校评价操作的实际表现形式，评价活动的组织形式必须由评价的主要内容来决定。可以采用的形式有：第一，学校自评。在小学综合实践活动课程评价中，评价者与被评价者都是评价的主体。被评价的学校可以通过自我认识、自我反思、自我总结的自评来发现自身的得与失，调整和完善工作计划，为今后的努力确定新的目标和方向。第二，问卷调查。在实际评价之前，通过问卷调查的方式，多层面了解被评价学校的教师、学生和家长的意见和看法，是实现真实评价的必要手段。第三，现场审议。现场审议是一种对学校在课程实施前与后，对课程设计和课程实施的整体效果进行现场分析评价的方法。这种评价是评价者们在通过实地考察、实地取证、活动观摩、与被评价者近距离交流后，在掌握第一手资料的基础上，共同分析、交流、讨论并最后得出评价结论的过程。第四，交流访谈调查。交流访谈调查就是由行政部门综合实践活动评价指导中心主持，随机抽选一些教师代表和学生代表，就本校综合实践活动课程设计与课程实施等有关具体问题进行集体访谈调查的一种评价方法。这种评价有利于评价者通过相互启发、共同研讨、相互质疑等手段开阔视野，有利于每位参加座谈答疑者畅所欲言。

3. 学校评价操作程序

对学校进行评价的一般性操作程序是制订评价细则——组成人员——实地考察取证——初步审议——座谈反馈——形成最终评价。

4. 学校评价结果表述

由于小学综合实践活动的学校评价目的不在于对学校进行排次，而在于促进学校的进一步发展。因此，学校评价结果的表述既要对被评价学校在课程实施等方面的成绩给出充分的肯定，也要指出被评价学校存在的具体问题和不足，并有针对性地提出希望和要求。评价结果的表述可以采用具体直观的量化分值和措辞简洁明确的质性评定语言相结合的方式。

(五)小学综合实践活动的学校评价方法

学校评价侧重于学校落实综合实践活动课程的状况，包括对综合实践活动的课时安排、师资安排、课程资源的开发与利用及学校对综合实践活动课程实施的管理等方面的评价。常用的学校评价方法有：第一，校校互评。组织学校进行自我展示是引导学校进行表现性评价的重要举措。经常开展校际的经验交流与成果展示，可使学校在活动的过程中不断发展，提高知名度。第二，校内自评。学校自评小组可由校长、教务处、教师、学生、家长等组成，通过查阅资料、问卷、座谈等，有计划地开展自我评价活动；撰写自评报告，包括自评过程、学校开展课程的基本情况、学生的发展、家长的反应、社会的反响、存在的问题及改进措施、建议或要求等。第三，专家评价。建立以综合实践活动专家为引领，包括学校分管领导和骨干教师的课程评价小组，通过听汇报、座谈、课堂观察等，对学校综合实践活动的课程开发和实施情况进行专业评估，提出建议或意见。

建立定期的互评、不定期的展示性评价与专业评估、经常性的自评相结合的评价机制，可以充分调动学校领导和教师参与综合实践活动的积极性。另外，还可以采用召开表彰大会、表彰先进集体和个人、把综合实践活动的成绩和教师个人的发展直接挂钩及进行一定物质奖励等方法进行学校的激励性评价。

第二节
小学综合实践活动的管理

综合实践活动是一门国家规定、地方管理、校本开发的课程，它体现了我国三级课程管理制度的要求。小学综合实践活动的有效实施，客观上要求学校建立完善的课程管理制度。小学综合实践活动的管理包括课程实施中的学生管理、教师管理和学校管理。只有加强对小学综合实践活动的管理，才有助于实现其课程的价值。如何理解小学综合实践活动的管理？小学综合实践活动的管理范围为何？在实践中具体如何落实与操作？本节就这些内容进行探讨。

一、对小学综合实践活动管理的理解

(一)对小学综合实践活动管理的意义

1. 有序

科学的管理策略可以使原来的无序状态变为有序状态。综合实践活动没有固定教材，完全靠学校和教师自觉地做。所以，如果学校、教师思想认识上不到位，就会导致教学措施不到位，教学管理不到位，学校的综合实践活动必然出现混乱。

2. 有效

管理是学校发展的基石，寻找学科科学管理策略的最终目标是促进综合实践活动的有效实施。生活于学校教育中的人，无论是教师还是学生，他们生活状态如何？他们的思维方式和行为方式是否符合课程改革的精神？只有关注到师生积极向上的精神状态，综合实践活动才能真正落到实处。

3. 有为

科学的课程管理策略可以促进课程的生长性。其主要表现在：第一，促进学生的发展。科学规划、科学管理可以促进学校课程最大限度为学生丰富多彩的个性发展提供机会，为学生自主发展创造条件，在发展学生的兴趣爱好、体现学生的个性和差异性方面很好地满足学生的需求，为彰显和发展每位学生的个性创造空间。第二，促进教师的发展。学校课程管理要重视提升教师的课程意识，促进教师的专业发展。因为学校课程管理对教师的专业发展起着关键作用。推行学校一级的课程管理要倡导教师成为学校课程的管理者、决策者，作为主体参与到课程开发与管理的过程中，使教师有更多的机会进行不同程度的课程实验，参与完整的课程开发过程，从而改变教师只是规定课程的执行者的角色，改变教师只把课程当作教科书和科目的观念，形成一种开放、民主、科学的课程意识，促进自身专业与课程、学生一起发展。第三，促进学校的发展。综合实践活动的实施过程是一个基于学校的课程发展过程，它要求学校摆脱"忠实执行"的课程实施取向，具有课程发展意识和能力。实施综合实践活动，不仅有利于学校课程意识的觉醒和课程发展能力的增强，而且对学校课程制度的建立、教师课程开发能力的发展都具有重要意义。综合实践活动作为学校自主开发的课程，较之于以往的其他学科课程，学校必须承担课程开发与教学的管理、指导、评价的任务。这就要求学校要改变以往的日常管理制度、课程制度、教学制度和评价制度，建立全新的学校管理文化。

(二)对小学综合实践活动管理的理念

1. 体现课程领导

学校课程变革与教师、学生、家长和社区的利益息息相关。学校领导机构必须转变各自为政的状态，组成由校长、中层领导、教师领导、学生、家长和社区代表参与的课程领导共同体，共同参与学校课程的领导工作。"课程领导，人人有责"已经成为课程领导发展的一种趋势。他们对学校课程开发、设计和决策等提供建议，共同促进学校课程的变革。

2. 彰显课程研究

原先的学校管理模式是自上而下的，学校机械地执行上级教研部门的各项要求，教师机械地执行学校各项教学任务。而综合实践活动的实施打破了这个常规，学校有了校本课程开发、管理权，教师有了课程话语权、选择权。只有学校立足校本资源、特色，研究推进综合实践活动的管理策略，只有广大教师不断加深对综合实践活动的理解、参与、研究，才能扎实推进综合实践活动的实施。

3. 走向课程建设

考评只是手段、途径，课程建设才是目标。在新课程体系中，综合实践活动对学校发展的价值远远超越了一门课程发挥的作用。因为一方面，综合实践活动集中体现了新课程的核心理念和价值追求；另一方面，综合实践活动的有效实施需要以学校教育观的更新、学校课程制度的重建为基础。在综合实践活动不断推进的过程中，只有不断完善课程管理体系，才能推动课程朝着理想的方向前进。

(三)对小学综合实践活动管理的范围

1. 时空

国家对开展综合实践活动的课程时间安排是每周 3 课时。这是基本的课时数，但并非刚性的规定。在实际实施过程中，综合实践活动的时间突破了学科教学每堂课 40 分钟(或 45 分钟)的限制，常常根据活动主题或项目的需要进行时间的再分配，以主题或项目的最终完结为准则，表现出在时间分配上的灵活性。因此，在时间的管理上，是分散使用还是集中进行，要以有利于活动为准。大课题，长时间；小课题，短时间；校内活动，紧时间；校外实践，放时间。

综合实践活动的空间范围十分广阔，有关专家将其描述为以家庭为圆心，以学校与家庭的距离为半径的区域。学生活动点的移动决定着教师对活动的管理场所的移动。管理的区域应该着重社区、劳动基地、工厂、农村、机关、资料室、图书馆等场所。对学生活动要进行周密安排、悉心指导，对学生的安全、活动效率要进行全面思考。管理的意义直接体现在综合实践活动过程本身。

2. 资源

综合实践活动的有效实施离不开课程资源的支持，而且必须依托区域内各个学校现有的可利用的资源，进行合理的筛选、优化和转化。综合实践活动的特色化从某种角度讲依赖于资源的创新化改造。综合实践活动的课程资源广泛存在，教师和学生就是最直接的课程资源。除教室、校内的活动场所及学校有限的图书资源之外，还要把社区的、社会的、自然的、网络的资源最大限度地用于学生活动，让资源更好地为学生成长服务。如何合理利用、有效转化，是综合实践活动课程建设的重要研究课题。大致有四条途径：第一，转化校内设施功能，为综合实践活动提供丰富的课程资源和实践场所。第二，转化校外基地功能，以培养学生的创新精神和综合实践能力为重点，全面提升学生的综合素质。第三，转化原有传统活动实施形式，围绕学校传统文化活动，开发经典主题，提升活动品质。第四，转化原有常规德育模式，将说教为主的德育模式转化为学生身体力行、实践体验的过程。

3. 行为和过程

行为和过程主要指学校、教师、学生在综合实践活动中的态度表现与行为结果。行为和过程的规范必须通过管理机制来约束，各级教育部门和学校首先要建立与之相适应的制度。就当前情况看，建立的制度包括：①合作的指导体制。综合实践活动是全校行为，因此，需要整合全校及校外人力资源参与综合实践活动的合作指导，即建立以班主任教师为主、科任教师为辅、家长志愿者为补充的合作指导体制，目的是增强对学生主题学习、综合活动的集体指导、小组指导和个别指导。②开放的教研制度。与学科课程不同的是，综合实践活动需要以年级为单位，按照同学年的主题学习和综合活动，将不同学科的教师整合起来，开展开放的、合作的研究，需要建立开放、多元的教科研制度。第一，校级教科研制度。以学校为单位，以教研室人员、学年组长、学科组长为主体，定期开展综合实践活动的交流研讨活动，重点围绕学年主题学习和综合活动的实施方案、课程开发、实施过程、评价管理等问题开展论证、研讨与交流，宏观把握综合实践活动的实施进程，及时反馈，适时调整。第二，年级教科研制度。以学年为单位，由同学年组的不同学科教师组成，定期开展综合实践活动的研讨活动，重点围绕着主题学习和综合活动的指导问题，做到及时反馈与交流。第三，校内外交流制度。以学校、年级和班级为单位，建立不同层面的交流研究制度，邀请相关专家、学者、家长开展不同层面的交流活动，做到及时反馈信息。

案例呈现

建立综合实践活动教研组，完善课程管理制度

北京市昌平区沙河学校是一所农村完全学校。该校以"立德树人"为根本任务，以《中小学综合实践活动课程指导纲要》为指导，以研学课程实施为核心，结合学校发展和学生实际状况，进行综合实践活动课程的整体设计和实施，不断开发和利用周边环境及社会资源，现已形成富有自己学校特色的课程体系。

学校课程管理制度化、规范化。学校成立了综合实践活动课程领导小组，明确领导小组职责，为综合实践活动课程开发、实施、管理、评价及课程常态化有效实施提供保障。学校成立了专门的综合实践活动教研组，并制定具体制度以最大化发挥其作用。教研组的组员由多名专职教师及兼职教师组成。教研组直接由领导小组管理，具体负责学校综合实践活动课程开发、规划、实施、协调、管理、教学研究及组织指导教师的教研活动等工作。学校还具体规定了教研组的工作规范。要求教研组结合主题活动内容，每学期组织不少于 8 次的教研活动，着力提升兼职指导教师的能力。定期组织有经验的专职教师进行示范课展示，帮助兼职教师加深对课程的理解和把握。教研组长每学期要听课 10 节以上并进行个别指导。

学校完善了各个职能部门的职责，建立起课程实施保障体系。对指导教师和学生及各职能部门提出要求，让教师明确职责、学生清楚任务、学校提供保障、评价客观公正，为综合实践活动的开展保驾护航，确保课程顺利实施。

［资料来源］柳夕浪：《〈中小学综合实践活动课程指导纲要〉解读》，163 页，石家庄，河北教育出版社，2019。

4. 建立必要的规章制度

综合实践活动的有效实施需要一系列的规章制度作保障，如教师的工作量核算制度、设施设备使用制度、跟踪检查与评价制度、激励与奖励制度等。

（四）对小学综合实践活动管理的策略

1. 校长引领

在综合实践活动推进与实施的过程中，校长作为第一责任人，必须承担引领和组织的作用。没有校长的重视与引领，只是由教师自发地组织开展活动，是难以推进综合实践活动的有效实施的。校长作为学校最高管理者，应具有对综合实践活动统筹、规划、协调、组织的能力。因此，校长在综合实践活动的实施中首先要成为自觉的发起者、引领者，带领各部门共同学习研究，统筹规划和编制学校的综合实践活动实施方案，为全校开展综合实践活动提供宏观指导。

2. 科研先行

学校应以教研室为核心，加强研发与指导。综合实践活动作为基础教育课程改革的新领域，作为一门崭新的校本课程，没有成功的模式可以借鉴。因此，学校需要在实践中边学习、边研究、边实践、边探索。学校应该以教研室为核心，进行综合实践活动的课程开发和指导，为综合实践活动的顺利实施提供策略支持。

3. 专家指导

综合实践活动的实施应以校本研究为主，但同时需要依靠专家的理论研究与指导，以弥补学校自身理论研究薄弱的缺陷。因此，学校在教研室基础上，要成立以校外专家为主的课程咨询委员会，充分发挥专家的指导、咨询、审议、评价的职能，保证综合实践活动实施的科学性和实效性。

4. 组织推进

综合实践活动的课程性质决定了这门课程的实施是一种全校行为，需要全校教师全员参与、合作指导。因此，需要建立一种新型的合作推进组织，即综合实践活动促进委员会。从横向与纵向的角度，将学校的职能部门、教研组、学年组及全体教师有机地整合起来，形成以团队为基础的全员参与、立体、开放、合作的阶梯形推进组织系统，充分发挥其自主性、创造性、协同性的研究与指导功能。

二、小学综合实践活动的学生管理

综合实践活动的学生管理即学校和教师对参与综合实践活动的学生进行管理及学生的自我管理。对学生的管理主要涉及过程管理、小组管理、学生档案管理、学生安全管理、结果管理等。

(一)过程管理

综合实践活动不同于学科教学，每一轮的主题实践活动都需要有一系列的流程管理措施。监控管理的主要功能是指导，目的是推动课程开发与实施过程。综合实践活动的过程管理涉及：第一，指导如何选择主题，具体涉及去哪里找问题，怎样把问题变成研究课题；第二，指导制订活动方案，活动方案包括要做什么、做成什么及可能会出现的问题；第三，指导查阅文献资料，包括需要哪些资料、可以从哪里找到这些资料及如何整理资料；第四，指导社会调查，如确定调查的内容、确定调查的对象、设计调查问卷、发放调查问卷、整理调查数据及可能会出现的问题等；第五，指导整理和分析资料，对记录的目的、记录的原则、记录的方法进行辅导；第六，指导选择成果表现形式，文字类包括课题、研究论文等，实物类包括模型、音像制品、多媒体制品等，教师可以在选择成果表现形式的原则、方式方面给予指导；第七，指导学生评价自己的表现和研究成果。以上是综合实践活动课程监控的主要部分，它们是相辅相成的，只有把这七大环节的情况汇总起来才能形成较全面的过程评价。

(二)小组管理

小组活动可以扩大学生合作交流的机会，又能使每位成员得到锻炼和发挥才能的机会。它最能有效实现课程目标，是综合实践活动的主要组织形式。小组管理涉及以下三个方面。

1. 小组人员的确定

在个人自主的基础上，由4～6名学生自愿组成一个活动小组，小组民主产生组长，组长负责小组成员的研究分工及与指导教师的联络等。在组织活动小组的过程中，既要考虑每个成员的兴趣，又要考虑他在小组内负责的研究任务。对于没有组合起来的少数学生，教师要适当地提出建议，但应以尊重学生的自主选择为前提。

2. 小组长的职责

小组长在综合实践活动中的作用非常重要。教师要特别注意对小组长的管理，及时听取组长的汇报，及时了解学生的活动情况。一般来说，他的职责主要有：第一，小组长负责团结全组同学，并带领大家积极投入每个阶段的学习活动，完成各阶段的工作目标和任务；第二，小组长一般由学生民主推荐产生，以身作则，尊重组员，能协调小组成员间的关系，对小组的课题研究计划的实施和组员的管理负有责任；第三，在教师指导下，带领小组制订研究方案，开展课题研究；第四，负责小组成员的分工，明确本组人员各自的责任；第五，及时组织召开小组会，讨论活动过程遇到的问题并汇总，商量解决的办法；第六，按照各种活动量表，详细记录每次活动情况，并及时向指导教师汇报活动实施情况；第七，经常组织小组成员与其他小组交流，取长补短。

3. 对学生参与的管理

加强对学生参与的管理是综合实践活动顺利进行的重要条件，也是学生自身发展的需要。综合实践活动倡导学生的自主性学习，尤其是考察探究的开展，开题、实施、总结都是学生在自主、自由、自觉状态下进行的。尊重学生本身的选择，给学生以足够的空间发展自己，是综合实践活动的本质要求。但也存在一些问题，如学生借口外出访谈迟归或玩耍、中途退出、袖手旁观等，这些问题对课题研究与学生个性发展都是不利的。为此，可以从两方面加强对学生参与的管理。一方面，对学生的过程参与进行考勤；另一方面，建立学校、家庭、社会的信息沟通和互动的反馈网络，这样既不妨碍发展学生的个性，又能对一些可能带来的不良后果做到预防。

(三)学生档案管理

学生档案管理主要分为两方面：①过程档案管理。综合实践活动课程的过程档案管理主要包括活动方案记录表、课题研究活动记录表、实验记录表、访谈表、外出活动申报表、小组成员考勤表等。②成长记录袋管理。成长记录袋也称"档案袋"，主要是指收集和记录学生自己、教师或同伴做出评价的有关材料，如学生的作品、反思及其他相关的证据与材料等，以此来评价学生学习和进步状况。成长记录袋可以说是记录了学生在某个时期一系列的成长"故事"，是评价学生进步、努力程度、反省努力及其最终发展水平的理想方式。如有的学校建立了"学生成长记录袋"，档案袋的内容包括：采集卡(收集整理的文献资料)、智慧卡(创新设计和想法建议)、专题研究论文、实践活动记录与收获、科技作品照片及小红花、小星星(平时在校获得的奖励)等资料。档案袋由学生自己管理，自己装入材料。这些记录着学生成长足迹的材料既让学生通过对比看到了自己的进步，获得成功的感觉，又可以作为教师对学生评价的参考。

(四)学生安全管理

综合实践活动的学生安全管理涉及两方面：①上网管理。随着信息时代的到来，网络已成为学生进行自主研究的重要工具。但网络信息鱼龙混杂、良莠不齐。针对这些问题，我们必须对学生的上网加强管理，自觉执行《全国青少年网络文明公约》，做到：要善于网上学习，不浏览不良信息；要诚实友好交流，不侮辱欺诈他人；要增强自护意识，不随意约会网友；要维护网络安全，不破坏网络秩序；要有益身心健康，不沉溺虚拟时空。②外出管理。综合实践活动课程强调开放、自主、体验，需要学生走出学校，自主地开展一些实验、调查、参观、考察等实践活动，在这个过程中可能会遇到一些不安全因素。学生外出时，指导教师事先一定要预测到可能发生的种种情况，采取一系列对学生的监控措施，如委派或选举有责任心的同学做访谈小组长；学生小组外出活动必须三人以上；在征得指导教师或班主任同意后，活动小组要填写外出申请单和外出访谈表；每次活动后，学生小组要认真填写活动记录，写明外出时间及返校时间；与家长取得联系，填写家校联系单，并及时反馈给学校，尤其是节假日；每次访谈结束后，学生要到指导教师或班主任处销假。

(五)结果管理

活动结果的表现形式多种多样，具体而言有文字和实物两大类。文字类包括调查报告、实验报告、小论文、建议书等；实物类包括实物模型、有关图片、多媒体课件等。可以设置固定教室和动态资源库对学生的活动结果做好登记和保存。固定教室可以展出学生的实物模型、各种文稿等。动态资源库的资源划分为三大类：文字、多媒体(包括视频、音频和动画)和其他相关资源。这样，活动小组成员就可以把自己的资料按照不同的载体形式发布在资源库中，对以后资源的调用和管理都是十分有利的。

三、小学综合实践活动的教师管理

(一)教学管理

1. 时空的安排

综合实践活动作为一门实践性课程，其实施过程中时空的安排与学科课程的时空安排不同，一线教师经常有这样的困惑：综合实践活动的课时究竟怎样安排？大班额条件下如何组织学生开展综合实践活动？时空问题是综合实践活动有效实施的重要条件，也是一种重要的课程资源。

（1）时间

"有时间"才可能有深度实践。综合实践活动的时间问题涉及课时的落实与具体安排、活动主题实施的持续性、活动过程阶段划分、活动过程中的时间效率、时间管理等。首先，保证课时。学校教务部门应加强课时的监管力度，避免综合实践活动的课时被其他课程占用。其次，弹性化安排课时。综合实践活动的时间大大突破了学科教学 40 分钟（或 45 分钟）的限制，常常以活动主题或项目的需要进行时间的再分配，以主题或项目的最终完结为准则，它需要灵活地进行时间分配。其活动时间可以根据主题内容的需要采用长短课相结合、集中与分散相结合的方式来安排，有些内容还需要占用大量的课外、校外时间。在时间管理上是分散使用还是集中进行，要以有利于活动开展为目的。此外，综合实践活动指导教师应在学校统筹的前提下计划好课外课时，提高课外课时的活动效率，减少时间精力的损耗，减轻学生的课外学习负担。

（2）空间

"有空间"才有学生发展的可能。学校和教师在综合实践活动空间的安排上，要妥善处理好课堂空间与课外空间的关系。首先，充分利用课堂空间。综合实践活动课堂空间的组织形式不同于学科课程的课堂教学组织形式，在必要的方法引导和专题讲座的基础上，鼓励学生充分交流资料、自主研讨、设计制作等。其次，有意识地开发课外空间。在涉及实际情境的体验时，应该有意识地开发和利用家庭、社区和自然环境中的空间资源，引导学生把基于文本的实践学习和基于实际情境与工具利用的实践学习结合起来。因此，可以建立综合实践活动基地、开展社区与学校共建等，做到开放空间资源的利用与开发有目的、有组织、有计划。最后，建立开放空间活动制度。开放的空间的确存在着各种学生安全隐患，充分利用开放活动空间，学校应建立有效的管理制度以确保学生的活动安全。如建立"学生外出活动申报制度""开放空间下的教师指导制度""学生开放空间中的活动规范"等。开放空间活动制度不仅有利于消除安全隐患，更重要的是有利于提高活动效率。

2. 教学过程的管理

教学过程的管理指学校对指导教师的学期课程实施计划、课程实施过程、课程实施成果等各环节进行全面管理。教学过程的管理包括：①学期初，要强化计划管理，督促和指导教师制订课程实施计划。内容包括学生基本情况分析、本学期的总体活动目标、课程资源的实施安排、课时的安排、研究性学习的组织与安排、社区服务与社会实践活动安排、校内外相应课程资源的准备等。教师在制订学期课程实施计划时要做到内容规范，质量符合课程目标、学生实际和教师自身特长，活动内容和活动形式体现学校的办学特色。②学期中，要加强课程实施的管理。管理的主要内容有教师执行计划的情况和教师的课程实施质量。③学期末，要加强课程实施成果的评价管理。管理的主要内容有：督促教师全面总结本学期的课程实施工作，对照学期课程实施计划进行自我评价；组织教师对学校的综合实践活动课程计划和课程资源进行评估和反思，促进学校课程计划和课程资源的修改与完善；收集和整理比较典型的课程实施方案和学生的综合实践活动成果材料，以备检查和研讨之用；组织对指导教师的评价工作，对表现突出者进行表彰和奖励。

学校必须对教师指导进行实时监控与管理，通过教务处、教科室等机构，对教师的教学和指导过程进行适时地跟踪与指导。学校还可以通过交流研讨、师生座谈、调查问卷等方式，及时了解教师在课程实施中的各种表现情况，包括教师指导的有效性及指导的内容、过程、时间、成效等，以此作为教师业绩评定的参考依据。

(二)教师配置

综合实践活动的指导教师队伍可由三部分组成：一是专职指导教师，是师资队伍的核心；二是兼职指导教师，由班主任或科任教师兼任，是师资队伍的主力军；三是校外指导教师，由学校聘请的有关社会人士担任，如社区中的科技工作者、科普教育者、农技员、工程师、律师、医生等经过课程教学培训后都可以成为社区教师，尤其应该充分重视家长的作用，他们是师资队伍中的辅助力量。综合实践活动的指导工作需要协同合作，更需要统帅核心，否则综合实践活动的实施会处于"无头、无序"状态。综合实践活动的教师配置可以有以下三种方式。

1. 专业分工，精细指导

这种配置方式通常将参与综合实践教学指导工作的教师按其在教学中所承担职责分为指导教师、协管教师和学术顾问。指导教师要随班上课，全面负责班级中所有研究性学习小组的日常管理和指导工作，尤其是对学生的研究过程进行科学方法的指导，可由班主任或科任教师担任。协管教师主要是帮助指导教师做好学生研究活动的外部链接和内部整合工作，主要由学校管理人员担任。学术顾问主要为学生提供相关的学术和专业指导，可由专任教师和外聘专家担任。这种配置方式有鲜明的优势：第一，有利于教师人力资源的最优化利用，可以突破教师的职务、学科、年限等限制，让不同专长的教师以不同角色参与到综合实践活动的教学工作中来；第二，有利于学生自主选择课题的研究内容，不会因指导教师学科背景的局限而缩小选题范围；第三，有利于教师间的合作指导，尤其是协管教师和学术顾问的加入，可以使学生在研究方法、研究过程、研究的学术支持上做到精细化。值得一提的是，这种教师配置方式的优势发挥需要学校执行强大的课程管理职能，才能确保这三类教师相辅相成，共同担当起指导学生的责任。

2. 导师负责，全程监管

这种教师配置方式是根据研究性学习的特点在实践操作过程中形成的，由一名教师全面负责学生研究性学习小组所有的指导与管理工作。它存在的优势主要有：第一，研究小组与导师之间的关系是通过双向选择确立的，充分体现学生学习的自主性；第二，学生可以根据自己的选题领域选择导师，研究范围不受教师学科背景的局限；第三，导师对学生研究小组的全过程给予综合性指导，对研究过程进行全面监管。这种方式也存在一些劣势：导师在指导研究小组的工作时以分散的形式为主。为了保证指导和研究活动的质量，在课题实施的过程中，学校需要以集中方式进行选题、中期交流、阶段展示等活动，并且及时地给予质量监控。

3. 教师包班，过程规范

这种教师配置方式是这门课程走向常态的第一步，它的核心内容是每班分配 2~4 名教师全面负责一个班级各小组的研究性学习指导和组织工作，如组织本班学生进行课题论证、研究方法的确定、阶段交流、研究活动实施、研究信息整理、结题等一系列教学指导活动。包班的指导教师中有 1~2 名专职教师，这种师资配置方式主要存在于综合实践活动发展已经比较成熟的学校。其优势有：第一，它不会打乱学校常规的教学秩序，与其他学科课程一样，综合实践活动也进入学校正常的教学安排；第二，学生的综合实践活动的课时不会被占用，从事研究活动的时间非常充裕；第三，由于一个班的指导教师固定且相对专业，研究过程能做到规范落实。但同样，这种配置方式也有劣势，即学生在自主选题后，班级的指导教师不可能在专业上给予全面的支持。

综合实践活动的教师配置方式不能穷尽，在实际运用中，学校要遵循因校制宜、因时制宜、因生制宜的基本理念，依据校内外的各种条件对综合实践活动的教师配置方式做出恰当选择。

案例呈现

综合实践活动师资配备制度

按照《中小学综合实践活动课程指导纲要》的要求，学校教师全员参与综合实践活动。

综合实践活动的开展实行"团体指导，协同教学"。

原则上以班级为单位，由学校指派一名教师作为该班指导教师指导学生开展活动。

对于选择同一主题开展研究活动的不同年级的学生，由学校另行指派一名教师来该组指导学生开展活动。

以班级、年级或小组为单位开展综合实践活动的学生，根据研究主题内容的不同也可向学校提出申请，自由选择教师，然后由学校委派。

综合实践活动教师工作量制度

按照《九年制义务教育课程计划（实验稿）》中三至六年级每班每周平均 3 课时规定，负责活动的指导教师按学校现行排课，每周算 2 课时。

因活动需要、确定指导学生开展活动，不在课表排课时数之内的（星期一至星期五），算作相应节数的代课。

协作指导活动的其他教师，参与一次活动算作相应节数的代课。

> 因活动需要，星期六、星期日带学生外出活动，教师算作加班。
>
> **综合实践活动教师教研制度**
>
> 学生综合实践活动课题组的教师定期召开研讨会，讨论课程进展中出现的问题，提出解决的办法，保证活动的有效实施。
>
> 三至六年级各年级组每两周安排 1 课时开展各年级组教研活动。
>
> 教研活动不能只是单一的活动汇报或工作布置，而应以学习与综合实践活动相关的理论、业务知识为主，互相学习，交流经验，吸取教训。
>
> 每学期教研活动经集体交流讨论，推出一堂综合实践活动成果展示课。
>
> ［资料来源］郭元祥、伍香平：《综合实践活动课程的理念》，72～73 页，北京，高等教育出版社，2003。

（三）教师培训

综合实践活动对教师提出的要求较高，教师需要具备充分的理论知识，具备综合实践活动开发与实施的能力、综合运用知识解决各种问题的能力，教师观念的转变、素质的提升、专业能力的增强对综合实践活动课程的顺利实施起着关键性作用。目前，综合实践活动校本师资培训的有效模式有以下三种。

1. 理论学习

理论学习即受训教师通过传授教学或自学方式获得对综合实践活动的理念、目标、内容、实施、评价等方面的系统理论知识。为此，学校可以为教师提供专家讲座、国内外综合实践活动领域知名专家的相关书籍、论文、录像等，促使教师对综合实践活动有一个清晰的认识。

2. 研讨交流

研讨交流的具体形式有两种：一是问题探讨式，这是以问题为中心的培训方式。教务部门根据教师在综合实践活动教学中遇到的问题，筛选归纳，然后围绕这些问题，逐一组织教师学习理论、听取讲座、开展研讨，并在实践活动中使问题得到解决。二是课题研究式，这是以课题研究为中心的培训方式。培训单位可根据已经申报的教育科研课题，分设若干子课题，组织教师分工承担研究任务，教师在研究过程中学理论，听讲座，收集信息，开展研讨。此外，学校的研讨活动可以积极地对外开放，鼓励校际或教师间的观摩、学习与交流。同时，学校也要鼓励本校教师到外校去参加研讨交流，积极学习他人的成果经验。

3. 行动研究

行动研究是指教师在日常的教学与指导过程中积极进行实践，在实践过程中不断探索和积累经验，以改进实践活动为目的，将行动与研究融为一体的活动。教师通过行动研究，以研究者的心态置身于综合实践活动的教学情境，以研究者的眼光审视和分析综合实践活动的理论与教学实践中的各种问题，对自身的行为进行反思，对出现的问题进行探究，对积累的经验进行总结，使其形成规律性的认识。教师可以通过教学日记、指导日志等形式，将自己的教学过程和指导过程加以记录并开展反思，通过不断探索，提升综合实践活动的教学实践水平，促进自身专业发展。

（四）教师工作评价

对教师的工作评价也是综合实践活动管理的重要内容。合理科学的评定能激发教师的工作热情，不适当的评定则导致教师工作积极性下降，甚至产生抵触情绪，影响到课程实施的效果及学校工作的开展。为了使教师在这门课程中成为合格的组织者、参与者和指导者，学校应制订教师评价方案。

对教师的工作评定包括对教师的知识水平、能力水平和工作态度的考核，对教师指导学生活动的有效性、教师的工作量计算、教师的考核制度及奖励制度予以评定问题，切实反映教师的劳动与付出。此外，学校还应该根据实际情况妥善处理专兼职教师职称评定问题，建立综合实践活动教师岗位责任制和业务考核制度，积极稳定教师队伍，确保课程的持续发展。

四、小学综合实践活动的学校管理

综合实践活动的学校管理指的是学校对综合实践活动这门课程进行整体的规划。其管理的内容如下。

（一）课程规划

综合实践活动开设的目的之一，就是学校在上级有关文件的宏观指导下，根据学校特有的办学理念和自身条件，创造性地开发和实施课程，以促进学校特色的形成和发展。学校要想真正落实小学综合实践活动，就要站在校本课程开发的高度，全面规划学校的综合实践活动的课程计划，并定位本校的课程特色。具体做法有：第一，开展当代社会调查，不断地跟踪和预测社会发展的动向，以便确定和揭示未来社会人才的素质要求，进一步明确学校的人才培养目标；第二，要根据时代要求和自身条件，确定学校自己的办学理念和办学特色，并在全面调查和评估校内外各种课程资源的基础上，选择和统筹搭配各种课程资源，使之体现学校的办学理念，支持学校办学特色的形成和发展；第三，对课程实施中的各种问题，如师资配备、课程实施的要求、课时的使用、教师工作量的计算、教师工作的评估与奖惩等做出相应的规定，以指导和规范教师及相关人员的工作行为。

(二)组织制度

要使综合实践活动课程顺利进行,学校就必须有成熟的组织制度管理,确定相关机构、人员和资金设施的配备,做到有章可循。学校必须对综合实践活动的开展统筹规划。

1. 组织建设

学校从课程的开发、实施和评价等环节对综合实践活动进行全过程的管理和监督。结构清晰的组织是信息畅达的保证。在学校中应设立以校长为首的综合实践活动课程领导小组,以教务处、各学科教研室等部门负责人及家长委员会负责人为成员,负责全校教师的课程调配。下设两个并行的小组,即研究小组和执行小组。二者有合作、有分工,各有侧重,人员允许交叉。

领导小组的职能主要是:统一规划,协调各方面的关系,管理下属两个小组的工作,负责牵头和总结总体工作,给予物质和精神上的支持。

研究小组的职能是:负责对学校综合实践活动的研究、交流和推广,负责教师的业务指导,负责对学校课程具体实施中的问题进行指导,进行理论和实践结合的研究,同时根据学校实际情况,安排各年级和班级的活动时间,负责教师工作的统计和考核。

执行小组的职能是:制订实施方案,确定每个活动方案具体细节的设计,如活动时间、地点、路线、人员分组、安全措施、与外界的联络等。在课程的实施中,要与研究小组一起处理出现的问题,上报活动记录和总结。执行小组直接面向活动的参与人员和学生。

案例呈现

嘉兴市塘汇实验学校管理网络

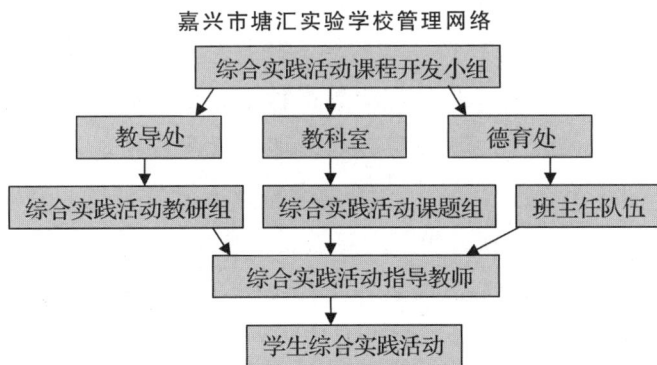

第一层级,综合实践活动课程开发小组。负责学校综合实践活动实施纲要的制订,决定实施该课程的年度计划及相应步骤;统一部署、协调学校各部门的工作;负责宏观上保证课程的校内外教育资源的开发等。

第二层级,教导处、教科室、德育处。教导处负责课程的开发和管理;教科室负责教师培训和专家指导;德育处协助教导处、教科室指导班主任组织学生假期开展综合实践活动。

第三层级，综合实践活动教研组。负责学校综合实践活动的计划和落实；建立综合实践活动课题组，研究和引领学校的综合实践活动。

第四层级，综合实践活动指导教师、校外指导教师。建设一支专职与兼职教师相结合的任课与指导教师队伍，形成学校内部的管理与教学指导网络。

[资料来源]徐继存：《中学综合实践活动》，67页，北京，北京师范大学出版社，2015。

2. 制度建设

学校要建立必要的规章制度，给予综合实践活动一定的政策支持。在学校开展综合实践活动总的指导思想、实施目标、实施原则、实施体制的系统领导下，在综合实践活动的管理中，制订相应的规章制度，是形成管理科学化的关键。从当前综合实践活动的发展看，至少应着重在以下方面建立必要的管理制度，以便形成课程运行的良好机制：①学校实施综合实践活动的规划；②组织机构及其职责分工；③教师指导方面的制度；④学生参与活动方面的制度；⑤学校实施综合实践活动档案建设方面的制度；⑥学校设施、设备使用方面的制度；⑦师生参与活动的评价制度；⑧教师的学习和教学研究制度；⑨课程资源开发管理制度。只有形成制度，才能使学校的各项管理工作真正实现规范化，教师在开展各项活动的过程中才能真正解除后顾之忧，集中精力投入课程的建设和实施。

(三)资源开发

综合实践活动是一门新的开放性课程，需要大量的信息，而课程资源则是这些信息的来源。因此，开设好这门课程，需要足够的课程资源。校内的课程资源包括：各种设备和实践场所、教具和模型、专用教辅教室、教学设施等，如学校图书室、资料室、阅览室、微机室、校园局域网、互联网、各种课件及相关的音像资料等；教师、学生及学生的活动、课外兴趣小组、校内墙报板报、宣传橱窗、广播站、校内电视台等；定期或不定期开设的报告、讲座等。校外课程资源包括：各种自然景观、人文景观资源，如港口、工厂、农村、城市街道、高新技术开发区等；各种社会实践基地、科学实践基地；公共图书馆、博物馆、展览馆、科技馆等；各科研机构、大专院校等；有关政府部门、青少年活动中心、商店、各类公园等；报刊、广播电视中某些固定专栏或节目等；劳模先进、专家学者、学生家长、亲朋好友等。

学校在开发课程资源的活动中，还要注意根据实际情况对有关课程资源进行整理。第一，联系学生的兴趣、爱好和需要，将所收集的地方和社区相关现状的资料编写成文字材料，并提出问题，供学生参考。第二，编制学生活动手册和指导书。综合实践活动没有固定的体系化的知识内容，因而它的实施不需要体系化的学科课程性的教材。但学校可以根据学生实际，为学生开发并提供指导性的活动手册或指导书。

(四)课题管理

由于综合实践活动内容涉及的领域十分广阔，需要实施课题管理，针对具体的课题进行教研指导。综合实践活动的课题管理要具有一定的深度和水平，学校必须和上级教研课程管理部门建立联系，并和上级综合实践活动教研室相互配合，及时上报本校的课程开展计划。同时，要及时了解和指导各年级各班的课程安排，包括课程资源的开发及具体活动的主题范围、方案设计、活动分组、时间安排、安全措施等各项内容。采取多级负责制，在活动过程中，学生对自己和小组负责，小组对教师负责，教师对研究小组和执行小组负责，研究小组和执行小组对领导小组负责，层层负责将会提高每个人的责任心。在课题实施过程中，无论成绩还是问题，都要做好详细记录，定期总结，定期公布各个年级和班级的活动课题，公布相关资料和成果，以及学生的心得体会或教师、家长的评价，表彰表现出众的学生和班级。

(五)评价管理

评价是综合实践活动实施的重要组成部分，是实现综合实践活动目标的有效手段和保障，它贯穿于综合实践活动的全过程。制订评价方案可以明确综合实践活动的目标导向，形成合理、客观、系统、积极的评价机制是保证课程顺利实施的重要条件。

评价基本包括两个层次：一是具体课题的评价；二是学校整体课程的评价。无论哪个层次都应该本着激励和维护积极性的原则建立相应的程序和制度。评价体系应该包括两部分对象：一是学生；二是教师。无论针对哪种对象，指标和权重都要根据平时学校课程督查与指导情况制订，期末由学校组织验收综合实践活动开展情况。通过问卷、访谈等手段向学生和教师了解课程开展情况，通过召开成果汇报展示交流会等方式进行考核评价，形成平时检查和期末考核评价相结合、教师自我评价和学生评价相结合、教学成果评价和社会效应评价相结合、过程和结果相结合的评价机制。评价制度应具有激励作用，在精神上可通过口头表扬、大会报告、汇报演出等形式，表现突出的教师和学生在评优、评先中可优先考虑；在物质上可对教师提供报酬奖励，向学生发放一定的纪念品等。学校还可以设立专门的奖励基金，对参与活动突出的个人和集体给予一定的物质奖励。

(六)协调关系

作为总组织者和总管理者，学校方面还要注意协调好校内、校外的种种关系。学校要协调的校内关系主要包括综合实践活动与其他学科课程、校内资源在不同年级和不同课题小组之间的分配及培养能力与升学考试等之间的关系。要协调的校外关系主要为学校与上级主管部门、高校、教研机构、社区、家长等之间的关系。

总之，学校是综合实践活动实施的最基本的土壤，活动的开展不可能脱离学校，即使有些活动的教学是在社区、社会这些更广阔的空间进行的。当然，有些问题不是学校依靠自身力量就可以解决的，需要社会的支持，尤其是教育行政部门作为课程改革的领导者，需要给予学校必要的政策支持和措施保障，加强对小学开设综合实践活动的管理和督导，借助有力的行政手段和管理职能加强宏观管理，促进学校的课程领导能力和执行能力。

【本章小结】

综合实践活动采用以促进学生的全面发展为根本目的的学生评价理念和评价体系。它的特质表现在：评价目标从知识技能的掌握向综合能力的发展过渡，评价标准从"一元化"向"多元化"转变，评价方式兼顾过程与结果，评价问题强调真实性和情境性。综合实践活动评价应遵循激励性原则、过程性原则、多元性原则、真实性原则。

对小学综合实践活动的学生评价应包括确定学生评价目标、选择评价内容、灵活运用评价方法和进行评价结果反馈等环节。

对小学综合实践活动教师评价的理念体现为：以促进教师发展为目的，彰显教师主体地位，重视教师个体差异，注重开放性评价共同体的培育。评判教师的指标体系主要有课程开发能力、活动设计能力、指导协调能力、评价反思能力、学生的活动成效。依据的评价方法有常规评价、专项能力评价、综合评价。评价教师的基本程序主要由以下步骤构成：建立评价委员会，初步面谈，收集信息，综合评价，建立和完善教师评价档案管理制度。在对综合实践活动教师开展评价时也需要处理好如下关系：确定好评价指标的内容，处理好数量与质量的关系，处理好自评与他评的关系。

对学校而言，开展综合实践活动具有如下价值：提升综合实践活动课程建设的质量，保证综合实践活动管理的规范化，促进综合实践活动学生评价科学化。综合实践活动学校评价应坚持发展性、特色性、参与性原则。小学综合实践活动的学校评价内容有课程指导思想、课程组织机构、课程师资队伍、课程实施规划、课程条件保障、课程制度建设、课程实施成效。小学综合实践活动学校评价方案包括学校评价重点与评价项目、评价活动的组织形式、学校评价操作程序和评价结果表述四个部分。常用的学校评价方法有校校互评、校内自评、专家评价等。

对小学综合实践活动管理的意义体现在有序、有效和有为。其管理的理念主要为体现课程领导，彰显课程研究，走向课程建设。其管理的范围涉及时空、资源、行为和过程及建立必要的规章制度。对小学综合实践活动管理的策略包括校长引领、科研先行、专家指导、组织推进。对学生的管理主要涉及过程管理、小组管理、学生档案管理、学生安全管理、结果管理等。对教师管理的范围包括教学管理、教师配置、教师培训、教师工作评价等内容。学校管理内容包括课程规划、组织制度、资源开发、课题管理、评价管理、协调关系等内容。

【案例或者练习】

1. 按照《中小学综合实践活动课程指导纲要》要求，综合实践活动课程实行"教师全员参与"，倡导"团体指导协同教学"。换言之，每个教师都是综合实践活动课程的指导教师。综合实践活动课程的实施不倡导把指导权归于一个或几个专职的指导教师。学校大多只能要求教师和领导全员参与指导，但是由于各个教师本身都承担各自学科课程的教学工作或其他兼任职务，精力与时间上较难保证，内在地难以协调一致，指导教师的统一规范管理受制，力量涣散。再者，每个教师都是指导教师，易责任分散，互相推卸，常出现一些教师特别是班主任一人身兼十几个甚至二十几个学生课题的指导任务。"全员参与指导"实质沦为"全员难以尽责"，学生实践活动往往无人全程跟踪参与、指导、关注，出现自生自灭现象，致使综合实践活动课程的主题实施"成活率"低，学生丧失探索的欲望与信心。

（1）上述现象，反映了综合实践活动教师管理过程中怎样的问题？

（2）如果你是学校管理者，你如何解决上述教师管理过程中出现的问题？

2. 综合实践活动作为一门经验性课程，其评价应与教师的指导、学生的活动融为一个整体。目前，在综合实践活动评价中，出现过分强调过程评价，忽略结果评价和学生解决问题基本能力的评价的现象，导致综合实践活动过分偏重过程经验，而对学生发展实际程度关注不够。例如：通过活动实施学生究竟在"问题解决的基本方法"方面获得了哪些发展，缺乏具体的评价指标，从而导致教师和学生在活动实施过程中对方法的落实和具体实施关注不够，表现为一些学生不知道如何设计一份简要的调查问卷、如何进行访谈等，最终容易导致综合实践活动课程的实施流于形式、成效低，学生逐渐丧失对探索活动的兴趣与信心。

（1）上述现象反映了综合实践活动课程实施中存在怎样的问题？

（2）综合实践活动课程评价中指导教师应如何做到关注过程，兼顾结果？

3. 结合自己的实践经验，谈谈你是如何看待综合实践活动教师的工作的。

【拓展阅读】

1. 潘洪建. 中学综合实践活动指导［M］. 北京：高等教育出版社，2011年版。

2. 田慧生. 综合实践活动课程的理论探索与实践反思［M］. 北京：教育科学出版社，2007年版。

3. 李孔文. 小学综合实践活动课程论［M］. 合肥：中国科学技术大学出版社，2009年版。

4. 顾建军. 小学综合实践活动设计［M］. 北京：高等教育出版社，2011年版。

5. 洪明、张俊峰. 综合实践活动课程导论［M］. 福州：福建教育出版社，2007年版。

6. 靳玉乐、张家军. 综合实践活动课程评价手册［M］. 重庆：西南师范大学出版社，2017年版。

7. 郭元祥. 综合实践活动课程的管理与评价［M］. 北京：高等教育出版社，2003年版。

8. 沈旎. 小学综合实践活动课程能力表现目标序列及教学设计［M］. 北京：高等教育出版社，2013年版。

主要参考文献

1. 陈树杰．综合实践活动课程引论[M]．北京：首都师范大学出版社，2010．

2. 郭元祥，伍远岳．中学综合实践活动[M]．北京：高等教育出版社，2016．

3. 郭元祥．综合实践活动课程与教学论[M]．北京：人民教育出版社，2022．

4. 高振宇，包新中．考察探究与设计制作[M]．石家庄：河北教育出版社，2020．

5. 顾建军．小学综合实践活动设计[M]．北京：高等教育出版社，2020．

6. 管锡基．中小学综合实践活动课程资源包[M]．北京：教育科学出版社，2010．

7. 黑岚．小学综合实践活动课程的设计、实施与评价[M]．北京：清华大学出版社，2020．

8. 张俊峰，洪明，等．综合实践活动课程导论[M]．福州：福建教育出版社，2007．

9. 柳夕浪.《中小学综合实践活动课程指导纲要》解读——44个问篇[M]．石家庄：河北教育出版社，2019．

10. 李臣之，等．综合实践课程教学论[M]．广州：广东高等教育出版社，2007．

11. 潘洪建．中学综合实践活动指导[M]．北京：高等教育出版社，2011．

12. 田慧生，冯瑞新，等．综合实践活动有效实施与评价策略[M]．北京：教育科学出版社，2016．

13. 吴积军．中小学综合实践活动课程实施策略[M]．西安：西安电子科技大学出版社，2018．

14. 徐继存．中学综合实践活动[M]．北京：北京师范大学出版社，2015．

15. 刘道溶．中小学综合实践活动教学活动设计案例精选[M]．北京：北京大学出版社，2012．

16. 张华．小学综合实践活动[M]．重庆：西南师范大学出版社，2020．

17. 张华．经验与课程[M]．上海：上海教育出版社，2000．

18. 张建平．中学综合实践活动[M]．南京：南京大学出版社，2014．

19. 张晓东，杨健．原来就在你身边——综合实践活动课程的资源开发[M]．石家庄：河北教育出版社，2020．

20. 张紫屏．综合实践活动课程的理论视野[M]．石家庄：河北教育出版社，2020．

21. 戎庭伟，张馨月．综合实践活动课程的评价与管理[M]．石家庄：河北教育出版社，2021．

22. 杨燕燕，仲建维．社会服务与职业体验[M]．石家庄：河北教育出版社，2019．

23. 种竞梅．小学综合实践活动[M]．北京：北京师范大学出版社，2016．